REFACTORING

리팩터링 2판

지은이 **마틴 파울러** Martin Fowler

ThoughtWorks의 수석 과학자다. 엔터프라이즈 소프트웨어 설계에 주력하고 있으며, 특히 무엇이 좋은 설계이고 설계를 개선하려면 어떻게 해야 하는지에 관심이 많다. 소프트웨어 개발 관련 다수의 책을 집필하였고, 제어 역전(Inversion of Control)과 의존성 주입(Dependency Injection) 용어를 대중화시킨 장본인이다.

옮긴이 **개앞맵시(이복연)** wegra.lee@gmail.com

고려대학교 컴퓨터학과를 졸업하고 삼성소프트웨어멤버십을 거쳐, 삼성전자에서 자바 가상 머신, 바다 플랫폼, 챗온 메신저 서비스 등을 개발했다. 주 업무 외에 분산 빌드, 지속적 통합, 앱 수명주기 관리 도구, 애자일 도입 등 동료 개발자들에게 실질적인 도움을 주는 일에 적극적이었다. 그 후 창업 전선에 뛰어들어 소셜 서비스와 금융 거래 프레임워크 등을 개발하다가, 무슨 바람이 불어서인지 책을 만들겠다며 기획 · 편집자(자칭 Wisdom Compiler)로 변신했다. 한빛미디어에서 『밑바닥부터 시작하는 딥러닝』 시리즈와 『Effective Unit Testing』을 번역했고, 인사이트에서 『이펙티브 자바(3판)』과 『JUnit 인 액션(2판)』을 번역했다. 개발자들과의 소통 창구로 소소하게 facebook.com/dev.loadmap 페이지를 운영 중이다.

옮긴이 **남기혁** nam@friesty.com

고려대 컴퓨터학과에서 학부와 석사 과정을 마친 후 한국전자통신연구원에서 선임 연구원으로 재직하고 있다. 한빛미디어에서 출간한 『Make: 센서』, 『메이커 매뉴얼』, 『이펙티브 디버깅』, 『전문가를 위한 C++(4판)』, 에이콘출판사에서 출간한 『Go 마스터하기』, 『자율주행 자동차 만들기』, 『The Hundred Page Machine Learning Book』 등을 번역했다.

리팩터링 (2판) : 코드 구조를 체계적으로 개선하여 효율적인 리팩터링 구현하기

초판 1쇄 발행 2012년 11월 9일
2판 1쇄 발행 2020년 4월 1일
2판 5쇄 발행 2022년 2월 9일

지은이 마틴 파울러 / **옮긴이** 개앞맵시(이복연), 남기혁 / **펴낸이** 김태헌
펴낸곳 한빛미디어(주) / **주소** 서울시 서대문구 연희로2길 62 한빛미디어(주) IT출판부
전화 02-325-5544 / **팩스** 02-336-7124
등록 1999년 6월 24일 제25100-2017-000058호 / **ISBN** 979-11-6224-274-2 93000

총괄 전정아 / **책임편집** 고지연 / **기획** 박지영 / **편집** 서현 / **진행** 김종찬
디자인 표지 최연희 내지 박정화 / **전산편집** 백지선
영업 김형진, 김진불, 조유미 / **마케팅** 박상용, 송경석, 한종진, 이행은, 고광일, 성화정 / **제작** 박성우, 김정우

이 책에 대한 의견이나 오탈자 및 잘못된 내용에 대한 수정 정보는 한빛미디어(주)의 홈페이지나 아래 이메일로 알려주십시오. 잘못된 책은 구입하신 서점에서 교환해 드립니다. 책값은 뒤표지에 표시되어 있습니다.
한빛미디어 홈페이지 www.hanbit.co.kr / 이메일 ask@hanbit.co.kr

지금 하지 않으면 할 수 없는 일이 있습니다.
책으로 펴내고 싶은 아이디어나 원고를 메일(**writer@hanbit.co.kr**)로 보내주세요.
한빛미디어(주)는 여러분의 소중한 경험과 지식을 기다리고 있습니다.

사랑하는 아내 신디에게 바칩니다.

리팩터링refactoring은 스몰토크Smalltalk 커뮤니티에서 처음 등장하여 금세 다른 프로그래밍 언어 진영으로 번졌다. 리팩터링이 프레임워크 개발에서 필수 요소가 되다 보니, 프레임워크 개발자들은 자신이 구사하는 프로그래밍 기법에 관해 얘기할 때마다 '리팩터링'이란 단어를 약방의 감초처럼 들먹인다. 프레임워크 개발자가 클래스 상속 구조를 개선할 때, 혹은 얼마나 많은 코드를 없앨 수 있었는지를 열변할 때도 '리팩터링' 얘기는 빠지지 않는다. 프레임워크 개발자들은 자신들의 프레임워크가 처음부터 완벽하지는 않을 것임을 잘 알고 경험이 쌓여가면서 개선되리라 확신한다. 더구나 코드를 작성하는 횟수보다 읽고 수정하는 횟수가 많으리란 사실도 안다. 그래서 코드를 이해하기 쉽고 수정하기 편하게 만드는 게 중요한데, 그 열쇠가 바로 리팩터링이다. 일반적인 소프트웨어는 물론이고 프레임워크 코드에서는 더욱 그렇다.

그렇다면 그냥 리팩터링하면 되지 않을까? 하지만 리팩터링에도 위험이 따른다. 리팩터링이란 동작하는 코드를 수정하는 것이고, 그 과정에서 미묘한 버그가 생길 수 있다. 잘못 수행하면 오히려 며칠 혹은 몇 주간의 시간과 노력이 수포로 돌아갈 수 있다. 제대로 된 연습 없이 즉흥적으로 실시하는 리팩터링은 더욱 위험하다. 코드를 분석하다가 새롭게 수정할 부분을 발견하면 즉흥적으로 더 깊이 파기 시작하는 사람이 많은데, 그럴수록 수정할 부분이 더 많아져 마침내 헤어날 수 없는 구렁텅이에 빠지게 된다. 자기 무덤을 파는 실수를 하지 않으려면 리팩터링을 반드시 계획적이며 체계적으로 해야 한다. 『GoF의 디자인 패턴』(프로텍미디어, 2015)을 집필하면서 나와 공동 저자들은 디자인 패턴이 '리팩터링을 수행하여 도달하려는 목표'를 제시한다고 얘기했다. 그러나 목표를 찾는 일은 문제의 한 부분에 불과하다. 최종 목표를 찾았더라도 거기까지 도달하고자 코드를 개조하는 것은 별개의 문제다.

이 책 집필에 기여해준 분들과 마틴 파울러는 리팩터링 과정을 이해하기 쉽게 설명해서 객체 지향 소프트웨어 개발에 아주 소중한 기여를 했다. 이 책은 리팩터링 원리와 좋은 리팩터링 습관을 설명하며, 언제 어떤 상황에 코드를 분석해서 개선해야 하는지도 알려준다. 이 책의 핵심은 6장부터 12장까지로, 다양한 리팩터링 기법을 모아 놓은 카탈로그라 할 수 있다. 그리고 6~12장의 각 절은 리팩터링 기법 하나를 주제로 코드를 개선해야 하는 배경과 검증된 절차를 설명한다. 그중에는 '메서드 추출하기'와 '필드 옮기기' 같이 아주 뻔해 보이는 기법도 있을 것이다.

하지만 조심해야 한다. 각 기법의 절차를 이해해야만 체계적이고 절제된 리팩터링을 할 수 있다. 이 책에 수록된 리팩터링 기법을 활용하면 자신의 코드를 한 번에 한 단계씩 수정하면서, 설계 개선 과정에서 실수를 범할 위험을 줄일 수 있다. 그러니 이 기법들을 충분히 학습한 후 하루빨리 여러분의 프로젝트에 적용해보길 바란다.

나는 9km 거리에 살던 켄트 벡Kent Beck과 팀을 이뤄 각자의 작업실에서 페어 프로그래밍을 진행한 적이 있다. 이때 리팩터링을 처음 해봤는데, 절제된 방식으로 '한 번에 한 단계씩' 실시했다. 켄트의 요구대로 우리는 6~12장에 수록한 리팩터링들을 한 번에 한 단계씩 적용한 것이다. 그때 들였던 습관이 내겐 큰 도움이 되었다. 리팩터링을 적용한 결과 코드에 대한 확신도 늘었지만 스트레스도 줄어든 느낌이었다. 이 책에서 다루는 기법들을 직접 적용해보면 리팩터링이 생각보다 훨씬 맘에 들 것이다.

에릭 감마 Erich Gamma
『GoF의 디자인 패턴』 저자
JUnit, 이클립스, 비주얼 스튜디오 코드의 아버지

들어가며

옛날 옛적에 한 컨설턴트가 개발 프로젝트를 점검하러 파견을 나갔다. 작성된 코드를 보니 클래스 상속 구조가 시스템의 주축을 이루고 있었고, 전반적으로 아주 엉망이었다. 슈퍼클래스들 안에는 특정한 동작 방식을 전제하는 코드가 들어 있었으며, 그 전제를 서브클래스들에서 구현해 메우는 식이었다. 하지만 전제가 모든 서브클래스에 적합하지는 않다 보니 오버라이딩이 지나치게 많았다. 슈퍼클래스를 조금만 수정했더라도 오버라이딩을 그토록 많이 할 필요는 없었을 것이다. 다른 곳을 보니 슈퍼클래스의 의도를 이해하지 못해서 기능 일부를 서브클래스에 중복으로 작성해놓았다. 또 다른 곳에서는 누가 봐도 슈퍼클래스에 한 번만 작성하면 될 코드를 다수의 서브클래스에서 일일이 작성해놓았다.

그래서 컨설턴트는 프로젝트 팀장에게 코드를 살펴보면서 정리하라고 권했지만 팀장은 콧방귀를 뀌는 듯한 태도였다. 어쨌든 그 코드는 문제없이 돌아가는 데다 중요한 일정들이 코앞이었으니 그럴 만도 했다. 팀장은 나중에 여유가 생기면 하겠다고 했다.

컨설턴트는 담당 팀원 두 명에게도 클래스 구조의 문제점을 알려줬는데, 다행히 이들은 영민하게도 무엇이 문제인지 깨달았다. 이들은 그 문제가 자기들 잘못은 아님을 알고 있었다. 때로는 제삼자의 눈에만 보이는 문제도 있으니 말이다. 어쨌든 둘이서 이틀 정도 걸려서 클래스 상속 구조를 정리했다. 정리가 끝나자 기능은 그대로인 채 상속 구조의 코드가 절반으로 줄었다. 둘은 결과에 만족했다. 기존 클래스들을 사용하거나 상속 구조에 새로운 클래스를 추가하는 일이 더 쉽고 빨라졌다.

하지만 팀장은 못마땅한 눈치였다. 할 일은 많고 일정도 촉박한데, 팀원 둘이 상속 구조를 수정하느라 이틀이란 시간을 써버렸기 때문이다. 기능 추가 없이 이틀을 날렸다고 생각했다. 더구나 수정 전 코드도 말짱히 잘 돌았고, 수정 결과는 설계가 약간 더 무결하고 깔끔해진 것뿐이라 생각했다. 그 프로젝트는 그럭저럭 돌아가기만 하면 되는 납품용일 뿐이라서 교육용으로도 손색없는 말끔한 코드까지는 필요 없었다. 컨설턴트는 시스템의 다른 주요 부분도 마찬가지로 정리하기를 권했다. 하지만 그렇게 하면 기능 구현이 한두 주 정도 정체될 터였다. 코드를 정리한들 새로운 기능이 생기는 것도 아니고 그저 코드가 더 깔끔해 보일 뿐이지 않은가?

앞의 이야기를 들은 소감이 어떤가? 컨설턴트가 코드 정리를 권한 게 잘한 일이었다고 생각하는가, 아니면 '긁어 부스럼 만들지 말라(잘 돌아가는 코드는 손대는 게 아니다)'는 공학 분야의 오래된 격언이 맞는 말이라고 생각하나?

솔직히 나는 조금 편향돼 있다. 앞의 일화에 등장하는 컨설턴트가 바로 나이기 때문이다. 6개월 후 그 프로젝트는 완전히 망했다. 코드가 너무 복잡해서 디버깅도 할 수 없었고 최소한의 성능 요건을 맞추는 것도 불가능했다.

켄트 벡이 그 프로젝트를 새로 시작하기 위한 컨설팅을 맡았다. 시스템의 거의 모든 부분을 처음부터 새로 작성해야 했다. 켄트는 일하는 방식에 여러모로 변화를 줬는데, 그중 가장 핵심은 리팩터링을 활용해 코드를 꾸준히 정리하게 했다는 점이다. 결국 두 번째 시도는 성공했고, 전적으로 리팩터링 덕이었다. 이 경험이 이 책을 쓰게 된 계기가 되었다. 켄트를 비롯한 여러 선구자가 소프트웨어 품질을 개선하고자 리팩터링을 실시하며 배운 지식과 교훈을 더 많은 이에게 전파해야겠다고 다짐한 것이다.

그 결과로 리팩터링이란 용어가 프로그래밍 세계에 터를 잡았다. 이 책의 초판은 제법 성공한 편이다. 하지만 프로그래밍 책에게 있어 18살은 너무 늙은 것이기에 새로 쓸 시기가 되었다고 느꼈다. 그래서 이번 2판은 거의 모든 페이지를 새로 썼지만, 핵심은 거의 변하지 않았다. 리팩터링의 핵심은 똑같고 주요 리팩터링 기법들도 여전히 유효하다. 하지만 2판이 리팩터링을 효과적으로 수행하는 법을 더 많은 사람이 익힐 수 있는 촉매가 되어줄 것이다.

리팩터링이란

리팩터링은 겉으로 드러나는 코드의 기능(겉보기 동작)은 바꾸지 않으면서 내부 구조를 개선하는 방식으로 소프트웨어 시스템을 수정하는 과정이다. 버그가 생길 가능성을 최소로 줄이면서 코드를 정리하는 정제된 방법이다. 요컨대, 리팩터링한다는 것은 코드를 작성하고 난 뒤에 설계를 개선하는 일이다.

'코딩 후 설계 개선'이라니 정말 이상한 말이다. 우리가 예전부터 따르던 소프트웨어 개발 방법은 설계부터 하고 코드를 작성하는 식이다. 좋은 설계가 우선되어야 하고 코딩은 그다음이다. 하지만 시간이 흐르면서 코드는 수정되고 시스템의 무결성, 즉 설계에 맞춘 구조는 점차 뒤죽박죽이 되어간다. 공학에 가깝던 코딩 작업은 서서히 해킹에 가까워진다.

이 과정을 반대로 한 것이 리팩터링이다. 리팩터링을 하면 잘못된 설계나 심지어 엉망인 설계를 가져다가 체계적으로 설계된 코드로 탈바꿈할 수 있다. 리팩터링의 각 단계는 간단하다 못해 지나칠 정도로 단순하다. 한 클래스의 필드를 다른 클래스로 옮기고, 일부 코드를 메서드 밖으로 빼서 별도의 메서드로 만들고, 코드 일부를 상속 구조의 위/아래로 올리거나 내리는 등의 작업이다. 이런 사소한 수정도 누적되면 설계가 놀랍도록 개선된다. 소프트웨어가 부식된다는 개념의 정반대가 바로 리팩터링이다.

리팩터링을 하면 일의 균형이 바뀐다. 처음부터 완벽한 설계를 갖추기보다는 개발을 진행하면서 지속적으로 설계한다. 시스템을 구축하는 과정에서 더 나은 설계가 무엇인지 배우게 된다. 그 결과, 개발의 시작부터 끝날 때까지 프로그램은 줄곧 우수한 설계를 유지한다.

다루는 내용

이 책은 전문 프로그래머를 대상으로 쓴 리팩터링 지침서다. 절제되고 효율적인 방식으로 리팩터링하는 법을 알려주는 것이 목표다. 코드에 버그가 생기지 않게 하면서 구조를 더 체계적으로 바꾸는 식으로 리팩터링하는 방법을 설명한다.

책은 개론으로 시작하는 게 관례이고 나도 그 원칙에 공감하지만, 이 책은 예시가 맨 먼저 나온다. 일반화된 설명이나 정의만으로 리팩터링을 쉽게 소개할 방법을 찾지 못해서다. 그 결과 1장은 설계가 조금 아쉬운 작은 프로그램을 리팩터링해서 더 나은 객체 지향 프로그램으로 만드는 과정을 보여준다. 그 속에서 리팩터링하는 과정을 살펴보고 각종 리팩터링 기법을 적용하는 법을 설명한다. 리팩터링을 제대로 알고 싶다면 가장 중요한 1장을 반드시 읽고 이해하기 바란다.

2장은 리팩터링의 일반 원칙, 정의, 당위성을 설명한다. 그리고 리팩터링할 때 생기는 문제점 몇 가지도 간략히 다룬다. 3장은 켄트 벡이 도움을 준 내용으로, 코드에서 나는 악취를 찾아내는 방법과 리팩터링을 통해 문제의 부분을 말끔히 제거하는 방법을 설명한다. 한편 리팩터링에는 테스트가 아주 중요하여 4장에는 테스트를 작성하는 방법을 수록했다.

그리고 그다음부터 마지막까지 이어지는 리팩터링 카탈로그(목록)가 이 책의 핵심이다. 완벽한 카탈로그라 할 수는 없지만, 대부분의 개발자가 익혀야 할 필수 리팩터링들을 담고 있다. 이 내용은 1990년대 후반에 리팩터링을 처음 배운 이후로 계속 보강되었고, 지금도 다 기억하지 못해서 틈틈이 참고하고 있다. 예컨대 단계 쪼개기[6.11절]를 적용하려 할 때면 해당 항목을 펼쳐 보며 안전하게 한 단계씩 진행하는 방법을 되새긴다. 이 책이 독자 여러분도 수시로 다시 찾아 읽게 되는 내용으로 가득하기를 바란다.

예시는 자바스크립트로

소프트웨어 개발과 관련한 기술 영역 대부분에서 예시 코드는 개념을 설명하는 데 아주 중요한 역할을 한다. 하지만 리팩터링은 프로그래밍 언어에 상관없이 거의 똑같이 적용할 수 있다. 언어별로 특별히 주의할 점이 없는 건 아니지만, 리팩터링의 핵심 요소는 다르지 않다.

나는 리팩터링을 설명하기 위한 언어로 자바스크립트를 선택했다. 이 언어라면 대부분의 사람이 쉽게 읽을 수 있다고 판단했기 때문이다. 여러분이 비록 다른 언어를 사용하고 있더라도 이 책에서 설명하는 리팩터링을 적용하기는 어렵지 않을 것이다. 또한, 자바스크립트의 아주 복잡한 언어 특성은 되도록 건드리지 않았으니 자바스크립트를 깊이 알지 못해도 무리 없이 이해할 수 있을 것이다. 내가 자바스크립트를 선택했다고 해서 이 언어를 추천한다는 뜻은 전혀 아니다.

예시 코드에서 자바스크립트를 쓴다고 해서 해당 기법이 자바스크립트에 국한된다는 뜻도 아니다. 이 책의 초판은 자바를 사용했지만, 자바 클래스 하나 작성해본 적 없는 수많은 프로그래머가 아주 유용하게 활용했다. 한 번은 예시를 십여 가지 언어로 만들어보기도 했는데, 독자에게는 오히려 혼란을 가중시키는 꼴이었다.

이 책은 사용하는 언어에 상관없이, 모든 프로그래머를 위해 쓰였다. 예시를 설명하는 절을 제외한 다른 부분에서는 어떤 언어도 가정하지 않았다. 부디 여러분이 나의 보편적인 설명을 확실히 체득하여 자신이 사용하는 언어에 응용할 수 있기를 바란다. 그리고 내가 제시한 자바스크립트 예시를 자신의 언어에 맞게 수정하기를 바란다.

특수한 예시 몇 개를 제외하고는 이 책에 등장하는 '클래스', '모듈', '함수' 등의 용어는 (자바스크립트 언어 모델이 아닌) 일반적인 프로그래밍 언어에서의 의미로 사용했다.

또한 평소 자바스크립트로 개발해오지 않은 프로그래머에게는 익숙하지 않은 자바스크립트만의 스타일은 되도록 피했다. 이 책은 '자바스크립트를 이용한' 리팩터링 책이 아니다. 보편적인 리팩터링 책인데, 어쩌다 보니 자바스크립트를 사용할 뿐이다. (콜백, 프라미스^{promise}, async/await 관련 리팩터링 등) 자바스크립트에 특화된 흥미로운 리팩터링도 많이 있지만, 이런 내용은 다루지 않는다.

누가 읽어야 하나

이 책은 소프트웨어 개발을 직업으로 하는 전문 프로그래머를 위해 쓰였다. 예시와 본문에는 읽고 이해해야 할 코드가 꽤 많이 있다. 예시 코드는 모두 자바스크립트로 작성했지만, 대부분의 언어에 적용할 수 있을 것이다. 여러분이 이 책의 내용을 쫓아오려면 프로그래밍을 어느 정도 경험해본 게 좋지만, 고수가 아니라도 읽을 수 있도록 고려했다.

이 책의 주 대상은 리팩터링을 배우려는 개발자다. 하지만 리팩터링을 이미 이해하고 있는 사람에게도 가치 있는 책이 될 것이다. 예컨대 교육용 자료로 활용될 수 있다. 숙련된 개발자가 동료들에게 멘토링해주는 데 활용할 수 있도록 다양한 리팩터링의 작동 원리를 설명하는 데 엄청난 공을 들였다.

리팩터링은 코드에 집중하지만, 사실 시스템 설계에 미치는 영향이 상당히 크다. 그래서 선임 개발자나 아키텍트라면 반드시 리팩터링의 원리를 이해하고 프로젝트에 활용해야 한다. 실무 현장에서는 업계에서 존경받고 경험 풍부한 개발자들이 리팩터링을 주도한다. 이런 개발자들이 리팩터링의 숨은 원리를 가장 잘 이해하고 개발 현장에 적용하는 것이다. 여러분이 자바스크립트 외의 언어를 사용한다면 원리를 이해하는 게 특히 더 중요해진다. 내가 제시한 예시를 여러분의 언어에 맞게 수정해 적용해야 하기 때문이다.

책 전부를 읽지 않고도 내용 대부분을 습득하려면 다음과 같이 하자.

- **리팩터링이 뭔지 모른다면 1장을 읽자**. 1장의 예시를 보면 리팩터링 진행 절차를 명확하게 알 수 있다.
- **리팩터링해야 하는 이유를 모르겠다면 1장과 2장을 읽자**. 리팩터링이 무엇이고 왜 필요한지 설명해준다.

- **리팩터링해야 할 곳을 찾고 싶을 때는 3장을 읽자.** 리팩터링이 필요할 만한 곳에서 보내는 신호(악취)를 잡아내는 요령을 설명해준다.
- **리팩터링을 실습하고 싶다면 1장부터 4장까지는 꼼꼼히 읽고, 나머지를 빠르게 훑어보자.** 카탈로그 부분은 어떤 기법들이 있는지 정도만 대략 보면 되지, 세세한 부분까지 전부 이해할 필요는 없다. 리팩터링을 당장 실시해야 할 때 해당 기법 부분을 펼쳐 자세히 읽고 따르면 된다. 카탈로그는 그때그때 찾아보는 부분이므로 한 번에 이어서 읽는 것은 불필요하고 비효율적이다.

이 책을 쓰는 데 있어 다양한 리팩터링들에 알맞은 이름을 지어주는 일도 아주 중요했다. 잘 지은 용어는 소통을 도와준다. 다른 개발자에게 "이 부분 코드를 독립 함수로 추출해"라거나 "이 계산을 별도 구문으로 쪼개"라고 조언해야 한다면, 그저 함수 추출하기[6.1절]와 단계 쪼개기[6.11절]라는 말로 자세한 설명을 대신할 수 있다. 잘 정리된 용어는 개발 도구가 제공하는 자동화된 리팩터링을 선택하는 데도 도움을 준다.

밥상을 차려주신 이들

가장 먼저, 이 책은 1990년대에 리팩터링이라는 분야를 발전시킨 이들 덕분에 세상에 나올 수 있었음을 밝힌다. 이 책의 초판에 대한 영감과 지식은 그들의 경험으로부터 배운 것이다. 그 후로 수십 년이 더 흘렀지만 그들이 쌓아 올린 토대에 감사하는 일은 빠뜨릴 수 없다. 사실 그들 중 한 명이 이 책 초판을 썼다면 가장 좋았겠지만, 당시 시간과 체력이 남는 사람이 운 좋게 나였을 뿐이다.

워드 커닝햄[Ward Cunningham]과 켄트 벡은 대표적인 리팩터링 선구자다. 초창기에 이들은 리팩터링을 개발의 주요 요소로 포함시키고, 그 이점을 살릴 수 있도록 개발 프로세스를 개조했다. 결정적으로 나는 켄트와의 협업 과정에서 리팩터링이 중요함을 절감했으며, 자극을 받아 이 책을 집필하기에 이르렀다.

랄프 존슨[Ralph Johnson]은 어배너–섐페인에 자리한 일리노이 대학교의 그룹 지도 교수로, 객체 기술 분야에 실질적 기여를 한 것으로 유명하다. 랄프는 오랜 세월 리팩터링 옹호자로 활동하면서 리팩터링 초기 연구에 핵심적인 기여를 한 제자들을 키워냈다. 빌 옵다이크[Bill Opdyke]는 박사 학위 논문에 최초로 리팩터링에 관한 상세한 글을 게재했다. 존 브랜트[John Brant]와 돈 로버츠[Don

^{Roberts}는 세계 최초의 자동 리팩터링 도구인 〈리팩터링 브라우저^{Refactoring Browser}〉를 개발했다.

이 책 초판이 나온 이후로 수많은 사람이 리팩터링 분야를 진일보시키는 데 기여했다. 특히 개발 도구에 자동화된 리팩터링을 추가해준 분들은 프로그래머들의 삶에 안락함을 선사하는 데 지대한 공헌을 했다. 이제 우리는 널리 쓰이는 함수의 이름을 간단한 키 몇 개 조합으로 바꿀 수 있다는 걸 당연하게 받아들이게 되었다. 이 편리함은 우리 모두를 돕고자 노력해준 IDE 개발자들의 피와 땀 덕분이다.

감사의 말

그동안의 수많은 연구에도 불구하고 이 책을 쓰는 데는 많은 분의 도움이 필요했다. 초판 때는 켄트 벡의 경험과 격려가 큰 힘이 되어주었다. 켄트는 내게 리팩터링을 알려준 사람이자, 리팩터링 과정을 노트에 기록하도록 영감을 주었고, 완결된 형태의 작품으로 빚어내는 데 도움을 줬다. 코드 악취^{code smell}라는 개념도 만들어냈다. 그가 이 책 초판을 썼더라면 더 나은 작품이 탄생하지 않았을까 생각한다.

내가 아는 기술 서적 저자들은 모두 기술 검토자들께 큰 빚을 졌다고 이야기한다. 우리의 책들은 모두 기꺼이 검토자가 되어준 그들이 아니었다면 발견하지 못했을 큰 결점들을 안고 있었다. 나 스스로는 이 책의 기술 검토를 많이 하지 못했다. 내가 그런 일에 소질이 없음을 알고 있어서이기도 한데, 그래서 나 대신 열심히 문제를 잡아준 동료들에게 더욱 큰 고마움을 느낀다. 다른 이의 책을 검토해서 얻는 경제적 보상이 하나도 없음에도 열의를 다 해준 그들의 관대함에 감사를 표한다.

이 책 저술을 진지하게 시작하면서 피드백을 부탁할 조언자 메일링 리스트를 만들었다. 어느 정도 진척이 되면 그들에게 초안을 보내 피드백을 부탁했다. 다음은 메일링 리스트에 피드백을 남겨준 분들이다. 알로 벨시^{Arlo Belshee}, 아브디 그림^{Avdi Grimm}, 베스 앤더스-벡^{Beth Anders-Beck}, 빌 웨이크^{Bill Wake}, 브라이언 구드리^{Brian Guthrie}, 브라이언 마릭^{Brian Marick}, 채드 와싱턴^{Chad Wathington}, 데이브 패리^{Dave Farley}, 데이비드 라이스^{David Rice}, 돈 로버츠^{Don Roberts}, 프레드 조지^{Fred George}, 길레스 알렉산더^{Giles Alexander}, 그렉 도엔치^{Greg Doench}, 휴고 코부치^{Hugo Corbucci}, 이반 무어^{Ivan Moore}, 제임

스 쇼어James Shore, 제이 필즈Jay Fields, 제시카 커Jessica Kerr, 조슈아 키에프스키Joshua Kerievsky, 케브린 헤니Kevlin Henney, 루치노 라말루Luciano Ramalho, 마르코스 브리체노Marcos Brizeno, 마이클 페더스Michael Feathers, 패트릭 쿠아Patrick Kua, 피트 호드슨Pete Hodgson, 레베카 파슨스Rebecca Parsons, 마지막으로 트리샤 지Trisha Gee까지 모두 감사드린다.

이들 중 자바스크립트와 관련해 큰 도움을 준 베스 앤더스-벡, 제임스 쇼어, 피트 호드슨에게는 한 번 더 감사를 표하고 싶다.

초안을 거의 완성한 뒤 더 많은 이에게 검토를 부탁했다. 초안을 처음 접한 신선한 시각에서의 의견이 궁금했기 때문이다. 윌리엄 차르긴William Chargin과 마이클 헝거Michael Hunger는 진짜 상세한 검토 의견을 전해주었다. 밥 마틴Bob Martin과 스콧 데이비스Scott Davis 역시 의미 있는 의견을 다수 보내왔다. 빌 웨이크는 초안의 처음부터 끝까지를 다 읽고 값진 기여를 해주었다.

ThoughtWorks의 동료들은 지속해서 내 글에 아이디어와 피드백을 제공했다. 수없이 많은 질문, 의견, 관심이 내 사고의 자양분이 되었고 결국 이 책으로 이어졌다. ThoughtWorks와 동료들은 고맙게도 내가 저술에 시간을 쓰는 것을 이해해줬고, 특히 CTO인 레베카 파슨스Rebecca Parsons와의 정기 미팅은 정말 감사했다.

피어슨의 그렉 도엔치Greg Doench는 책이 출간되기까지 많은 사안을 신경 써 처리해줬고, 줄리 나힐Julie Nahil은 제작을 맡아줬다. 조판을 담당해준 드미트리 키르사노프Dmitry Kirsanov와 구성과 색인을 처리해준 알리나 키르사노바Alina Kirsanova와는 다시 손을 잡게 되어 반가웠다.

한국어판 독자를 위한 안내

역자는 이클립스^{Eclipse}가 탄생하기 전, 지금은 아는 사람이 거의 없을 Visual Age for Java 시절부터 리팩터링을 즐겨 사용하였기에 이 책을 번역한다는 건 개인적으로 의미가 컸다. 하지만 개인적인 소회야 독자 여러분의 관심 밖일 것이고, 리팩터링은 어느새 요즘 개발자들의 필수 덕목으로 자리 잡았으니 별달리 설명하거나 강조할 필요는 없을 것이다. 그래서 한국어판 독자를 위한 간략한 안내 몇 가지로 역자 서문을 대신하고자 한다.

첫째, 번역은 원서의 웹 버전을 기준으로 진행했다. 저자가 종이책 출간 후에도 웹 버전에는 지속해서 콘텐츠를 갱신하겠다고 밝혔고, 실제로 이 글을 쓰는 지금 5개의 리팩터링 기법이 추가되었고 1개 리팩터링 기법의 예시가 보강된 상황이다. 이들 모두는 한국어판에도 반영되어 있다. 한국어판 출간 후 갱신되는 내용, 공지, 기타 유용한 정보가 있으면 아래 깃허브 페이지를 통해 공유할 계획이다.

- 깃허브: *https://github.com/WegraLee/Refactoring*

원서의 웹 버전은 원서 구매자가 인증을 거쳐 접근할 수 있기 때문에 아쉽게도 한국어판 독자께는 직접 공유할 수 없다.

둘째, 이 책은 공식 소스 코드를 제공하지 않는다(대신 다른 독자가 만들어둔 코드의 링크를 위 깃허브 페이지에 적어두었으니 실습해보고 싶은 분은 참고하기 바란다). 생각해보면 각각의 예시가 여러 단계를 거쳐 수정되기 때문에 단순히 리팩터링 전/후로 비교해서는 '작은 단계로 나눠 진행'하는 모습이 보이지 않고, 모든 단계별 변화를 적절한 설명과 함께 보여줄 마땅한 방법을 찾기 어렵다.

그래서 아쉬움은 남지만, 조금이나마 독자의 이해를 돕고자 편집 관점에서 몇 가지를 보강해보았다. 크게는 다음의 두 가지다.

- **절차와 예시 설명에서의 번호**: 원서의 리팩터링 기법 절차에는 번호가 없고, 예시의 리팩터링 과정이 이 절차대로 이뤄지는 경우가 거의 없다. 특정 단계가 생략되거나 순서가 뒤죽박죽이거나 절차에서 언급되지 않은 수정을 가하기도 한다. 저자가 서문에서 밝혔듯이 절차는 일반적인 상황을 가정한 지침일 뿐이고 예시는 특정한 상황이기 때문이다. 이 책에서는 개념을 이해하고 실전에서는 처한 상황에 맞게 응용해야 한다.

이유가 무엇이든 결과적으로 절차와 예시가 1:1로 매칭되지 않아서 내용을 따라오는 데 방해가 된다고 느껴졌다. 그래서 보완책으로 절차의 각 단계에 ❶, ❷, ❸식으로 번호를 매기고 예시 설명에서 해당 단계가 시작될 때 그 단계의 번호를 붙였다. 앞서 이야기했듯이 단계가 생략되거나 순서가 뒤죽박죽인 경우가 많으니 유념하길 바란다(오히려 헷갈린다면 번호는 무시하자).

- **화살표 주석**: 예시 코드 중 주목할 부분은 진하게 강조했는데, 그것만으로는 의미가 한눈에 들어오지 않아서 곳곳에 다음 예와 같이 화살표 주석을 추가했다.

```
totalAmount += amountFor(perf);    ◀─── thisAmount 변수를 인라인
```

셋째, 2판에서 예시를 자바스크립트 코드로 제공하여 자바를 기대하던 독자께는 다소 생소하고 헷갈릴 수 있어 보인다. 자바스크립트에 익숙하지 않은 분들은 다음 사항들을 배경지식으로 알고 시작하면 코드를 읽는 데 도움이 될 것이다.

- **객체지향 관련**: 자바스크립트가 ES6(ES2015)부터 객체지향을 지원하기 시작했지만 자바처럼 클래스 사용을 강제하지는 않는다. 따라서 소스 코드의 최상위가 클래스가 아닌 (C 언어처럼) 함수인 경우가 많다. 이 책의 예시들도 마찬가지다. 객체지향과 관련한 리팩터링 기법들에서는 클래스를 사용하지만 그렇지 않은 곳에서는 함수 수준에서 다룬다.

- **함수 vs. 메서드**: 기본적으로 '함수'라는 용어를 쓰지만 객체지향 맥락에서 '메서드'를 사용한다. 따라서 예컨대 '함수 인라인하기'와 '메서드 인라인하기'는 쓰이는 맥락만 다를 뿐 같은 리팩터링 기법을 가리킨다.

- **중첩 함수**: 자바스크립트는 함수를 중첩해 정의할 수 있다. 함수를 중첩하면 내부 함수는 외부 함수에서 정의한 함수 변수(유효 범위가 함수인 변수)와 다른 내부 함수에 접근할 수 있다. 자바의 인스턴스 메서드에서 필드와 다른 인스턴스 메서드에 접근할 수 있는 것과 마찬가지다.

  예시 코드 중 최상위 함수와 중첩 함수들로 구성된 경우가 제법 많은데, 자바 스타일 코드만을 주로 다루던 독자 분들께는 다소 헷갈릴지 모르겠다.

- **게터/세터의 이름과 호출 방식**: 자바에서 게터와 세터는 보통 필드 이름 앞에 접두어를 붙여 getX()/setX(...) 형태로 이름 짓고, 일반적인 메서드와 똑같은 방식으로 호출한다. 반면 자바스크립트에서는 게터와 세터 이름에 보통 별다른 접두어를 붙이지 않으며, 마치 객체의 public 필드를 직접 다루듯 호출할 수 있다. 다음 코드를 보자.

```
class Person {
    ...
    get name() {return this._name;} // 게터
```

```
    set name(arg) {this._name = arg;} // 세터
}

// 다른 코드에서
let person = ... // Person 객체를 생성한다.
console.log(person.name); // 게터가 호출된다.
person.name = "새 이름"; // 세터가 호출된다.
```

- **덕 타이핑**duck typing: 자바의 타입 시스템의 '이름'을 기반으로 타입을 구분한다. 클래스 A와 B가 똑같은 필드와 메서드를 제공하더라도 클래스 이름이 다르기 때문에 다른 클래스로 취급한다. 반면 자바스크립트는 '구조'를 기준으로 타입을 구분한다. 즉, 클래스 이름에 상관없이 어떤 타입에 걸맞은 필드와 메서드를 지닌 객체라면 해당 타입으로 간주한다. 덕 타이핑이란 이름은 "만약 어떤 새가 오리duck처럼 걷고, 헤엄치고, 꽥꽥거린다면 나는 그 새를 오리라고 부를 것이다"라는 비유에서 왔다.

코드가 익숙하지 않더라도 걱정할 건 없다. 저자도 밝혔듯이 이 책은 자바스크립트용 리팩터링 책이 아니라 범용 리팩터링 책이다. 단지 예시가 자바스크립트 코드로 쓰여 있을 뿐이다(자바 코드도 가끔 나온다).

넷째, 자바와 C#은 다른 프로그래밍 언어들과 비교하여 자동 리팩터링 도구가 상당히 발전한 편이다. 예컨대 InteliJ IDEA, 이클립스, C#용 비주얼 스튜디오 등은 각각 수십 가지의 리팩터링을 IDE 차원에서 지원한다. 자동 리팩터링 도구를 사용하면 수많은 리팩터링을 오류 없이 빠르게 수행할 수 있어서 익숙해지면 코드 생산성이 배가된다. 뿐만 아니라 부담 없이 코드를 이리저리 바꿔볼 수 있어서 설계에 대한 사고도 유연해짐을 느낄 수 있을 것이다.

이 책을 읽고 리팩터링의 개념과 범용 리팩터링 기법들에 익숙해졌다면 자신이 사용하는 언어에서는 어떤 리팩터링 도구를 사용할 수 있는지 찾아보고 활용해보기 바란다. 특히 자바와 C# 개발자라면 다음 문서에서 주요 IDE들의 리팩터링 도움말 링크를 찾을 수 있을 것이다. 언어별 도구들은 이 책에서 다루지 못한 언어 특화 리팩터링 기법들도 상당수 제공하니 꼭 확인해보자.

- IDE들이 제공하는 리팩터링 목록: *http://bit.ly/2waWgFX*

CONTENTS

초판의 추천사 ··· 4

들어가며 ··· 6

한국어판 독자를 위한 안내 ··· 14

CHAPTER 01 리팩터링: 첫 번째 예시

1.1 자, 시작해보자! ··· 24

1.2 예시 프로그램을 본 소감 ·· 26

1.3 리팩터링의 첫 단계 ·· 28

1.4 statement() 함수 쪼개기 ·· 29

1.5 중간 점검: 난무하는 중첩 함수 ··· 50

1.6 계산 단계와 포맷팅 단계 분리하기 ··· 52

1.7 중간 점검: 두 파일(과 두 단계)로 분리됨 ··· 61

1.8 다형성을 활용해 계산 코드 재구성하기 ·· 64

1.9 상태 점검: 다형성을 활용하여 데이터 생성하기 ·· 73

1.10 마치며 ·· 76

CHAPTER 02 리팩터링 원칙

2.1 리팩터링 정의 ··· 79

2.2 두 개의 모자 ·· 81

2.3 리팩터링하는 이유 ·· 81

2.4 언제 리팩터링해야 할까? ·· 85

2.5 리팩터링 시 고려할 문제 ·· 92

2.6 리팩터링, 아키텍처, 애그니(YAGNI) ·· 100

2.7 리팩터링과 소프트웨어 개발 프로세스 ·· 102

2.8 리팩터링과 성능 ·· 103

CONTENTS

2.9 리팩터링의 유래··· 106

2.10 리팩터링 자동화·· 108

2.11 더 알고 싶다면··· 111

CHAPTER **03** 코드에서 나는 악취

3.1 기이한 이름·· 114

3.2 중복 코드·· 115

3.3 긴 함수··· 115

3.4 긴 매개변수 목록·· 117

3.5 전역 데이터·· 117

3.6 가변 데이터·· 118

3.7 뒤엉킨 변경·· 119

3.8 산탄총 수술·· 120

3.9 기능 편애·· 121

3.10 데이터 뭉치··· 122

3.11 기본형 집착··· 123

3.12 반복되는 switch문··· 123

3.13 반복문··· 124

3.14 성의 없는 요소·· 125

3.15 추측성 일반화··· 125

3.16 임시 필드··· 126

3.17 메시지 체인··· 126

3.18 중개자·· 127

3.19 내부자 거래··· 128

3.20 거대한 클래스··· 128

3.21 서로 다른 인터페이스의 대안 클래스들···································· 129

3.22 데이터 클래스··· 130

3.23 상속 포기··· **130**

3.24 주석··· **131**

CHAPTER 04 테스트 구축하기

4.1 자가 테스트 코드의 가치··· **133**

4.2 테스트할 샘플 코드··· **136**

4.3 첫 번째 테스트··· **140**

4.4 테스트 추가하기··· **143**

4.5 픽스처 수정하기··· **146**

4.6 경계 조건 검사하기··· **147**

4.7 끝나지 않은 여정··· **151**

CHAPTER 05 리팩터링 카탈로그 보는 법

5.1 리팩터링 설명 형식··· **153**

5.2 리팩터링 기법 선정 기준··· **155**

CHAPTER 06 기본적인 리팩터링

6.1 함수 추출하기··· **158**

6.2 함수 인라인하기··· **169**

6.3 변수 추출하기··· **173**

6.4 변수 인라인하기··· **178**

6.5 함수 선언 바꾸기··· **179**

6.6 변수 캡슐화하기··· **188**

6.7 변수 이름 바꾸기··· **194**

6.8 매개변수 객체 만들기··· **197**

CONTENTS

6.9 여러 함수를 클래스로 묶기·····················202

6.10 여러 함수를 변환 함수로 묶기·················208

6.11 단계 쪼개기·································214

CHAPTER **07** 캡슐화

7.1 레코드 캡슐화하기·····························236

7.2 컬렉션 캡슐화하기·····························246

7.3 기본형을 객체로 바꾸기·······················251

7.4 임시 변수를 질의 함수로 바꾸기················256

7.5 클래스 추출하기······························260

7.6 클래스 인라인하기····························264

7.7 위임 숨기기································268

7.8 중개자 제거하기······························271

7.9 알고리즘 교체하기····························274

CHAPTER **08** 기능 이동

8.1 함수 옮기기································278

8.2 필드 옮기기································289

8.3 문장을 함수로 옮기기·························296

8.4 문장을 호출한 곳으로 옮기기···················301

8.5 인라인 코드를 함수 호출로 바꾸기···············308

8.6 문장 슬라이드하기····························310

8.7 반복문 쪼개기······························316

8.8 반복문을 파이프라인으로 바꾸기················320

8.9 죽은 코드 제거하기··························327

CHAPTER 09 데이터 조직화

9.1 변수 쪼개기 ···································· 330

9.2 필드 이름 바꾸기 ···························· 334

9.3 파생 변수를 질의 함수로 바꾸기 ········· 338

9.4 참조를 값으로 바꾸기 ····················· 343

9.5 값을 참조로 바꾸기 ························· 347

9.6 매직 리터럴 바꾸기 ························· 351

CHAPTER 10 조건부 로직 간소화

10.1 조건문 분해하기 ··························· 354

10.2 조건식 통합하기 ··························· 357

10.3 중첩 조건문을 보호 구문으로 바꾸기 ··· 360

10.4 조건부 로직을 다형성으로 바꾸기 ······· 366

10.5 특이 케이스 추가하기 ···················· 388

10.6 어서션 추가하기 ··························· 404

10.7 제어 플래그를 탈출문으로 바꾸기 ······· 407

CHAPTER 11 API 리팩터링

11.1 질의 함수와 변경 함수 분리하기 ········· 413

11.2 함수 매개변수화하기 ····················· 417

11.3 플래그 인수 제거하기 ···················· 421

11.4 객체 통째로 넘기기 ······················· 427

11.5 매개변수를 질의 함수로 바꾸기 ·········· 433

11.6 질의 함수를 매개변수로 바꾸기 ·········· 437

11.7 세터 제거하기 ····························· 442

CONTENTS

11.8 생성자를 팩터리 함수로 바꾸기 ··· **445**

11.9 함수를 명령으로 바꾸기 ··· **448**

11.10 명령을 함수로 바꾸기 ··· **456**

11.11 수정된 값 반환하기 ·· **461**

11.12 오류 코드를 예외로 바꾸기 ··· **465**

11.13 예외를 사전확인으로 바꾸기 ··· **471**

CHAPTER 12 상속 다루기

12.1 메서드 올리기 ··· **476**

12.2 필드 올리기 ··· **479**

12.3 생성자 본문 올리기 ·· **481**

12.4 메서드 내리기 ··· **485**

12.5 필드 내리기 ··· **486**

12.6 타입 코드를 서브클래스로 바꾸기 ··· **487**

12.7 서브클래스 제거하기 ··· **495**

12.8 슈퍼클래스 추출하기 ··· **501**

12.9 계층 합치기 ··· **507**

12.10 서브클래스를 위임으로 바꾸기 ··· **508**

12.11 슈퍼클래스를 위임으로 바꾸기 ··· **529**

부록 A 리팩터링 목록 ··· **537**

부록 B 악취 제거 기법 ··· **541**

찾아보기 ··· **543**

CHAPTER 01

리팩터링: 첫 번째 예시

리팩터링 이야기를 어떻게 시작하면 좋을까? 전통적인 방식을 따라 리팩터링의 역사와 여러 원칙 등을 하나씩 나열할 수도 있다. 그런데 콘퍼런스에서 누군가 이런 식으로 설명하는 걸 듣고 있자면 솔직히 살짝 졸렸다. 구체적인 예가 나오는지를 주기적으로 확인하는 백그라운드 프로세스를 머릿속에 돌려놓고는 딴생각에 빠지곤 했다.

그러다가 예시가 등장하면 정신이 드는데, 그제야 무슨 말을 하는지 와닿기 때문이다. 원칙은 지나치게 일반화되기 쉬워서 실제 적용 방법을 파악하기 어렵지만 예시가 있으면 모든 게 명확해진다.

그래서 나는 리팩터링을 실제로 해보는 예를 책 앞쪽에 배치했다. 내가 선보이는 리팩터링 과정을 따라오면서 리팩터링을 어떻게 수행하는지 감 잡을 수 있을 것이다. 그리고 나서 다음 장부터는 전통적인 방식에 따라 원칙들을 하나씩 소개하겠다.

그런데 예시용 프로그램을 선정하다가 난관에 봉착했다. 프로그램이 너무 길면 코드를 설명하고 리팩터링하는 과정이 너무 복잡해서 독자가 따라오기 어렵다(초판에서 이렇게 하려다가 결국 예시 두 개는 그냥 빼버렸다. 그리 긴 프로그램이 아님에도 각기 100쪽씩이나 차지했기 때문이다). 그렇다고 바로 이해할 수 있는 간단한 프로그램을 제시하면 굳이 리팩터링할 필요를 느끼기 어려운 문제가 있다.

솔직히 이 책에 수록된 예처럼 간단한 프로그램은 굳이 내가 제시하는 리팩터링들 전부를 적용할 필요는 없다. 하지만 그 코드가 대규모 시스템의 일부라면 리팩터링을 하고 안 하고의 차이가 크니, 항시 책의 예시들이 대규모 시스템에서 발췌한 코드라고 상상하면서 따라오기 바란다. 이러한 연상 방식은 실전용 기법을 제한된 지면으로 설명하려 할 때 많이들 활용하는 기법이다.

1.1 자, 시작해보자!

초판에서는 첫 예시로 비디오 대여점에서 영수증을 출력하는 프로그램을 소개했다. 그런데 요즘 독자는 비디오 대여점이 뭔지 모를 수도 있겠다는 생각이 들어서, 기본 틀은 유지하되 지금 시대에 맞게 각색하기로 했다.

다양한 연극을 외주로 받아서 공연하는 극단이 있다고 생각해보자. 공연 요청이 들어오면 연극의 장르와 관객 규모를 기초로 비용을 책정한다. 현재 이 극단은 두 가지 장르, 비극^{tragedy}과 희극^{comedy}만 공연한다. 그리고 공연료와 별개로 포인트$^{volume\ credit}$를 지급해서 다음번 의뢰 시 공연료를 할인받을 수도 있다. 일종의 충성도 프로그램인 셈이다.

극단은 공연할 연극 정보를 다음과 같이 간단한 JSON 파일에 저장한다.

━━ plays.json... *

```
{
  "hamlet": {"name": "Hamlet", "type": "tragedy"},
  "as-like": {"name": "As You Like It", "type": "comedy"},
  "othello": {"name": "Othello", "type": "tragedy"}
}
```

공연료 청구서에 들어갈 데이터도 다음과 같이 JSON 파일로 표현한다.

━━ invoices.json...

```
[
  {
    "customer": "BigCo",
    "performances": [
      {
        "playID": "hamlet",
        "audience": 55
      },
      {
        "playID": "as-like",
        "audience": 35
      },
```

....

* 옮긴이_ 예시의 연극은 차례대로 〈햄릿(Hamlet)〉, 〈뜻대로 하세요(As You Like It)〉, 〈오델로(Othello)〉로, 모두 셰익스피어의 작품이다.

```
      {
        "playID": "othello",
        "audience": 40
      }
    ]
  }
]
```

공연료 청구서를 출력하는 코드는 다음과 같이 간단히 함수로 구현했다.

```
function statement(invoice, plays) {
  let totalAmount = 0;
  let volumeCredits = 0;
  let result = `청구 내역 (고객명: ${invoice.customer})\n`;
  const format = new Intl.NumberFormat("en-US",
                      { style: "currency", currency: "USD",
                        minimumFractionDigits: 2 }).format;

  for (let perf of invoice.performances) {
    const play = plays[perf.playID];
    let thisAmount = 0;

    switch (play.type) {
    case "tragedy": // 비극
      thisAmount = 40000;
      if (perf.audience > 30) {
        thisAmount += 1000 * (perf.audience - 30);
      }
      break;
    case "comedy": // 희극
      thisAmount = 30000;
      if (perf.audience > 20) {
        thisAmount += 10000 + 500 * (perf.audience - 20);
      }
      thisAmount += 300 * perf.audience;
      break;
    default:
      throw new Error(`알 수 없는 장르: ${play.type}`);
    }
```

```
    // 포인트를 적립한다.
    volumeCredits += Math.max(perf.audience - 30, 0);
    // 희극 관객 5명마다 추가 포인트를 제공한다.
    if ("comedy" === play.type) volumeCredits += Math.floor(perf.audience / 5);

    // 청구 내역을 출력한다.
    result += `  ${play.name}: ${format(thisAmount/100)} (${perf.audience}석)\n`;
    totalAmount += thisAmount;
  }
  result += `총액: ${format(totalAmount/100)}\n`;
  result += `적립 포인트: ${volumeCredits}점\n`;
  return result;
}
```

이 코드에 앞의 두 테스트 데이터 파일(**plays.json**과 **invoices.json**)을 입력해 실행한 결과
는 다음과 같다.

━━━ 청구 내역 (고객명: BigCo)
      Hamlet: $650.00 (55석)
      As You Like It: $580.00 (35석)
      Othello: $500.00 (40석)
    총액: $1,730.00
    적립 포인트: 47점

1.2 예시 프로그램을 본 소감

이 프로그램의 설계를 보고 난 소감은 어떤가? 나는 이 상태로도 그럭저럭 쓸만하다는 생각이
든다. 프로그램이 너무 짧아서 특별히 애써 이해해야 할 구조도 없다. 앞에서 설명했듯이 이 책
에서는 이처럼 짧은 예만 소개한다. 하지만 이런 코드가 수백 줄짜리 프로그램의 일부라면 간
단한 인라인 함수 하나라도 이해하기가 쉽지 않다.

프로그램이 잘 작동하는 상황에서 그저 코드가 '지저분하다'는 이유로 불평하는 것은 프로그램
의 구조를 너무 미적인 기준으로만 판단하는 건 아닐까? 컴파일러는 코드가 깔끔하든 지저분
하든 개의치 않으니 말이다. 하지만 그 코드를 수정하려면 사람이 개입되고, 사람은 코드의 미
적 상태에 민감하다. 설계가 나쁜 시스템은 수정하기 어렵다. 원하는 동작을 수행하도록 하기

위해 수정해야 할 부분을 찾고, 기존 코드와 잘 맞물려 작동하게 할 방법을 강구하기가 어렵기 때문이다. 무엇을 수정할지 찾기 어렵다면 실수를 저질러서 버그가 생길 가능성도 높아진다.

그래서 나는 수백 줄짜리 코드를 수정할 때면 먼저 프로그램의 작동 방식을 더 쉽게 파악할 수 있도록 코드를 여러 함수와 프로그램 요소로 재구성한다. 프로그램의 구조가 빈약하다면 대체로 구조부터 바로잡은 뒤에 기능을 수정하는 편이 작업하기가 훨씬 수월하다.

> **프로그램이 새로운 기능을 추가하기에 편한 구조가 아니라면, 먼저 기능을 추가하기 쉬운 형태로 리팩터링하고 나서 원하는 기능을 추가한다.**

자, 이 코드에서 사용자의 입맛에 맞게 수정할 부분을 몇 개 발견했다. 가장 먼저 청구 내역을 HTML로 출력하는 기능이 필요하다. 이 변경이 어느 부분에 영향을 줄지 생각해보자. 우선 (HTML 태그를 삽입해야 하니) 청구 결과에 문자열을 추가하는 문장 각각을 조건문으로 감싸야 한다. 그러면 statement() 함수의 복잡도가 크게 증가한다. 이런 상황이라면 대부분 이 함수의 복사본을 만들고 복사본에서 HTML을 출력하는 식으로 처리할 것이다. 이때 복사하는 일 자체는 그리 부담되지 않지만, 나중에 수많은 문제를 일으킬 여지가 있다. 청구서 작성 로직을 변경할 때마다 기존 함수와 HTML 버전 함수 모두를 수정하고, 항시 일관되게 수정했는지도 확인해야 한다. 로직을 변경할 일이 절대 없다면 이렇게 복사해서 붙이는 방식도 상관없지만, 오래 사용할 프로그램이라면 중복 코드는 골칫거리가 된다.

이는 두 번째 변경 사항과도 관련이 있다. 배우들은 사극, 전원극, 전원 희극, 역사 전원극, 역사 비극, 희비 역사 전원극, 장면 변화가 없는 고전극, 길이와 시간과 장소에 제약 없는 자유극 등 더 많은 장르를 연기하고 싶어 한다. 언제 어떤 연극을 할지는 아직 결정하지 못했지만, 이 변경은 공연료와 적립 포인트 계산법에 영향을 줄 것이다. 경험 많은 개발자로서 내가 장담하건대, 어떤 방식으로 정하든 반드시 6개월 안에 다시 변경하게 될 것이다. 새로운 요구사항은 수색 대원처럼 한두 명씩이 아니라, 한 부대씩 몰려오기 마련이다.

이처럼 연극 장르와 공연료 정책이 달라질 때마다 statement() 함수를 수정해야 한다. 만약 statement()를 복사해서 별도의 htmlStatement()를 만든다면 모든 수정이 두 함수에 일관되게 반영되도록 보장해야 한다. 게다가 정책이 복잡해질수록 수정할 부분을 찾기 어려워지고 수정 과정에서 실수할 가능성도 커진다.

리팩터링이 필요한 이유는 바로 이러한 변경 때문이다. 잘 작동하고 나중에 변경할 일이 절대 없다면 코드를 현재 상태로 놔둬도 아무런 문제가 없다. 더 다듬어두면 물론 좋겠지만, 누군가 코드를 읽지 않는 한 아무런 피해가 없다. 하지만 그러다 다른 사람이 읽고 이해해야 할 일이 생겼는데 로직을 파악하기 어렵다면 뭔가 대책을 마련해야 한다.

1.3 리팩터링의 첫 단계

리팩터링의 첫 단계는 항상 똑같다. 리팩터링할 코드 영역을 꼼꼼하게 검사해줄 테스트 코드들부터 마련해야 한다. 리팩터링에서 테스트의 역할은 굉장히 중요하다. 리팩터링 기법들이 버그 발생 여지를 최소화하도록 구성됐다고는 하나 실제 작업은 사람이 수행하기 때문에 언제든 실수할 수 있다. 프로그램이 클수록 수정 과정에서 예상치 못한 문제가 발생할 가능성이 크다. '디지털 시대의 연약한 자여, 그대 이름은 소프트웨어.'

statement() 함수의 테스트는 어떻게 구성하면 될까? 이 함수가 문자열을 반환하므로, 다양한 장르의 공연들로 구성된 공연료 청구서 몇 개를 미리 작성하여 문자열 형태로 준비해둔다. 그런 다음 statement()가 반환한 문자열과 준비해둔 정답 문자열을 비교한다. 그리고 테스트 프레임워크를 이용하여 모든 테스트를 단축키 하나로 실행할 수 있도록 설정해둔다. 이 테스트는 몇 초면 끝날 것이며, 나중에 보겠지만 나는 테스트를 수시로 한다.

여기서 중요한 부분은 테스트 결과를 보고하는 방식이다. 출력된 문자열이 정답 문자열과 똑같다면 테스트를 통과했다는 의미의 초록불을 켜고, 조금이라도 다르면 실패를 뜻하는 빨간불을 켠다. 즉, 성공/실패를 스스로 판단하는 자가진단 테스트로 만든다. 자가진단 여부는 매우 중요하다. 그렇지 않으면 테스트 결과를 노트에 적어둔 값과 일일이 눈으로 비교해야 하는데, 속도가 상당히 떨어지게 된다. 최신 테스트 프레임워크는 자가진단 테스트를 작성하고 실행하는 데 필요한 모든 기능을 제공한다.

리팩터링하기 전에 제대로 된 테스트부터 마련한다. 테스트는 반드시 자가진단하도록 만든다.

나는 리팩터링 시 테스트에 상당히 의지한다. 내가 저지른 실수로부터 보호해주는 버그 검출기 역할을 해주기 때문이다. 원하는 내용을 소스 코드와 테스트 코드 양쪽에 적어두면, 두 번 다 똑같이 실수하지 않는 한 버그 검출기에 반드시 걸린다. 이와 같은 중복 검사로 실수 가능성을 크게 줄일 수 있다. 테스트를 작성하는 데 시간이 좀 걸리지만, 신경 써서 만들어두면 디버깅 시간이 줄어서 전체 작업 시간은 오히려 단축된다. 리팩터링에서 테스트의 역할이 굉장히 중요하기 때문에 4장 전체를 테스트에 할애했다.

1.4 statement() 함수 쪼개기

statement()처럼 긴 함수를 리팩터링할 때는 먼저 전체 동작을 각각의 부분으로 나눌 수 있는 지점을 찾는다. 그러면 중간 즈음의 switch문이 가장 먼저 눈에 띌 것이다.

```javascript
function statement(invoice, plays) {
  let totalAmount = 0;
  let volumeCredits = 0;
  let result = `청구 내역 (고객명: ${invoice.customer})\n`;
  const format = new Intl.NumberFormat("en-US",
                        { style: "currency", currency: "USD",
                          minimumFractionDigits: 2 }).format;

  for (let perf of invoice.performances) {
    const play = plays[perf.playID];
    let thisAmount = 0;

    switch (play.type) {        ◀── 이 switch문에 주목
    case "tragedy": // 비극
      thisAmount = 40000;
      if (perf.audience > 30) {
        thisAmount += 1000 * (perf.audience - 30);
      }
      break;
    case "comedy": // 희극
      thisAmount = 30000;
      if (perf.audience > 20) {
        thisAmount += 10000 + 500 * (perf.audience - 20);
      }
      thisAmount += 300 * perf.audience;
      break;
    default:
      throw new Error(`알 수 없는 장르: ${play.type}`);
    }
```

```
    // 포인트를 적립한다.
    volumeCredits += Math.max(perf.audience - 30, 0);
    // 희극 관객 5명마다 추가 포인트를 제공한다.
    if ("comedy" === play.type) volumeCredits += Math.floor(perf.audience / 5);

    // 청구 내역을 출력한다.
    result += `${play.name}: ${format(thisAmount/100)} (${perf.audience}석)\n`;
    totalAmount += thisAmount;
  }
  result += `총액: ${format(totalAmount/100)}\n`;
  result += `적립 포인트: ${volumeCredits}점\n`;
  return result;
}
```

이 switch문을 살펴보면 한 번의 공연에 대한 요금을 계산하고 있다. 이러한 사실은 코드를 분석해서 얻은 정보다. 워드 커닝햄^Ward Cunningham이 말하길, 이런 식으로 파악한 정보는 휘발성이 높기로 악명 높은 저장 장치인 내 머릿속에 기록되므로, 잊지 않으려면 재빨리 코드에 반영해야 한다. 그러면 다음번에 코드를 볼 때, 다시 분석하지 않아도 코드 스스로가 자신이 하는 일이 무엇인지 이야기해줄 것이다.

여기서는 코드 조각을 별도 함수로 추출하는 방식으로 앞서 파악한 정보를 코드에 반영할 것이다. 추출한 함수에는 그 코드가 하는 일을 설명하는 이름을 지어준다. amountFor(aPerformance) 정도면 적당해 보인다. 나는 이렇게 코드 조각을 함수로 추출할 때 실수를 최소화해주는 절차를 마련해뒀다. 이 절차를 따로 기록해두고, 나중에 참조하기 쉽도록 '**함수 추출하기**'^6.1절란 이름을 붙였다.

먼저 별도 함수로 빼냈을 때 유효범위를 벗어나는 변수, 즉 새 함수에서는 곧바로 사용할 수 없는 변수가 있는지 확인한다. 이번 예에서는 perf, play, thisAmount가 여기 속한다. perf와 play는 추출한 새 함수에서도 필요하지만 값을 변경하지 않기 때문에 매개변수로 전달하면 된다. 한편 thisAmount는 함수 안에서 값이 바뀌는데, 이런 변수는 조심해서 다뤄야 한다. 이번 예에서는 이런 변수가 하나뿐이므로 이 값을 반환하도록 작성했다. 또한 이 변수를 초기화하는 코드도 추출한 함수에 넣었다. 결과는 다음과 같다.

━━ statement() 함수...
```
    function amountFor(perf, play) {    ◀── 값이 바뀌지 않는 변수는 매개변수로 전달
      let thisAmount = 0;    ◀── 변수를 초기화하는 코드
```

```
    switch (play.type) {
    case "tragedy": // 비극
      thisAmount = 40000;
      if (perf.audience > 30) {
        thisAmount += 1000 * (perf.audience - 30);
      }
      break;
    case "comedy": // 희극
      thisAmount = 30000;
      if (perf.audience > 20) {
        thisAmount += 10000 + 500 * (perf.audience - 20);
      }
      thisAmount += 300 * perf.audience;
      break;
    default:
      throw new Error(`알 수 없는 장르: ${play.type}`);
    }
    return thisAmount;      ◁──── 함수 안에서 값이 바뀌는 변수 반환
}
```

☼ 코드 위에 붙은 "**XXX 함수/파일/클래스...**" 형태의 머리말은 이어지는 코드가 머리말에서 명시한 이름의 함수/파일/클래스에서 발췌한 것이라는 뜻이다. 따라서 그 함수/파일/클래스의 코드 중에서 당장 설명할 일이 없는 부분은 생략됐을 수 있다.

이제 statement()에서는 thisAmount 값을 채울 때 방금 추출한 amountFor() 함수를 호출한다.

━━ 최상위...

```
function statement(invoice, plays) {
  let totalAmount = 0;
  let volumeCredits = 0;
  let result = `청구 내역 (고객명: ${invoice.customer})\n`;
  const format = new Intl.NumberFormat("en-US",
                       { style: "currency", currency: "USD",
                         minimumFractionDigits: 2 }).format;
  for (let perf of invoice.performances) {
    const play = plays[perf.playID];
    let thisAmount = amountFor(perf, play);      ◁──── 추출한 함수를 이용
```

```
    // 포인트를 적립한다.
    volumeCredits += Math.max(perf.audience - 30, 0);
    // 희극 관객 5명마다 추가 포인트를 제공한다.
    if ("comedy" === play.type) volumeCredits += Math.floor(perf.audience / 5);

    // 청구 내역을 출력한다.
    result += `  ${play.name}: ${format(thisAmount/100)} (${perf.audience}석)\n`;
    totalAmount += thisAmount;
  }
  result += `총액: ${format(totalAmount/100)}\n`;
  result += `적립 포인트: ${volumeCredits}점\n`;
  return result;
```

이렇게 수정하고 나면 곧바로 컴파일하고 테스트해서 실수한 게 없는지 확인한다. 아무리 간단한 수정이라도 리팩터링 후에는 항상 테스트하는 습관을 들이는 것이 바람직하다. 사람은 실수하기 마련이다. 적어도 내가 겪은 바로는 그렇다. 한 가지를 수정할 때마다 테스트하면, 오류가 생기더라도 변경 폭이 작기 때문에 살펴볼 범위도 좁아서 문제를 찾고 해결하기가 훨씬 쉽다. 이처럼 조금씩 변경하고 매번 테스트하는 것은 리팩터링 절차의 핵심이다. 한 번에 너무 많이 수정하려다 실수를 저지르면 디버깅하기 어려워서 결과적으로 작업 시간이 늘어난다. 조금씩 수정하여 피드백 주기를 짧게 가져가는 습관이 이러한 재앙을 피하는 길이다.

> 여기서 '컴파일'이란 자바스크립트를 실행하는 데 필요한 모든 작업을 의미한다. 사실 자바스크립트는 별도의 컴파일 과정 없이 곧바로 실행시킬 수 있기 때문에 컴파일이란 표현이 맞지 않을 수 있지만, 코드를 output 디렉터리로 옮기거나 바벨Babel*과 같은 도구를 사용하는 것도 포괄하는 표현으로 사용했다.

리팩터링은 프로그램 수정을 작은 단계로 나눠 진행한다. 그래서 중간에 실수하더라도 버그를 쉽게 찾을 수 있다.

지금 예는 자바스크립트 코드이므로 amountFor()를 statement()의 중첩 함수nested function**로

---

* 자바스크립트 컴파일러. *https://babeljs.io/*
** 옮긴이_ 자바스크립트를 포함하여 일부 언어에서는 함수 안에 함수를 정의할 수 있다. 다른 클래스 안에 정의하는 중첩 클래스(내부 클래스)의 함수 버전이라 생각하면 된다. 내부 클래스에서 바깥 클래스의 자원(변수, 메서드 등)에 접근할 수 있듯이, 내부 함수에서도 바깥 함수의 자원(변수, 함수 등)에 접근할 수 있다.

만들 수 있었다. 이렇게 하면 바깥 함수에서 쓰던 변수를 새로 추출한 함수에 매개변수로 전달할 필요가 없어서 편하다. 지금 경우에는 달라질 게 없지만* 일반적으로는 중첩 함수로 만들면할 일 하나가 줄어드는 셈이다.

방금 수정한 사항을 테스트해보니 문제가 없다. 그래서 다음 단계로 변경 사항을 로컬 버전 관리 시스템에 커밋한다. 나는 깃[git]이나 머큐리얼[mercurial]처럼 개인 커밋[private commit]을 지원하는 버전 관리 시스템을 사용하며, 하나의 리팩터링을 문제없이 끝낼 때마다 커밋한다. 그래야 중간에 문제가 생기더라도 이전의 정상 상태로 쉽게 돌아갈 수 있다. 이렇게 자잘한 변경들이 어느 정도 의미 있는 단위로 뭉쳐지면 공유 저장소로 푸시[push]한다.

함수 추출하기[6.1절]는 흔히 IDE에서 자동으로 수행해준다. 난 자바로 프로그래밍할 때는 거의 본능적으로 함수 추출 리팩터링에 해당하는 단축키를 누른다. 이 책을 집필할 시점에서는 그 정도로 뛰어난 자바스크립트용 자동 리팩터링 도구가 없었기 때문에 수작업으로 진행했다. 지역 변수의 유효범위 문제만 조심하면 수동으로 해도 어려울 건 없다.

함수를 추출하고 나면 추출된 함수 코드를 자세히 들여다보면서 지금보다 명확하게 표현할 수 있는 간단한 방법은 없는지 검토한다. 가장 먼저 변수의 이름을 더 명확하게 바꿔보자. 가령 thisAmount를 result로 변경할 수 있다.

```
━━━ statement() 함수...
    function amountFor(perf, play) {
      let result = 0;      ◄── 명확한 이름으로 변경
      switch (play.type) {
      case "tragedy": // 비극
        result = 40000;
        if (perf.audience > 30) {
          result += 1000 * (perf.audience - 30);
        }
        break;
      case "comedy": // 희극
        result = 30000;
        if (perf.audience > 20) {
          result += 10000 + 500 * (perf.audience - 20);
        }
```

----

* 옮긴이_ perf와 play 모두 for문 안에서 선언된 변수이므로 중첩 함수가 접근할 수 없다. 즉, 이 둘은 어차피 매개변수로 넘겨야 한다.

```
      result += 300 * perf.audience;
      break;
    default:
      throw new Error(`알 수 없는 장르: ${play.type}`);
    }
    return result;
  }
```

나는 함수의 반환 값에는 항상 result라는 이름을 쓴다. 그러면 그 변수의 역할을 쉽게 알 수 있다. 이번에도 마찬가지로 컴파일하고, 테스트하고, 커밋한다. 다음은 첫 번째 인수인 perf를 aPerformance로 리팩터링해보자.

■■■■ statement() 함수...
```
    function amountFor(aPerformance, play) {      ◄── 명확한 이름으로 변경
      let result = 0;
      switch (play.type) {
      case "tragedy": // 비극
        result = 40000;
        if (aPerformance.audience > 30) {
          result += 1000 * (aPerformance.audience - 30);
        }
        break;
      case "comedy": // 희극
        result = 30000;
        if (aPerformance.audience > 20) {
          result += 10000 + 500 * (aPerformance.audience - 20);
        }
        result += 300 * aPerformance.audience;
        break;
      default:
        throw new Error(`알 수 없는 장르: ${play.type}`);
      }
      return result;
    }
```

이번에도 내 코딩 스타일에 따라 처리했다. 자바스크립트와 같은 동적 타입 언어를 사용할 때는 타입이 드러나게 작성하면 도움된다. 그래서 나는 매개변수 이름에 접두어로 타입 이름을 적는데, 지금처럼 매개변수의 역할이 뚜렷하지 않을 때는 부정 관사(a/an)를 붙인다. 이

방식은 켄트 벡에게 배웠는데 쓰면 쓸수록 정말 유용한 것 같다(『Smalltalk Best Practice Patterns』(Addison-Wesley, 1997) 참고).

> **컴퓨터가 이해하는 코드는 바보도 작성할 수 있다. 사람이 이해하도록 작성하는 프로그래머가 진정한 실력자다.**

이렇게 이름을 바꿀만한 가치가 있을까? 물론이다. 좋은 코드라면 하는 일이 명확히 드러나야 하며, 이때 변수 이름은 커다란 역할을 한다. 그러니 명확성을 높이기 위한 이름 바꾸기에는 조금도 망설이지 말기 바란다. '찾아 바꾸기' 기능을 제공하는 도구를 사용하면 어렵지도 않다. 준비해둔 테스트가 있다면, 그리고 정적 타입 언어를 사용한다면, 여러분이 미처 발견하지 못한 부분까지 찾아줄 것이다. 자동 리팩터링 도구를 사용한다면 호출하는 곳이 아주 많은 함수의 이름도 아주 쉽게 바꿀 수 있다.

다음으로 play 매개변수의 이름을 바꿀 차례다. 그런데 이 변수는 좀 다르게 처리해야 한다.

play 변수 제거하기

amountFor()의 매개변수를 살펴보면서 이 값들이 어디서 오는지 알아봤다. aPerformance는 루프 변수에서 오기 때문에 반복문을 한 번 돌 때마다 자연스레 값이 변경된다. 하지만 play는 개별 공연(aPerformance)에서 얻기 때문에 애초에 매개변수로 전달할 필요가 없다. 그냥 amountFor() 안에서 다시 계산하면 된다. 나는 긴 함수를 잘게 쪼갤 때마다 play 같은 변수를 최대한 제거한다. 이런 임시 변수들 때문에 로컬 범위에 존재하는 이름이 늘어나서 추출 작업이 복잡해지기 때문이다. 이를 해결해주는 리팩터링으로는 **임시 변수를 질의 함수로 바꾸기**[7.4절]가 있다.

먼저 대입문(=)의 우변을 함수로 추출한다.

━━━ statement() 함수...
```
function playFor(aPerformance) {
  return plays[aPerformance.playID];
}
```

━━━ 최상위...
```
function statement(invoice, plays) {
```

```
    let totalAmount = 0;
    let volumeCredits = 0;
    let result = `청구 내역 (고객명: ${invoice.customer})\n`;
    const format = new Intl.NumberFormat("en-US",
                            { style: "currency", currency: "USD",
                                minimumFractionDigits: 2 }).format;
    for (let perf of invoice.performances) {
      const play = playFor(perf);        ◀── 우변을 함수로 추출
      let thisAmount = amountFor(perf, play);

      // 포인트를 적립한다.
      volumeCredits += Math.max(perf.audience - 30, 0);
      // 희극 관객 5명마다 추가 포인트를 제공한다.
      if ("comedy" === play.type) volumeCredits += Math.floor(perf.audience / 5);

      // 청구 내역을 출력한다.
      result += `  ${play.name}: ${format(thisAmount/100)} (${perf.audience}석)\n`;
      totalAmount += thisAmount;
    }
    result += `총액: ${format(totalAmount/100)}\n`;
    result += `적립 포인트: ${volumeCredits}점\n`;
    return result;
```

컴파일-테스트-커밋한 다음 **변수 인라인하기**[6.4절]를 적용한다.

━━━ 최상위...
```
    function statement(invoice, plays) {
      let totalAmount = 0;
      let volumeCredits = 0;
      let result = `청구 내역 (고객명: ${invoice.customer})\n`;
      const format = new Intl.NumberFormat("en-US",
                              { style: "currency", currency: "USD",
                                  minimumFractionDigits: 2 }).format;

      for (let perf of invoice.performances) {
        const play = playFor(perf);        ◀── 인라인된 변수는 제거
        let thisAmount = amountFor(perf, playFor(perf));

        // 포인트를 적립한다.
        volumeCredits += Math.max(perf.audience - 30, 0);
```

```
      // 희극 관객 5명마다 추가 포인트를 제공한다.
      if ("comedy" === playFor(perf).type)        ◀── 변수 인라인
        volumeCredits += Math.floor(perf.audience / 5);

      // 청구 내역을 출력한다.
      result += `  ${playFor(perf).name}: ${format(thisAmount/100)} (${perf.audience}석)\n`;
      totalAmount += thisAmount;  ◀── 변수 인라인
    }
    result += `총액: ${format(totalAmount/100)}\n`;
    result += `적립 포인트: ${volumeCredits}점\n`;
    return result;
```

다시 컴파일-테스트-커밋한다. 변수를 인라인한 덕분에 amountFor()에 **함수 선언 바꾸기**[6.5절]를
적용해서 play 매개변수를 제거할 수 있게 되었다. 이 작업은 두 단계로 진행한다. 먼저 새로
만든 playFor()를 사용하도록 amountFor()를 수정한다.

━━━ statement() 함수...
```
    function amountFor(aPerformance, play) {
      let result = 0;
      switch (playFor(aPerformance).type) {        ◀── play를 playFor() 호출로 변경
      case "tragedy": // 비극
        result = 40000;
        if (aPerformance.audience > 30) {
          result += 1000 * (aPerformance.audience - 30);
        }
        break;
      case "comedy": // 희극
        result = 30000;
        if (aPerformance.audience > 20) {
          result += 10000 + 500 * (aPerformance.audience - 20);
        }
        result += 300 * aPerformance.audience;
        break;
      default:
        throw new Error(`알 수 없는 장르: ${playFor(aPerformance).type}`);
      }                              ┌─ play를 playFor() 호출로 변경
      return result;
    }
```

컴파일-테스트-커밋하고 play 매개변수를 삭제한다.

▬▬ 최상위...

```
function statement(invoice, plays) {
  let totalAmount = 0;
  let volumeCredits = 0;
  let result = `청구 내역 (고객명: ${invoice.customer})\n`;
  const format = new Intl.NumberFormat("en-US",
                       { style: "currency", currency: "USD",
                         minimumFractionDigits: 2 }).format;
  for (let perf of invoice.performances) {
    let thisAmount = amountFor(perf, playFor(perf));      ◁── 필요 없어진 매개변수 제거

    // 포인트를 적립한다.
    volumeCredits += Math.max(perf.audience - 30, 0);
    // 희극 관객 5명마다 추가 포인트를 제공한다.
    if ("comedy" === playFor(perf).type) volumeCredits += Math.floor(perf.audience / 5);

    // 청구 내역을 출력한다.
    result += `  ${playFor(perf).name}: ${format(thisAmount/100)} (${perf.audience}석)\n`;
    totalAmount += thisAmount;
  }
  result += `총액: ${format(totalAmount/100)}\n`;
  result += `적립 포인트: ${volumeCredits}점\n`;
  return result;
```

▬▬ statement() 함수...

```
function amountFor(aPerformance, play) {      ◁── 필요 없어진 매개변수 제거
  let result = 0;
  switch (playFor(aPerformance).type) {
  case "tragedy": // 비극
    result = 40000;
    if (aPerformance.audience > 30) {
      result += 1000 * (aPerformance.audience - 30);
    }
    break;
  case "comedy": // 희극
    result = 30000;
    if (aPerformance.audience > 20) {
      result += 10000 + 500 * (aPerformance.audience - 20);
```

```
      }
      result += 300 * aPerformance.audience;
      break;
    default:
      throw new Error(`알 수 없는 장르: ${playFor(aPerformance).type}`);
  }
  return result;
}
```

다시 한번 컴파일-테스트-커밋한다.

방금 수행한 리팩터링에서 주목할 점이 몇 가지 있다. 이전 코드는 루프를 한 번 돌 때마다 공연을 조회했는데 반해 리팩터링한 코드에서는 세 번이나 조회한다. 뒤에서 리팩터링과 성능의 관계를 자세히 설명하겠지만, 일단 지금 확인한 바로는 이렇게 변경해도 성능에 큰 영향은 없다. 설사 심각하게 느려지더라도 제대로 리팩터링된 코드베이스는 그렇지 않은 코드보다 성능을 개선하기가 훨씬 수월하다.

지역 변수를 제거해서 얻는 가장 큰 장점은 추출 작업이 훨씬 쉬워진다는 것이다. 유효범위를 신경 써야 할 대상이 줄어들기 때문이다. 실제로 나는 추출 작업 전에는 거의 항상 지역 변수부터 제거한다.

amountFor()에 전달할 인수를 모두 처리했으니, 이 함수를 호출하는 코드로 돌아가보자. 여기서 amountFor()는 임시 변수인 thisAmount에 값을 설정하는 데 사용되는데, 그 값이 다시 바뀌지는 않는다. 따라서 **변수 인라인하기**[6.4절]를 적용한다.

━━━ 최상위...
```
function statement(invoice, plays) {
  let totalAmount = 0;
  let volumeCredits = 0;
  let result = `청구 내역 (고객명: ${invoice.customer})\n`;
  const format = new Intl.NumberFormat("en-US",
                        { style: "currency", currency: "USD",
                          minimumFractionDigits: 2 }).format;

  for (let perf of invoice.performances) {

    // 포인트를 적립한다.
    volumeCredits += Math.max(perf.audience - 30, 0);
```

```
    // 희극 관객 5명마다 추가 포인트를 제공한다.
    if ("comedy" === playFor(perf).type) volumeCredits += Math.floor(perf.audience / 5);

    // 청구 내역을 출력한다.                        ┌─── thisAmount 변수를 인라인
    result += `  ${playFor(perf).name}: ${format(amountFor(perf)/100)} (${perf.audience}석)\n`;
    totalAmount += amountFor(perf);        ◄─── thisAmount 변수를 인라인
  }
  result += `총액: ${format(totalAmount/100)}\n`;
  result += `적립 포인트: ${volumeCredits}점\n`;
  return result;
```

적립 포인트 계산 코드 추출하기

지금까지 statement() 함수를 리팩터링한 결과는 다음과 같다.

━━ 최상위...
```
  function statement(invoice, plays) {
    let totalAmount = 0;
    let volumeCredits = 0;
    let result = `청구 내역 (고객명: ${invoice.customer})\n`;
    const format = new Intl.NumberFormat("en-US",
                          { style: "currency", currency: "USD",
                            minimumFractionDigits: 2 }).format;

    for (let perf of invoice.performances) {

      // 포인트를 적립한다.
      volumeCredits += Math.max(perf.audience - 30, 0);
      // 희극 관객 5명마다 추가 포인트를 제공한다.
      if ("comedy" === playFor(perf).type)
        volumeCredits += Math.floor(perf.audience / 5);

      // 청구 내역을 출력한다.
      result += `  ${playFor(perf).name}: ${format(amountFor(perf)/100)} (${perf.audience}석)\n`;
      totalAmount += amountFor(perf);
    }
    result += `총액: ${format(totalAmount/100)}\n`;
    result += `적립 포인트: ${volumeCredits}점\n`;
    return result;
```

앞에서 play 변수를 제거한 결과 로컬 유효범위의 변수가 하나 줄어서 적립 포인트 계산 부분을 추출하기가 훨씬 쉬워졌다.

처리해야 할 변수가 아직 두 개 더 남아 있다. 여기서도 perf는 간단히 전달만 하면 된다. 하지만 volumeCredits는 반복문을 돌 때마다 값을 누적해야 하기 때문에 살짝 더 까다롭다. 이 상황에서 최선의 방법은 추출한 함수에서 volumeCredits의 복제본을 초기화한 뒤 계산 결과를 반환토록 하는 것이다.

▬▬▬ statement() 함수...
```
function volumeCreditsFor(perf) {        ◀── 새로 추출한 함수
  let volumeCredits = 0;
  volumeCredits += Math.max(perf.audience - 30, 0);
  if ("comedy" === playFor(perf).type)
    volumeCredits += Math.floor(perf.audience / 5);
  return volumeCredits;
}
```

▬▬▬ 최상위...
```
function statement(invoice, plays) {
  let totalAmount = 0;
  let volumeCredits = 0;
  let result = `청구 내역 (고객명: ${invoice.customer})\n`;
  const format = new Intl.NumberFormat("en-US",
                          { style: "currency", currency: "USD",
                            minimumFractionDigits: 2 }).format;
  for (let perf of invoice.performances) {
    volumeCredits += volumeCreditsFor(perf);        ◀── 추출한 함수를 이용해 값을 누적

    // 청구 내역을 출력한다.
    result += `  ${playFor(perf).name}: ${format(amountFor(perf)/100)} (${perf.audience}석)\n`;
    totalAmount += amountFor(perf);
  }
  result += `총액: ${format(totalAmount/100)}\n`;
  result += `적립 포인트: ${volumeCredits}점\n`;
  return result;
}
```

필요 없어진 주석 두 문장은 지웠다(남겨 두면 오히려 오해의 소지가 있다).

컴파일-테스트-커밋한 다음, 새로 추출한 함수에서 쓰이는 변수들 이름을 적절히 바꾼다.

```
function volumeCreditsFor(aPerformance) {
  let result = 0;
  result += Math.max(aPerformance.audience - 30, 0);
  if ("comedy" === playFor(aPerformance).type)
    result += Math.floor(aPerformance.audience / 5);
  return result;
}
```

이상의 작업을 하나의 단계처럼 표현했지만, 실제로는 앞에서와 마찬가지로 변수 이름을 하나씩 바꿀 때마다 컴파일-테스트-커밋했다.

format 변수 제거하기

다시 최상위 코드인 **statement()**를 살펴보자.

```
function statement(invoice, plays) {
  let totalAmount = 0;
  let volumeCredits = 0;
  let result = `청구 내역 (고객명: ${invoice.customer})\n`;
  const format = new Intl.NumberFormat("en-US",
                        { style: "currency", currency: "USD",
                          minimumFractionDigits: 2 }).format;
  for (let perf of invoice.performances) {
    volumeCredits += volumeCreditsFor(perf);

    // 청구 내역을 출력한다.
    result += `  ${playFor(perf).name}: ${format(amountFor(perf)/100)} (${perf.audience}석)\n`;
    totalAmount += amountFor(perf);
  }
  result += `총액: ${format(totalAmount/100)}\n`;
  result += `적립 포인트: ${volumeCredits}점\n`;
  return result;
```

앞에서 설명했듯이 임시 변수는 나중에 문제를 일으킬 수 있다. 임시 변수는 자신이 속한 루틴에서만 의미가 있어서 루틴이 길고 복잡해지기 쉽다. 따라서 다음으로 할 리팩터링은 이런 변수들을 제거하는 것이다. 그중에서 **format**이 가장 만만해 보인다. **format**은 임시 변수에 (함수 포인터처럼) 함수를 대입한 형태인데, 나는 함수를 직접 선언해 사용하도록 바꾸는 편이다.

```
function format(aNumber) {
  return new Intl.NumberFormat("en-US",
                    { style: "currency", currency: "USD",
                      minimumFractionDigits: 2 }).format(aNumber);
}
```

```
function statement(invoice, plays) {
  let totalAmount = 0;
  let volumeCredits = 0;
  let result = `청구 내역 (고객명: ${invoice.customer})\n`;
  for (let perf of invoice.performances) {
    volumeCredits += volumeCreditsFor(perf);

    // 청구 내역을 출력한다.
    result += `  ${playFor(perf).name}: ${format(amountFor(perf)/100)} (${perf.audience}석)\n`;
    totalAmount += amountFor(perf);
  }
  result += `총액: ${format(totalAmount/100)}\n`;     ◀—— 임시 변수였던 format을 함수 호출로 대체
  result += `적립 포인트: ${volumeCredits}점\n`;
  return result;
```

이처럼 함수 변수를 일반 함수로 변경하는 것도 리팩터링이지만, 따로 이름을 붙여 리팩터링 목록에 넣지는 않았다. 굉장히 간단한 데다 드물게 쓰여서 그리 중요하지 않다고 판단했기 때문이다. 이처럼 따로 구분할 만큼 중요해 보이지 않는 리팩터링 기법은 이 외에도 많이 있다.

그런데 이름이 마음에 걸린다. "format"은 이 함수가 하는 일을 충분히 설명해주지 못한다. 템플릿 문자열 안에서 사용될 이름이라서 "formatAsUSD"라고 하기에는 또 너무 장황하다(특히 지금처럼 가시 범위가 좁다면 더더욱 맞지 않다). 이 함수의 핵심은 화폐 단위 맞추기다. 그래서 그런 느낌을 살리는 이름을 골라서 다음과 같이 **함수 선언 바꾸기**[6.5절]를 적용했다.

```
function statement(invoice, plays) {
  let totalAmount = 0;
  let volumeCredits = 0;
  let result = `청구 내역 (고객명: ${invoice.customer})\n`;
```

```
for (let perf of invoice.performances) {
  volumeCredits += volumeCreditsFor(perf);

  // 청구 내역을 출력한다.
  result += `  ${playFor(perf).name}: ${usd(amountFor(perf))} (${perf.audience}석)\n`;
  totalAmount += amountFor(perf);          ←── 함수 이름 변경
}
result += `총액: ${usd(totalAmount)}\n`;
result += `적립 포인트: ${volumeCredits}점\n`;
return result;
```

▬▬ statement() 함수...
```
function usd(aNumber) {      ←── 함수 이름 변경
  return new Intl.NumberFormat("en-US",
                    { style: "currency", currency: "USD",
                      minimumFractionDigits: 2 }).format(aNumber/100);
}                                                    ↑── 단위 변환 로직도 이 함수 안으로 이동
```

이름짓기는 중요하면서도 쉽지 않은 작업이다. 긴 함수를 작게 쪼개는 리팩터링은 이름을 잘 지어야만 효과가 있다. 이름이 좋으면 함수 본문을 읽지 않고도 무슨 일을 하는지 알 수 있다. 물론 단번에 좋은 이름을 짓기는 쉽지 않다. 따라서 처음에는 당장 떠오르는 최선의 이름을 사용하다가, 나중에 더 좋은 이름이 떠오를 때 바꾸는 식이 좋다. 흔히 코드를 두 번 이상 읽고 나서야 가장 적합한 이름이 떠오르곤 한다.

앞서 이름을 바꿀 때, 여러 차례 등장하는 100으로 나누는 코드도 추출한 함수로 옮겼다. 미국에서는 금액을 흔히 센트 단위의 정수로 저장한다. 그래야 달러 미만을 표현할 때 부동소수점을 사용하지 않아도 되고 산술 연산도 쉽게 처리할 수 있다. 하지만 화면에 출력할 때는 다시 달러 단위로 변환해야 하므로 포맷 변환 함수인 usd()에서 나눗셈까지 처리해주면 좋다.

volumeCredits 변수 제거하기

다음으로 살펴볼 변수는 volumeCredits다. 이 변수는 반복문을 한 바퀴 돌 때마다 값을 누적하기 때문에 리팩터링하기가 더 까다롭다. 따라서 먼저 **반복문 쪼개기**[8.7절]로 volumeCredits 값이 누적되는 부분을 따로 빼낸다.

```
function statement(invoice, plays) {
  let totalAmount = 0;
  let volumeCredits = 0;
  let result = `청구 내역 (고객명: ${invoice.customer})\n`;

  for (let perf of invoice.performances) {

    // 청구 내역을 출력한다.
    result += `  ${playFor(perf).name}: ${usd(amountFor(perf))} (${perf.audience}석)\n`;
    totalAmount += amountFor(perf);
  }
  for (let perf of invoice.performances) {        ◄── 값 누적 로직을 별도 for문으로 분리
    volumeCredits += volumeCreditsFor(perf);
  }

  result += `총액: ${usd(totalAmount)}\n`;
  result += `적립 포인트: ${volumeCredits}점\n`;
  return result;
```

이어서 **문장 슬라이드하기**[8.6절]를 적용해서 volumeCredits 변수를 선언하는 문장을 반복문 바로 앞으로 옮긴다.

```
function statement(invoice, plays) {
  let totalAmount = 0;
  let result = `청구 내역 (고객명: ${invoice.customer})\n`;
  for (let perf of invoice.performances) {

    // 청구 내역을 출력한다.
    result += `  ${playFor(perf).name}: ${usd(amountFor(perf))} (${perf.audience}석)\n`;
    totalAmount += amountFor(perf);
  }
  let volumeCredits = 0;       ◄── 변수 선언(초기화)을 반복문 앞으로 이동
  for (let perf of invoice.performances) {
    volumeCredits += volumeCreditsFor(perf);
  }
  result += `총액: ${usd(totalAmount)}\n`;
  result += `적립 포인트: ${volumeCredits}점\n`;
  return result;
```

volumeCredits 값 갱신과 관련한 문장들을 한데 모아두면 **임시 변수를 질의 함수로 바꾸기**[7.4절]가 수월해진다. 이번에도 역시 volumeCredits 값 계산 코드를 **함수로 추출**[6.1절]하는 작업부터 한다.

━━━ statement() 함수...

```
function totalVolumeCredits() {
  let volumeCredits = 0;
  for (let perf of invoice.performances) {
    volumeCredits += volumeCreditsFor(perf);
  }
  return volumeCredits;
}
```

━━━ 최상위...

```
function statement(invoice, plays) {
  let totalAmount = 0;
  let result = `청구 내역 (고객명: ${invoice.customer})\n`;
  for (let perf of invoice.performances) {

    // 청구 내역 출력하기
    result += `  ${playFor(perf).name}: ${usd(amountFor(perf))} (${perf.audience}석)\n`;
    totalAmount += amountFor(perf);
  }
  let volumeCredits = totalVolumeCredits();      ◀── 값 계산 로직을 함수로 추출
  result += `총액: ${usd(totalAmount)}\n`;
  result += `적립 포인트: ${volumeCredits}점\n`;
  return result;
```

함수 추출이 끝났다면, 다음은 volumeCredits **변수를 인라인**[6.4절]할 차례다.

━━━ 최상위...

```
function statement(invoice, plays) {
  let totalAmount = 0;
  let result = `청구 내역 (고객명: ${invoice.customer})\n`;
  for (let perf of invoice.performances) {

    // 청구 내역을 출력한다.
    result += `  ${playFor(perf).name}: ${usd(amountFor(perf))} (${perf.audience}석)\n`;
    totalAmount += amountFor(perf);
  }
```

```
result += `총액: ${usd(totalAmount)}\n`;        ◀── 변수 인라인
result += `적립 포인트: ${totalVolumeCredits()}점\n`;
return result;
```

여기서 잠시 멈추고 방금 한 일에 대해 생각해보자. 무엇보다도 반복문을 쪼개서 성능이 느려지지 않을까 걱정할 수 있다. 이처럼 반복문이 중복되는 것을 꺼리는 이들이 많지만, 이 정도 중복은 성능에 미치는 영향이 미미할 때가 많다. 실제로 이번 리팩터링 전과 후의 실행 시간을 측정해보면 차이를 거의 느끼지 못할 것이다. 경험 많은 프로그래머조차 코드의 실제 성능을 정확히 예측하지 못한다. 똑똑한 컴파일러들은 최신 캐싱 기법 등으로 무장하고 있어서 우리의 직관을 초월하는 결과를 내어주기 때문이다. 또한 소프트웨어 성능은 대체로 코드의 몇몇 작은 부분에 의해 결정되므로 그 외의 부분은 수정한다고 해도 성능 차이를 체감할 수 없다.

하지만 '대체로 그렇다'와 '항상 그렇다'는 엄연히 다르다. 때로는 리팩터링이 성능에 상당한 영향을 주기도 한다. 그런 경우라도 나는 개의치 않고 리팩터링한다. 잘 다듬어진 코드라야 성능 개선 작업도 훨씬 수월하기 때문이다. 리팩터링 과정에서 성능이 크게 떨어졌다면 리팩터링 후 시간을 내어 성능을 개선한다. 이 과정에서 리팩터링된 코드를 예전으로 되돌리는 경우도 있지만, 대체로 리팩터링 덕분에 성능 개선을 더 효과적으로 수행할 수 있다. 결과적으로 더 깔끔하면서 더 빠른 코드를 얻게 된다.

따라서 리팩터링으로 인한 성능 문제에 대한 내 조언은 '특별한 경우가 아니라면 일단 무시하라'는 것이다. 리팩터링 때문에 성능이 떨어진다면, 하던 리팩터링을 마무리하고 나서 성능을 개선하자.

또 하나, `volumeCredits` 변수를 제거하는 작업의 단계를 아주 잘게 나눴다는 점에도 주목하자. 다음과 같이 총 네 단계로 수행했으며, 각 단계마다 컴파일-테스트하고 로컬 저장소에 커밋했다.

1. **반복문 쪼개기**[8.7절]로 변수 값을 누적시키는 부분을 분리한다.
2. **문장 슬라이드하기**[8.6절]로 변수 초기화 문장을 변수 값 누적 코드 바로 앞으로 옮긴다.
3. **함수 추출하기**[6.1절]로 적립 포인트 계산 부분을 별도 함수로 추출한다.
4. **변수 인라인하기**[6.4절]로 volumeCredits 변수를 제거한다.

솔직히 나라고 해서 항상 단계를 이처럼 잘게 나누는 것은 아니지만, 그래도 상황이 복잡해지면 단계를 더 작게 나누는 일을 가장 먼저 한다. 특히 리팩터링 중간에 테스트가 실패하고 원인

을 바로 찾지 못하면 가장 최근 커밋으로 돌아가서 테스트에 실패한 리팩터링의 단계를 더 작게 나눠 다시 시도한다. 이렇게 하면 문제를 해결할 수 있다. 커밋을 자주 했기 때문이기도 하고, 코드가 복잡할수록 단계를 작게 나누면 작업 속도가 빨라지기 때문이다.

다음으로 totalAmount도 앞에서와 똑같은 절차로 제거한다. 먼저 반복문을 쪼개고, 변수 초기화 문장을 옮긴 다음, 함수를 추출한다. 물론 각 단계 끝에서는 항상 컴파일-테스트-커밋한다. 여기서 한 가지 문제가 있다. 추출할 함수의 이름으로는 "totalAmount"가 가장 좋지만, 이미 같은 이름의 변수가 있어서 쓸 수 없다. 그래서 일단 아무 이름인 "appleSauce"를 붙여준다 (컴파일-테스트-커밋).

▬▬ statement() 함수...
```
function appleSauce() {
  let totalAmount = 0;
  for (let perf of invoice.performances) {
    totalAmount += amountFor(perf);
  }
  return totalAmount;
}
```

▬▬ 최상위...
```
function statement(invoice, plays) {
  let result = `청구 내역 (고객명: ${invoice.customer})\n`;
  for (let perf of invoice.performances) {
    result += `  ${playFor(perf).name}: ${usd(amountFor(perf))} (${perf.audience}석)\n`;
  }
  let totalAmount = appleSauce();      ◀── 함수 추출 & 임시 이름 부여

  result += `총액: ${usd(totalAmount)}\n`;
  result += `적립 포인트: ${totalVolumeCredits()}점\n`;
  return result;
```

이제 totalAmount 변수를 인라인한 다음(컴파일-테스트-커밋), 함수 이름을 더 의미 있게 고친다(컴파일-테스트-커밋).

▬▬ 최상위...
```
function statement(invoice, plays) {
  let result = `청구 내역 (고객명: ${invoice.customer})\n`;
  for (let perf of invoice.performances) {
```

```
      result += `  ${playFor(perf).name}: ${usd(amountFor(perf))} (${perf.audience}석)\n`;
    }
    result += `총액: ${usd(totalAmount())}\n`;     ◀── 변수 인라인 후 함수 이름 바꾸기
    result += `적립 포인트: ${totalVolumeCredits()}점\n`;
    return result;
```

━━ statement() 함수...
```
    function totalAmount() {      ◀── 함수 이름 바꾸기
      let totalAmount = 0;
      for (let perf of invoice.performances) {
        totalAmount += amountFor(perf);
      }
      return totalAmount;
    }
```

추출한 함수 안에서 쓰인 이름들도 내 코딩 스타일에 맞게 변경한다.

━━ statement() 함수...
```
    function totalAmount() {
      let result = 0;     ◀── 변수 이름 바꾸기
      for (let perf of invoice.performances) {
        result += amountFor(perf);
      }
      return result;
    }

    function totalVolumeCredits() {
      let result = 0;     ◀── 변수 이름 바꾸기
      for (let perf of invoice.performances) {
        result += volumeCreditsFor(perf);
      }
      return result;
    }
```

1.5 중간 점검: 난무하는 중첩 함수

여기서 잠시 멈춰 서서 지금까지 리팩터링한 결과를 살펴보자.

```javascript
function statement(invoice, plays) {
  let result = `청구 내역 (고객명: ${invoice.customer})\n`;
  for (let perf of invoice.performances) {
    result += `  ${playFor(perf).name}: ${usd(amountFor(perf))} (${perf.audience}석)\n`;
  }
  result += `총액: ${usd(totalAmount())}\n`;
  result += `적립 포인트: ${totalVolumeCredits()}점\n`;
  return result;

  function totalAmount() {
    let result = 0;
    for (let perf of invoice.performances) {
      result += amountFor(perf);
    }
    return result;
  }
  // 여기서부터 중첩 함수 시작
  function totalVolumeCredits() {
    let result = 0;
    for (let perf of invoice.performances) {
      result += volumeCreditsFor(perf);
    }
    return result;
  }

  function usd(aNumber) {
    return new Intl.NumberFormat("en-US",
                  { style: "currency", currency: "USD",
                    minimumFractionDigits: 2 }).format(aNumber/100);
  }

  function volumeCreditsFor(aPerformance) {
    let result = 0;
    result += Math.max(aPerformance.audience - 30, 0);
    if ("comedy" === playFor(aPerformance).type)
```

```
      result += Math.floor(aPerformance.audience / 5);
    return result;
  }


  function playFor(aPerformance) {
    return plays[aPerformance.playID];
  }


  function amountFor(aPerformance) {
    let result = 0;
    switch (playFor(aPerformance).type) {
    case "tragedy": // 비극
      result = 40000;
      if (aPerformance.audience > 30) {
        result += 1000 * (aPerformance.audience - 30);
      }
      break;
    case "comedy": // 희극
      result = 30000;
      if (aPerformance.audience > 20) {
        result += 10000 + 500 * (aPerformance.audience - 20);
      }
      result += 300 * aPerformance.audience;
      break;
    default:
      throw new Error(`알 수 없는 장르: ${playFor(aPerformance).type}`);
    }
    return result;
  } // amountFor() 끝
} // statement() 끝
```

코드 구조가 한결 나아졌다. 최상위의 statement() 함수는 이제 단 일곱 줄뿐이며, 출력할 문장을 생성하는 일만 한다. 계산 로직은 모두 여러 개의 보조 함수로 빼냈다. 결과적으로 각 계산 과정은 물론 전체 흐름을 이해하기가 훨씬 쉬워졌다.

1.6 계산 단계와 포맷팅 단계 분리하기

지금까지는 프로그램의 논리적인 요소를 파악하기 쉽도록 코드의 구조를 보강하는 데 주안점을 두고 리팩터링했다. 리팩터링 초기 단계에서 흔히 수행하는 일이다. 복잡하게 얽힌 덩어리를 잘게 쪼개는 작업은 이름을 잘 짓는 일만큼 중요하다.

골격은 충분히 개선됐으니 이제 원하던 기능 변경, 즉 statement()의 HTML 버전을 만드는 작업을 살펴보자. 여러 각도에서 볼 때 확실히 처음 코드보다 작업하기 편해졌다. 계산 코드가 모두 분리됐기 때문에 일곱 줄짜리 최상단 코드에 대응하는 HTML 버전만 작성하면 된다. 그런데 문제가 하나 있다. 분리된 계산 함수들이 텍스트 버전인 statement() 안에 중첩 함수로 들어가 있는 게 아닌가. 이 모두를 그대로 복사해 붙이는 방식으로 HTML 버전을 만들고 싶진 않다. 텍스트 버전과 HTML 버전 함수 모두가 똑같은 계산 함수들을 사용하게 만들고 싶다.

다양한 해결책 중 내가 가장 선호하는 방식은 **단계 쪼개기**[6.11절]다. 내 목표는 statement()의 로직을 두 단계로 나누는 것이다. 첫 단계에서는 statement()에 필요한 데이터를 처리하고, 다음 단계에서는 앞서 처리한 결과를 텍스트나 HTML로 표현하도록 하자. 다시 말해 첫 번째 단계에서는 두 번째 단계로 전달할 중간 데이터 구조를 생성하는 것이다.

단계를 쪼개려면 먼저 두 번째 단계가 될 코드들을 **함수 추출하기**[6.1절]로 뽑아내야 한다. 이 예에서 두 번째 단계는 청구 내역을 출력하는 코드인데, 현재는 statement()의 본문 전체가 여기 해당한다.

```javascript
function statement(invoice, plays) {
    return renderPlainText(invoice, plays);      ← 본문 전체를 별도 함수로 추출
}

function renderPlainText(invoice, plays) {       ← 본문 전체를 별도 함수로 추출
    let result = `청구 내역 (고객명: ${invoice.customer})\n`;
    for (let perf of invoice.performances) {
        result += `  ${playFor(perf).name}: ${usd(amountFor(perf))} (${perf.audience}석)\n`;
    }
    result += `총액: ${usd(totalAmount())}\n`;
    result += `적립 포인트: ${totalVolumeCredits()}점\n`;
    return result;
```

```
        function totalAmount() {...}
        function totalVolumeCredits() {...}
        function usd(aNumber) {...}
        function volumeCreditsFor(aPerformance) {...}
        function playFor(aPerformance) {...}
        function amountFor(aPerformance) {...}
    }
```

항상 하듯이 수정한 코드를 컴파일-테스트-커밋한다. 다음으로 두 단계 사이의 중간 데이터 구조 역할을 할 객체를 만들어서 renderPlainText()에 인수로 전달한다(컴파일-테스트-커밋).

```
function statement(invoice, plays) {
    const statementData = {};
    return renderPlainText(statementData, invoice, plays);    ◀── 중간 데이터 구조를 인수로 전달
}

function renderPlainText(data, invoice, plays) {    ◀── 중간 데이터 구조를 인수로 전달
    let result = `청구 내역 (고객명: ${invoice.customer})\n`;
    for (let perf of invoice.performances) {
        result += `  ${playFor(perf).name}: ${usd(amountFor(perf))} (${perf.audience}석)\n`;
    }
    result += `총액: ${usd(totalAmount())}\n`;
    result += `적립 포인트: ${totalVolumeCredits()}점\n`;
    return result;

    function totalAmount() {...}
    function totalVolumeCredits() {...}
    function usd(aNumber) {...}
    function volumeCreditsFor(aPerformance) {...}
    function playFor(aPerformance) {...}
    function amountFor(aPerformance) {...}
```

이번에는 renderPlainText()의 다른 두 인수(invoice와 plays)를 살펴보자. 이 인수들을 통해 전달되는 데이터를 모두 방금 만든 중간 데이터 구조로 옮기면, 계산 관련 코드는 전부 statement() 함수로 모으고 renderPlainText()는 data 매개변수로 전달된 데이터만 처리하게 만들 수 있다.

가장 먼저 고객 정보부터 중간 데이터 구조로 옮긴다(컴파일-테스트-커밋).

```
function statement(invoice, plays) {
  const statementData = {};
  statementData.customer = invoice.customer;      ◄── 고객 데이터를 중간 데이터로 옮김
  return renderPlainText(statementData, invoice, plays);
}

function renderPlainText(data, invoice, plays) {
  let result = `청구 내역 (고객명: ${data.customer}\n`;   ◄── 고객 데이터를 중간 데이터로부터 얻음
  for (let perf of invoice.performances) {
    result += `  ${playFor(perf).name}: ${usd(amountFor(perf))} (${perf.audience}석)\n`;
  }
  result += `총액: ${usd(totalAmount())}\n`;
  result += `적립 포인트: ${totalVolumeCredits()}점\n`;
  return result;
```

같은 방식으로 공연 정보까지 중간 데이터 구조로 옮기고 나면 renderPlainText()의
invoice 매개변수를 삭제해도 된다(컴파일-테스트-커밋).

최상위...
```
function statement(invoice, plays) {
  const statementData = {};
  statementData.customer = invoice.customer;
  statementData.performances = invoice.performances;   ◄── 공연 정보를 중간 데이터로 옮김
  return renderPlainText(statementData, invoice, plays);   ◄── 필요 없어진 인수 삭제
}

function renderPlainText(data, plays) {
  let result = `청구 내역 (고객명: ${data.customer}\n`;
  for (let perf of data.performances) {
    result += `  ${playFor(perf).name}: ${usd(amountFor(perf))} (${perf.audience}석)\n`;
  }
  result += `총액: ${usd(totalAmount())}\n`;
  result += `적립 포인트: ${totalVolumeCredits()}점\n`;
  return result;
```

renderPlainText() 함수...
```
function totalAmount() {
  let result = 0;
  for (let perf of data.performances) {
    result += amountFor(perf);
```

```
    }
    return result;
  }
  function totalVolumeCredits() {
    let result = 0;
    for (let perf of data.performances) {
      result += volumeCreditsFor(perf);
    }
    return result;
  }
```

이제 연극 제목도 중간 데이터 구조에서 가져오도록 한다. 이를 위해 공연 정보 레코드에 연극 데이터를 추가해야 한다(컴파일-테스트-커밋).

```
function statement(invoice, plays) {
  const statementData = {};
  statementData.customer = invoice.customer;
  statementData.performances = invoice.performances.map(enrichPerformance);
  return renderPlainText(statementData, plays);

  function enrichPerformance(aPerformance) {
    const result = Object.assign({}, aPerformance); // 얕은 복사 수행
    return result;
  }
}
```

여기서는 공연 객체를 복사하기만 했지만, 잠시 후 이렇게 새로 만든 레코드에 데이터를 채울 것이다. 이때 복사를 한 이유는 함수로 건넨 데이터를 수정하기 싫어서다. 가변^{mutable} 데이터는 금방 상하기 때문에 나는 데이터를 최대한 불변^{immutable}처럼 취급한다.

> 자바스크립트를 처음 접한 독자는 여기 나온 result = Object.assign({}, aPerformance) 구문이 광장히 어색할 수 있다. 이 문장은 얕은 복사$^{shallow\ copy}$를 수행한다. 나는 이럴 때 함수로 만드는 방식을 선호하지만, 워낙 굳어진 표현이라서 별도 함수로 만들면 자바스크립트 프로그래머가 볼 때 오히려 어색할까 봐 이렇게 썼다.

이제 연극 정보를 담을 자리가 마련됐으니 실제로 데이터를 담아보자. 이를 위해 **함수 옮기기**[8.1절]를 적용하여 playFor() 함수를 statement()로 옮긴다(컴파일-테스트-커밋).

```
function enrichPerformance(aPerformance) {
  const result = Object.assign({}, aPerformance);
  result.play = playFor(result);    ◄── 중간 데이터에 연극 정보를 저장
  return result;
}


function playFor(aPerformance) {    ◄── renderPlainText()의 중첩 함수였던 playFor()를 statement()로 옮김
  return plays[aPerformance.playID];
}
```

그런 다음 renderPlainText() 안에서 playFor()를 호출하던 부분을 중간 데이터를 사용하도
록 바꾼다(컴파일-테스트-커밋).

```
let result = `청구 내역 (고객명: ${data.customer}\n`;
for (let perf of data.performances) {
  result += `  ${perf.play.name}: ${usd(amountFor(perf))} (${perf.audience}석)\n`;
}
result += `총액: ${usd(totalAmount())}\n`;
result += `적립 포인트: ${totalVolumeCredits()}점\n`;
return result;

function volumeCreditsFor(aPerformance) {
  let result = 0;
  result += Math.max(aPerformance.audience - 30, 0);
  if ("comedy" === aPerformance.play.type)
    result += Math.floor(aPerformance.audience / 5);
  return result;
}

function amountFor(aPerformance) {
  let result = 0;
  switch (aPerformance.play.type) {
  case "tragedy": // 비극
    result = 40000;
    if (aPerformance.audience > 30) {
      result += 1000 * (aPerformance.audience - 30);
    }
    break;
```

```
      case "comedy": // 희극
        result = 30000;
        if (aPerformance.audience > 20) {
          result += 10000 + 500 * (aPerformance.audience - 20);
        }
        result += 300 * aPerformance.audience;
        break;
      default:
        throw new Error(`알 수 없는 장르: ${aPerformance.play.type}`);
    }
    return result;
  }
```

이어서 amountFor()도 비슷한 방법으로 옮긴다(컴파일-테스트-커밋).

━━━ statement() 함수...
```
    function enrichPerformance(aPerformance) {
      const result = Object.assign({}, aPerformance);
      result.play = playFor(result);
      result.amount = amountFor(result);
      return result;
    }


    function amountFor(aPerformance) {...}
```

━━━ renderPlainText() 함수...
```
    let result = `청구 내역 (고객명: ${data.customer}\n`;
    for (let perf of data.performances) {
      result += `  ${perf.play.name}: ${usd(perf.amount)} (${perf.audience}석)\n`;
    }
    result += `총액: ${usd(totalAmount())}\n`;
    result += `적립 포인트: ${totalVolumeCredits()}점\n`;
    return result;

    function totalAmount() {
      let result = 0;
      for (let perf of data.performances) {
        result += perf.amount;
      }
      return result;
    }
```

다음으로 적립 포인트 계산 부분을 옮긴다(컴파일-테스트-커밋).

━━ statement() 함수...

```
function enrichPerformance(aPerformance) {
  const result = Object.assign({}, aPerformance);
  result.play = playFor(result);
  result.amount = amountFor(result);
  result.volumeCredits = volumeCreditsFor(result);
  return result;
}

function volumeCreditsFor(aPerformance) {...}
```

━━ renderPlainText() 함수...

```
function totalVolumeCredits() {
  let result = 0;
  for (let perf of data.performances) {
    result += perf.volumeCredits;
  }
  return result;
}
```

마지막으로 총합을 구하는 부분을 옮긴다.

━━ statement() 함수...

```
const statementData = {};
statementData.customer = invoice.customer;
statementData.performances = invoice.performances.map(enrichPerformance);
statementData.totalAmount = totalAmount(statementData);
statementData.totalVolumeCredits = totalVolumeCredits(statementData);
return renderPlainText(statementData, plays);

function totalAmount(data) {...}
function totalVolumeCredits(data) {...}
```

━━ renderPlainText() 함수...

```
let result = `청구 내역 (고객명: ${data.customer}\n`;
for (let perf of data.performances) {
  result += `  ${perf.play.name}: ${usd(perf.amount)} (${perf.audience}석)\n`;
}
```

```
      result += `총액: ${usd(data.totalAmount)}\n`;
      result += `적립 포인트: ${data.totalVolumeCredits}점\n`;
      return result;
```

이때 총합을 구하는 두 함수 totalAmount()와 totalVolumeCredits()의 본문에서 (유효범위 안에 있으므로) statementData 변수를 직접 사용할 수도 있지만, 내가 명확히 매개변수로 전달하는 방식을 선호하여 이렇게 수정했다.

이렇게 옮기고 컴파일-테스트-커밋하고 나니, 가볍게 **반복문을 파이프라인으로 바꾸기**[8.8절]까지 적용하고 싶어졌다.

━━ statement() 함수...

```
function totalAmount(data) {
  return data.performances    ◀── for 반복문을 파이프라인으로 바꿈
    .reduce((total, p) => total + p.amount, 0);
}
function totalVolumeCredits(data) {
  return data.performances
    .reduce((total, p) => total + p.volumeCredits, 0);   ◀── for 반복문을 파이프라인으로 바꿈
}
```

이제 첫 단계인 'statement()에 필요한 데이터 처리'에 해당하는 코드를 모두 별도 함수로 빼낸다(컴파일-테스트-커밋).

━━ 최상위...

```
function statement(invoice, plays) {
  return renderPlainText(createStatementData(invoice, plays));
}

function createStatementData(invoice, plays) {   ◀── 중간 데이터 생성을 전담
  const statementData = {};
  statementData.customer = invoice.customer;
  statementData.performances = invoice.performances.map(enrichPerformance);
  statementData.totalAmount = totalAmount(statementData);
  statementData.totalVolumeCredits = totalVolumeCredits(statementData);
  return statementData;
```

두 단계가 명확히 분리됐으니 각 코드를 별도 파일에 저장한다(그러면서 반환 결과를 저장할 변수의 이름도 내 코딩 스타일에 맞게 바꾼다).

```
import createStatementData from './createStatementData.js';
```

```
export default function createStatementData(invoice, plays) {
  const result = {};
  result.customer = invoice.customer;
  result.performances = invoice.performances.map(enrichPerformance);
  result.totalAmount = totalAmount(result);
  result.totalVolumeCredits = totalVolumeCredits(result);
  return result;

  function enrichPerformance(aPerformance) {...}
  function playFor(aPerformance) {...}
  function amountFor(aPerformance) {...}
  function volumeCreditsFor(aPerformance) {...}
  function totalAmount(data) {...}
  function totalVolumeCredits(data) {...}
```

마지막으로 컴파일-테스트-커밋하고 나면 드디어 HTML 버전을 작성할 준비가 끝난다.

```
function htmlStatement(invoice, plays) {
  return renderHtml(createStatementData(invoice, plays));   ◀── 중간 데이터 생성 함수를 공유
}

function renderHtml(data) {
  let result = `<h1>청구 내역 (고객명: ${data.customer})</h1>\n`;
  result += "<table>\n";
  result += "<tr><th>연극</th><th>좌석 수</th><th>금액</th></tr>";
  for (let perf of data.performances) {
    result += `  <tr><td>${perf.play.name}</td><td>(${perf.audience}석)</td>`;
    result += `<td>${usd(perf.amount)}</td></tr>\n`;
  }
  result += "</table>\n";
  result += `<p>총액: <em>${usd(data.totalAmount)}</em></p>\n`;
  result += `<p>적립 포인트: <em>${data.totalVolumeCredits}</em>점</p>\n`;
  return result;
}

function usd(aNumber) {...}
```

usd()를 renderHtml()에서도 사용할 수 있도록 최상위로 옮겼다.

1.7 중간 점검: 두 파일(과 두 단계)로 분리됨

잠시 쉬면서 코드의 상태를 점검해보자. 현재 코드는 두 개의 파일로 구성된다.

statement.js...

```javascript
import createStatementData from './createStatementData.js';

function statement(invoice, plays) {
  return renderPlainText(createStatementData(invoice, plays));
}

function renderPlainText(data, plays) {
  let result = `청구 내역 (고객명: for ${data.customer})\n`;
  for (let perf of data.performances) {
    result += `  ${perf.play.name}: ${usd(perf.amount)} (${perf.audience}석)\n`;
  }
  result += `총액: ${usd(data.totalAmount)}\n`;
  result += `적립 포인트: ${data.totalVolumeCredits}점\n`;
  return result;
}

function htmlStatement(invoice, plays) {
  return renderHtml(createStatementData(invoice, plays));
}

function renderHtml(data) {
  let result = `<h1>청구 내역 (고객명: ${data.customer})</h1>\n`;
  result += "<table>\n";
  result += "<tr><th>연극</th><th>좌석 수</th><th>금액</th></tr>";
  for (let perf of data.performances) {
    result += `  <tr><td>${perf.play.name}</td><td>(${perf.audience}석)</td>`;
    result += `<td>${usd(perf.amount)}</td></tr>\n`;
  }
  result += "</table>\n";
```

```
    result += `<p>총액: <em>${usd(data.totalAmount)}</em></p>\n`;
    result += `<p>적립 포인트: <em>${data.totalVolumeCredits}</em>점</p>\n`;
    return result;
  }


  function usd(aNumber) {
    return new Intl.NumberFormat("en-US", { style: "currency", currency: "USD",
                                minimumFractionDigits: 2 }).format(aNumber/100);
  }
```

▬▬ createStatementData.js...

```
export default function createStatementData(invoice, plays) {
  const result = {};
  result.customer = invoice.customer;
  result.performances = invoice.performances.map(enrichPerformance);
  result.totalAmount = totalAmount(result);
  result.totalVolumeCredits = totalVolumeCredits(result);
  return result;

  function enrichPerformance(aPerformance) {
    const result = Object.assign({}, aPerformance);
    result.play = playFor(result);
    result.amount = amountFor(result);
    result.volumeCredits = volumeCreditsFor(result);
    return result;
  }

  function playFor(aPerformance) {
    return plays[aPerformance.playID]
  }

  function amountFor(aPerformance) {
    let result = 0;
    switch (aPerformance.play.type) {
    case "tragedy": // 비극
      result = 40000;
      if (aPerformance.audience > 30) {
        result += 1000 * (aPerformance.audience - 30);
      }
      break;
    case "comedy": // 희극
```

```
        result = 30000;
        if (aPerformance.audience > 20) {
          result += 10000 + 500 * (aPerformance.audience - 20);
        }
        result += 300 * aPerformance.audience;
        break;
      default:
        throw new Error(`알 수 없는 장르: ${aPerformance.play.type}`);
    }
    return result;
}


function volumeCreditsFor(aPerformance) {
    let result = 0;
    result += Math.max(aPerformance.audience - 30, 0);
    if ("comedy" === aPerformance.play.type) result += Math.floor(aPerformance.audience / 5);
    return result;
}


function totalAmount(data) {
  return data.performances
    .reduce((total, p) => total + p.amount, 0);
}


function totalVolumeCredits(data) {
  return data.performances
    .reduce((total, p) => total + p.volumeCredits, 0);
}
```

처음보다 코드량이 부쩍 늘었다. 원래 44줄짜리 코드가 지금은 htmlStatement()를 빼고도 70줄이나 된다. 늘어난 주된 원인은 함수로 추출하면서 함수 본문을 열고 닫는 괄호가 덧붙었기 때문이다. 그 외에 달라진 점이 없다면 안 좋은 징조지만, 다행히 그렇지는 않다. 추가된 코드 덕분에 전체 로직을 구성하는 요소 각각이 더 뚜렷이 부각되고, 계산하는 부분과 출력 형식을 다루는 부분이 분리됐다. 이렇게 모듈화하면 각 부분이 하는 일과 그 부분들이 맞물려 돌아가는 과정을 파악하기 쉬워진다. 간결함이 지혜의 정수일지 몰라도, 프로그래밍에서만큼은 명료함이 진화할 수 있는 소프트웨어의 정수다. 모듈화한 덕분에 계산 코드를 중복하지 않고도 HTML 버전을 만들 수 있었다.

캠핑자들에게는 "도착했을 때보다 깔끔하게 정돈하고 떠난다"는 규칙이 있다. 프로그래밍도 마찬가지다. 항시 코드베이스를 작업 시작 전보다 건강하게(healthy) 만들어놓고 떠나야 한다.

출력 로직을 더 간결하게 만들 수도 있지만 일단은 이 정도에서 멈추겠다. 나는 항상 리팩터링과 기능 추가 사이의 균형을 맞추려고 한다. 현재 코드에서는 리팩터링이 그다지 절실하게 느껴지지 않을 수 있지만, 그래도 어느 정도 균형점을 잡을 수 있다. 이럴 때 나는 '항시 코드베이스를 작업하기 전보다 더 건강하게 고친다'라는 캠핑 규칙의 변형 버전을 적용한다. 완벽하지는 않더라도, 분명 더 나아지게 한다.

1.8 다형성을 활용해 계산 코드 재구성하기

이번에는 연극 장르를 추가하고 장르마다 공연료와 적립 포인트 계산법을 다르게 지정하도록 기능을 수정해보자. 현재 상태에서 코드를 변경하려면 이 계산을 수행하는 함수에서 조건문을 수정해야 한다. amountFor() 함수를 보면 연극 장르에 따라 계산 방식이 달라진다는 사실을 알 수 있는데, 이런 형태의 조건부 로직은 코드 수정 횟수가 늘어날수록 골칫거리로 전락하기 쉽다. 이를 방지하려면 프로그래밍 언어가 제공하는 구조적인 요소로 적절히 보완해야 한다.

조건부 로직을 명확한 구조로 보완하는 방법은 다양하지만, 여기서는 객체지향의 핵심 특성인 다형성^{polymorphism}을 활용하는 것이 자연스럽다. 자바스크립트 커뮤니티에서 전통적인 객체지향 지원은 오랫동안 논란거리였다. 그러다가 ECMAScript 2015 버전(ES6)부터 객체지향을 사용할 수 있는 문법과 구조가 제대로 지원되기 시작했다. 따라서 딱 맞는 상황이라면 이런 기능을 적극 활용하는 것이 좋다. 바로 지금처럼 말이다.

이번 작업의 목표는 상속 계층을 구성해서 희극 서브클래스와 비극 서브클래스가 각자의 구체적인 계산 로직을 정의하는 것이다. 호출하는 쪽에서는 다형성 버전의 공연료 계산 함수를 호출하기만 하면 되고, 희극이냐 비극이냐에 따라 정확한 계산 로직을 연결하는 작업은 언어 차원에서 처리해준다. 적립 포인트 계산도 비슷한 구조로 만들 것이다. 이 과정에서 몇 가지 리팩터링 기법을 적용하는데, 그중 핵심은 **조건부 로직을 다형성으로 바꾸기**[10.4절]다. 이 리팩터링은 조건부 코드 한 덩어리를 다형성을 활용하는 방식으로 바꿔준다. 그런데 이 리팩터링을 적용하려면 상속 계층부터 정의해야 한다. 즉, 공연료와 적립 포인트 계산 함수를 담을 클래스가 필요하다.

먼저 계산을 수행하는 코드를 살펴보자.

앞에서 수행한 리팩터링 덕분에 (출력 데이터 구조를 수정하지 않는 한) 출력 포맷 관련 코드에는 신경 쓸 일이 없다. 더 확실하게 하려면 중간 데이터 구조를 검사하는 테스트를 추가한다.

createStatementData.js...

```javascript
export default function createStatementData(invoice, plays) {
  const result = {};
  result.customer = invoice.customer;
  result.performances = invoice.performances.map(enrichPerformance);
  result.totalAmount = totalAmount(result);
  result.totalVolumeCredits = totalVolumeCredits(result);
  return result;

  function enrichPerformance(aPerformance) {
    const result = Object.assign({}, aPerformance);
    result.play = playFor(result);
    result.amount = amountFor(result);
    result.volumeCredits = volumeCreditsFor(result);
    return result;
  }

  function playFor(aPerformance) {
    return plays[aPerformance.playID]
  }

  function amountFor(aPerformance) {
    let result = 0;
    switch (aPerformance.play.type) {
    case "tragedy": // 비극
      result = 40000;
      if (aPerformance.audience > 30) {
        result += 1000 * (aPerformance.audience - 30);
      }
      break;
    case "comedy": // 희극
      result = 30000;
      if (aPerformance.audience > 20) {
        result += 10000 + 500 * (aPerformance.audience - 20);
```

```
    }
    result += 300 * aPerformance.audience;
    break;
  default:
    throw new Error(`알 수 없는 장르: ${aPerformance.play.type}`);
  }
  return result;
}


function volumeCreditsFor(aPerformance) {
  let result = 0;
  result += Math.max(aPerformance.audience - 30, 0);
  if ("comedy" === aPerformance.play.type) result += Math.floor(aPerformance.audience / 5);
  return result;
}


function totalAmount(data) {
  return data.performances
    .reduce((total, p) => total + p.amount, 0);
}


function totalVolumeCredits(data) {
  return data.performances
    .reduce((total, p) => total + p.volumeCredits, 0);
}
```

공연료 계산기 만들기

여기서 핵심은 각 공연의 정보를 중간 데이터 구조에 채워주는 enrichPerformance() 함수다. 현재 이 함수는 조건부 로직을 포함한 함수인 amountFor()와 volumeCreditsFor()를 호출하여 공연료와 적립 포인트를 계산한다. 이번에 할 일은 이 두 함수를 전용 클래스로 옮기는 작업이다. 이 클래스는 공연 관련 데이터를 계산하는 함수들로 구성되므로 공연료 계산기(PerformanceCalculator)라 부르기로 하자.

─── createStatementData() 함수...

```
  function enrichPerformance(aPerformance) {
    const calculator = new PerformanceCalculator(aPerformance);   ◄── 공연료 계산기 생성
    const result = Object.assign({}, aPerformance);
    result.play = playFor(result);
```

```
      result.amount = amountFor(result);
      result.volumeCredits = volumeCreditsFor(result);
      return result;
    }
```

━━━ 최상위...
```
    class PerformanceCalculator {     ◁── 공연료 계산기 클래스
      constructor(aPerformance) {
        this.performance = aPerformance;
      }
    }
```

아직까지는 이 클래스의 객체로 할 수 있는 일은 없다. 기존 코드에서 몇 가지 동작을 이 클래스로 옮겨보자. 먼저 가장 간단한 연극 레코드부터 시작하자. 사실 이 작업은 다형성을 적용해야 할 만큼 차이가 크지 않으니 반드시 할 필요는 없지만, 모든 데이터 변환을 한 곳에서 수행할 수 있어서 코드가 더욱 명확해진다.

이를 위해 계산기 클래스의 생성자에 **함수 선언 바꾸기**[6.5절]를 적용하여 공연할 연극을 계산기로 전달한다.

━━━ createStatementData() 함수...
```
    function enrichPerformance(aPerformance) {
      const calculator = new PerformanceCalculator(aPerformance, playFor(aPerformance));
      const result = Object.assign({}, aPerformance);          ↑
      result.play = calculator.play;                           └── 공연 정보를 계산기로 전달
      result.amount = amountFor(result);
      result.volumeCredits = volumeCreditsFor(result);
      return result;
    }
```

━━━ PerformanceCalculator 클래스...
```
    class PerformanceCalculator {
      constructor(aPerformance, aPlay) {
        this.performance = aPerformance;
        this.play = aPlay;
      }
    }
```

함수들을 계산기로 옮기기

그다음 옮길 로직은 공연료 계산에 더 중요하다. 지금까지는 중첩 함수를 재배치하는 것이어서 함수를 옮기는 데 부담이 없었다. 하지만 이번에는 함수를 (모듈, 클래스 등) 다른 컨텍스트로 옮기는 큰 작업이다. 그러니 이번에는 **함수 옮기기**[8.1절] 리팩터링으로 작업을 단계별로 차근차근 진행해보자. 가장 먼저 할 일은 공연료 계산 코드를 계산기 클래스 안으로 복사하는 것이다. 그런 다음 이 코드가 새 보금자리에서 잘 동작하도록 aPerformance를 this.performance로 바꾸고 playFor(aPerformance)를 this.play로 바꿔준다.

━━━ PerformanceCalculator 클래스...

```
  get amount() {   ◀── amountFor() 함수의 코드를 계산기 클래스로 복사
    let result = 0;
    switch (this.play.type) {   ◀── amountFor() 함수가 매개변수로 받던 정보를 계산기 필드에서 바로 얻음
      case "tragedy": // 비극
        result = 40000;
        if (this.performance.audience > 30) {
          result += 1000 * (this.performance.audience - 30);
        }
        break;
      case "comedy": // 희극
        result = 30000;
        if (this.performance.audience > 20) {
          result += 10000 + 500 * (this.performance.audience - 20);
        }
        result += 300 * this.performance.audience;
        break;
      default:
        throw new Error(`알 수 없는 장르: ${this.play.type}`);
    }
    return result;
  }
```

이렇게 수정한 다음 컴파일하여 에러가 없는지 확인한다. 내 개발 환경에서는 코드를 실행할 때 '컴파일'되는데, 실제로는 바벨*을 실행한다는 뜻으로 썼다. 이렇게 하면 필요 이상으로 많은 일을 하는 셈이지만 어쨌든 새로 만든 함수 코드의 구문 에러를 잘 걸러내준다.

복사한 함수가 동작하게끔 수정했다면 원본 함수가 방금 만든 함수로 작업을 위임하도록 바꾼다.

━━ createStatementData() 함수...

```
function amountFor(aPerformance) {
  return new PerformanceCalculator(aPerformance, playFor(aPerformance)).amount;
}                       └── 원본 함수인 amountFor()도 계산기를 이용하도록 수정
```

그런 다음 컴파일-테스트-커밋해서 새 집으로 이사 간 코드가 제대로 작동하는지 확인한다. 문제없다면 원래 **함수를 인라인**[6.2절]하여 새 함수를 직접 호출하도록 수정한다(컴파일-테스트-커밋).

━━ createStatementData() 함수...

```
function enrichPerformance(aPerformance) {
  const calculator = new PerformanceCalculator(aPerformance,
                                     playFor(aPerformance));
  const result = Object.assign({}, aPerformance);
  result.play = calculator.play;
  result.amount = calculator.amount;   ◀── amountFor() 대신 계산기의 함수 이용
  result.volumeCredits = volumeCreditsFor(result);
  return result;
}
```

적립 포인트를 계산하는 함수도 같은 방법으로 옮긴다.

━━ createStatementData() 함수...

```
function enrichPerformance(aPerformance) {
  const calculator = new PerformanceCalculator(aPerformance,
                                     playFor(aPerformance));
  const result = Object.assign({}, aPerformance);
  result.play = calculator.play;
  result.amount = calculator.amount;
  result.volumeCredits = calculator.volumeCredits;
  return result;
}
```

---

* *https://babeljs.io/*

```
━━━ PerformanceCalculator 클래스...
    get volumeCredits() {
      let result = 0;
      result += Math.max(this.performance.audience - 30, 0);
      if ("comedy" === this.play.type)
        result += Math.floor(this.performance.audience / 5);
      return result;
    }
```

공연료 계산기를 다형성 버전으로 만들기

클래스에 로직을 담았으니 이제 다형성을 지원하게 만들어보자. 가장 먼저 할 일은 타입 코드[type code] 대신 서브클래스를 사용하도록 변경하는 것이다(**타입 코드를 서브클래스로 바꾸기**[12.6절]). 이렇게 하려면 PerformanceCalculator의 서브클래스들을 준비하고 createStatementData()에서 그중 적합한 서브클래스를 사용하게 만들어야 한다. 그리고 딱 맞는 서브클래스를 사용하려면 생성자 대신 함수를 호출하도록 바꿔야 한다. 자바스크립트에서는 생성자가 서브클래스의 인스턴스를 반환할 수 없기 때문이다. 그래서 **생성자를 팩터리 함수로 바꾸기**[11.8절]를 적용한다.

```
━━━ createStatementData() 함수...
    function enrichPerformance(aPerformance) {
      const calculator = createPerformanceCalculator(aPerformance,   ◀━━ 생성자 대신 팩터리 함수 이용
                                                      playFor(aPerformance));
      const result = Object.assign({}, aPerformance);
      result.play = calculator.play;
      result.amount = calculator.amount;
      result.volumeCredits = calculator.volumeCredits;
      return result;
    }
```

```
━━━ 최상위...
    function createPerformanceCalculator(aPerformance, aPlay) {
      return new PerformanceCalculator(aPerformance, aPlay);
    }
```

함수를 이용하면 다음과 같이 PerformanceCalculator의 서브클래스 중에서 어느 것을 생성해서 반환할지 선택할 수 있다.

```
function createPerformanceCalculator(aPerformance, aPlay) {
  switch(aPlay.type) {
  case "tragedy": return new TragedyCalculator(aPerformance, aPlay);
  case "comedy" : return new ComedyCalculator(aPerformance, aPlay);
  default:
    throw new Error(`알 수 없는 장르: ${aPlay.type}`);
  }
}

class TragedyCalculator extends PerformanceCalculator {
}
class ComedyCalculator extends PerformanceCalculator {
}
```

이제 다형성을 지원하기 위한 구조는 갖춰졌다. 다음은 **조건부 로직을 다형성으로 바꾸기**[10.4절]를 적용할 차례다.

비극 공연의 공연료 계산부터 시작해보자.

```
get amount() {
  let result = 40000;
  if (this.performance.audience > 30) {
    result += 1000 * (this.performance.audience - 30);
  }
  return result;
}
```

이 메서드를 서브클래스에 정의하기만 해도 슈퍼클래스(**PerformanceCalculator**)의 조건부 로직이 오버라이드된다. 하지만 나처럼 편집증이 있는 프로그래머라면 다음과 같이 작성할 것이다.

```
get amount() {
  let result = 0;
  switch (this.play.type) {
    case "tragedy": // 비극
      throw '오류 발생';    ◀── 비극 공연료는 TragedyCalculator를 이용하도록 유도
```

```
      case "comedy": // 희극
        result = 30000;
        if (this.performance.audience > 20) {
          result += 10000 + 500 * (this.performance.audience - 20);
        }
        result += 300 * this.performance.audience;
        break;
      default:
        throw new Error(`알 수 없는 장르: ${this.play.type}`);
    }
    return result;
  }
```

비극 담당 case절을 삭제하고 default절에서 에러를 던지게 할 수도 있다. 하지만 나는 명시적으로 던지는 방식을 좋아한다. 게다가 이 문장은 잠시 후 수정할 예정이다(그래서 정식 Error 객체가 아닌 문자열을 던졌다).

컴파일-테스트-커밋한 후 희극 공연료 계산 코드도 옮긴다.

━━━ ComedyCalculator 클래스...
```
  get amount() {
    let result = 30000;
    if (this.performance.audience > 20) {
      result += 10000 + 500 * (this.performance.audience - 20);
    }
    result += 300 * this.performance.audience;
    return result;
  }
```

이제 슈퍼클래스의 **amount()** 메서드는 호출할 일이 없으니 삭제해도 된다. 그래도 여기에 미래의 나에게 한 마디 남겨놓는 게 좋을 것 같다.

━━━ PerformanceCalculator 클래스...
```
  get amount() {
    throw new Error('서브클래스에서 처리하도록 설계되었습니다.');
  }
```

다음으로 교체할 조건부 로직은 적립 포인트를 계산하는 부분이다. 향후 제공할 가능성이 있는 연극 장르들을 검토한 결과, 일부 장르에서만 약간씩 다를 뿐 대다수의 연극은 관객 수가 30을 넘는지를 검사해야 한다. 이럴 때는 일반적인 경우를 기본으로 삼아 슈퍼클래스에 남겨두고, 장르마다 달라지는 부분은 필요할 때 오버라이드하게 만드는 것이 좋다. 그래서 포인트 계산 방식이 조금 다른 희극 처리 로직을 해당 서브클래스로 내린다.

──── PerformanceCalculator 클래스...

```
get volumeCredits() {
  return Math.max(this.performance.audience - 30, 0);
}
```

──── ComedyCalculator 클래스...

```
get volumeCredits() {
  return super.volumeCredits + Math.floor(this.performance.audience / 5);
}
```

1.9 상태 점검: 다형성을 활용하여 데이터 생성하기

다형성을 추가한 결과로 무엇이 달라졌는지 살펴볼 시간이다.

──── createStatementData.js...

```
export default function createStatementData(invoice, plays) {
  const result = {};
  result.customer = invoice.customer;
  result.performances = invoice.performances.map(enrichPerformance);
  result.totalAmount = totalAmount(result);
  result.totalVolumeCredits = totalVolumeCredits(result);
  return result;

  function enrichPerformance(aPerformance) {
    const calculator = createPerformanceCalculator(aPerformance,
                                        playFor(aPerformance));
    const result = Object.assign({}, aPerformance);
    result.play = calculator.play;
    result.amount = calculator.amount;
    result.volumeCredits = calculator.volumeCredits;
    return result;
  }
```

```
    function playFor(aPerformance) {
      return plays[aPerformance.playID]
    }


    function totalAmount(data) {
      return data.performances
        .reduce((total, p) => total + p.amount, 0);
    }


    function totalVolumeCredits(data) {
      return data.performances
        .reduce((total, p) => total + p.volumeCredits, 0);
    }
  }


  function createPerformanceCalculator(aPerformance, aPlay) {
    switch(aPlay.type) {
    case "tragedy": return new TragedyCalculator(aPerformance, aPlay);
    case "comedy" : return new ComedyCalculator(aPerformance, aPlay);
    default:
      throw new Error(`알 수 없는 장르: ${aPlay.type}`);
    }
  }


  class PerformanceCalculator {
    constructor(aPerformance, aPlay) {
      this.performance = aPerformance;
      this.play = aPlay;
    }


    get amount() {
      throw new Error('서브클래스에서 처리하도록 설계되었습니다.');
    }


    get volumeCredits() {
      return Math.max(this.performance.audience - 30, 0);
    }
  }


  class TragedyCalculator extends PerformanceCalculator {
    get amount() {
```

```
      let result = 40000;
      if (this.performance.audience > 30) {
        result += 1000 * (this.performance.audience - 30);
      }
      return result;
    }
  }

  class ComedyCalculator extends PerformanceCalculator {
    get amount() {
      let result = 30000;
      if (this.performance.audience > 20) {
        result += 10000 + 500 * (this.performance.audience - 20);
      }
      result += 300 * this.performance.audience;
      return result;
    }

    get volumeCredits() {
      return super.volumeCredits + Math.floor(this.performance.audience / 5);
    }
  }
```

앞에서 함수를 추출했을 때처럼, 이번에도 구조를 보강하면서 코드가 늘어났다. 이번 수정으로 나아진 점은 연극 장르별 계산 코드들을 함께 묶어뒀다는 것이다. 앞으로의 수정 대부분이 이 코드에서 이뤄질 것 같다면 이렇게 명확하게 분리해두면 좋다. 이제 새로운 장르를 추가하려면 해당 장르의 서브클래스를 작성하고 생성 함수인 createPerformanceCalculator()에 추가하기만 하면 된다.

이번 예를 보면 서브클래스를 언제 사용하면 좋은지 감이 잡힐 것이다. 여기서는 두 개의 함수 amountFor()와 volumeCreditsFor()의 조건부 로직을 생성 함수 하나로 옮겼다. 같은 타입의 다형성을 기반으로 실행되는 함수가 많을수록 이렇게 구성하는 쪽이 유리하다.

계산기가 중간 데이터 구조를 채우게 한 지금의 코드와 달리 createStatementData()가 계산기 자체를 반환하게 구현해도 된다. 이때 자바스크립트 클래스 시스템의 멋진 점 하나가 효과를 발휘하는데, 바로 게터[getter] 메서드를 호출하는 코드와 일반적인 데이터 접근 코드의 모양이 똑같다는 점이다(앞의 예에서 calculator.amount 코드는 계산기 클래스의 게터인 amount()

를 호출한 것이다). 한편 계산기 인스턴스를 반환하는 방식과 각각의 출력 값으로 직접 계산하는 방식 중 하나를 선택할 때 나는 결과로 나온 데이터 구조를 누가 사용하는가를 기준으로 결정한다. 이번 예에서는 다형성 계산기를 사용한다는 사실을 숨기기보다는 중간 데이터 구조를 이용하는 방법을 보여주는 편이 낫다고 생각해서 이렇게 작성했다.

1.10 마치며

간단한 예였지만 리팩터링이 무엇인지 감을 잡았길 바란다. **함수 추출하기**[6.1절], **변수 인라인하기**[6.4절], **함수 옮기기**[8.1절], **조건부 로직을 다형성으로 바꾸기**[10.4절]를 비롯한 다양한 리팩터링 기법을 선보였다.

이번 장에서는 리팩터링을 크게 세 단계로 진행했다. 먼저 원본 함수를 중첩 함수 여러 개로 나눴다. 다음으로 **단계 쪼개기**[6.11절]를 적용해서 계산 코드와 출력 코드를 분리했다. 마지막으로 계산 로직을 다형성으로 표현했다. 각 단계에서 코드 구조를 보강했고, 그럴 때마다 코드가 수행하는 일이 더욱 분명하게 드러났다.

리팩터링은 대부분 코드가 하는 일을 파악하는 데서 시작한다. 그래서 코드를 읽고, 개선점을 찾고, 리팩터링 작업을 통해 개선점을 코드에 반영하는 식으로 진행한다. 그 결과 코드가 명확해지고 이해하기 더 쉬워진다. 그러면 또 다른 개선점이 떠오르며 선순환이 형성된다. 지금까지 수정한 코드에도 개선할 게 몇 가지 더 있지만, 이 정도면 원본 코드를 크게 개선한다는 목표는 충분히 달성했다고 생각한다.

> **좋은 코드를 가늠하는 확실한 방법은 '얼마나 수정하기 쉬운가'다.**

이 책은 코드를 개선하는 방법을 다룬다. 그런데 프로그래머 사이에서 어떤 코드가 좋은 코드인지에 대한 의견은 분분하다. 내가 선호하는 '적절할 이름의 작은 함수들'로 만드는 방식에 반대하는 사람도 분명 있을 것이다. 미적인 관점으로 접근하면 좋고 나쁨이 명확하지 않아서 개인 취향 말고는 어떠한 지침도 세울 수 없게 된다. 하지만 나는 취향을 넘어서는 관점이 분명 존재하며, 코드를 '수정하기 쉬운 정도'야말로 좋은 코드를 가늠하는 확실한 방법이라고 믿는다. 코드는 명확해야 한다. 코드를 수정해야 할 상황이 되면 고쳐야 할 곳을 쉽게 찾을 수 있고 오류 없이 빠르게 수정할 수 있어야 한다. 건강한 코드베이스는 생산성을 극대화하고, 고객에게 필요한 기능을 더 빠르고 저렴한 비용으로 제공하도록 해준다. 코드를 건강하게 관리하려면 프로그래밍 팀의 현재와 이상의 차이에 항상 신경 쓰면서, 이상에 가까워지도록 리팩터링해야 한다.

이번 예시를 통해 배울 수 있는 가장 중요한 것은 바로 리팩터링하는 리듬이다. 사람들에게 내가 리팩터링하는 과정을 보여줄 때마다, 각 단계를 굉장히 잘게 나누고 매번 컴파일하고 테스트하여 작동하는 상태로 유지한다는 사실에 놀란다. 나도 20년 전에 디트로이트의 어느 호텔 방에서 켄트 벡이 이렇게 작업하는 것을 처음 봤을 때 비슷한 심정이었다. 리팩터링을 효과적으로 하는 핵심은, 단계를 잘게 나눠야 더 빠르게 처리할 수 있고, 코드는 절대 깨지지 않으며, 이러한 작은 단계들이 모여서 상당히 큰 변화를 이룰 수 있다는 사실을 깨닫는 것이다. 이 점을 명심하고 그대로 따라주기 바란다.

CHAPTER 02

리팩터링 원칙

앞 장의 예시로 리팩터링이 무엇인지 충분히 감 잡았을 것이다. 이를 토대로 이번 장에서는 잠시 시야를 넓혀 리팩터링 전반에 적용되는 원칙 몇 가지를 이야기하는 시간을 가져보자.

2.1 리팩터링 정의

수많은 다른 소프트웨어 개발 용어와 마찬가지로 '리팩터링refactoring'도 엔지니어들 사이에서 다소 두리뭉실한 의미로 통용된다. 하지만 나는 이 용어를 더 구체적인 의미로 사용하며, 그렇게 엄격하게 정의해야 더 유용하다고 생각한다(참고로 이 책 초판에서의 정의 그대로다). '리팩터링'이란 용어는 명사로도 쓸 수 있고, 동사로도 쓸 수 있다. 먼저 명사로 쓸 때는 다음과 같이 정의한다.

> **리팩터링**: [명사] 소프트웨어의 겉보기 동작은 그대로 유지한 채, 코드를 이해하고 수정하기 쉽도록 내부 구조를 변경하는 기법

앞 장에서 본 **함수 추출하기**[6.1절]와 **조건부 로직을 다형성으로 바꾸기**[10.4절]처럼 이름 붙은 리팩터링 기법들이 이 정의에 해당한다.

동사 버전의 리팩터링 정의는 다음과 같다.

> **리팩터링(하다)**: [동사] 소프트웨어의 겉보기 동작은 그대로 유지한 채, 여러 가지 리팩터링 기법을 적용해서 소프트웨어를 재구성하다.

예를 들어 두 버전의 용어를 한 문장에 담으면 '앞으로 몇 시간은 리팩터링할 것 같은데 그 사이 적용하는 리팩터링은 수십 가지나 될 것 같다'처럼 표현할 수 있다.

지금껏 수많은 사람이 코드를 정리하는 작업을 모조리 '리팩터링'이라고 표현하고 있는데, 앞에서 제시한 정의를 따르면 특정한 방식에 따라 코드를 정리하는 것만이 리팩터링이다. 리팩터링은 결국 동작을 보존하는 작은 단계들을 거쳐 코드를 수정하고, 이러한 단계들을 순차적으로 연결하여 큰 변화를 만들어내는 일이다. 개별 리팩터링은 그 자체로 아주 작을 수도 있고, 작은 단계 여러 개가 합쳐진 모습일 수도 있다. 따라서 리팩터링하는 동안에는 코드가 항상 정상 작동하기 때문에 전체 작업이 끝나지 않았더라도 언제든 멈출 수 있다.

> 누군가 "리팩터링하다가 코드가 깨져서 며칠이나 고생했다"라고 한다면, 십중팔구 리팩터링한 것이 아니다.

나는 코드베이스를 정리하거나 구조를 바꾸는 모든 작업을 '재구성restructuring'이라는 포괄적인 용어로 표현하고, 리팩터링은 재구성 중 특수한 한 형태로 본다. 한 번에 바꿀 수 있는 작업을 수많은 단계로 잘게 나눠서 작업하는 모습을 처음 접하면 리팩터링하는 것이 오히려 비효율적이라고 생각하기 쉽다. 하지만 이렇게 잘게 나눔으로써 오히려 작업을 더 빨리 처리할 수 있다. 단계들이 체계적으로 구성되어 있기도 하고, 무엇보다 디버깅하는 데 시간을 뺏기지 않기 때문이다.

앞에서 리팩터링을 정의할 때 '겉보기 동작observable behavior'이란 표현을 썼다. 일부러 두리뭉실하게 표현했는데, 리팩터링하기 전과 후의 코드가 똑같이 동작해야 한다는 뜻이다. 그렇다고 완전히 똑같다는 말은 아니다. 가령 **함수 추출하기**[6.1절]를 거치면 콜스택이 달라져서 성능이 변할 수 있다. 그렇다 해도 사용자 관점에서는 달라지는 점이 없어야 한다. 특히 **함수 선언 바꾸기**[6.5절]나 **함수 옮기기**[8.1절] 같은 리팩터링을 하면 모듈의 인터페이스가 바뀔 때가 많다. 한편, 리팩터링 과정에서 발견된 버그는 리팩터링 후에도 그대로 남아 있어야 한다(단, 아무도 발견하지 못한 숨은 버그는 수정해도 괜찮다).

리팩터링은 성능 최적화와 비슷하다. 둘 다 코드를 변경하지만 프로그램의 전반적인 기능은 그대로 유지한다. 단지 목적이 다를 뿐이다. 리팩터링의 목적은 코드를 이해하고 수정하기 쉽게 만드는 것이다. 프로그램 성능은 좋아질 수도, 나빠질 수도 있다. 반면 성능 최적화는 오로지 속도 개선에만 신경 쓴다. 그래서 목표 성능에 반드시 도달해야 한다면 코드는 다루기에 더 어렵게 바뀔 수도 있음을 각오해야 한다.

2.2 두 개의 모자

나는 소프트웨어를 개발할 때 목적이 '기능 추가'냐, 아니면 '리팩터링'이냐를 명확히 구분해 작업한다. 켄트 벡은 이를 두 개의 모자^{two hats}에 비유했다. 기능을 추가할 때는 '기능 추가' 모자를 쓴 다음 기존 코드는 절대 건드리지 않고 새 기능을 추가하기만 한다. 진척도는 테스트를 추가해서 통과하는지 확인하는 방식으로 측정한다. 반면 리팩터링할 때는 '리팩터링' 모자를 쓴 다음 기능 추가는 절대 하지 않기로 다짐한 뒤 오로지 코드 재구성에만 전념한다. (앞 과정에서 놓친 테스트 케이스를 발견하지 않는 한) 테스트도 새로 만들지 않는다. 부득이 인터페이스를 변경해야 할 때만 기존 테스트를 수정한다.

소프트웨어를 개발하는 동안 나는 두 모자를 자주 바꿔 쓴다. 새 기능을 추가하다 보면 코드 구조를 바꿔야 작업하기 훨씬 쉽겠다는 생각이 들기도 하는데, 그러면 잠시 모자를 바꿔 쓰고 리팩터링한다. 코드 구조가 어느 정도 개선되면 다시 모자를 바꿔 쓰고 기능 추가를 이어간다. 추가한 기능이 제대로 작동하는지까지 확인했다면 작성한 코드를 살펴본다. 코드가 이해하기 어렵게 짰다면 다시 모자를 바꿔 쓰고 리팩터링한다. 전체 작업 시간이 10분 정도로 짧다 해도, 항상 내가 쓰고 있는 모자가 무엇인지와 그에 따른 미묘한 작업 방식의 차이를 분명하게 인식해야 한다.

2.3 리팩터링하는 이유

리팩터링이 소프트웨어의 모든 문제점을 해결하는 만병통치약은 절대 아니다. 하지만 코드를 건강한 상태로 유지하는 데 도와주는 약임은 분명하다. 리팩터링은 다양한 용도로 활용할 수 있고, 또 반드시 그래야 하는 도구다.

리팩터링하면 소프트웨어 설계가 좋아진다

리팩터링하지 않으면 소프트웨어의 내부 설계(아키텍처)가 썩기 쉽다. 아키텍처를 충분히 이해하지 못한 채 단기 목표만을 위해 코드를 수정하다 보면 기반 구조가 무너지기 쉽다. 그러면 코드만 봐서는 설계를 파악하기 어려워진다. 코드 구조가 무너지기 시작하면 악효과가 누적된다. 코드만으로 설계를 파악하기 어려워질수록 설계를 유지하기 어려워지고, 설계가 부패되는 속도는 더욱 빨라진다. 반면 규칙적인 리팩터링은 코드의 구조를 지탱해줄 것이다.

같은 일을 하더라도 설계가 나쁘면 코드가 길어지기 십상이다. 사실상 같은 일을 하는 코드가 여러 곳에 나타날 수 있기 때문이다. 그래서 중복 코드 제거는 설계 개선 작업의 중요한 한 축을 차지한다. 코드량을 줄인다고 시스템이 빨라지는 것은 아니다. 프로그램의 용량이 속도에 영향을 주는 경우는 별로 없다. 하지만 코드량이 줄면 수정하는 데 드는 노력은 크게 달라진다. 코드가 길수록 실수 없이 수정하기 어려워진다. 이해해야 할 코드량도 늘어난다. 비슷한 일을 하는 코드가 산재해 있다면 한 부분만 살짝 바꿔서는 시스템이 예상대로 작동하지 않을 수 있다. 반면 중복 코드를 제거하면 모든 코드가 언제나 고유한 일을 수행함을 보장할 수 있으며, 이는 바람직한 설계의 핵심이다.

리팩터링하면 소프트웨어를 이해하기 쉬워진다

프로그래밍은 여러 면에서 마치 컴퓨터와 대화하는 것과 같다. 컴퓨터에게 시킬 일을 표현하는 코드를 작성하면, 컴퓨터는 정확히 시킨 대로 반응한다. 그래서 컴퓨터에게 시키려는 일과 이를 표현한 코드의 차이를 최대한 줄여야 한다. 프로그래밍은 결국 내가 원하는 바를 정확히 표현하는 일이다. 그런데 내 소스 코드를 컴퓨터만 사용하는 게 아니다. 예컨대 몇 달이 지나 누군가 내 코드를 수정하고자 읽게 될 수 있다. 사실 프로그래밍에서는 사람이 가장 중요하지만 소홀하기 쉽다. 코드를 컴파일하는 데 시간이 살짝 더 걸린다고 누가 뭐라 하겠는가? 하지만 다른 프로그래머가 내 코드를 제대로 이해했다면 한 시간에 끝낼 수정을 일주일이나 걸린다면 사정이 달라진다.

문제는 프로그램을 동작시키는 데만 신경 쓰다 보면 나중에 그 코드를 다룰 개발자를 배려하지 못한다는 데 있다. 코드를 이해하기 쉽게 만들려면 일하는 리듬에 변화를 줘야 한다. 리팩터링은 코드가 더 잘 읽히게 도와준다. 잘 작동하지만 이상적인 구조는 아닌 코드가 있다면, 잠깐 시간을 내서 리팩터링해보자. 그러면 코드의 목적이 더 잘 드러나게, 다시 말해 내 의도를 더 명확하게 전달하도록 개선할 수 있다.

단지 다른 사람을 배려하기 위해서가 아니다. 사실 그 다른 사람이 바로 나 자신일 때가 많다. 그래서 더더욱 리팩터링이 중요하다. 난 굉장히 게으른 프로그래머다. 단적인 예로 내가 작성한 코드를 전혀 머리에 담아두지 않는다. 다시 말해 코드를 보면 알 수 있는 것들은 의도적으로 기억하지 않는다. 내 기억 용량을 초과할까봐 두렵기 때문이다. 그래서 기억할 필요가 있는 것들은 최대한 코드에 담으려고 한다. 그러면 모디뜨^{Maudite}*맥주가 뇌세포를 파괴하더라도 걱정할 필요가 없다.

리팩터링하면 버그를 쉽게 찾을 수 있다

코드를 이해하기 쉽다는 말은 버그를 찾기 쉽다는 말이기도 하다. 솔직히 나는 버그를 찾는 데 뛰어난 편은 아니다. 코드를 주욱 읽고는 금세 버그를 찾아내는 사람도 있는데, 난 그렇지 못하다. 하지만 리팩터링하면 코드가 하는 일을 깊이 파악하게 되면서 새로 깨달은 것을 곧바로 코드에 반영하게 된다. 프로그램의 구조를 명확하게 다듬으면 그냥 '이럴 것이다'라고 가정하던 점들이 분명히 드러나는데, 버그를 지나치려야 지나칠 수 없을 정도까지 명확해진다.

이 사실은 켄트 벡의 말을 떠올리게 해준다. "난 뛰어난 프로그래머가 아니에요. 단지 뛰어난 습관을 지닌 괜찮은 프로그래머일 뿐이에요." 리팩터링은 견고한 코드를 작성하는 데 무척 효과적이다.

리팩터링하면 프로그래밍 속도를 높일 수 있다

지금까지 제시한 장점을 한 마디로 정리하면 다음과 같다. 리팩터링하면 코드 개발 속도를 높일 수 있다.

얼핏 그 반대가 아닌가 생각할 수 있다. 내가 사람들에게 리팩터링에 대해 설명하면 품질을 높일 수 있다는 점에는 대부분 쉽게 수긍한다. 내부 설계와 가독성이 개선되고 버그가 줄어든다는 점은 모두 품질 향상에 직결된다. 하지만 리팩터링하는 데 시간이 드니 전체 개발 속도는 떨어질까봐 걱정할 수도 있다.

한 시스템을 오래 개발 중인 개발자들과 얘기하다 보면 초기에는 진척이 빨랐지만 현재는 새 기능을 하나 추가하는 데 훨씬 오래 걸린다는 말을 많이 한다. 새로운 기능을 추가할수록 기존 코드베이스에 잘 녹여낼 방법을 찾는 데 드는 시간이 늘어난다는 것이다. 게다가 기능을 추가하고 나면 버그가 발생하는 일이 잦고, 이를 해결하는 시간은 한층 더 걸린다. 코드베이스는 패치에 패치가 덧붙여지면서 프로그램의 동작을 파악하기가 거의 고대 유적 발굴만큼 어려워진

---

* *https://en.wikipedia.org/wiki/Unibroue*
옮긴이_ 퀘벡에서 생산되는 도수 8.0%의 스토롱 앰버 에일이다.

다. 이러한 부담이 기능 추가 속도를 계속 떨어뜨리면서, 차라리 처음부터 새로 개발하는 편이 낫겠다고 생각하는 지경에 이른다.

이 과정을 그래프로 표현하면 대략 다음과 같다.

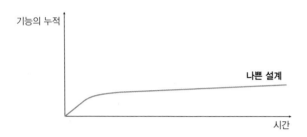

그런데 어떤 팀은 이와 전혀 다른 양상을 보인다. 이들은 기존에 작성한 코드를 최대한 활용할 수 있어서 새 기능을 더 빨리 추가한다.

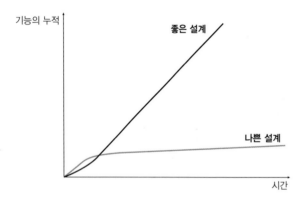

이렇게 차이 나는 원인은 소프트웨어의 내부 품질에 있다. 내부 설계가 잘 된 소프트웨어는 새로운 기능을 추가할 지점과 어떻게 고칠지를 쉽게 찾을 수 있다. 모듈화가 잘 되어 있으면 전체 코드베이스 중 작은 일부만 이해하면 된다. 코드가 명확하면 버그를 만들 가능성도 줄고, 버그를 만들더라도 디버깅하기가 훨씬 쉽다. 내부 품질이 뛰어난 코드베이스는 새 기능 구축을 돕는 견고한 토대가 된다.

나는 이 효과를 설계 지구력 가설Design Stamina Hypothesis *이라고 부른다. 내부 설계에 심혈을 기울이면 소프트웨어의 지구력이 높아져서 빠르게 개발할 수 있는 상태를 더 오래 지속할 수 있다. 정말 그런지는 증명할 수 없어서 '가설'이라고 표현했다. 하지만 나뿐만 아니라 지금까지 일하면서 알게 된 수많은 뛰어난 프로그래머들의 경험이 이를 뒷받침한다.

20년 전만 해도 설계를 잘하려면 코딩을 시작하기 전에 설계부터 완벽히 마쳐야 한다는 것이 정설이었다. 코딩 단계에 한번 들어서면 코드가 부패할 일만 남기 때문이다. 한편, 리팩터링을 하면 이를 바로잡을 수 있다. 앞에서 본 것처럼 리팩터링하면 기존 코드의 설계를 얼마든지 개선할 수 있으므로, 설령 프로그램 요구사항이 바뀌더라도 설계를 지속해서 개선할 수 있다. 처음부터 좋은 설계를 마련하기란 매우 어렵다. 그래서 빠른 개발이라는 숭고한 목표를 달성하려면 리팩터링이 반드시 필요하다.

2.4 언제 리팩터링해야 할까?

나는 프로그래밍할 때 거의 한 시간 간격으로 리팩터링한다. 그러다 보니 내 작업 흐름에 리팩터링을 녹이는 방법이 여러 가지임을 알게 됐다.

3의 법칙

이건 돈 로버츠Don Roberts가 내게 제시한 가이드다.

1. 처음에는 그냥 한다.
2. 비슷한 일을 두 번째로 하게 되면(중복이 생겼다는 사실에 당황스럽겠지만), 일단 계속 진행한다.
3. 비슷한 일을 세 번째 하게 되면 리팩터링한다.

야구를 좋아하는 사람은 '스트라이크 세 번이면 리팩터링하라(삼진 리팩터링)'로 기억하자.

---

* https://martinfowler.com/bliki/DesignStaminaHypothesis.html

준비를 위한 리팩터링: 기능을 쉽게 추가하게 만들기

리팩터링하기 가장 좋은 시점은 코드베이스에 기능을 새로 추가하기 직전이다. 이 시점에 현재 코드를 살펴보면서, 구조를 살짝 바꾸면 다른 작업을 하기가 훨씬 쉬워질 만한 부분을 찾는다. 가령 내 요구사항을 거의 만족하지만 리터럴 값 몇 개가 방해되는 함수가 있을 수 있다. 함수를 복제해서 해당 값만 수정해도 되지만, 그러면 중복 코드가 생긴다. 나중에 이 부분을 변경할 일이 생기면 원래 코드와 복제한 코드를 모두 수정해야 하며, 더 심한 경우는 복제한 코드가 어디 있는지까지 일일이 찾아내야 한다. 이렇게 복사해서 붙여넣는 방식으로 처리하면 나중에 새 기능을 약간 변형한 버전을 만들어야 할 때 번거로울 수 있다. 그래서 이럴 때는 리팩터링 모자를 쓰고 **함수 매개변수화하기**[11.2절]를 적용한다. 그러고 나면 그 함수에 필요한 매개변수를 지정해서 호출하기만 하면 된다.

> 비유하면 지금 위치에서 동쪽으로 100km를 이동하려는데 그 사이를 숲이 가로막고 있다면, 좀 둘러가더라도 20km 북쪽에 있는 고속도로를 타는 편이 세 배나 빠를 수 있다. 다들 "직진!"을 외치더라도, 때로는 "잠깐, 지도를 보고 가장 빠른 경로를 찾아보자"고 말할 줄 알아야 한다. 준비를 위한 리팩터링이 바로 이런 역할을 한다.
>
> _제시카 커Jessica Kerr*

버그를 잡을 때도 마찬가지다. 오류를 일으키는 코드가 세 곳에 복제되어 퍼져 있다면, 우선 한 곳으로 합치는 편이 작업하기에 훨씬 편하다. 또는 질의 코드에 섞여 있는 갱신 로직을 분리하면 두 작업이 꼬여서 생기는 오류를 크게 줄일 수 있다. 이처럼 준비를 위한 리팩터링Preparatory Refactoring으로 상황을 개선해놓으면 버그가 수정된 상태가 오래 지속될 가능성을 높이는 동시에, 같은 곳에서 다른 버그가 발생할 가능성을 줄일 수도 있다.

이해를 위한 리팩터링: 코드를 이해하기 쉽게 만들기

코드를 수정하려면 먼저 그 코드가 하는 일을 파악해야 한다. 그 코드를 작성한 사람은 자신일 수도 있고 다른 사람일 수도 있다. 나는 코드를 파악할 때마다 그 코드의 의도가 더 명확하게 드러나도록 리팩터링할 여지는 없는지 찾아본다. 조건부 로직의 구조가 이상하지 않은지 살펴보기도 하고, 함수 이름을 잘못 정해서 실제로 하는 일을 파악하는 데 시간이 오래 걸리지는 않

---

*   *https://martinfowler.com/articles/preparatory-refactoring-example.html*

는지도 살펴본다.

이쯤 되면 코드를 어느 정도 이해하게 되지만, 아쉽게도 나는 기억력이 나빠서 그런 세부사항을 오래 기억하지 못한다. 워드 커닝햄Ward Cunningham이 말하길, 리팩터링하면 머리로 이해한 것을 코드에 옮겨 담을 수 있다. 그런 다음 수정한 코드를 테스트해보면 내 생각이 맞는지 확인할 수 있다. 내가 이해한 것을 코드에 반영해두면 더 오래 보존할 수 있을 뿐만 아니라 동료들도 알 수 있다.

이렇게 하면 나중은 물론 지금 당장 효과를 볼 때도 많다. 나는 오래전부터 자잘한 세부 코드에 이해를 위한 리팩터링Comprehension Refactoring을 해왔다. 어떤 역할을 하는지 이해된 변수는 적절한 이름으로 바꿔주고, 긴 함수를 잘게 나누기도 한다. 그러면 코드가 깔끔하게 정리되어 전에는 보이지 않던 설계가 눈에 들어오기 시작한다. 이 모든 변경을 머릿속으로 시뮬레이션해볼 만큼 내 머리가 좋지 않기 때문에 코드를 정리하지 않았다면 영원히 보지 못하고 지나쳤을지 모를 것들이다. 랄프 존슨Ralph Johnson은 이런 초기 단계의 리팩터링을 밖을 잘 내다보기 위한 창문 닦기에 비유한다. 코드를 분석할 때 리팩터링을 해보면, 그렇지 않았더라면 도달하지 못했을 더 깊은 수준까지 이해하게 된다. 이해를 위한 리팩터링을 의미 없이 코드를 만지작거리는 것이라고 무시하는 이들은 복잡한 코드 아래 숨어 있는 다양한 기회를 결코 발견할 수 없다.

쓰레기 줍기 리팩터링

코드를 파악하던 중에 일을 비효율적으로 처리하는 모습을 발견할 때가 있다. 로직이 쓸데없이 복잡하거나, 매개변수화한 함수 하나면 될 일을 거의 똑같은 함수 여러 개로 작성해놨을 수 있다. 이때 약간 절충을 해야 한다. 원래 하려던 작업과 관련 없는 일에 너무 많은 시간을 빼앗기긴 싫을 것이다. 그렇다고 쓰레기가 나뒹굴게 방치해서 나중에 일을 방해하도록 내버려두는 것도 좋지 않다. 나라면 간단히 수정할 수 있는 것은 즉시 고치고, 시간이 좀 걸리는 일은 짧은 메모만 남긴 다음, 하던 일을 끝내고 나서 처리한다. 이것이 이해를 위한 리팩터링의 변형인 쓰레기 줍기 리팩터링Litter-Pickup Refactoring이다.

물론 수정하려면 몇 시간이나 걸리고 당장은 더 급한 일이 있을 수 있다. 그렇더라도 조금이나마 개선해두는 것이 좋다. 캠핑 규칙이 제안하듯, 항상 처음 봤을 때보다 깔끔하게 정리하고 떠나자. 코드를 훑어볼 때마다 조금씩 개선하다 보면 결국 문제가 해결될 것이다. 리팩터링의 멋진 점은 각각의 작은 단계가 코드를 깨뜨리지 않는다는 사실이다. 그래서 작업을 잘게 나누면 몇 달에 걸쳐 진행하더라도 그 사이 한 순간도 코드가 깨지지 않기도 한다.

계획된 리팩터링과 수시로 하는 리팩터링

앞에서 본 준비를 위한 리팩터링, 이해를 위한 리팩터링, 쓰레기 줍기 리팩터링은 모두 기회가 될 때만 진행한다. 나는 개발에 들어가기 전에 리팩터링 일정을 따로 잡아두지 않고, 기능을 추가하거나 버그를 잡는 동안 리팩터링도 함께 한다. 프로그래밍 과정에 자연스럽게 녹인 것이다. 기능을 추가할 때든 버그를 잡을 때든, 리팩터링은 눈앞의 문제뿐 아니라 앞으로 할 작업에도 도움을 준다. 간과하기 쉽지만 굉장히 중요한 점이다. 리팩터링은 프로그래밍과 구분되는 별개의 활동이 아니다. 마치 프로그래밍할 때 `if`문 작성 시간을 따로 구분하지 않는 것과 같다. 그래서 나는 리팩터링 시간을 일정에 따로 잡아두지 않고, 대부분의 리팩터링을 다른 일을 하는 중에 처리한다.

> 보기 싫은 코드를 발견하면 리팩터링하자. 그런데 잘 작성된 코드 역시 수많은 리팩터링을 거쳐야 한다.

리팩터링은 과거에 저지른 실수를 바로잡거나 보기 싫은 코드를 정리하는 작업이라고 오해하기 쉽다. 보기 싫은 코드를 보면 리팩터링해야 함은 당연하지만, 잘 작성된 코드 역시 수많은 리팩터링을 거쳐야 한다. 나는 코드를 작성할 때마다 적절히 타협한다. 예컨대 매개변수화하거나 개별 함수로 나누는 기준을 정한다. 어제는 적합했던 기준이 오늘 하는 다른 작업에는 맞지 않을 수 있다. 이렇게 상황이 변해 기준을 변경해야 할 때 코드가 이미 깔끔하다면 리팩터링하기가 더 쉽다.

> 무언가 수정하려 할 때는 먼저 수정하기 쉽게 정돈하고(단, 만만치 않을 수 있다)
> 그런 다음 쉽게 수정하자.*
>
> _켄트 벡

오랫동안 사람들은 소프트웨어 개발이란 뭔가 '추가'하는 과정으로 여겼다. 기능을 추가하다 보면 대개 새로운 코드를 작성해 넣게 된다. 하지만 뛰어난 개발자는 새 기능을 추가하기 쉽도록 코드를 '수정'하는 것이 그 기능을 가장 빠르게 추가하는 길일 수 있음을 안다. 소프트웨어 개발을 끝이 있는 작업으로 보면 안 된다. 새 기능이 필요할 때마다 소프트웨어는 이를 반영하기 위해 수정된다. 이때 새로 작성해 넣는 코드보다 기존 코드의 수정량이 큰 경우가 대체로 많다.

---

* `https://twitter.com/kentbeck/status/250733358307500032`

그렇다고 해서 계획된 리팩터링이 무조건 나쁘다는 말은 아니다. 그동안 리팩터링에 소홀했다면, 따로 시간을 내서 새 기능을 추가하기 쉽도록 코드베이스를 개선할 필요가 있다. 이때 리팩터링에 투자한 일주일의 효과를 다음 몇 달 동안 누릴 수도 있다. 한편, 정기적으로 리팩터링하더라도 어떤 문제는 팀원 여럿이 달려들어야 할 정도로 곪아갈 수도 있다. 하지만 이런 이유로 계획된 리팩터링을 하게 되는 일은 최소한으로 줄여야 한다. 리팩터링 작업 대부분은 드러나지 않게, 기회가 될 때마다 해야 한다.

버전 관리 시스템에서 리팩터링 커밋과 기능 추가 커밋을 분리해야 한다는 조언을 들은 적이 있다. 이렇게 할 때의 큰 장점은 두 가지 활동을 구분해서 별개로 검토하고 승인할 수 있다는 것이다. 하지만 나는 이 견해에 완전히 동의하지는 않는다. 리팩터링은 기능 추가와 밀접하게 엮인 경우가 너무나 많기 때문에 굳이 나누는 것은 시간 낭비일 수 있다. 또한 해당 리팩터링을 하게 된 맥락 정보가 사라져서 왜 그렇게 수정했는지 이해하기 어려워진다. 리팩터링 커밋을 분리한다고 해서 무조건 좋은 것은 아님을 명심하고, 여러분의 팀에 적합한 방식을 실험을 통해 찾아내야 한다.

오래 걸리는 리팩터링

리팩터링은 대부분 몇 분 안에 끝난다. 길어야 몇 시간 정도다. 하지만 팀 전체가 달려들어도 몇 주는 걸리는 대규모 리팩터링도 있다. 라이브러리를 새 것으로 교체하는 작업일 수도 있고, 일부 코드를 다른 팀과 공유하기 위해 컴포넌트로 빼내는 작업일 수도 있다. 또는 그동안 작업하면서 쌓여온 골치 아픈 의존성을 정리하는 작업일 수도 있다.

나는 이런 상황에 처하더라도 팀 전체가 리팩터링에 매달리는 데는 회의적이다. 그보다는 주어진 문제를 몇 주에 걸쳐 조금씩 해결해가는 편이 효과적일 때가 많다. 누구든지 리팩터링해야 할 코드와 관련한 작업을 하게 될 때마다 원하는 방향으로 조금씩 개선하는 식이다. 리팩터링이 코드를 깨트리지 않는다는 장점을 활용하는 것이다. 일부를 변경해도 모든 기능이 항상 올바르게 동작한다. 예컨대 라이브러리를 교체할 때는 기존 것과 새 것 모두를 포용하는 추상 인터페이스부터 마련한다. 기존 코드가 이 추상 인터페이스를 호출하도록 만들고 나면 라이브러리를 훨씬 쉽게 교체할 수 있다(이 전략을 추상화로 갈아타기^{Branch By Abstraction}*라 한다).

---

* `https://martinfowler.com/bliki/BranchByAbstraction.html`

코드 리뷰에 리팩터링 활용하기

코드 리뷰를 정기적으로 수행하는 조직도 있다. 그렇지 않은 조직이라면 해보면 유익할 것이다. 코드 리뷰는 개발팀 전체에 지식을 전파하는 데 좋다. 경험이 더 많은 개발자의 노하우를 더 적은 개발자에게 전수할 수 있다. 대규모 소프트웨어 시스템의 다양한 측면을 더 많은 사람이 이해하는 데도 도움된다. 깔끔한 코드를 작성하는 데에도 굉장히 중요하다. 내 눈에는 명확한 코드가 다른 팀원에게는 그렇지 않을 수 있다. 자신이 하는 일에 익숙하지 않은 사람의 관점에서 바라보기란 누구에게나 어렵기 때문이다. 코드 리뷰를 하면 다른 사람의 아이디어를 얻을 수 있다는 장점도 있다. 일주일이면 좋은 아이디어를 상당히 많이 수집할 수 있을 것이다. 이처럼 서로의 기여가 일을 더욱 편하게 만들어주므로 나는 기회가 닿는 대로 코드 리뷰를 한다.

리팩터링은 다른 이의 코드를 리뷰하는 데도 도움된다. 리팩터링을 활용하기 전에는 코드를 읽고, 그럭저럭 이해한 뒤, 몇 가지 개선 사항을 제시했다. 지금은 새로운 아이디어가 떠오르면 리팩터링하여 쉽게 구현해넣을 수 있는지부터 살펴본다. 쉽다면 실제로 리팩터링한다. 이 과정을 몇 번 반복하면 내가 떠올린 아이디어를 실제로 적용했을 때의 모습을 더 명확하게 볼 수 있다. 머리로만 상상하는 게 아니라 눈으로 직접 확인하는 것이다. 그러다 보면 리팩터링해보지 않고는 절대 떠올릴 수 없던 한 차원 높은 아이디어가 떠오르기도 한다.

리팩터링은 코드 리뷰의 결과를 더 구체적으로 도출하는 데에도 도움된다. 개선안들을 제시하는 데서 그치지 않고, 그중 상당수를 즉시 구현해볼 수 있기 때문이다. 코드 리뷰를 이런 식으로 진행하면 훨씬 큰 성취감을 맛볼 수 있다.

코드 리뷰에 리팩터링을 접목하는 구체적인 방법은 리뷰의 성격에 따라 다르다. 흔히 쓰는 풀 요청 모델^{pull request model}(코드 작성자 없이 검토하는 방식)에서는 그리 효과적이지 않다. 코드 작성자가 참석해야 맥락을 설명해줄 수 있고 작성자도 리뷰어의 변경 의도를 제대로 이해할 수 있으므로, 이왕이면 참석자가 참석하는 방식이 좋다. 내가 경험한 가장 좋은 방법은 작성자와 나란히 앉아서 코드를 훑어가면서 리팩터링하는 것이다. 이렇게 하면 자연스럽게 (프로그래밍 과정 안에 지속적인 코드 리뷰가 녹아 있는) **짝 프로그래밍**^{pair programming}이 된다.

관리자에게는 뭐라고 말해야 할까?

내가 가장 많이 받는 질문 중 하나는 "관리자에게 리팩터링에 대해 어떻게 말해야 하나요?"다. 관리자와 고객이 '리팩터링은 누적된 오류를 잡는 일이거나, 혹은 가치 있는 기능을 만들어내지 못하는 작업'이라고 오해하여 리팩터링이 금기어가 돼버린 조직도 있었다. 리팩터링만을 위한 일정을 몇 주씩 잡는 개발팀을 보면 오해는 더욱 커진다. 설상가상으로 실제로는 리팩터링이 아닌, 어설픈 재구성^{restructuring} 작업을 하면서 코드베이스를 오히려 망가뜨리는 모습을 보면 불신이 증폭된다.

관리자가 기술에 정통하고 설계 지구력 가설도 잘 이해하고 있다면 리팩터링의 필요성을 쉽게 설득할 수 있다. 이런 관리자는 오히려 정기적인 리팩터링을 권장할 뿐만 아니라 팀이 리팩터링을 충분히 하고 있는지 살펴보기도 한다. 그러면 팀이 수행하는 리팩터링이 과도할 수는 있어도, 부족할 가능성은 거의 없다.

물론 기술을 모르는 상당수의 관리자와 고객은 코드베이스의 건강 상태가 생산성에 미치는 영향을 모른다. 이런 상황에 있는 이들에게는 "리팩터링한다고 말하지 말라"고 조언하겠다.

하극상일까? 그렇진 않다. 소프트웨어 개발자는 프로다. 프로 개발자의 역할은 효과적인 소프트웨어를 최대한 빨리 만드는 것이다. 내 경험상 리팩터링하면 소프트웨어를 빠르게 만드는 데 아주 효과적이다. 새 함수를 추가하려는데 현재 설계가 적합하지 않다면 먼저 리팩터링하고 나서 함수를 추가하는 편이 빠르다. 버그를 수정하려면 현재 소프트웨어의 작동 방식을 이해해야 한다. 이때도 리팩터링부터 하는 편이 가장 빠르다. 일정을 최우선으로 여기는 관리자는 최대한 빨리 끝내는 방향으로 진행하기를 원한다. 그리고 구체적인 방법은 개발자가 판단해야 한다. 프로 개발자에게 주어진 임무는 새로운 기능을 빠르게 구현하는 것이고, 가장 빠른 방법은 리팩터링이다. 그래서 리팩터링부터 한다.

리팩터링하지 말아야 할 때

지금까지의 이야기가 무조건 리팩터링을 권장한다고 들릴 수 있는데, 리팩터링하면 안 되는 상황도 있다.

나는 지저분한 코드를 발견해도 굳이 수정할 필요가 없다면 리팩터링하지 않는다. 외부 API 다루듯 호출해서 쓰는 코드라면 지저분해도 그냥 둔다. 내부 동작을 이해해야 할 시점에 리팩터링해야 효과를 제대로 볼 수 있다.

리팩터링하는 것보다 처음부터 새로 작성하는 게 쉬울 때도 리팩터링하지 않는다. 사실 이런 결정을 내리기는 쉽지 않다. 직접 리팩터링해보기 전에는 어느 쪽이 쉬운지 확실히 알 수 없을 때도 많기 때문이다. 리팩터링할지 새로 작성할지를 잘 결정하려면 뛰어난 판단력과 경험이 뒷받침돼야 한다. 그래서 이 판단에 대해서는 한 마디 조언으로 표현하기는 어렵다.

2.5 리팩터링 시 고려할 문제

나는 누가 특정한 기술, 도구, 아키텍처 등을 내세울 때마다 항상 문제점을 찾는다. 살다 보면 항상 화창한 날만 있는 것은 아니다. 그래서 무언가를 언제 어디에 적용할지 판단하려면 손익을 제대로 이해해야 한다. 난 리팩터링이 많은 팀에서 적극적으로 도입해야 할 중요한 기법이라 믿는다. 하지만 리팩터링에 딸려 오는 문제도 엄연히 있기에, 이런 문제가 언제 발생하고 어떻게 대처해야 할지를 반드시 알고 있어야 한다.

새 기능 개발 속도 저하

앞 절을 읽었다면 제목의 주장에 대한 내 답변을 충분히 예상할 것이다. 많은 사람이 리팩터링 때문에 새 기능을 개발하는 속도가 느려진다고 여기지만, 리팩터링의 궁극적인 목적은 개발 속도를 높이는 데 있다. 하지만 리팩터링으로 인해 진행이 느려진다고 생각하는 사람이 여전히 많다. 아마도 이 점이 실전에서 리팩터링을 제대로 적용하는 데 가장 큰 걸림돌인 것 같다.

> 리팩터링의 궁극적인 목적은 개발 속도를 높여서, 더 적은 노력으로 더 많은 가치를 창출하는 것이다.

그렇더라도 상황에 맞게 조율해야 한다. 예컨대 (대대적인) 리팩터링이 필요해 보이지만, 추가하려는 새 기능이 아주 작아서 기능 추가부터 하고 싶은 상황에 마주칠 수 있다. 이럴 때는 프로 개발자로서 가진 경험을 잘 발휘해서 결정한다. 이럴 때 내가 균형점을 잡는 방법을 설명하기는 쉽지 않고, 정량화하기는 더더욱 어렵다.

나는 준비를 위한 리팩터링을 하면 변경을 훨씬 쉽게 할 수 있다고 확신한다. 그래서 새 기능을 구현해넣기 편해지겠다 싶은 리팩터링이라면 주저하지 않고 리팩터링부터 한다. 한번 본 문제일 때도 리팩터링부터 하는 편이다(물론 비슷한 패턴의 지저분한 코드를 여러 차례 마주친 뒤에야 리팩터링하여 제거하기로 결정할 때도 있다). 반면 내가 직접 건드릴 일이 거의 없거나, 불편한 정도가 그리 심하지 않다고 판단되면 리팩터링하지 않는 편이다. 때로는 어떻게 개선해야 할지 확실히 떠오르지 않아서 리팩터링을 미루기도 한다. 물론 개선점이 떠오르면 시험 삼아 고쳐보고 더 나아지는지 살펴본다.

주변 동료들의 경험담을 들어보면 아직도 리팩터링을 과도하게 하는 경우보다 거의 하지 않는 경우가 훨씬 많다. 다시 말해 대부분은 리팩터링을 더 자주 하도록 노력해야 한다. 건강한 코드의 위력을 충분히 경험해보지 않고서는 코드베이스가 건강할 때와 허약할 때의 생산성 차이를 체감하기 어렵다. 코드베이스가 건강하면 기존 코드를 새로운 방식으로 조합하기 쉬워서 복잡한 새 기능을 더 빨리 추가할 수 있다.

개발 속도 저하를 이유로 리팩터링을 금하는 비생산적인 문화를 관리자 탓으로 돌리는 사람이 많지만, 나는 오히려 개발자 스스로가 그렇게 생각하는 경우도 많이 봤다. 심지어 관리자가 리팩터링에 호의적임에도 리팩터링하면 안 되는 줄 아는 사람도 있다. 개발팀을 이끌고 있다면 코드베이스가 더 건강해지는 것을 추구한다는 사실을 팀원들에게 명확히 밝혀야 한다. 앞에서 말한 리팩터링 할지 말지를 판단하는 능력은 수년에 걸친 경험을 통해 서서히 형성된다. 리더는 리팩터링 경험이 부족한 이들이 이런 능력을 빠르게 갖추도록 개발 과정에서 많이 이끌어줘야 한다.

하지만 내가 볼 때 사람들이 빠지기 쉬운 가장 위험한 오류는 리팩터링을 '클린 코드clean code'나 '바람직한 엔지니어링 습관'처럼 도덕적인 이유로 정당화하는 것이다. 리팩터링의 본질은 코드베이스를 예쁘게 꾸미는 데 있지 않다. 오로지 경제적인 이유로 하는 것이다. 리팩터링은 개발 기간을 단축하고자 하는 것이다. 기능 추가 시간을 줄이고, 버그 수정 시간을 줄여준다. 스스로 그렇게 인식하는 데 그치지 말고 다른 사람과 대화할 때도 이 점을 명심해야 한다. 리팩터링하도록 이끄는 동력은 어디까지나 경제적인 효과에 있다. 이를 명확히 이해하는 개발자, 관리자, 고객이 많아질수록 앞에서 본 소프트웨어 개발 진행 그래프에서 '좋은 설계' 곡선을 더 많이 볼 수 있다.

코드 소유권

리팩터링하다 보면 모듈의 내부뿐 아니라 시스템의 다른 부분과 연동하는 방식에도 영향을 주는 경우가 많다. 함수 이름을 바꾸고 싶고 그 함수를 호출하는 곳을 모두 찾을 수 있다면, 간단히 **함수 선언 바꾸기**[6.5절]로 선언 자체와 호출하는 곳 모두를 한 번에 바꿀 수 있다. 하지만 이렇게 간단하지 않을 때도 있다. 함수를 호출하는 코드의 소유자가 다른 팀이라서 나에게는 쓰기 권한이 없을 수 있다. 또는 바꾸려는 함수가 고객에게 API로 제공된 것이라면 누가 얼마나 쓰고 있는지는 고사하고, 실제로 쓰이기나 하는지조차 모를 수 있다. 이런 함수는 인터페이스를 누가 선언했는지에 관계없이 클라이언트가 사용하는 '공개된 인터페이스'에 속한다.

코드 소유권이 나뉘어 있으면 리팩터링에 방해가 된다. 클라이언트에 영향을 주지 않고서는 원하는 형태로 변경할 수 없기 때문이다. 그렇다고 리팩터링을 할 수 없는 건 아니다. 여전히 훌륭하게 개선할 수 있지만 제약이 따를 뿐이다. 예컨대 함수 이름을 변경할 때는 **함수 이름 바꾸기**[6.5절]를 적용하는 한편, 기존 함수도 그대로 유지하되 함수 본문에서 새 함수를 호출하도록 수정한다. 인터페이스는 복잡해지지만 클라이언트에 영향을 주지 않기 위해서는 어쩔 수 없다. 기존 인터페이스를 폐기 대상deprecated으로 지정하고 시간이 흐른 뒤에 삭제할 수도 있지만, 때로는 영원히 남겨둬야 할 수도 있다.

이처럼 복잡해지기 때문에 나는 코드 소유권을 작은 단위로 나눠 엄격히 관리하는 데 반대하는 입장이다. 어떤 조직은 모든 코드의 소유권을 한 사람에게 맡기고 그 사람만 코드를 수정할 수 있게 하기도 한다. 또 세 명의 팀원 각자가 상대방에게 공개 인터페이스를 제공하는 사례도 봤다. 이렇게 하면 코드베이스에서 곧바로 수정하면 훨씬 간단할 일을 계속해서 인터페이스를 관리하느라 시달리는 결과를 초래한다. 내가 선호하는 방식은 코드의 소유권을 팀에 두는 것이다. 그래서 팀원이라면 누구나 팀이 소유한 코드를 수정할 수 있게 한다. 설사 다른 사람이 작성했더라도 말이다. 프로그래머마다 각자가 책임지는 영역이 있을 수는 있다. 이 말은 자신이 맡은 영역의 변경 사항을 관리하라는 뜻이지, 다른 사람이 수정하지 못하게 막으라는 뜻이 아니다.

이렇게 코드 소유권을 느슨하게 정하는 방식은 여러 팀으로 구성된 조직에도 적용할 수 있다. 예컨대 어떤 팀은 다른 팀 사람이 자기 팀 코드의 브랜치를 따서 수정하고 커밋을 요청하는, 흡사 오픈소스 개발 모델을 권장하기도 한다. 이렇게 하면 함수의 클라이언트도 바꿀 수 있다. 즉, 변경 사항 커밋을 클라이언트를 관리하는 쪽에서 승인하면 기존 함수를 삭제할 수 있다. 이 방식은 코드 소유권을 엄격히 제한하는 방식과 완전히 풀어서 변경을 통제하기 어려운 방식을 절충한 것으로, 대규모 시스템 개발 시 잘 어울린다.

브랜치

현재 흔히 볼 수 있는 팀 단위 작업 방식은 버전 관리 시스템을 사용하여 팀원마다 코드베이스의 브랜치branch를 하나씩 맡아서 작업하다가, 결과물이 어느 정도 쌓이면 마스터master 브랜치(트렁크trunk)에 통합해서 다른 팀원과 공유하는 것이다. 그런데 이렇게 하면 어떤 기능 전체를 한 브랜치에만 구현해놓고, 프로덕션 버전으로 릴리스할 때가 돼서야 마스터에 통합하는 경우가 많다. 이 방식을 선호하는 이들은 작업이 끝나지 않은 코드가 마스터에 섞이지 않고, 기능이 추가될 때마다 버전을 명확히 나눌 수 있고, 기능에 문제가 생기면 이전 상태로 쉽게 되돌릴 수 있어서 좋다고 한다.

하지만 이런 기능 브랜치 방식에는 단점이 있다. 독립 브랜치로 작업하는 기간이 길어질수록 작업 결과를 마스터로 통합하기가 어려워진다. 이 고통을 줄이고자 많은 이들이 마스터를 개인 브랜치로 수시로 리베이스^{rebase}하거나 머지^{merge}한다. 하지만 여러 기능 브랜치에서 동시에 개발이 진행될 때는 이런 식으로 해결할 수 없다. 나는 머지와 통합을 명확히 구분한다. 마스터를 브랜치로 '머지'하는 작업은 단방향이다. 브랜치만 바뀌고 마스터는 그대로다. 반면, '통합'은 마스터를 개인 브랜치로 가져와서(풀^{pull}해서) 작업한 결과를 다시 마스터에 올리는(푸시^{push}하는) 양방향 처리를 뜻한다. 그래서 마스터와 브랜치가 모두 변경된다. 누군가 개인 브랜치에서 작업한 내용을 마스터에 통합하기 전까지는 다른 사람이 그 내용을 볼 수 없다. 통합한 뒤에는 마스터에서 달라진 내용을 내 브랜치에 머지해야 하는데, 그러려면 상당한 노력이 들 수 있다. 특히 의미가 변한 부분을 처리하기가 만만치 않다. 최신 버전 관리 시스템은 복잡한 변경 사항을 텍스트 수준에서 머지하는 데는 매우 뛰어나지만, 코드의 의미는 전혀 이해하지 못한다. 가령 함수 이름이 바뀌는 정도는 가볍게 통합해준다. 하지만 다른 브랜치에서 함수를 호출하는 코드를 추가했는데, 내 브랜치에서는 그 함수의 이름을 변경했다면 프로그램이 동작하지 않게 된다.

이처럼 머지가 복잡해지는 문제는 기능별 브랜치들이 독립적으로 개발되는 기간이 길어질수록 기하급수적으로 늘어난다. 4주간 작업한 브랜치들을 통합하는 노력은 2주간 작업한 브랜치들을 통합할 때보다 두 배 이상 든다. 이 때문에 기능별 브랜치의 통합 주기를 2~3일 단위로 짧게 관리해야 한다고 주장하는 사람이 많다. 한편 나와 같은 사람들은 더 짧아야 한다고 주장한다. 이 방식을 지속적 통합$^{Continuous\ Integration}$(CI), 또는 트렁크 기반 개발$^{Trunk-Based}$ ^{Development}(TBD)이라 한다. CI에 따르면 모든 팀원이 하루에 최소 한 번은 마스터와 통합한다. 이렇게 하면 다른 브랜치들과의 차이가 크게 벌어지는 브랜치가 없어져서 머지의 복잡도를 상당히 낮출 수 있다. 하지만 CI를 적용하기 위해서는 치러야 할 대가가 있다. 마스터를 건강하게 유지하고, 거대한 기능을 잘게 쪼개는 법을 배우고, 각 기능을 끌 수 있는 기능 토글^{feature} ^{toggle}(기능 플래그$^{feature\ flag}$)을 적용하여 완료되지 않은 기능이 시스템 전체를 망치지 않도록 해야 한다.

머지의 복잡도를 줄일 수 있어서 CI를 선호하기도 하지만, 가장 큰 이유는 리팩터링과 궁합이 아주 좋기 때문이다. 리팩터링을 하다 보면 코드베이스 전반에 걸쳐 자잘하게 수정하는 부분이 많을 때가 있다. 프로그램 전체에서 자주 사용하는 함수의 이름을 바꾸는 경우가 이러한 예다. 이렇게 되면 머지 과정에서 의미 충돌이 생기기 쉽다. 특히 기능별 브랜치 방식에서는 리팩터링을 도저히 진행할 수 없을 정도로 심각한 머지 문제가 발생하기 쉽다. 켄트 벡이 CI와 리팩터링을 합쳐서 **익스트림 프로그래밍**^{eXtreme Programming}(XP)을 만든 이유도 바로 두 기법의 궁합이 잘 맞기 때문이다.

기능별 브랜치를 사용하면 절대 안 된다는 말은 아니다. 브랜치를 자주 통합할 수만 있다면 문제가 발생할 가능성을 크게 줄일 수 있다. 실제로 CI를 적용하는 이들도 기능별 브랜치를 많이 사용한다(단, 마스터와 통합하는 작업을 매일 한다). 잘 모르는, 그래서 믿지 못하는 프로그래머로부터 이따금 커밋이 들어오는 오픈 소스 프로젝트라면 기능별 브랜치 방식이 적합할 수 있다. 하지만 풀타임 개발팀이라면 기능별 브랜치가 가져오는 리팩터링 부담은 너무나 크다. 그래서 CI를 완벽히 적용하지는 못하더라도 통합 주기만큼은 최대한 짧게 잡아야 한다. 참고로 CI를 적용하는 편이 소프트웨어를 배포하는 데 훨씬 효과적이라는 객관적인 증거[*]가 있으니 고려하기 바란다.

테스팅

리팩터링의 두드러진 특성은 프로그램의 겉보기 동작은 똑같이 유지된다는 것이다. 절차를 지켜 제대로 리팩터링하면 동작이 깨지지 않아야 한다. 하지만 실수를 저지른다면? 실수하더라도 재빨리 해결하면 문제가 되지 않는다. 리팩터링은 단계별 변경 폭이 작아서 도중에 발생한 오류의 원인이 될만한 코드 범위가 넓지 않다. 원인을 못 찾더라도 버전 관리 시스템을 이용하여 가장 최근에 정상 작동하던 상태로 되돌리면 된다.

여기서 핵심은 오류를 재빨리 잡는 데 있다. 실제로 이렇게 하려면 코드의 다양한 측면을 검사하는 테스트 스위트^{test suite}가 필요하다. 그리고 이를 빠르게 실행할 수 있어야 수시로 테스트하는 데 부담이 없다. 달리 말하면 리팩터링하기 위해서는 (대부분의 경우에) 자가 테스트 코드^{self-testing code}[**]를 마련해야 한다는 뜻이다.

자가 테스트 코드를 갖추기란 실현 불가능할 정도로 무리한 요구라고 생각하는 독자도 있을 것

---

[*] 『Accelerate: The Science of Lean Software and DevOps: Building and Scaling High Performing Technology Organizations』(IT Revolution Press, 2018)

[**] *https://martinfowler.com/bliki/SelfTestingCode.html*
옮긴이_ 스스로 성공/실패를 판단하는 테스트를 말한다.

이다. 하지만 지난 수십 년 동안 자가 테스트를 이용하여 소프트웨어를 빌드하는 팀을 많이 봤다. 물론 테스트에 어느 정도 노력을 기울여야 하는 것은 사실이지만, 효과는 상당하다. 자가 테스트 코드는 리팩터링을 할 수 있게 해줄 뿐만 아니라, 새 기능 추가도 훨씬 안전하게 진행할수 있도록 도와준다. 실수로 만든 버그를 빠르게 찾아서 제거할 수 있기 때문이다. 이때 핵심은테스트가 실패한다면 가장 최근에 통과한 버전에서 무엇이 달라졌는지 살펴볼 수 있다는 데 있다. 테스트 주기가 짧다면 단 몇 줄만 비교하면 되며, 문제를 일으킨 부분이 그 몇 줄 안에 있기때문에 버그를 훨씬 쉽게 찾을 수 있다.

또한 리팩터링 과정에서 버그가 생길 위험이 아주 크다는 불안감을 해소할 수 있다. 자가 테스트 코드 없이 리팩터링할 때는 당연히 이 점을 염려해야 한다. 견고한 테스트를 마련해야 한다고 그토록 강조하는 이유도 여기 있다.

테스트 문제는 다른 방식으로도 해결할 수 있다. 뛰어난 자동 리팩터링 기능을 제공하는 환경이라면 굳이 테스트하지 않아도 오류가 생기지 않는다고 확신할 수 있다. 따라서 안전한 자동리팩터링만을 활용한다면 테스트 없이 리팩터링해도 좋다. 그러면 활용할 수 있는 리팩터링 기법 수가 제한되지만, 자동 리팩터링들만으로도 의미 있는 효과를 보기에 충분하다. 그래도 나는 자가 테스트 코드를 마련하는 편인데, 꼭 필요해서라기보다는 갖춰두면 유용하기 때문이다.

이러한 생각 때문에 안전하다고 검증된 몇 가지 리팩터링 기법만 조합해서 사용하자는 흐름이등장했다. 물론 각 단계를 신중하게 진행해야 하고 구체적인 방법도 언어마다 달라진다. 그렇더라도 이 방식을 적용해본 팀은 테스트 커버리지가 넓지 않은 대규모 코드베이스도 효과적으로 리팩터링할 수 있음을 확인했다. 하지만 이 책에서는 자세히 다루지 않겠다. 최근에 등장한움직임인 데다, 언어에 따라 구체적인 방법이 달라지고, 그 방법들에 대한 설명과 이해도가 충분히 성숙하지 않았기 때문이다. (그래도 나중에 내 웹사이트에서 다뤄봤으면 하는 주제다. 간단히 맛보고 싶은 독자는 제이 바주지$^{Jay\ Bazuzi}$의 글*을 읽어보기 바란다. C++에서 메서드를 안전하게 추출하는 방법을 설명하고 있다.)

자가 테스트 코드는 통합 과정에서 발생하는 의미 충돌을 잡는 메커니즘으로 활용할 수 있어서자연스럽게 CI와도 밀접하게 연관된다. CI에 통합된 테스트는 XP의 권장사항이자 지속적 배포$^{Continuous\ Delivery}$(CD)의 핵심이기도 하다.

---

* *http://jay.bazuzi.com/Safely-extract-a-method-in-any-C++-code/*

레거시 코드

사람들 대부분은 많이 물려받을수록 좋아한다. 하지만 프로그래밍할 때는 그렇지 않다. 물려받은 레거시 코드^{legacy code}는 대체로 복잡하고 테스트도 제대로 갖춰지지 않은 것이 많다. 무엇보다도 다른 사람이 작성한 것이다(생각만 해도 끔찍하다).

레거시 시스템을 파악할 때 리팩터링이 굉장히 도움된다. 제 기능과 맞지 않은 함수 이름을 바로 잡고 어설픈 프로그램 구문을 매끄럽게 다듬어서 거친 원석 같던 프로그램을 반짝이는 보석으로 만들 수 있다. 하지만 이러한 희망찬 스토리에 테스트가 없다는 사실이 찬물을 끼얹는 때가 많다. 대규모 레거시 시스템을 테스트 코드 없이 명료하게 리팩터링하기는 어렵다.

이 문제의 정답은 당연히 테스트 보강이다. 단순 노동에 가까울 수 있다는 점을 제외하면 간단히 할 수 있어 보이지만, 막상 해보면 생각보다 훨씬 까다롭다. 보통은 테스트를 염두에 두고 설계한 시스템만 쉽게 테스트할 수 있다. 물론 그런 시스템이라면 테스트를 갖추고 있을 것이라서 애초에 이런 걱정을 할 일이 없다.

쉽게 해결할 방법은 없다. 그나마 해줄 수 있는 조언은 『레거시 코드 활용 전략』(에이콘, 2018)에 나온 지침을 충실히 따르는 것이다. (원서 기준으로) 출간된 지 오래되긴 했지만 십 년 이상 지난 지금도 그대로 적용할 수 있는 지침들이다. 주요 내용을 한 마디로 표현하면 '프로그램에서 테스트를 추가할 틈새를 찾아서 시스템을 테스트해야 한다'는 것이다. 이러한 틈새를 만들 때 리팩터링이 활용된다. 테스트 없이 진행하기 때문에 상당히 위험하지만 문제를 해결하기 위해서라면 감내해야 할 위험이다. 이럴 때 안전한 자동 리팩터링 도구가 있다면 큰 도움이 된다. 그래서 사실 상당히 어려운 작업이다. 이처럼 난감한 상황에서 빠져나오기 위한 더 쉬운 방법은 아쉽게도 없다. 내가 처음부터 자가 테스트 코드를 작성해야 한다고 그토록 강조한 이유가 바로 이 때문이다.

테스트를 갖추고 있더라도 복잡하게 얽힌 레거시 코드를 아름다운 코드로 단번에 리팩터링하는 데는 낙관적이지 않다. 내가 선호하는 방식은 서로 관련된 부분끼리 나눠서 하나씩 공략하는 것이다. 코드의 한 부분을 훑고 넘어갈 때마다 예전보다 조금이라도 개선하려고 노력한다. 역시 캠핑 규칙에 따라 처음 왔을 때보다 깨끗하게 치우는 것이다. 레거시 시스템의 규모가 크다면 자주 보는 부분을 더 많이 리팩터링한다. 코드를 훑게 되는 횟수가 많다는 말은 그 부분을 이해하기 쉽게 개선했을 때 얻는 효과도 그만큼 크다는 뜻이니 당연히 이렇게 해야 한다.

데이터베이스

이 책의 초판에서 데이터베이스는 리팩터링하기 어려운 영역이라고 말했다. 하지만 초판이 출간된 지 일 년도 지나지 않아서 틀린 말이 돼버렸다. 내 동료인 프라모드 사달게이^{Pramod Sadalage}가 개발한 진화형 데이터베이스 설계^{evolutionary database design}*와 데이터베이스 리팩터링** 기법은 현재 널리 적용되고 있다. 이 기법의 핵심은 커다란 변경들을 쉽게 조합하고 다룰 수 있는 데이터 마이그레이션 스크립트를 작성하고, 접근 코드와 데이터베이스 스키마에 대한 구조적 변경을 이 스크립트로 처리하게끔 통합하는 데 있다.

간단한 예로 필드(열)의 이름을 변경하는 경우를 생각해보자. **함수 선언 바꾸기**^{6.5절}에 따르면 데이터 구조의 원래 선언과 이 데이터 구조를 호출하는 코드를 모두 찾아서 한 번에 변경해야 한다. 그런데 예전 필드를 사용하는 데이터 모두가 새 필드를 사용하도록 변환해야 하는 부담도 따른다. 이럴 때 나는 이 변환을 수행하는 코드를 간단히 작성한 다음, 선언된 데이터 구조나 접근 루틴을 변경하는 코드와 함께 버전 관리 시스템에 저장한다. 그런 다음 데이터베이스를 다른 버전으로 이전할 때마다 현재 버전에서 원하는 버전 사이에 있는 모든 마이그레이션 스크립트를 실행한다.

다른 리팩터링과 마찬가지로 이 기법도 전체 변경 과정을 작고 독립된 단계들로 쪼개는 것이 핵심이다. 그래야 마이그레이션 후에도 정상 작동할 수 있다. 단계를 잘게 나누면 코드도 쉽게 작성할 수 있다. 그리고 여러 단계를 순차적으로 연결해서 데이터베이스의 구조와 그 안에 담긴 데이터를 큰 폭으로 변경할 수도 있다.

데이터베이스 리팩터링은 프로덕션 환경에 여러 단계로 나눠서 릴리스하는 것이 대체로 좋다는 점에서 다른 리팩터링과 다르다. 이렇게 하면 프로덕션 환경에서 문제가 생겼을 때 변경을 되돌리기 쉽다. 이를테면 필드 이름을 바꿀 때 첫 번째 커밋에서는 새로운 데이터베이스 필드를 추가만 하고 사용하지는 않는다. 그런 다음 기존 필드와 새 필드를 동시에 업데이트하도록 설정한다. 그다음에는 데이터베이스를 읽는 클라이언트들을 새 필드를 사용하는 버전으로 조금씩 교체한다. 이 과정에서 발생하는 버그도 해결하면서 클라이언트 교체 작업을 모두 끝냈다면, 더는 필요가 없어진 예전 필드를 삭제한다. 이렇게 데이터베이스를 변경하는 방식은 병렬

---

*   *https://martinfowler.com/articles/evodb.html*

** *https://martinfowler.com/books/refactoringDatabases.html*

수정^{parallel change}* (또는 팽창-수축^{expand-contract}**)의 일반적인 예다.

2.6 리팩터링, 아키텍처, 애그니(YAGNI)

리팩터링은 소프트웨어 아키텍처를 바라보는 관점을 완전히 바꿔놓았다. 내가 프로그래밍을 시작한 지 얼마 되지 않은 시절에는 코딩을 시작하기 전에 소프트웨어 설계와 아키텍처를 어느 정도, 심지어 거의 완료해야 한다고 배웠다. 일단 코드로 작성된 뒤로는 아키텍처를 바꿀 수 없고 부주의로 인해 부패할 일만 남았다고 여기곤 했다.

리팩터링은 이런 관점을 크게 바꿔놓았다. 그래서 나는 수년 동안 운영되던 소프트웨어라도 아키텍처를 대폭 변경할 수 있었다. 이 책의 부제처럼 리팩터링으로 기존 코드의 설계를 개선할 수 있다. 하지만 앞에서 말했듯이 레거시 코드는 변경하기 어려울 때가 많다. 특히 탄탄한 테스트가 뒷받침해주지 못하면 더더욱 어렵다.

리팩터링이 아키텍처에 미치는 실질적인 효과는 요구사항 변화에 자연스럽게 대응하도록 코드베이스를 잘 설계해준다는 데 있다. 코딩 전에 아키텍처를 확정지으려 할 때의 대표적인 문제는 소프트웨어 요구사항을 사전에 모두 파악해야 한다는 것이다. 하지만 막상 해보면 실현할 수 없는 목표일 때가 많다. 우리는 소프트웨어를 실제로 사용해보고 업무에 미치는 영향을 직접 확인하고 나서야 정말로 원하는 바를 알게 되는 경우가 허다하다.

한 가지 방법은 향후 변경에 유연하게 대처할 수 있는 유연성 메커니즘^{flexibility mechanism}을 소프트웨어에 심어두는 것이다. 가령 함수를 정의하다 보면 범용적으로 사용할 수 있겠다는 생각이 들 때가 있다. 그래서 다양한 예상 시나리오에 대응하기 위한 매개변수들을 추가한다. 이런 매개변수가 바로 유연성 메커니즘이다. 물론 메커니즘들이 대개 그렇듯 치러야 할 비용이 있다. 매개변수를 생각나는 대로 추가하다 보면 당장의 쓰임에 비해 함수가 너무 복잡해진다. 또한 깜박 잊은 매개변수가 있다면 앞서 추가해둔 매개변수들 때문에 새로 추가하기가 더 어려워진다. 간혹 유연성 메커니즘을 잘못 구현할 때도 있다. 요구사항이 당초 예상과 다르게 바뀌기 때문일 때도 있고, 내가 설계한 메커니즘 자체에 결함이 있어서일 때도 있다. 이 모든 상황을 고

---

*   *https://martinfowler.com/bliki/ParallelChange.html*

**   옮긴이_ 'contract'에는 '줄어들다', '수축하다'라는 뜻도 있다. 데이터페이스 리팩터링에서는 기존 필드와 새 필드가 동시에 존재하도록 '팽창'됐다가 새 필드만 남도록 '수축'된다는 의미다.

려하다 보면 유연성 메커니즘이 오히려 변화에 대응하는 능력을 떨어뜨릴 때가 대부분이다.

리팩터링을 활용하면 다르게 접근할 수 있다. 앞으로 어느 부분에 유연성이 필요하고 어떻게 해야 그 변화에 가장 잘 대응할 수 있을지 추측하지 않고, 그저 현재까지 파악한 요구사항만을 해결하는 소프트웨어를 구축한다. 단, 이 요구를 멋지게 해결하도록 설계한다. 진행하면서 사용자의 요구사항을 더 잘 이해하게 되면 아키텍처도 그에 맞게 리팩터링해서 바꾼다. 그 과정에서 (작고 멋진 이름의 함수처럼) 소프트웨어의 복잡도에 지장을 주지 않는 메커니즘은 마음껏 추가하지만, 복잡도를 높일 수 있는 유연성 메커니즘은 반드시 검증을 거친 후에 추가한다. 호출하는 측에서 항상 같은 값을 넘기는 매개변수는 매개변수 목록에 넣지 않는다. 그러다 매개변수를 추가해야 할 시점이 오면 간단한 리팩터링 기법인 **함수 매개변수화하기**[11.2절]로 해결한다. 예상되는 변경을 미리 반영하는 리팩터링을 미루면 나중에 얼마나 어려워질지를 가늠해보면 판단에 도움될 때가 많다. 리팩터링을 미루면 훨씬 힘들어진다는 확신이 들 때만 유연성 메커니즘을 미리 추가한다.

이런 식으로 설계하는 방식을 간결한 설계[simple design], 점진적 설계[incremental design], YAGNI[애그니] ("you aren't going to need it[필요 없을 거다*]"의 줄임말) 등으로 부른다. YAGNI를 문자 그대로 해석해서 적용할 때도 있지만, 아키텍처를 전혀 고려하지 말라는 뜻은 아니다. 내가 바라보는 YAGNI는 아키텍처와 설계를 개발 프로세스에 녹이는 또 다른 방식이며, 리팩터링의 뒷받침 없이는 효과를 볼 수 없다.

YAGNI를 받아들인다고 해서 선제적인 아키텍처에 완전히 소홀해도 된다는 뜻은 아니다. 리팩터링으로는 변경하기 어려워서 미리 생각해두면 시간이 절약되는 경우도 얼마든지 있다. 다만 이제는 둘 사이의 균형점이 크게 달라졌다. 나는 나중에 문제를 더 깊이 이해하게 됐을 때 처리하는 쪽이 훨씬 낫다고 생각하는 편이다. 이러한 경향은 진화형 아키텍처[evolutionary architecture]** 원칙이 발전하는 계기가 됐다(진화형 아키텍처는 아키텍처 관련 결정을 시간을 두고 반복해 내릴 수 있다는 장점을 활용하는 패턴과 실천법을 추구한다).***

---

* 옮긴이_ 익스트림 프로그래밍의 원칙 중 하나로 '당장에 필요한 기능만으로 최대한 간결하게 만들라'는 뜻이다. 실제로도, 앞으로 필요할 것 같아서 미리 구현해둔 기능 상당수가 결국 전혀 쓰이지 않거나, 미래의 요구사항을 제대로 반영하지 못하여 오히려 수정하기 더 어려워지는 경우가 많다.

** 『Building Evolutionary Architectures』(O'Reilly, 2017)

*** 옮긴이_ 『클린 아키텍처』(인사이트, 2019)에서 얘기하는 "컴포넌트 의존성 구조는 시스템의 논리적 설계에 발맞춰 성장하며 또 진화해야 한다"는 주장도 같은 맥락으로 이해할 수 있을 것이다.

2.7 리팩터링과 소프트웨어 개발 프로세스

리팩터링 시 고려할 문제를 이야기한 2.5절을 읽었다면 팀이 따르는 실천법에 따라 리팩터링의 효과가 크게 달라진다는 사실을 발견했을 것이다. 실제로 리팩터링이 퍼지기 시작한 것도 익스트림 프로그래밍^{XP}*에 도입됐기 때문이었다. XP의 두드러진 특징은 지속적 통합, 자가 테스트 코드, 리팩터링 등의 개성이 강하면서 상호 의존하는 기법들을 하나로 묶은 프로세스라는 점이다. 참고로 자가 테스트 코드와 리팩터링을 묶어서 **테스트 주도 개발**$^{Test-Driven\ Development}$(TDD)이라 한다.

최초의 애자일 소프트웨어 방법론** 중 하나로 등장한 XP는 그 후 수년에 걸쳐 애자일의 부흥을 이끌었다. 지금은 상당수의 프로젝트에서 애자일을 적용하고 있어서 애자일 사고$^{agile\ thinking}$가 주류로 자리 잡았다. 하지만 현재 '애자일'을 내세우는 프로젝트 중에는 이름만 애자일인 경우가 대부분이다. 애자일을 제대로 적용하려면 리팩터링에 대한 팀의 역량과 열정이 뒷받침되어 프로세스 전반에 리팩터링이 자연스럽게 스며들도록 해야 한다.

리팩터링의 첫 번째 토대는 자가 테스트 코드다. 다시 말해 프로그래밍 도중 발생한 오류를 확실히 걸러내는 테스트를 자동으로 수행할 수 있어야 한다. 테스트는 리팩터링에 굉장히 중요한 토대이기 때문에 5장 전체를 이 주제에 할애했다.

팀으로 개발하면서 리팩터링을 하려면 각 팀원이 다른 사람의 작업을 방해하지 않으면서 언제든지 리팩터링할 수 있어야 한다. 지속적 통합^{CI}을 적극 권장하는 이유도 바로 이 때문이다. 지속적 통합을 적용하면 팀원 각자가 수행한 리팩터링 결과를 빠르게 동료와 공유할 수 있다. 그래서 조만간 삭제될 인터페이스를 이용하여 새로운 기능을 추가하는 일을 방지할 수 있고, 리팩터링한 결과가 다른 팀원의 작업에 문제를 일으키면 즉시 알아낼 수 있다. 자가 테스트 코드 역시 지속적 통합의 핵심 요소다. 따라서 자가 테스트 코드, 지속적 통합, 리팩터링이라는 세 기법은 서로 강력한 상승효과를 발휘한다.

이상의 세 실천법을 적용한다면 앞 절에서 설명한 YAGNI 설계 방식으로 개발을 진행할 수 있다. 리팩터링과 YAGNI는 서로 긍정적인 영향을 준다. 리팩터링(과 그 선수 조건들)이 YAGNI의 토대인 동시에, YAGNI로 인해 리팩터링을 더욱 쉽게 할 수 있다. 추측에 근거한

---

* https://martinfowler.com/bliki/ExtremeProgramming.html

** https://martinfowler.com/articles/newMethodology.html

수많은 유연성 메커니즘을 갖춘 시스템보다는 단순한 시스템이 변경하기가 훨씬 쉽기 때문이다. 세 가지 실천법을 잘 조화시키면 요구사항 변화에 재빠르게 대응하고 안정적인 선순환 구조를 코드베이스에 심을 수 있다.

이러한 핵심 실천법을 갖췄다면 애자일의 다른 요소가 주는 이점까지 취할 수 있는 토대를 마련한 셈이다. 지속적 배포는 소프트웨어를 언제든 릴리스할 수 있는 상태로 유지해준다. 그러면 가령 웹사이트를 개발하는 조직은 수정사항을 하루에도 여러 차례 릴리스할 수 있게 된다. 게다가 위험요소도 줄이고, 기술적인 제약보다는 비즈니스 요구에 맞춰 릴리스 일정을 계획할 수 있다. 이처럼 견고한 기술적 토대를 갖추면 좋은 아이디어를 프로덕션 코드로 반영하는 시간을 엄청나게 단축할 수 있어서 고객에게 더 나은 서비스를 제공할 수 있다. 더욱이 고치는 데 시간을 잡아먹는 버그의 수를 줄여줘서 소프트웨어의 신뢰성도 높일 수 있다.

지금까지의 설명이 다소 간단해 보일 수 있지만 실무에 적용하기는 만만치 않다. 어떤 방법으로 하든 소프트웨어 개발은 여러 사람과 기계가 복잡하게 엮여 상호작용하는 까다로운 일이다. 지금까지 소개한 접근법은 이 복잡도를 다루는 데 효과적이라고 검증된 것이다. 물론 어떠한 접근법이든지 충분한 연습과 실력이 뒷받침돼야 한다.

2.8 리팩터링과 성능

리팩터링하면 프로그램 성능이 느려질까봐 걱정하는 사람이 많다. 나는 실제로 소프트웨어를 이해하기 쉽게 만들기 위해 속도가 느려지는 방향으로 수정하는 경우가 많다. '직관적인 설계 vs. 성능'은 중요한 주제다. 내가 성능을 무시하는 이유는 설계의 순수성을 우선시하거나 조만간 더 빠른 하드웨어가 나오리라 믿기 때문이 아니다. 예전에도 너무 느린 소프트웨어는 고객이 수용해주지 않았고 빠른 하드웨어가 등장하더라도 성능 기준이 낮아지는 경우는 드물었다. 리팩터링하면 소프트웨어가 느려질 수도 있는 건 사실이다. 하지만 그와 동시에 성능을 튜닝하기는 더 쉬워진다. 하드 리얼타임hard real-time 시스템을 제외한 소프트웨어를 빠르게 만드는 비결은, 먼저 튜닝하기 쉽게 만들고 나서 원하는 속도가 나게끔 튜닝하는 것이다.

나는 빠른 소프트웨어를 작성하는 방법 세 가지를 경험했다. 그중 가장 엄격한 방법은 시간 예산 분배time budgeting 방식으로, 하드 리얼타임 시스템에서 많이 사용한다. 이 방식에 따르면 설계를 여러 컴포넌트로 나눠서 컴포넌트마다 자원(시간과 공간) 예산을 할당한다. 컴포넌트는 할

당된 자원 예산을 초과할 수 없다. 단, 주어진 자원을 서로 주고받는 메커니즘을 제공할 수는 있다. 시간 예산 분배 방식은 특히 엄격한 시간 엄수를 강조한다. 심장 박동 조율기처럼 데이터가 늦게 도착하면 안 되는 시스템에서는 이러한 점이 굉장히 중요하다. 반면, 사내 정보 시스템과 같은 부류에는 맞지 않는 기법이다.

두 번째 방법은 끊임없이 관심을 기울이는 것이다. 프로그래머라면 누구나 높은 성능을 유지하기 위해 무슨 일이든 한다. 직관적이어서 흔히 사용하는 방식이지만 실제 효과는 변변치 않다. 성능을 개선하기 위해 코드를 수정하다 보면 프로그램은 다루기 어려운 형태로 변하기 쉽고, 결국 개발이 더뎌진다. 결과적으로 소프트웨어가 더 빨라지면 충분한 보상을 얻겠지만 실제로 그런 경우는 별로 없다. 이 방식에서는 성능을 개선하기 위한 최적화가 프로그램 전반에 퍼지게 되는데, 각각의 개선은 프로그램의 특정 동작에만 관련될 뿐, 정작 컴파일러와 런타임과 하드웨어의 동작을 제대로 이해하지 못한 채 작성할 때도 많다.

아무것도 안 만드는 데도 시간이 걸린다

_론 제프리

크라이슬러 종합 보상Chrysler Comprehensive Compensation(C3) 시스템의 지급 프로세스가 너무 느려졌다. 아직 개발 중이긴 했지만, 테스트 속도마저 떨어뜨려서 점점 거슬리기 시작했다. 나는 켄트 벡, 마틴 파울러와 함께 이 문제를 해결하기로 결심했다. 두 사람이 올 때까지 기다리는 동안 내 머릿속에 든 방대한 시스템 관련 지식을 토대로 속도가 느려진 원인을 곰곰이 생각해봤다. 다양한 가능성을 떠올려보고 필요한 수정 방안에 대해 팀원들과 의견을 교환했다. 그 결과 시스템 성능을 높일 수 있다고 생각되는 아주 멋진 아이디어를 몇 가지 도출했다.

그리고 나서 켄트 벡의 프로파일러를 이용하여 실제 성능을 분석해봤다. 그런데 앞서 생각한 가능성들은 모두 작금의 문제와 전혀 상관이 없었다. 대신 시스템이 날짜 인스턴스를 생성하는 데 실행 시간의 절반을 쓴다는 사실을 발견했다. 더 충격적인 점은 그 많은 인스턴스들의 값들이 고작 두 가지였다는 사실이다.

그래서 날짜 생성 로직을 분석했더니 최적화할 만한 부분이 몇 가지 눈에 띄었다. 외부에서 입력받는 것도 전혀 없는데 날짜들을 모두 문자열 변환을 거쳐 만들고 있었는데, 순전히 타이핑하기 쉽다는 이유로 모조리 문자열 변환을 거치도록 작성했던 것이다. 이 부분은 최적화할 수 있을 것 같았다.

이어서 생성된 날짜가 사용되는 부분을 살펴봤다. 그랬더니 상당수는 날짜 구간을 나타 내는 인스턴스, 즉 시작 날짜와 종료 날짜를 갖는 객체를 생성하고 있었다. 좀 더 깊이 들 여다보니 날짜 구간의 대다수는 텅 비어 있었다.

우리는 날짜 구간을 다룰 때 시작 날짜보다 끝나는 날짜가 빠른 기간은 모두 빈 구간으로 처리하는 관례를 따랐다. 나름 괜찮은 관례인 데다 날짜 클래스의 동작 방식과도 잘 어울 렸다. 그런데 이 관례를 적용하고 나서 얼마 지나지 않아, 종료 후에 시작하는 구간을 생 성하는 코드는 남들이 보기에 명료하지 않다는 사실을 깨달았다. 그래서 이 동작을 뽑아 내어 빈 날짜 구간을 만들어주는 팩터리 메서드를 만들었다.

코드를 깔끔하게 정리하고자 한 이 수정이 전혀 예상치 못한 혜택을 안겨주었다. 우리는 팩터리 메서드가 빈 날짜 구간 객체를 매번 생성하지 않고 미리 만들어둔 객체를 반환하 게 했다. 그랬더니 시스템이 두 배로 빨라져서 테스트를 수행하기에 충분해졌다. 이 작업 에 대략 5분밖에 걸리지 않았다.

나는 가장 먼저 여러 팀원과 함께 우리가 잘 알고 있는 코드에서 잘못될 만한 부분이 없 는지를 집중적으로 살펴봤다(켄트와 마틴은 이 과정에 참여하지 않았다). 심지어 개선 안의 설계를 그려보기까지 했다. 실제로 무슨 일이 벌어지고 있는지 측정해보지도 않고 서 말이다.

완전히 잘못 접근한 것이다. 팀원들과 흥미진진하게 토론한 것 말고는 결국 아무런 소득 이 없었다.

이 일의 교훈은 간단하다. 시스템에 대해 잘 알더라도 섣불리 추측하지 말고 성능을 측정 해봐야 한다. 그러면 새로운 사실을 배우게 되는데, 십중팔구 내가 잘못 알고 있었음을 깨닫게 된다.

성능에 대한 흥미로운 사실은, 대부분 프로그램은 전체 코드 중 극히 일부에서 대부분의 시간 을 소비한다는 것이다. 그래서 코드 전체를 고르게 최적화한다면 그중 90%는 효과가 거의 없 기 때문에 시간 낭비인 셈이다. 속도를 높이기 위해 투자한 시간(다른 관점에서 보자면 코드를 덜 명료하게 바꾸느라 투자한 시간)을 모두 날리는 행위다.

성능 개선을 위한 세 번째 방법은 이 '90%의 시간은 낭비'라는 통계에서 착안한 것이다. 즉, 의 도적으로 성능 최적화에 돌입하기 전까지는 성능에 신경 쓰지 않고 코드를 다루기 쉽게 만드는 데 집중한다. 그러다 성능 최적화 단계가 되면 다음의 구체적인 절차를 따라 프로그램을 튜닝 한다.

먼저 프로파일러로 프로그램을 분석하여 시간과 공간을 많이 잡아먹는 지점을 알아낸다. 그러면 성능에 큰 영향을 주는 작은 부분들을 찾을 수 있다. 그런 다음 전체를 고르게 최적화할 때와 마찬가지 방법으로 그 부분들을 개선한다. 이렇게 하면 성능에 큰 영향을 주는 부분만 집중해서 최적화하기 때문에 적은 노력으로 훨씬 큰 효과를 볼 수 있다. 이때도 물론 신중하게 작업해야 한다. 리팩터링할 때처럼 최적화를 위한 수정도 작은 단계로 나눠서 진행한다. 각 단계마다 컴파일과 테스트를 거치고 프로파일러를 다시 실행해본다. 성능이 개선되지 않았다면 수정 내용을 되돌린다. 이런 식으로 사용자가 만족하는 성능에 도달할 때까지 최적화 대상을 찾아서 제거하는 일을 계속한다.

프로그램을 잘 리팩터링해두면 이런 식의 최적화에 두 가지 면에서 도움이 된다. 첫째, 성능 튜닝에 투입할 시간을 벌 수 있다. 리팩터링이 잘 되어 있다면 기능 추가가 빨리 끝나서 성능에 집중할 시간을 더 벌 수 있다. (또한 프로파일링을 하면 이렇게 확보한 시간을 낭비 없이 쓸 수 있다.) 둘째, 리팩터링이 잘 되어 있는 프로그램은 성능을 더 세밀하게 분석할 수 있다. 프로파일러가 지적해주는 코드의 범위가 더 좁아질 것이고, 그래서 튜닝하기 쉬워진다. 코드가 깔끔하면 개선안들이 더 잘 떠오를 것이고, 그중 어떤 튜닝이 효과가 좋을지 파악하기 쉽다.

리팩터링은 성능 좋은 소프트웨어를 만드는 데 기여한다. 단기적으로 보면 리팩터링 단계에서는 성능이 느려질 수도 있다. 하지만 최적화 단계에서 코드를 튜닝하기 훨씬 쉬워지기 때문에 결국 더 빠른 소프트웨어를 얻게 된다.

2.9 리팩터링의 유래

'리팩터링'이란 용어의 정확한 유래는 찾을 수 없었다. 실력 있는 프로그래머는 항상 자신의 코드를 정리하는 데 어느 정도의 시간을 할애해왔다. 복잡하고 지저분한 코드보다는 깔끔한 코드가 수정하기 쉽고, 처음부터 깔끔하게 작성하는 경우는 거의 없다는 것을 경험을 통해 알기 때문이다.

리팩터링은 여기서 한 발 더 나아간다. 나는 리팩터링은 소프트웨어 개발 프로세스 전반의 핵심 요소라고 주장한다. 리팩터링이 중요함을 깨달은 선구자들인 워드 커닝햄과 켄트 벡은 1980년대부터 스몰토크를 활용해 개발해왔다. 스몰토크는 기능이 풍부한 소프트웨어를 빠르게 작성할 수 있는 굉장히 역동적인 환경인데, 당시 개발 환경 중에서 리팩터링을 활용해보기에 특히 좋았다. 스몰토크는 컴파일-링크-실행 주기가 상당히 짧아서 마지막으로 컴파일한 시점을 안다면 수정 작업을 빠르게 진행할 수 있었다. 게다가 객체 지향 언어이기 때문에 인터 페이스만 잘 정의해두면 내부 수정이 외부에 미치는 영향을 최소로 줄일 수 있었다. 워드와 켄트는 이런 환경에 특화된 소프트웨어 개발 방법을 고민했고, 그 결과로 XP가 탄생한 것이다. 워드와 켄트는 생산성을 높이는 데 리팩터링의 역할이 크다는 사실을 깨닫고, 그 후로 리팩터링을 실전 프로젝트에 활용하면서 개선해나갔다.

두 사람의 아이디어가 스몰토크 커뮤니티에 큰 반향을 일으키면서 리팩터링이란 개념이 스몰토크 개발 문화에 중요한 요소로 자리 잡았다. 당시 스몰토크 커뮤니티를 주도하던 인물 중에 UIUC 대학교 교수인 랄프 존슨[Ralph Johnson]이 있었다. 『디자인 패턴』 책의 공저자들을 일컫는 '4인의 갱[Gang of Four](GoF)'에 속한 인물로도 유명하다. 랄프의 최대 관심사 중 하나는 소프트웨어 프레임워크를 개발하는 것이었고, 그 일환으로 효율적이고 유연한 프레임워크를 개발하는 데 리팩터링이 어떻게 기여하는지를 연구했다.

랄프의 박사 과정 학생인 빌 옵다이크[Bill Opdyke]는 특히 프레임워크에 관심이 많았다. 그는 리팩터링의 잠재 가치를 간파하고 스몰토크를 넘어 다른 언어들에도 적용할 수 있으리라 생각했다. 그는 전화 교환기를 개발한 적이 있었는데, 시간이 지날수록 코드가 점점 복잡해져서 수정하기 어려워진다는 것을 체험했다. 빌은 박사 연구 주제로 리팩터링을 개발 도구에서 지원하는 방안을 파고들었고, 그중에서도 C++ 프레임워크 개발에 유용한 리팩터링에 관심이 많았다. 그래서 여기에 필요한 의미 보존[semantic-preserving] 리팩터링 기법들을 연구한 결과, 리팩터링 후에도 의미가 보존되는지를 검증하는 방법과 이를 도구로 구현하는 방법을 발표했다. 빌의 박사 학위 논문[*]은 리팩터링에 대한 최초의 연구 업적이다.

1992년 OOPSLA 콘퍼런스[**]에서 빌을 처음 만났을 때가 떠오른다. 그때 카페에 함께 앉아 그의 연구 주제에 대한 설명을 들으면서 '흥미롭지만 그다지 중요한 주제는 아닌 것 같다'고 생각했는데, 완전 잘못 생각했다.

존 브랜트[John Brant]와 돈 로버츠[Don Roberts]는 빌이 제기한 리팩터링 도구 아이디어를 훨씬 발전시켜서 스몰토크 환경을 위한 최초의 리팩터링 도구인 〈리팩터링 브라우저[Refactoring Browser]〉를 개발했다.

....

[*] http://www.laputan.org/pub/papers/opdyke-thesis.pdf
[**] 옮긴이_ 객체 지향 분야의 대표적인 학회다.

당시의 나를 돌이켜보면, 항상 깔끔한 코드를 추구하긴 했지만 그렇게까지 중요하게 여기지는 않았다. 그러다가 켄트와 함께 프로젝트를 진행하면서 그가 리팩터링하는 모습을 지켜볼 수 있었고, 그래서 리팩터링할 때와 안 할 때의 생산성과 품질의 차이를 확실히 경험할 수 있었다. 이 경험을 통해 리팩터링이 정말 중요한 기법임을 깨닫게 됐다. 하지만 아쉽게도 당시에는 실무 프로그래머가 읽을 만한 책이 하나도 없었고, 앞에서 언급한 리팩터링 전문가 중에서 그런 책을 쓰겠다는 사람도 없었다. 그래서 내가 그들의 도움을 받아서 이 책의 초판을 쓰게 된 것이다.

다행히 리팩터링이란 개념을 업계에서 잘 받아들였다. 이 책도 꽤 팔렸고 거의 모든 프로그래머가 리팩터링이란 용어를 쓰게 되었다. 도구도 다양하게 나왔는데 특히 자바에 특화된 것이 많았다. 하지만 이처럼 대중화되면서 코드를 재구성하는 모든 작업을 가리키는 느슨한 의미로 사용하는 사람이 많아졌다. 어쨌든 리팩터링은 주류 개발 기법으로 자리 잡았다.

2.10 리팩터링 자동화

리팩터링과 관련하여 지난 수십 년 사이에 일어난 가장 큰 변화는 자동 리팩터링을 지원하는 도구가 등장한 것이다. 예를 들어 〈인텔리제이 IDEA〉*나 〈이클립스〉**에서 자바로 프로그래밍할 때는 메서드 이름을 바꾸는 작업을 메뉴에서 원하는 항목을 클릭하는 것만으로 처리할 수 있다. 실제 리팩터링은 나 대신 개발 도구가 처리해주며, 따로 테스트할 필요가 없을 정도로 안정적이다.

자동 리팩터링 기능은 존 브랜트와 돈 로버츠가 개발한 스몰토크용 〈리팩터링 브라우저〉에서 최초로 등장했다. 이 아이디어는 2000년대 초반에 자바 커뮤니티에 급속도로 퍼졌다. 젯브레인즈JetBrains에서 〈인텔리제이 IDEA〉를 출시할 때 내세운 대표 기능 중 하나가 바로 자동 리팩터링이었다. IBM도 뒤따라 〈비주얼 에이지 포 자바〉Visual Age for Java에 리팩터링 기능을 추가했다. 〈비주얼 에이지 포 자바〉는 큰 인기를 얻지 못했지만, 리팩터링을 비롯해 많은 기능을 〈이클립스〉에 물려주었다.

C#용 리팩터링 도구도 등장했다. 젯브레인즈가 만든 〈비주얼 스튜디오〉용 플러그인인 〈리샤퍼

---

* https://www.jetbrains.com/idea/

** https://www.eclipse.org/

ReSharper〉가 처음으로 지원했고, 나중에 〈비주얼 스튜디오〉 팀에서 자체적으로 리팩터링 기능을 추가했다.

현재는 에디터나 독립 도구에서도 리팩터링 기능을 제공할 정도로 자동 리팩터링이 흔해졌다. 물론 완성도는 저마다 제법 차이가 난다. 그 원인은 도구 자체에 있기도 하고, 언어마다 리팩터링을 자동화할 수 있는 범위가 다르기 때문이기도 하다. 이 책에서는 도구들의 차이는 분석하지 않는다. 단, 그 이면에 깔린 원칙들은 잠시 짚어볼 가치가 있다.

리팩터링을 자동화하는 가장 어설픈 방법은 소스 코드의 텍스트를 직접 조작하는 것이다. 가령 '찾아 바꾸기' 기능으로 이름을 변경하거나, **변수 추출하기**[6.3절]를 위해 간단히 코드를 재구성하는 식이다. 이 방식은 허점이 많기 때문에 테스트해보기 전에는 결과를 신뢰해서는 안 된다. 하지만 리팩터링에 첫 발을 내딛는 데는 유용하다. 나라면 완성도 높은 리팩터링 도구가 없을 때는 〈이맥스Emacs〉에 해당 매크로를 만들어 활용하는 식으로 리팩터링 속도를 높일 것이다.

자동 리팩터링을 제대로 구현하려면 코드를 텍스트 상태가 아닌, 구문 트리syntax tree로 해석해서 다뤄야 한다. 구문 트리를 조작하는 방식이 코드의 원래 의미를 보존하는 데 훨씬 유리하기 때문이다. 그래서 뛰어난 IDE가 자동 리팩터링도 더 풍부하게 제공하는 경우가 많다. IDE는 리팩터링뿐 아니라 코드 탐색과 린팅linting; 정적 분석을 비롯한 다양한 기능을 구현하는 데 구문 트리를 활용한다. 텍스트와 구문 트리를 함께 활용하기 때문에 단순한 코드 에디터 수준을 훌쩍 뛰어넘는다.

그런데 단순히 구문 트리를 해석해서 수정하는 것만으로는 리팩터링을 구현할 수 없다. 변경된 구문 트리를 다시 에디터 화면에 텍스트로 바꿔 표현해야 한다. 그래서 리팩터링 기능을 제대로 구현하기란 상당히 어렵다. 이 기능을 즐겨 쓰는 나조차도 이러한 사실을 인지하지 못할 때가 많다.

정적 타입 언어라면 훨씬 안전하게 구현할 수 있는 리팩터링 수가 늘어난다. 간단히 **함수 이름 바꾸기**[6.5절]를 적용하는 경우를 생각해보자. Salesperson 클래스와 Server 클래스 모두에 addClient()라는 메서드가 있다고 하자. 그중 Salesperson 클래스에 정의된 addClient()의 이름을 변경하려고 한다. Server 클래스의 addClient()는 의미가 다르기 때문에 변경하지 않고 그대로 둔다. 정적 타입을 지원하지 않는다면 addClient()를 호출하는 코드 중에서 어느 것이 Salesperson 클래스에 해당하는지 구분하기 쉽지 않다. 그래서 도구는 이 메서드를 호출하는 지점의 목록을 제공할 것이고, 우리는 목록을 일일이 살펴보면서 이름을 바꿀 대상을 직접 골라야 한다. 이런 식의 리팩터링은 안전하지 않기 때문에 반드시 테스트를 거쳐야 한다. 이 정도만 제공해도 꽤 도움이 되지만, 자바 코드라면 같은 작업을 완벽히 안전하면서도 자동으로 처리할 수 있다. 도구에서 자바의 정적 타입 능력을 활용하여 메서드가 속한 클래스를 정확히 알아낼 수 있기 때문에, 변경할 메서드만 제대로 골라낼 거라고 믿을 수 있다.

간혹 도구에서 그 이상까지 처리해주는 경우도 있다. 가령 변수 이름을 바꾸려 하면 코드는 물론 주석에 쓰인 이름도 함께 바꿀지 물어볼 것이다. 혹은 **함수 추출하기**^{6.1절}를 적용할 때, 새 함수의 본문과 같은 코드를 찾으면 해당 코드를 강조해 보여주면서, 이 역시 추출한 함수를 호출하게끔 바꾸라고 권하기도 한다. 이처럼 IDE가 제공하는 리팩터링 기능이 강력하기 때문에 손에 익은 텍스트 에디터만 고집하지 말고 IDE를 사용하는 편이 프로그래밍 효율 면에서 훨씬 유리하다. 나는 〈이맥스〉 광팬이지만, 자바 프로그래밍할 때만큼은 〈인텔리제이 IDEA〉나 〈이클립스〉를 사용한다. 그 이유의 상당 부분은 리팩터링 지원 때문이다.

이러한 멋진 리팩터링 도구들이 코드 리팩터링을 안전하면서도 요술 부리듯 처리해줘서 좋긴 하지만, 간혹 문제를 일으킬 때가 있다. 가령 완성도가 낮은 도구는 `Method.invoke()`처럼 자바의 리플렉션 기능을 써서 메서드를 호출하는 부분을 제대로 처리하지 못한다(완성도가 높은 메이저 도구는 이런 부분도 깔끔하게 처리한다). 그래서 대부분의 리팩터링이 믿을만더라도 중간에 꼬인 부분이 없는지 이따금 테스트로 확인하는 것이 바람직하다. 나는 주로 자동 리팩터링과 수동 리팩터링을 함께 사용한다. 그래서 테스트도 충분히 거친다.

IDE는 구문 트리를 분석해서 리팩터링하기 때문에 단순한 텍스트 에디터와는 비교할 수 없을 만큼 유리하다. 하지만 상당수의 프로그래머는 각자 좋아하는 텍스트 에디터가 주는 자유를 만끽하고자 두 가지 도구를 모두 활용한다. 최근에는 언어 서버^{Language Server}*라는 기술이 뜨고 있다. 언어 서버란 구문 트리를 구성해서 텍스트 에디터에 API 형태로 제공하는 소프트웨어다. 언어 서버는 다양한 텍스트 에디터를 지원할 수 있고, 정교한 코드 분석과 리팩터링 기능을 제공할 수 있다.

---

* https://langserver.org/

2.11 더 알고 싶다면

아직 2장인데 참고 문헌을 나열하기가 좀 어색하지만, 이 책에서 다루는 리팩터링의 기본 이상이 궁금할 때 살펴볼 만한 자료를 소개하기에는 지금이 적기인 것 같다.

이 책은 그동안 많은 독자에게 리팩터링을 소개했지만, 독자가 리팩터링을 체화하게끔 이끌기보다는 특정 리팩터링 기법이 궁금할 때 찾아볼 수 있는 레퍼런스를 제공하는 데 주력했다. 리팩터링 연습에 주력한 책을 원한다면 윌리엄 웨이크[William C. Wake]가 쓴 『리팩터링 워크북』(인사이트, 2006)을 추천한다. 리팩터링을 충분히 연습할 수 있도록 다양한 예제를 제공하는 책이다.

리팩터링 개척자 중 많은 이가 소프트웨어 패턴 커뮤니티에서도 활발히 활동하고 있다. 조슈아 케리에프스키[Joshua Kerievsky]는 『패턴을 활용한 리팩터링』(인사이트, 2011)을 통해 두 분야를 잘 접목하고 있다. 이 책은 소프트웨어 패턴 분야에 지대한 영향을 준 『디자인 패턴』 책에서 가장 핵심적인 패턴을 골라, 코드를 그 패턴대로 재구성하기 위해 리팩터링하는 방법을 다룬다.

범용 프로그래밍에 적용할 수 있는 리팩터링 위주로 소개하는 이 책과 달리 특정 분야에 특화된 리팩터링 책도 있다. 대표적인 예로 스캇 엠블러[Scott Ambler]와 프라모드 사달게[Pramod Sadalage]의 『리팩토링 데이터베이스』(위키북스, 2007)와 엘리엇 러스티 해롤드[Elliotte Rusty Harold]의 『리팩토링 HTML』(에이콘출판사, 2009)이 있다.

책 제목에는 리팩터링이란 단어가 없지만 참고할 만한 책으로 마이클 페더스[Michael Feathers]의 『레거시 코드 활용 전략』(에이콘출판사, 2018)이 있다. 이 책은 주로 테스트 커버리지가 낮은 오래된 코드베이스를 리팩터링하는 방법을 다루고 있다.

내 책은 어떤 언어를 사용하는 프로그래머라도 읽을 수 있도록 집필했지만, 특정 언어에 특화된 리팩터링을 설명하는 책도 있다. 대표적인 예로 제이 필즈[Jay Fields]와 셰인 하비[Shane Harvey]의 『Refactoring: Ruby Edition』(Addition-Wesley, 2009)이 있다.*

최신 자료를 보고 싶다면 이 책의 깃허브 지원 페이지(*https://github.com/WegraLee/Refactoring*)와 리팩터링 웹사이트(*https://refactoring.com/*)를 참고하기 바란다.

---

* 옮긴이_ 『리팩터링 자바스크립트』(길벗, 2018)도 있다.

CHAPTER 03

코드에서 나는 악취

_켄트 벡, 마틴 파울러 공저

냄새 나면 당장 갈아라.

– 켄트 벡 할머니의 육아 원칙

이제 리팩터링이 어떻게 작동하는지 감이 왔을 것이다. 하지만 '적용 방법'을 아는 것과 '제때 적용'할 줄 아는 것은 다르다. 리팩터링을 언제 시작하고 언제 그만할지를 판단하는 일은 리팩 터링의 작동 원리를 아는 것 못지않게 중요하다.

그런데 여기에 딜레마가 있다. 인스턴스 변수를 삭제하거나 상속 계층을 만드는 방법을 설명하 기는 쉽다. 이런 일들은 간단한 문제에 속한다. 하지만 이런 일들을 '언제' 해야 하는지에 대해 서는 명확하게 정립된 규칙이 없다. 솔직히 나 같은 컨설턴트들은 프로그래밍 미학이라는 모호 한 개념에 기댈 때가 많은데, 이에 대해서는 좀 더 구체적으로 정리해볼 필요가 있다.

이 책의 초판을 집필하면서 이 주제로 고민하는 동안 취리히에 있는 켄트 벡을 만나러 간 적이 있다. 당시 켄트는 갓 태어난 딸을 돌보느라 기저귀 냄새에 상당히 민감해했던 것으로 기억한 다. 그 때문인지 리팩터링할 '시점'을 설명하는 데 '냄새smell'란 표현을 사용했다.

그렇다면 '냄새'란 표현이 프로그래밍 미학이라는 모호한 개념보다 나을까? 그렇다. 켄트와 나 는 그동안 크게 성공한 프로젝트부터 거의 망한 프로젝트까지 폭넓은 코드를 보아왔다. 그 과 정에서 우리는 리팩터링이 필요한, 때로는 아주 절실한 코드들에 일정한 패턴이 있다는 사실을 발견했다. (이 장은 켄트와 내가 함께 집필했다는 점을 강조하기 위해 '나'가 아닌 '우리'란 표현 을 사용한다. 어느 부분을 누가 쓴 것인지는 쉽게 구분할 수 있다. 웃긴 농담은 필자가 쓴 것이 고 나머지는 켄트가 쓴 것이다.)

하지만 리팩터링을 언제 멈춰야 하는지를 판단하는 정확한 기준을 제시하지는 않을 것이다. 우리 경험에 따르면 숙련된 사람의 직관만큼 정확한 기준은 없다. 종료 기준보다는 리팩터링하면 해결할 수 있는 문제의 징후를 제시하겠다. 인스턴스 변수는 몇 개가 적당한지, 메서드가 몇 줄을 넘어가면 안 좋은지 등은 각자 경험을 통해 감을 키워야 한다.

어떤 리팩터링 기법을 적용할지 모르겠다면 이 장의 내용과 부록 B를 참고해서 감을 잡기 바란다. 먼저 이 장을 (혹은 부록 B를) 읽고 코드가 풍기는 냄새(악취)가 무엇인지 찾자. 그런 다음 우리가 해법으로 제시한 리팩터링 기법을 이 책의 6~12장에서 찾아 읽고 그 냄새를 없애는데 도움이 될지 생각해본다. 여러분이 맡은 것과 완전히 똑같은 냄새를 찾지 못할지도 모르지만, 적어도 올바른 방향으로 인도하리라 기대한다.

3.1 기이한 이름
Mysterious Name

추리 소설이라면 무슨 일이 전개되는지 궁금증을 자아낼수록 좋지만, 코드는 아니다. 세계적인 기인이라는 느낌을 풍기고 싶더라도 꾹 참고 코드는 단순하고 명료하게 작성해야 한다. 코드를 명료하게 표현하는 데 가장 중요한 요소 하나는 바로 '이름'이다. 그래서 함수, 모듈, 변수, 클래스 등은 그 이름만 보고도 각각이 무슨 일을 하고 어떻게 사용해야 하는지 명확히 알 수 있도록 엄청나게 신경 써서 이름을 지어야 한다.

하지만 아쉽게도 이름 짓기는 프로그래밍에서 가장 어렵기로 손꼽히는 두 가지* 중 하나다. 그 때문에 우리가 가장 많이 사용하는 리팩터링도 **함수 선언 바꾸기**[6.5절](함수 이름을 바꿀 때도 사용한다), **변수 이름 바꾸기**[6.7절], **필드 이름 바꾸기**[9.2절]처럼 이름을 바꾸는 리팩터링들이다. 굳이 그럴 가치가 없다는 생각에 이름 바꾸기를 꺼리는 사람도 많은데, 이름만 잘 지어도 나중에 문맥을 파악하느라 헤매는 시간을 크게 절약할 수 있다.

이름 바꾸기는 단순히 이름을 다르게 표현하는 연습이 아니다. 마땅한 이름이 떠오르지 않는다면 설계에 더 근본적인 문제가 숨어 있을 가능성이 높다. 그래서 혼란스러운 이름을 잘 정리하다 보면 코드가 훨씬 간결해질 때가 많다.

---

* 옮긴이_ 필 칼튼(Phil Karlton)이 "컴퓨터 과학에서 어려운 건 딱 두 가지, 캐시 무효화(cache invalidation)와 이름 짓기다"라고 말한 데서 따온 표현이다. 공신력 없는 개인의 말이지만 이곳저곳에서 자주 인용되는 걸 보면 공감하는 사람이 그만큼 많다는 뜻일 것이다.
https://martinfowler.com/bliki/TwoHardThings.html

3.2 중복 코드
Duplicated Code

똑같은 코드 구조가 여러 곳에서 반복된다면 하나로 통합하여 더 나은 프로그램을 만들 수 있다. 코드가 중복되면 각각을 볼 때마다 서로 차이점은 없는지 주의 깊게 살펴봐야 하는 부담이 생긴다. 그중 하나를 변경할 때는 다른 비슷한 코드들도 모두 살펴보고 적절히 수정해야 한다.

가장 간단한 중복 코드의 예로, 한 클래스에 딸린 두 메서드가 똑같은 표현식을 사용하는 경우가 있다. 이럴 때는 **함수 추출하기**[6.1절]를 써서 양쪽 모두 추출된 메서드를 호출하게 바꾸면 된다. 코드가 비슷하긴 한데 완전히 똑같지는 않다면, 먼저 **문장 슬라이드하기**[8.6절]로 비슷한 부분을 한 곳에 모아 함수 추출하기를 더 쉽게 적용할 수 있는지 살펴본다. 같은 부모로부터 파생된 서브 클래스들에 코드가 중복되어 있다면, 각자 따로 호출되지 않도록 **메서드 올리기**[12.1절]를 적용해 부모로 옮긴다.

3.3 긴 함수
Long Function

우리의 경험에 비춰보면 오랜 기간 잘 활용되는 프로그램들은 하나같이 짧은 함수로 구성됐다. 짧은 함수들로 구성된 코드베이스를 얼핏 훑으면 연산하는 부분이 하나도 없어 보인다. 코드가 끝없이 위임하는 방식으로 작성되어 있기 때문이다. 하지만 이런 프로그램을 수년 동안 다루다 보면 이 짧은 함수들이 얼마나 중요한지 깨닫게 된다. 간접 호출[indirection]의 효과, 즉 코드를 이해하고, 공유하고, 선택하기 쉬워진다는 장점은 함수를 짧게 구성할 때 나오는 것이다.

프로그래밍 초창기부터 사람들은 함수가 길수록 이해하기 어렵다는 사실을 깨달았다. 예전 언어는 서브루틴을 호출하는 비용이 컸기 때문에 짧은 함수를 꺼렸다. 하지만 요즘 언어는 프로세스 안에서의 함수 호출 비용을 거의 없애버렸다. 물론 코드를 읽는 사람 입장에서는 함수가 하는 일을 파악하기 위해 왔다 갔다 해야 하므로 여전히 부담이 된다. 다행히 함수 호출부와 선언부 사이를 빠르게 이동하거나 호출과 선언을 동시에 보여주는 개발 환경을 활용하면 이 부담이 줄어들지만, 짧은 함수로 구성된 코드를 이해하기 쉽게 만드는 가장 확실한 방법은 좋은 이름이다. 함수 이름을 잘 지어두면 본문 코드를 볼 이유가 사라진다.

그러기 위해서는 훨씬 적극적으로 함수를 쪼개야 한다. 우리는 주석을 달아야 할 만한 부분은 무조건 함수로 만든다. 그 함수 본문에는 원래 주석으로 설명하려던 코드가 담기고, 함수 이름은 동작 방식이 아닌 '의도intention'가 드러나게 짓는다. 이렇게 함수로 묶는 코드는 여러 줄일 수도 있고 단 한 줄일 수도 있다. 심지어 원래 코드보다 길어지더라도 함수로 뽑는다. 단, 함수 이름에 코드의 목적을 드러내야 한다. 여기서 핵심은 함수의 길이가 아닌, 함수의 목적(의도)과 구현 코드의 괴리가 얼마나 큰가다. 즉, '무엇을 하는지'를 코드가 잘 설명해주지 못할수록 함수로 만드는 게 유리하다.

함수를 짧게 만드는 작업의 99%는 **함수 추출하기**^{6.1절}가 차지한다. 함수 본문에서 따로 묶어 빼내면 좋은 코드 덩어리를 찾아 새로운 함수로 만드는 것이다.

함수가 매개변수와 임시 변수를 많이 사용한다면 추출 작업에 방해가 된다. 이런 상황에서 함수를 추출하다 보면 추출된 함수에도 매개변수가 너무 많아져서 리팩터링 전보다 난해해질 수 있다. 그렇다면 **임시 변수를 질의 함수로 바꾸기**^{7.4절}로 임시 변수의 수를, **매개변수 객체 만들기**^{6.8절}와 **객체 통째로 넘기기**^{11.4절}로는 매개변수의 수를 줄일 수 있을 것이다.

이 리팩터링들을 적용해도 여전히 임시 변수와 매개변수가 너무 많다면 더 큰 수술이라 할 수 있는 **함수를 명령으로 바꾸기**^{11.9절}를 고려해보자.

그렇다면 추출할 코드 덩어리는 어떻게 찾아낼까? 한 가지 좋은 방법은 주석을 참고하는 것이다. 주석은 코드만으로는 목적을 이해하기 어려운 부분에 달려 있는 경우가 많다. 이런 주석을 찾으면 주석이 설명하는 코드와 함께 함수로 빼내고, 함수 이름은 주석 내용을 토대로 짓는다. 코드가 단 한 줄이어도 따로 설명할 필요가 있다면 함수로 추출하는 게 좋다.

조건문이나 반복문도 추출 대상의 실마리를 제공한다. 조건문은 **조건문 분해하기**^{10.1절}로 대응한다. 거대한 switch문을 구성하는 case문마다 **함수 추출하기**^{6.1절}를 적용해서 각 case의 본문을 함수 호출문 하나로 바꾼다. 같은 조건을 기준으로 나뉘는 switch문이 여러 개라면 **조건부 로직을 다형성으로 바꾸기**^{10.4절}를 적용한다.

반복문도 그 안의 코드와 함께 추출해서 독립된 함수로 만든다. 추출한 반복문 코드에 적합한 이름이 떠오르지 않는다면 성격이 다른 두 가지 작업이 섞여 있기 때문일 수 있다. 이럴 때는 과감히 **반복문 쪼개기**^{8.7절}를 적용해서 작업을 분리한다.

3.4 긴 매개변수 목록
Long Parameter List

우리가 프로그래밍을 시작하던 시절에는 함수에 필요한 것들을 모조리 매개변수로 전달하라고 배웠다. 그래야 암적 존재인 전역 데이터가 늘어나는 사태를 막을 수 있기 때문에 그 시절에는 합리적인 방식이었다. 하지만 매개변수 목록이 길어지면 그 자체로 이해하기 어려울 때가 많았다.

종종 다른 매개변수에서 값을 얻어올 수 있는 매개변수가 있을 수 있는데, 이런 매개변수는 **매개변수를 질의 함수로 바꾸기**[11.5절]로 제거할 수 있다. 사용 중인 데이터 구조에서 값들을 뽑아 각각을 별개의 매개변수로 전달하는 코드라면 **객체 통째로 넘기기**[11.4절]를 적용해서 원본 데이터 구조를 그대로 전달한다. 항상 함께 전달되는 매개변수들은 **매개변수 객체 만들기**[6.8절]로 하나로 묶어버린다. 함수의 동작 방식을 정하는 플래그 역할의 매개변수는 **플래그 인수 제거하기**[11.3절]로 없애준다.

클래스는 매개변수 목록을 줄이는 데 효과적인 수단이기도 하다. 특히 여러 개의 함수가 특정 매개변수들의 값을 공통으로 사용할 때 유용하다. 이럴 때는 **여러 함수를 클래스로 묶기**[6.9절]를 이용하여 공통 값들을 클래스의 필드로 정의한다. 함수형 프로그래밍이었다면 일련의 부분 적용 함수partially applied function들을 생성한다고 말했을 것이다.

3.5 전역 데이터
Global Data

전역 데이터를 주의해야 한다는 말은 우리가 소프트웨어 개발을 시작한 초창기부터 귀가 따갑게 들었다. 심지어 전역 데이터는 이를 함부로 사용한 프로그래머들에게 벌을 주는 지옥 4층에 사는 악마들이 만들었다는 말이 돌 정도였다. 물론 실제로 지옥불에 떨어지지는 않겠지만, 우리가 겪을 수 있는 악취 중 가장 지독한 축에 속한다. 전역 데이터는 코드베이스 어디에서든 건드릴 수 있고 값을 누가 바꿨는지 찾아낼 메커니즘이 없다는 게 문제다. 그래서 마치 '유령 같은 원격작용spooky action at a distance*'처럼, 버그는 끊임없이 발생하는데 그 원인이 되는 코드를 찾

---

* 옮긴이_ 아인슈타인이 '양자 얽힘은 말도 안 되는 소리'라며 폄하하며 한 말이다. 양자 얽힘이란 (특정한 조건 하에서) 서로 얽혀 있는 두 입자를 공간적으로 멀리 떨어뜨려 놔도 한쪽 입자의 상태가 결정되는 즉시 다른 입자의 상태도 결정되는 현상이다. 즉, 전역 변수를 매개로 떨어져 있는 다른 어딘가의 코드에 영향을 주는 현상을 빗댄 표현이다.

아내기가 굉장히 어렵다. 전역 데이터의 대표적인 형태는 전역 변수지만 클래스 변수와 싱글톤^{singleton}에서도 같은 문제가 발생한다.

이를 방지하기 위해 우리가 사용하는 대표적인 리팩터링은 **변수 캡슐화하기**^{6.6절}다. 다른 코드에서 오염시킬 가능성이 있는 데이터를 발견할 때마다 이 기법을 가장 먼저 적용한다. 이런 데이터를 함수로 감싸는 것만으로도 데이터를 수정하는 부분을 쉽게 찾을 수 있고 접근을 통제할 수 있게 된다. 더 나아가 접근자 함수들을 클래스나 모듈에 집어넣고 그 안에서만 사용할 수 있도록 접근 범위를 최소로 줄이는 것도 좋다.

전역 데이터가 가변^{mutable}이라면 특히나 다루기 까다롭다. 프로그램이 구동된 후에는 값이 바뀌지 않는다고 보장할 수 있는 전역 데이터는 그나마 안전한 편이다. 물론 언어에서 이런 기능을 제공해야 한다.

파라켈수스^{Paracelsus}가 말하길 '무엇이든 많이 복용하면 독이 될 수 있다'라고 했다. 이 말은 전역 데이터에 고스란히 적용된다. 전역 데이터가 조금뿐이라면 감당할 수 있겠지만, 많아지면 걷잡을 수 없게 된다. 우리는 전역 데이터가 아주 조금만 있더라도 캡슐화하는 편이다. 그래야 소프트웨어가 진화하는 데 따른 변화에 대처할 수 있다.

3.6 가변 데이터
Mutable Data

데이터를 변경했더니 예상치 못한 결과나 골치 아픈 버그로 이어지는 경우가 종종 있다. 코드의 다른 곳에서는 다른 값을 기대한다는 사실을 인식하지 못한 채 수정해버리면 프로그램이 오작동한다. 특히 이 문제가 아주 드문 조건에서만 발생한다면 원인을 알아내기가 매우 어렵다. 이런 이유로 함수형 프로그래밍에서는 데이터는 절대 변하지 않고, 데이터를 변경하려면 반드시 (원래 데이터는 그대로 둔 채) 변경하려는 값에 해당하는 복사본을 만들어서 반환한다는 개념을 기본으로 삼고 있다.

하지만 함수형 언어가 프로그래밍에서 차지하는 비중은 여전히 적고 변수 값을 바꿀 수 있는 언어를 사용하는 프로그래머가 더 많다. 그렇다고 해서 불변성이 주는 장점을 포기할 필요는 없다. 무분별한 데이터 수정에 따른 위험을 줄이는 방법은 얼마든지 있다.

가령 **변수 캡슐화하기**[6.6절]를 적용하여 정해놓은 함수를 거쳐야만 값을 수정할 수 있도록 하면 값이 어떻게 수정되는지 감시하거나 코드를 개선하기 쉽다. 하나의 변수에 용도가 다른 값들을 저장하느라 값을 갱신하는 경우라면 **변수 쪼개기**[9.1절]를 이용하여 용도별로 독립 변수에 저장하게 하여 값 갱신이 문제를 일으킬 여지를 없앤다. 갱신 로직은 다른 코드와 떨어뜨려 놓는 것이 좋다. 그러기 위해 **문장 슬라이드하기**[8.6절]와 **함수 추출하기**[6.1절]를 이용해서 무언가를 갱신하는 코드로부터 부작용이 없는 코드를 분리한다. API를 만들 때는 **질의 함수와 변경 함수 분리하기**[11.1절]를 활용해서 꼭 필요한 경우가 아니라면 부작용이 있는 코드를 호출할 수 없게 한다. 우리는 가능한 한 **세터 제거하기**[11.7절]도 적용한다. 간혹 세터^{setter}를 호출하는 클라이언트를 찾는 것만으로도 변수의 유효범위를 줄이는 데 도움될 때가 있다.

값을 다른 곳에서 설정할 수 있는 가변 데이터가 풍기는 악취는 특히 고약하다. 혼동과 버그와 야근을 부를 뿐만 아니라, 쓸데없는 코드이기도 하다. 이럴 때는 **파생 변수를 질의 함수로 바꾸기**[9.3절]에 식초 농축액을 섞어서 코드 전체에 골고루 뿌려준다.

변수의 유효범위가 단 몇 줄뿐이라면 가변 데이터라 해도 문제를 일으킬 일이 별로 없다. 하지만 나중에 유효범위가 넓어질 수 있고, 그러면 위험도 덩달아 커진다. 따라서 **여러 함수를 클래스로 묶기**[6.9절]나 **여러 함수를 변환 함수로 묶기**[6.10절]를 활용해서 변수를 갱신하는 코드들의 유효범위를 (클래스나 변환^{transform}으로) 제한한다. 구조체처럼 내부 필드에 데이터를 담고 있는 변수라면, 일반적으로 **참조를 값으로 바꾸기**[9.4절]를 적용하여, 내부 필드를 직접 수정하지 말고 구조체를 통째로 교체하는 편이 낫다.

3.7 뒤엉킨 변경
Divergent Change

우리는 소프트웨어의 구조를 변경하기 쉬운 형태로 조직한다. 소프트웨어는 자고로 소프트해야 마땅하기 때문이다. 코드를 수정할 때는 시스템에서 고쳐야 할 딱 한 군데를 찾아서 그 부분만 수정할 수 있기를 바란다. 이렇게 할 수 없다면 (서로 밀접한 악취인) 뒤엉킨 변경과 산탄총 수술[3.8절] 중 하나가 풍긴다.

뒤엉킨 변경은 단일 책임 원칙^{Single Responsibility Principle}(SRP)이 제대로 지켜지지 않을 때 나타난다. 즉, 하나의 모듈이 서로 다른 이유들로 인해 여러 가지 방식으로 변경되는 일이 많을 때 발생한다.* 예컨대 지원해야 할 데이터베이스가 추가될 때마다 함수 세 개를 바꿔야 하고, 금융 상품이 추가될 때마다 또 다른 함수 네 개를 바꿔야 하는 모듈이 있다면 뒤엉킨 변경이 발생했다는 뜻이다. 데이터베이스 연동과 금융 상품 처리는 서로 다른 맥락에서 이뤄지므로 독립된 모듈로 분리해야 프로그래밍이 편하다. 그래야 무언가를 수정할 때 해당 맥락의 코드만 이해해도 진행할 수 있다. 우리는 이렇게 분리하는 일이 중요함을 예전부터 알고 있었지만 나이를 먹어 두뇌 회전이 느려지는 요즘에는 더더욱 중요한 일이 돼버렸다. 물론 데이터베이스와 금융 상품 여러 개를 추가하고 나서야 이 악취가 느껴지는 경우도 많다. 개발 초기에는 맥락 사이의 경계를 명확히 나누기가 어렵고 소프트웨어 시스템의 기능이 변경되면서 이 경계도 끊임없이 움직이기 때문이다.

데이터베이스에서 데이터를 가져와서 금융 상품 로직에서 처리해야 하는 일처럼 순차적으로 실행되는 게 자연스러운 맥락이라면, 다음 맥락에 필요한 데이터를 특정한 데이터 구조에 담아 전달하게 하는 식으로 단계를 분리한다(**단계 쪼개기**[6.11절]). 전체 처리 과정 곳곳에서 각기 다른 맥락의 함수를 호출하는 빈도가 높다면, 각 맥락에 해당하는 적당한 모듈들을 만들어서 관련 함수들을 모은다(**함수 옮기기**[8.1절]). 그러면 처리 과정이 맥락별로 구분된다. 이때 여러 맥락의 일에 관여하는 함수가 있다면 옮기기 전에 **함수 추출하기**[6.1절]부터 수행한다. 모듈이 클래스라면 **클래스 추출하기**[7.5절]가 맥락별 분리 방법을 잘 안내해줄 것이다.

3.8 산탄총 수술
Shotgun Surgery

산탄총 수술은 뒤엉킨 변경[3.7절]과 비슷하면서도 정반대다.**

이 냄새는 코드를 변경할 때마다 자잘하게 수정해야 하는 클래스가 많을 때 풍긴다. 변경할 부

---

* 옮긴이_ 단일 책임 원칙은 '단일 모듈은 변경의 이유가 하나, 오직 하나여야만 한다'는 설계 원칙이다. 여기서 '변경의 이유'의 뜻이 잘 와닿지 않는다면 로버트 마틴 『클린 아키텍처』에서 정정한 '단일 모듈은 오직 하나의 액터(actor)에 대해서만 책임져야 한다'라는 표현으로 이해하자.

** 옮긴이_ 두 냄새의 밑바닥에 깔린 원인과 해법의 원리는 비슷하다. 하지만 발생 과정이 정반대여서 겉으로 드러나는 현상과 이를 해결하기 위한 구체적인 방법은 사뭇 다르다.

	뒤엉킨 변경	산탄총 수술
원인	맥락을 잘 구분하지 못함	
해법(원리)	맥락을 명확히 구분	
발생 과정(현상)	한 코드에 섞여 들어감	여러 코드에 흩뿌려짐
해법(실제 행동)	맥락별로 분리	맥락별로 모음

분이 코드 전반에 퍼져 있다면 찾기도 어렵고 꼭 수정해야 할 곳을 지나치기 쉽다.

이럴 때는 함께 변경되는 대상들을 **함수 옮기기**^{8.1절}와 **필드 옮기기**^{8.2절}로 모두 한 모듈에 묶어두면 좋다. 비슷한 데이터를 다루는 함수가 많다면 **여러 함수를 클래스로 묶기**^{6.9절}를 적용한다. 데이터 구조를 변환하거나 보강^{enrich}*하는 함수들에는 **여러 함수를 변환 함수로 묶기**^{6.10절}를 적용한다. 이렇게 묶은 함수들의 출력 결과를 묶어서 다음 단계의 로직으로 전달할 수 있다면 **단계 쪼개기**^{6.11절}를 적용한다.

어설프게 분리된 로직을 **함수 인라인하기**^{6.2절}나 **클래스 인라인하기**^{7.6절} 같은 인라인 리팩터링으로 하나로 합치는 것도 산탄총 수술에 대처하는 좋은 방법이다. 메서드나 클래스가 비대해지지만, 나중에 추출하기 리팩터링으로 더 좋은 형태로 분리할 수도 있다. 사실 우리는 작은 함수와 클래스에 지나칠 정도로 집착하지만, 코드를 재구성하는 중간 과정에서는 큰 덩어리로 뭉쳐지는 데 개의치 않는다.

3.9 기능 편애
Feature Envy

프로그램을 모듈화할 때는 코드를 여러 영역으로 나눈 뒤 영역 안에서 이뤄지는 상호작용은 최대한 늘리고 영역 사이에서 이뤄지는 상호작용은 최소로 줄이는 데 주력한다. 기능 편애는 흔히 어떤 함수가 자기가 속한 모듈의 함수나 데이터보다 다른 모듈의 함수나 데이터와 상호작용할 일이 더 많을 때 풍기는 냄새다. 우리는 실행 과정에서 외부 객체의 게터 메서드 대여섯 개를 호출하도록 작성된 함수를 수없이 봤다. 다행히 해결하기는 쉽다. 이 함수가 데이터와 가까이 있고 싶어 한다는 의중이 뚜렷이 드러나므로 소원대로 데이터 근처로 옮겨주면 된다(**함수 옮기기**^{8.1절}). 때로는 함수의 일부에서만 기능을 편애할 수 있다. 이럴 때는 그 부분만 독립 함수로 빼낸 다음(**함수 추출하기**^{6.1절}) 원하는 모듈로 보내준다(**함수 옮기기**^{8.1절}).

물론 어디로 옮길지가 명확하게 드러나지 않을 때도 있다. 예컨대 함수가 사용하는 모듈이 다양하다면 어느 모듈로 옮겨야 할까? 이럴 때 우리는 가장 많은 데이터를 포함한 모듈로 옮긴다. **함수 추출하기**^{6.1절}로 함수를 여러 조각으로 나눈 후 각각을 적합한 모듈로 옮기면 더 쉽게 해결되는 경우도 많다.

---

* 옮긴이_ 자바스크립트와 같은 일부 언어는 객체에 속성을 동적으로 추가하거나 제거할 수 있다.

한편, 앞의 두 문단에서 설명한 규칙을 거스르는 복잡한 패턴도 있다. 당장 떠오르는 것으로는 『디자인 패턴』 중 전략 패턴[Strategy Pattern]과 방문자 패턴[Visitor Pattern]이 있다. 켄트 벡의 자기 위임[Self-Delegation]도 여기 속한다.* 이들은 모두 뒤엉킨 변경 냄새를 없앨 때 활용하는 패턴들로, 가장 기본이 되는 원칙은 '함께 변경할 대상을 한데 모으는 것'이다. 데이터와 이를 활용하는 동작은 함께 변경해야 할 때가 많지만, 예외가 있다. 그럴 때는 같은 데이터를 다루는 코드를 한 곳에서 변경할 수 있도록 옮긴다. 전략 패턴과 방문자 패턴을 적용하면 오버라이드해야 할 소량의 동작 코드를 각각의 클래스로 격리해주므로 수정하기가 쉬워진다(대신 간접 호출이 늘어난다).

3.10 데이터 뭉치
Data Clumps

데이터 항목들은 어린아이 같은 면이 있다. 서로 어울려 노는 걸 좋아한다. 그래서 데이터 항목 서너 개가 여러 곳에서 항상 함께 뭉쳐 다니는 모습을 흔히 목격할 수 있다. 클래스 두어 개의 필드에서, 혹은 여러 메서드의 시그니처에서 함께 발견되기도 한다. 이렇게 몰려다니는 데이터 뭉치는 보금자리를 따로 마련해줘야 마땅하다.

가장 먼저 필드 형태의 데이터 뭉치를 찾아서 **클래스 추출하기**[7.5절]로 하나의 객체로 묶는다. 다음은 메서드 시그니처에 있는 데이터 뭉치 차례다. 먼저 **매개변수 객체 만들기**[6.8절]나 **객체 통째로 넘기기**[11.4절]를 적용해서 매개변수 수를 줄여본다. 그 즉시 메서드 호출 코드가 간결해질 것이다. 데이터 뭉치가 앞에서 새로 만든 객체의 필드 중 일부만 사용하더라도 걱정할 필요 없다. 새 객체로 뽑아낸 필드가 두 개 이상이기만 해도 확실히 예전보다 나아지기 때문이다.

데이터 뭉치인지 판별하려면 값 하나를 삭제해보자. 그랬을 때 나머지 데이터만으로는 의미가 없다면 객체로 환생하길 갈망하는 데이터 뭉치라는 뜻이다.

방금 설명에서 간단한 레코드 구조가 아닌 '클래스'로 만들기를 권했음을 눈치챘는가? 클래스를 이용하면 좋은 향기를 흩뿌릴 기회가 생기기 때문이다. 기능 편애를 없애는 과정에서 새로운 클래스를 만들었다면, 이어서 그 클래스로 옮기면 좋을 동작은 없는지 살펴보자. 이러한 연계 과정은 종종 상당한 중복을 없애고 향후 개발을 가속하는 유용한 클래스를 탄생시키는 결과로 이어지기도 한다. 데이터 뭉치가 생산성에 기여하는 정식 멤버로 등극하는 순간이다.

....
* 『Smalltalk Best Practice Patterns』(Addison-Wesley, 1997) 참고

3.11 기본형 집착[*]
Primitive Obsession

대부분의 프로그래밍 언어는 정수, 부동소수점 수, 문자열 같은 다양한 기본형^{primitive type}을 제공한다. 라이브러리를 통해 날짜 같은 간단한 객체를 추가로 제공하기도 한다. 한편 프로그래머 중에는 자신에게 주어진 문제에 딱 맞는 기초 타입(화폐, 좌표, 구간 등)을 직접 정의하기를 몹시 꺼리는 사람이 많다. 그래서 금액을 그냥 숫자형으로 계산하거나, 물리량을 계산할 때도 밀리미터나 인치 같은 단위를 무시하고, 범위도 if (a < upper && a > lower)처럼 처리하는 코드를 수없이 봤다.

이 냄새는 문자열을 다루는 코드에서 특히 흔하다. 전화번호를 단순히 문자 집합으로만 표현하기엔 아쉬움이 많다. 최소한 사용자에게 보여줄 때는 일관된 형식으로 출력해주는 기능이라도 갖춰야 한다. 이런 자료형들을 문자열로만 표현하는 악취는 아주 흔해서, 소위 '문자열화된^{stringly typed}' 변수라는 이름까지 붙었다.

기본형을 객체로 바꾸기^{7.3절}를 적용하면 기본형만이 거주하는 구석기 동굴을 의미 있는 자료형들이 사는 최신 온돌식 코드로 탈바꿈시킬 수 있다. 기본형으로 표현된 코드가 조건부 동작을 제어하는 타입 코드^{type code}로 쓰였다면 **타입 코드를 서브클래스로 바꾸기**^{12.6절}와 **조건부 로직을 다형성으로 바꾸기**^{10.4절}를 차례로 적용한다.

자주 함께 몰려다니는 기본형 그룹도 데이터 뭉치다. 따라서 **클래스 추출하기**^{7.5절}와 **매개변수 객체 만들기**^{6.8절}를 이용하여 반드시 문명사회로 이끌어줘야 한다.

3.12 반복되는 switch문
Repeated Switches

순수한 객체 지향을 신봉하는 사람들과 얘기하다 보면 주제는 곧 switch문의 사악함으로 흘러가기 마련이다. 이들은 코드에 등장하는 switch문은 모조리 **조건부 로직을 다형성으로 바꾸기**^{10.4절}로 없애야 할 대상이라고 주장한다. 심지어 모든 조건부 로직을 다형성으로 바꿔서 if문까지도

---

[*] 옮긴이_ 기존 번역판에서 '기본 타입에 대한 강박관념'이라고 번역하여 통용되고 있는데, 길고 어려워서 간결하게 고쳐봤다.

대부분 휴지통에 쓸어 담아야 한다고 주장하는 이도 있다.

한때 과격했던 우리조차 조건문에 이렇게 무조건 반대하진 않았다. 사실 이 책의 초판에는 "switch문"이란 냄새를 소개하기도 했는데, 다 이유가 있었다. 그 이유는 1990년대 후반까지만 해도 다형성의 가치를 제대로 아는 사람이 적었고, "switch문" 냄새가 사람들이 다형성을 이용하도록 전환시키는 데 도움이 되었기 때문이다.

초판 때와 비교해 지금은 다형성이 널리 자리 잡아서 단순히 switch문을 썼다고 해서 자동으로 검토 대상은 되지는 않는 세상이 되었다. 게다가 분기 조건에 몇 가지 기본형만 쓸 수 있던 예전과 달리, 문자열 등의 더 복잡한 타입까지 지원하는 발전된 switch문을 제공하는 언어도 많아졌다. 그러니 이제는 똑같은 조건부 로직(switch/case문이나 길게 나열된 if/else문)이 여러 곳에서 반복해 등장하는 코드에 집중해보자.

중복된 switch문이 문제가 되는 이유는 조건절을 하나 추가할 때마다 다른 switch문들도 모두 찾아서 함께 수정해야 하기 때문이다. 이럴 때 다형성은 반복된 switch문이 내뿜는 사악한 기운을 제압하여 코드베이스를 최신 스타일로 바꿔주는 세련된 무기인 셈이다.

3.13 반복문
Loops

반복문은 프로그래밍 언어가 등장할 때부터 함께 한 핵심 프로그래밍 요소다. 하지만 이제는 1970년대에 유행하던 나팔바지나 솜털 무늬 벽지보다도 못한 존재가 됐다. 이 책 초판을 쓸 당시에도 우리는 반복문을 탐탁지 않게 여겼지만, 자바를 비롯한 당시 주요 언어들은 더 나은 대안을 제시하지 못했다. 지금은 일급 함수first-class function를 지원하는 언어가 많아졌기 때문에 **반복문을 파이프라인으로 바꾸기**[8.8절]를 적용해서 시대에 걸맞지 않은 반복문을 제거할 수 있게 됐다. 필터filter나 맵map 같은 파이프라인 연산을 사용하면 코드에서 각 원소들이 어떻게 처리되는지 쉽게 파악할 수 있다.

3.14 성의 없는 요소
Lazy Element

우리는 코드의 구조를 잡을 때 프로그램 요소*를 이용하는 걸 좋아한다. 그래야 그 구조를 변형하거나 재활용할 기회가 생기고, 혹은 단순히 더 의미 있는 이름을 가졌기 때문이다. 그렇지만 그 구조가 필요 없을 때도 있다. 본문 코드를 그대로 쓰는 것과 진배없는 함수도 있고, 실질적으로 메서드가 하나뿐인 클래스도 있다. 이런 구조는 나중에 본문을 더 채우거나 다른 메서드를 추가할 생각이었지만, 어떠한 사정으로 인해 그렇게 하지 못한 결과일 수 있다. 혹은 원래는 풍성했던 클래스가 리팩터링을 거치면서 역할이 줄어들었을 수 있다. 사정이 어떠하든 이런 프로그램 요소는 고이 보내드리는 게 좋다. 이 제거 작업은 흔히 **함수 인라인하기**[6.2절]나 **클래스 인라인하기**[7.6절]로 처리한다. 상속을 사용했다면 **계층 합치기**[12.9절]를 적용한다.

3.15 추측성 일반화
Speculative Generality

추측성 일반화는 우리가 민감하게 반응하는 냄새로, 이름은 브라이언 푸트[Brian Foote]가 지어줬다. 이 냄새는 '나중에 필요할 거야'라는 생각으로 당장은 필요 없는 모든 종류의 후킹[hooking] 포인트와 특이 케이스 처리 로직을 작성해둔 코드에서 풍긴다. 그 결과는 물론 이해하거나 관리하기 어려워진 코드다. 미래를 대비해 작성한 부분을 실제로 사용하게 되면 다행이지만, 그렇지 않는다면 쓸데없는 낭비일 뿐이다. 당장 걸리적거리는 코드는 눈앞에서 치워버리자.

하는 일이 거의 없는 추상 클래스는 **계층 합치기**[12.9절]로 제거한다. 쓸데없이 위임하는 코드는 **함수 인라인하기**[6.2절]나 **클래스 인라인하기**[7.6절]로 삭제한다. 본문에서 사용되지 않는 매개변수는 **함수 선언 바꾸기**[6.5절]로 없앤다. 나중에 다른 버전을 만들 때 필요할 거라는 생각에 추가했지만 한 번도 사용한 적 없는 매개변수도 이 기법으로 제거한다.

추측성 일반화는 테스트 코드 말고는 사용하는 곳이 없는 함수나 클래스에서 흔히 볼 수 있다. 이런 코드를 발견하면 테스트 케이스부터 삭제한 뒤에 **죽은 코드 제거하기**[8.9절]로 날려버리자.

----

* 옮긴이_ 프로그래밍 언어가 제공하는 함수(메서드), 클래스, 인터페이스 등 코드 구조를 잡는 데 활용되는 요소를 뜻한다.

3.16 임시 필드
Temporary Field

간혹 특정 상황에서만 값이 설정되는 필드를 가진 클래스도 있다. 하지만 객체를 가져올 때는 당연히 모든 필드가 채워져 있으리라 기대하는 게 보통이라, 이렇게 임시 필드를 갖도록 작성하면 코드를 이해하기 어렵다. 그래서 사용자는 쓰이지 않는 것처럼 보이는 필드가 존재하는 이유를 파악하느라 머리를 싸매게 된다.

이렇게 덩그러니 떨어져 있는 필드들을 발견하면 **클래스 추출하기**[7.5절]로 제 살 곳을 찾아준다. 그런 다음 **함수 옮기기**[8.1절]로 임시 필드들과 관련된 코드를 모조리 새 클래스에 몰아넣는다. 또한, 임시 필드들이 유효한지를 확인한 후 동작하는 조건부 로직이 있을 수 있는데, **특이 케이스 추가하기**[10.5절]로 필드들이 유효하지 않을 때를 위한 대안 클래스를 만들어서 제거할 수 있다.

3.17 메시지 체인
Message Chains

메시지 체인은 클라이언트가 한 객체를 통해 다른 객체를 얻은 뒤 방금 얻은 객체에 또 다른 객체를 요청하는 식으로, 다른 객체를 요청하는 작업이 연쇄적으로 이어지는 코드를 말한다. 가령 getSomething() 같은 게터가 꼬리에 꼬리를 물고 이어지거나 임시 변수들이 줄줄이 나열되는 코드가 있다. 이는 클라이언트가 객체 내비게이션 구조에 종속됐음을 의미한다. 그래서 내비게이션 중간 단계를 수정하면 클라이언트 코드도 수정해야 한다.

이 문제는 **위임 숨기기**[7.7절]로 해결한다. 이 리팩터링은 메시지 체인의 다양한 연결점에 적용할 수 있다. 원칙적으로 체인을 구성하는 모든 객체에 적용할 수 있지만, 그러다 보면 중간 객체들이 모두 중개자[3.18절]가 돼버리기 쉽다. 그러니 최종 결과 객체가 어떻게 쓰이는지부터 살펴보는 게 좋다. **함수 추출하기**[6.1절]로 결과 객체를 사용하는 코드 일부를 따로 빼낸 다음 **함수 옮기기**[8.1절]로 체인을 숨길 수 있는지 살펴보자. 체인을 구성하는 객체 중 특정 하나를 사용하는 클라이언트 중 그 이후의 객체들도 사용하길 원하는 클라이언트가 제법 된다면, 이 요구를 처리해줄 메서드를 추가한다.

메서드 체인을 무조건 나쁘게 생각하는 사람도 있다. 사람들이 우리를 차분하고 합리적인 중도
를 지향한다고 평하는데, 최소한 이 문제에서는 그렇다고 볼 수 있다.

3.18 중개자
Middle Man

객체의 대표적인 기능 하나로, 외부로부터 세부사항을 숨겨주는 캡슐화^{encapsulation}가 있다. 캡슐
화하는 과정에서는 위임^{delegation}이 자주 활용된다. 예를 들어 여러분이 팀장에게 미팅을 요청한

다고 해보자. 팀장은 자신의 일정을 확인한 후 답을 준다. 이러면 끝이다. 팀장이 종이 다이어리를 쓰든, 일정 서비스를 쓰든, 따로 비서를 두든 우리는 알 바 아니다.

하지만 지나치면 문제가 된다. 클래스가 제공하는 메서드 중 절반이 다른 클래스에 구현을 위임하고 있다면 어떤가? 이럴 때는 **중개자 제거하기**[7.8절]를 활용하여 실제로 일을 하는 객체와 직접 소통하게 하자. 위임 메서드를 제거한 후 남는 일이 거의 없다면 호출하는 쪽으로 인라인하자(**함수 인라인하기**[6.2절]).

3.19 내부자 거래
Insider Trading

소프트웨어 개발자는 모듈 사이에 벽을 두껍게 세우기를 좋아하며, 그래서 모듈 사이의 데이터 거래가 많으면 결합도[coupling]가 높아진다고 투덜댄다. 일이 돌아가게 하려면 거래가 이뤄질 수밖에 없지만, 그 양을 최소로 줄이고 모두 투명하게 처리해야 한다.

커피 자판기 옆에서 은밀히 데이터를 주고받는 모듈들이 있다면 **함수 옮기기**[8.1절]와 **필드 옮기기**[8.2절] 기법으로 떼어놓아서 사적으로 처리하는 부분을 줄인다. 여러 모듈이 같은 관심사를 공유한다면 공통 부분을 정식으로 처리하는 제3의 모듈을 새로 만들거나 **위임 숨기기**[7.7절]를 이용하여 다른 모듈이 중간자 역할을 하게 만든다.

상속 구조에서는 부모 자식 사이에 결탁이 생길 때가 있다. 자식 클래스는 항상 부모 클래스가 공개하고 싶은 것 이상으로 부모에 대해 알려고 한다. 그러다가 부모 품을 떠나야 할 때가 온다면 **서브클래스를 위임으로 바꾸기**[12.10절]나 **슈퍼클래스를 위임으로 바꾸기**[12.11절]를 활용하자.

3.20 거대한 클래스
Large Class

한 클래스가 너무 많은 일을 하려다 보면 필드 수가 상당히 늘어난다. 그리고 클래스에 필드가 너무 많으면 중복 코드가 생기기 쉽다.

이럴 때는 **클래스 추출하기**[7.5절]로 필드들 일부를 따로 묶는다. 같은 컴포넌트에 모아두는 것이 합당해 보이는 필드들을 선택하면 된다. 가령 `depositAmount`와 `depositCurrency` 필드는 같은 컴포넌트에 두는 것이 좋을 것이다. 더 일반적으로는, 한 클래스 안에서 접두어나 접미어가 같은 필드들이 함께 추출할 후보들이다. 이렇게 분리할 컴포넌트를 원래 클래스와 상속 관계로 만드는 게 좋다면 (클래스 추출하기보다는) **슈퍼클래스 추출하기**[12.8절]나 (실질적으로 서브클래스 추출하기에 해당하는) **타입 코드를 서브클래스로 바꾸기**[12.6절]를 적용하는 편이 더 쉬울 것이다.

클래스가 항시 모든 필드를 사용하지는 않을 수도 있다. 이럴 때는 앞에서 언급한 추출 기법들을 여러 차례 수행해야 할지도 모른다.

필드가 너무 많은 클래스와 마찬가지로 코드량이 너무 많은 클래스도 중복 코드와 혼동을 일으킬 여지가 크다. 가장 간단한 해법은 그 클래스 안에서 자체적으로 중복을 제거하는 것이다(참고로 우리는 간단한 해결책을 좋아한다). 가령 부분부분 상당량의 로직이 똑같은 100줄짜리 메서드 다섯 개가 있다면 각각의 공통 부분을 작은 메서드들로 뽑아내자. 그러면 원래의 다섯 메서드들에는 작은 메서드들을 호출하는 코드 10줄만 남게 될지도 모른다.

클라이언트들이 거대 클래스를 이용하는지 패턴을 파악하여 그 클래스를 어떻게 쪼갤지 단서를 얻을 수도 있다. 먼저 클라이언트들이 거대 클래스의 특정 기능 그룹만 주로 사용하는지 살핀다. 이때 각각의 기능 그룹이 개별 클래스로 추출될 후보다. 유용한 기능 그룹을 찾았다면 **클래스 추출하기**[7.5절], **슈퍼클래스 추출하기**[12.8절], **타입 코드를 서브클래스로 바꾸기**[12.6절] 등을 활용해서 여러 클래스로 분리한다.

3.21 서로 다른 인터페이스의 대안 클래스들
Alternative Classes with Different Interfaces

클래스를 사용할 때의 큰 장점은 필요에 따라 언제든 다른 클래스로 교체할 수 있다는 것이다. 단, 교체하려면 인터페이스가 같아야 한다. 따라서 **함수 선언 바꾸기**[6.5절]로 메서드 시그니처를 일치시킨다. 때로는 이것만으로 부족한데, 이럴 때는 **함수 옮기기**[8.1절]를 이용하여 인터페이스가 같아질 때까지 필요한 동작들을 클래스 안으로 밀어 넣는다. 그러다 대안 클래스들 사이에 중복 코드가 생기면 **슈퍼클래스 추출하기**[12.8절]를 적용할지 고려해본다.

3.22 데이터 클래스
Data Class

데이터 클래스란 데이터 필드와 게터/세터 메서드로만 구성된 클래스를 말한다. 그저 데이터 저장 용도로만 쓰이다 보니 다른 클래스가 너무 깊이까지 함부로 다룰 때가 많다. 이런 클래스에 public 필드가 있다면 누가 보기 전에 얼른 **레코드 캡슐화하기**[7.1절]로 숨기자. 변경하면 안 되는 필드는 **세터 제거하기**[11.7절]로 접근을 원천 봉쇄한다.

다른 클래스에서 데이터 클래스의 게터나 세터를 사용하는 메서드를 찾아서 **함수 옮기기**[8.1절]로 그 메서드를 데이터 클래스로 옮길 수 있는지 살펴보자. 메서드를 통째로 옮기기 어렵다면 **함수 추출하기**[6.1절]를 이용해서 옮길 수 있는 부분만 별도 메서드로 뽑아낸다.

한편, 데이터 클래스는 필요한 동작이 엉뚱한 곳에 정의돼 있다는 신호일 수 있다. 이런 경우라면 클라이언트 코드를 데이터 클래스로 옮기기만 해도 대폭 개선된다. 물론 예외도 있다. 특히 다른 함수를 호출해 얻은 결과 레코드(데이터 객체)로는 동작 코드를 넣을 이유가 없다. 대표적인 예로 **단계 쪼개기**[6.11절]의 결과로 나온 중간 데이터 구조가 있다. 이런 데이터 구조는 (적어도 현실에서 활용되는 모습상으로는) 불변immutable이다. 불변 필드는 굳이 캡슐화할 필요가 없고, 불변 데이터로부터 나오는 정보는 게터를 통하지 않고 그냥 필드 자체를 공개해도 된다.

3.23 상속 포기
Refused Bequest

서브클래스는 부모로부터 메서드와 데이터를 물려받는다. 하지만 부모의 유산을 원치 않거나 필요 없다면 어떻게 해야 할까? 수많은 유산 중에서 관심 있는 몇 개만 받고 끝내려는 경우는 얼마든지 있을 수 있다.

예전에는 계층구조를 잘못 설계했기 때문으로 봤다. 이 관점에서의 해법은, 먼저 같은 계층에 서브클래스를 하나 새로 만들고, **메서드 내리기**[12.4절]와 **필드 내리기**[12.5절]를 활용해서 물려받지 않을 부모 코드를 모조리 새로 만든 서브클래스로 넘긴다. 그러면 부모에는 공통된 부분만 남는다. 한 걸음 더 나아가서 부모 클래스는 모두 추상 클래스여야 한다고 말하는 사람도 많다.

앞에서 '예전에는'이라고 한 데서 눈치챘겠지만, 우리는 이 방식을 권하지 않는다. 아니, 항상 이렇게 해야 한다는 입장은 아니다. 일부 동작을 재활용하기 위한 목적으로 상속을 활용하기도 하는데, 실무 관점에서 아주 유용한 방식이다. 솔직히 냄새를 풍기지만, 보통은 참을 만한 경우가 많다. 그래서 상속을 포기할 시 혼란과 문제가 생긴다면 앞에서 설명한 예전 방식을 따른다. 단, 무조건 이래야 한다는 생각은 버리자. 열에 아홉은 냄새가 미미해서 군이 씻어내지 않아도 된다.

상속 포기 냄새는 서브클래스가 부모의 동작은 필요로하지만 인터페이스는 따르고 싶지 않을 때 특히 심하게 난다. 구현을 따르지 않는 것은 이해할 수 있지만 인터페이스를 따르지 않는다는 것은 상당히 무례한 태도다. 이럴 때는 **서브클래스를 위임으로 바꾸기**[12.10절]나 **슈퍼클래스를 위임으로 바꾸기**[12.11절]를 활용해서 아예 상속 메커니즘에서 벗어나보자.

3.24 주석
Comments

주석을 달면 안 된다고 말하려는 건 아니니 걱정하지 말자. 주석은 악취가 아닌 향기를 입힌다. 문제는 주석을 탈취제처럼 사용하는 데 있다. 주석이 장황하게 달린 원인이 코드를 잘못 작성했기 때문인 경우가 의외로 많다.

주석이 많으면 이 장에서 소개한 온갖 악취를 풍기는 코드가 나오기 쉽다. 실제로 악취가 너무 심해서 리팩터링으로 냄새를 걷어내고 봤더니 상당량의 주석이 (애초에 코드만 제대로 작성했다면 필요 없을) 군더더기였던 적이 많았다.

특정 코드 블록이 하는 일에 주석을 남기고 싶다면 **함수 추출하기**[6.1절]를 적용해본다. 이미 추출되어 있는 함수임에도 여전히 설명이 필요하다면 **함수 선언 바꾸기**[6.5절]로 함수 이름을 바꿔본다. 시스템이 동작하기 위한 선행조건을 명시하고 싶다면 **어서션 추가하기**[10.6절]가 대기하고 있다.

> **주석을 남겨야겠다는 생각이 들면, 가장 먼저 주석이 필요 없는 코드로 리팩터링해본다.**

뭘 할지 모를 때라면 주석을 달아두면 좋다. 현재 진행 상황뿐만 아니라 확실하지 않은 부분에 주석에 남긴다. 코드를 지금처럼 작성한 이유를 설명하는 용도로 달 수도 있다. 이런 정보는 나중에 코드를 수정해야 할 프로그래머에게, 특히 건망증이 심한 프로그래머에게 도움될 것이다.

CHAPTER 04

테스트 구축하기

리팩터링은 분명 가치 있는 도구지만, 그것만으로는 부족하다. 리팩터링을 제대로 하려면 불가피하게 저지르는 실수를 잡아주는 견고한 테스트 스위트^{test suite}가 뒷받침돼야 한다. 자동 리팩터링 도구를 활용하더라도 이 책에서 소개하는 리팩터링 중 다수는 테스트 스위트로 재차 검증해야 할 것이다.

이게 단점은 아니다. 리팩터링을 하지 않더라도 좋은 테스트를 작성하는 일은 개발 효율을 높여준다. 테스트 작성에 시간을 빼앗기는데 효율이 높아진다니? 직관에 어긋나는 효과라서 나도 (다른 프로그래머들처럼) 처음 깨달았을 때는 상당히 놀랐다. 자, 그럼 효율이 좋아지는 이유를 함께 살펴보자.

4.1 자가 테스트 코드의 가치

프로그래머들이 어떻게 일하는지 가만히 살펴보면 실제로 코드를 작성하는 시간의 비중은 그리 크지 않음을 발견할 수 있다. 현재 상황을 파악하기도 하고, 설계를 고민하기도 한다. 물론 대부분의 시간은 디버깅에 쓴다. 여러분도 디버깅하느라 밤늦게까지 고생한 경험이 있을 것이다. 프로그래머라면 누구나 꼬박 하루를 (혹은 그 이상을) 잡아먹은 디버깅 무용담을 하나씩은 간직하고 있을 것이다. 버그 수정 자체는 대체로 금방 끝난다. 진짜 끔찍한 건 버그를 찾는 여정이다. 또한 버그를 잡는 과정에서 다른 버그를 심기도 하는데, 그 사실을 한참이 지나서야 알아채기도 한다. 그래서 또다시 그 버그를 찾느라 수많은 시간을 날린다.

내가 자가 테스트 코드를 진지하게 고민하기 시작한 계기는 1992년 OOPSLA 콘퍼런스에서 발표하던 중 겪은 일 때문이다. 한창 발표하고 있는데 누군가 "클래스마다 테스트 코드를 갖춰야 한다"는 말을 툭 던졌다(내 기억에 "베다라" 데이브 토마스"Bedarra" Dave Thomas였던 것 같다).
그때부터 나는 코드베이스에 프로덕션 코드와 테스트 코드를 함께 담기로 했다. 당시 반복적
개발 방법론iterative development을 따르고 있었기 때문에 반복 주기가 하나 끝날 때마다 가능하면
테스트 코드도 추가했다. 당시 내가 참여한 프로젝트는 규모가 작은 편이어서 반복 주기는 1
주 정도였다. 테스트 작업은 꽤 쉽고 간단했지만 상당히 지루했다. 테스트 코드가 콘솔에 출력
한 결과를 일일이 눈으로 확인해야 했기 때문이다. 난 상당히 게을러서 일을 줄이는 작업이라
면 얼마든지 감수할 각오가 돼 있다. 그래서 프로그램이 제대로 된 값을 출력했는지 내가 직접
확인하지 말고, 그 일을 컴퓨터에 맡겨야겠다고 생각했다. 테스트가 성공했는지 확인하려면 의
도한 결과와 테스트 결과가 같은지만 비교하면 된다. 그래서 모든 테스트가 성공하면 화면에
"OK"만 출력하도록 만들었다. 이렇게 자가 테스트 소프트웨어가 탄생했다.

모든 테스트를 완전히 자동화하고 그 결과까지 스스로 검사하게 만들자.

이렇게 하니 테스트가 컴파일만큼 쉬워졌다. 그래서 다음부터는 컴파일할 때마다 테스트도 함
께 했고, 곧바로 생산성이 급상승했다. 디버깅 시간이 크게 줄어든 것이다. 가장 최근 테스트
로 잡은 버그를 다시 살려보면 테스트에 걸려 눈에 확 드러난다. 직전까지 테스트가 성공했다
면 마지막 테스트 이후에 작성한 코드에서 버그가 발생했음을 알 수 있다. 이런 테스트를 몇 분
간격으로 자주 수행했기 때문에 버그가 발생한 지점은 조금 전에 작성한 코드에 있다는 사실도
알 수 있었다. 의심되는 코드의 양이 많지 않고 아직 기억이 생생하니 버그를 쉽게 찾을 수 있
었다. 이렇게 하지 않았다면 몇 시간이 걸렸을지 모를 버그를 단 몇 분이면 해결할 수 있었다.
이처럼 자가 테스트 코드 자체뿐 아니라 테스트를 자주 수행하는 습관도 버그를 찾는 강력한
도구가 된다.

이 사실을 깨달은 후로 나는 테스트에 더 적극적으로 나섰다. 반복 주기가 끝나길 기다리지 않
고 함수 몇 개만 작성해도 곧바로 테스트를 추가하기 시작했다. 매일 두어 개의 새로운 기능과
그에 딸린 테스트 코드가 쌓여갔다. 그래서 회귀 버그regression bug*를 잡는 데 몇 분 이상 걸린 적
이 거의 없다.

테스트 스위트는 강력한 버그 검출 도구로, 버그를 찾는 데 걸리는 시간을 대폭 줄여준다.

----

* 옮긴이_ 회귀 버그란 잘 작동하던 기능에서 문제가 생기는 현상을 가리키며, 일반적으로 프로그램을 변경하는 중 뜻하지 않게 발
생한다. 같은 맥락에서, 잘 작동하던 기능이 여전히 잘 작동하는지 확인하는 테스트를 회귀 테스트(regression test)라 한다.

이 경험 이후로 자가 테스트 코드를 작성하고 구성하는 수고를 덜어주는 도구들이 급격히 발전했다. OOPSLA 1997에 참석하기 위해 스위스에서 애틀랜타로 향하는 비행기에서 켄트 벡은 에릭 감마[Erich Gamma]와 함께 자신이 구현한 스몰토크 버전 단위 테스트 프레임워크를 자바로 포팅했다. 그 결과로 나온 것이 바로 JUnit[제이유닛]이다. JUnit은 프로그램 테스트 분야에 지대한 영향을 끼쳤고, 수많은 언어용으로 비슷한 도구*가 만들어지는 데 밑거름이 됐다.

사실 다른 사람에게 이런 식으로 개발하라고 설득하기는 녹록지 않다. 테스트를 작성하려면 소프트웨어 제품 본체 외의 부가적인 코드를 상당량 작성해야 한다. 그래서 테스트가 실제로 프로그래밍 속도를 높여주는 경험을 직접 해보지 않고서는 자가 테스트의 진가를 납득하긴 어렵다. 게다가 테스트 작성법을 배운 적이 없는 프로그래머가 많을뿐더러, 테스트에 대해 생각조차 못 해본 이도 많다. 테스트를 수동으로 하면 좀이 쑤실 정도로 지겹다. 하지만 자동화한다면 테스트 코드를 작성하는 재미가 꽤 쏠쏠하다.

테스트를 작성하기 가장 좋은 시점은 프로그래밍을 시작하기 전이다. 나는 기능을 추가해야 할 때 테스트부터 작성한다. 얼핏 순서가 뒤바뀐 듯 들리지만, 전혀 그렇지 않다. 테스트를 작성하다 보면 원하는 기능을 추가하기 위해 무엇이 필요한지 고민하게 된다. 구현보다 인터페이스에 집중하게 된다는 장점도 있다(무조건 좋은 일이다). 게다가 코딩이 완료되는 시점을 정확하게 판단할 수 있다. 테스트를 모두 통과한 시점이 바로 코드를 완성한 시점이다.

켄트 벡은 이처럼 테스트부터 작성하는 습관을 바탕으로 테스트 주도 개발[Test-Driven Development] (TDD)**이란 기법을 창시했다. TDD에서는 (처음에는 통과하지 못할) 테스트를 작성하고, 이 테스트를 통과하게끔 코드를 작성하고, 결과 코드를 최대한 깔끔하게 리팩터링하는 과정을 짧은 주기로 반복한다. 이러한 테스트-코딩-리팩터링 과정을 한 시간에도 여러 차례 진행하기 때문에 코드를 대단히 생산적이면서도 차분하게 작성할 수 있다. TDD에 대해서는 여기서 자세히 설명하지 않지만, 내가 프로그래밍하는 방식이자 추천하는 방식이다.

이 정도면 테스트가 중요한 이유는 충분히 설명한 것 같다. 자가 테스트 코드를 작성하면 누구나 효과를 볼 수 있다고 굳게 믿지만, 이 책의 주제는 어디까지나 리팩터링이다. 리팩터링에는 테스트가 필요하다. 그러니 리팩터링하고 싶다면 테스트를 반드시 작성해야 한다.

이번 장에서는 자바스크립트 프로그램용으로 테스트 코드를 작성하는 방법을 소개한다. 테스

---

* *https://martinfowler.com/bliki/Xunit.html*

** *https://martinfowler.com/bliki/TestDrivenDevelopment.html*

트가 주제인 책이 아닌 만큼 깊게 들어가지는 않겠다. 하지만 아주 적은 노력으로 엄청난 효과를 볼 수 있음을 명심하자.

이 책의 스타일대로, 테스트 기법도 예시 중심으로 소개하겠다. 나는 코드를 작성할 때 테스트도 동시에 작성한다. 하지만 간혹 테스트가 갖춰지지 않은 코드를 리팩터링해야 할 때도 있다. 그럴 때는 곧바로 리팩터링하지 않고, 먼저 자가 테스트 코드부터 작성한다.

4.2 테스트할 샘플 코드

우선 테스트 대상이 될 코드를 살펴보자. 이 코드는 사용자가 생산 계획을 검토하고 수정하도록 해주는 간단한 애플리케이션의 일부다. UI는 (좀 투박하지만) 다음과 같다.

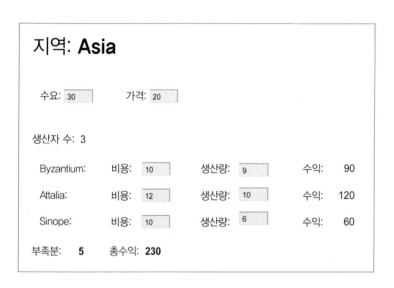

생산 계획은 각 지역^{province}의 수요^{demand}와 가격^{price}으로 구성된다. 지역에 위치한 생산자^{producer}들은 각기 제품을 특정 가격으로 특정 수량만큼 생산할 수 있다. UI는 생산자별로 제품을 모두 판매했을 때 얻을 수 있는 수익$^{full\ revenue}$도 보여준다. 화면 맨 아래에는 (수요에서 총생산량을 뺀) 생산 부족분^{shortfall}과 현재 계획에서 거둘 수 있는 총수익^{profit}도 보여준다. 사용자는 UI에서 수요, 가격, 생산자별 생산량^{production}과 비용^{cost}을 조정해가며, 그에 따른 생산 부족분과 총수익

을 확인할 수 있다. 사용자가 화면에서 숫자를 변경할 때마다 관련 값들이 즉각 갱신된다.

그림의 UI를 보면 이 소프트웨어의 전반적인 기능을 파악할 수 있는데, 여기서는 비즈니스 로직 부분만 집중해서 살펴본다. 다시 말해 수익과 생산 부족분을 계산하는 클래스들만 살펴보고, HTML을 생성하고 필드 값 변경에 반응하여 밑단의 비즈니스 로직을 적용하는 코드는 생략한다. 이 장의 목적은 어디까지나 자가 테스트 코드 작성법을 파악하는 데 있다. 따라서 UI, 영속성, 외부 서비스 연동과는 관련 없는 가장 쉬운 코드부터 보는 게 합당할 것이다. 참고로 코드는 항상 이렇게 성격에 따라 분리하는 것이 좋다. 만약 여기서 살펴볼 비즈니스 로직 코드도 아주 복잡해진다면, UI와 분리하여 코드를 파악하고 테스트하기 편하게 수정했을 것이다.

비즈니스 로직 코드는 클래스 두 개로 구성된다. 하나는 생산자를 표현하는 **Producer**이고, 다른 하나는 지역 전체를 표현하는 **Province**다. **Province**의 생성자는 JSON 문서로부터 만들어진 자바스크립트 객체를 인수로 받는다.

JSON 데이터로부터 지역 정보를 읽어오는 코드는 다음과 같다.

▬▬ Province 클래스...

```
constructor(doc) {
  this._name = doc.name;
  this._producers = [];
  this._totalProduction = 0;
  this._demand = doc.demand;
  this._price = doc.price;
  doc.producers.forEach(d => this.addProducer(new Producer(this, d)));
}

addProducer(arg) {
  this._producers.push(arg);
  this._totalProduction += arg.production;
}
```

다음의 `sampleProvinceData()` 함수는 앞 생성자의 인수로 쓸 JSON 데이터를 생성한다. 이 함수를 테스트하려면 이 함수가 반환한 값을 인수로 넘겨서 **Province** 객체를 생성해보면 된다.

▬▬ 최상위...

```
function sampleProvinceData() {
  return {
    name: "Asia",
    producers: [
```

```
        {name: "Byzantium",  cost: 10, production: 9},
        {name: "Attalia",    cost: 12, production: 10},
        {name: "Sinope",     cost: 10, production: 6},
      ],
      demand: 30,
      price: 20
    };
}
```

Province 클래스에는 다양한 데이터에 대한 접근자들이 담겨 있다.

━━━ Province 클래스...

```
    get name()      {return this._name;}
    get producers() {return this._producers.slice();}
    get totalProduction()    {return this._totalProduction;}
    set totalProduction(arg) {this._totalProduction = arg;}
    get demand()    {return this._demand;}
    set demand(arg) {this._demand = parseInt(arg);}  // 숫자로 파싱해서 저장
    get price()     {return this._price;}
    set price(arg)  {this._price = parseInt(arg);}   // 숫자로 파싱해서 저장
```

세터는 UI에서 입력한 숫자를 인수로 받는데, 이 값은 문자열로 전달된다. 그래서 계산에 활용하기 위해 숫자로 파싱한다.

Producer 클래스는 주로 단순한 데이터 저장소로 쓰인다.

━━━ Producer 클래스...

```
    constructor(aProvince, data) {
      this._province = aProvince;
      this._cost = data.cost;
      this._name = data.name;
      this._production = data.production || 0;
    }
    get name()    {return this._name;}
    get cost()    {return this._cost;}
    set cost(arg) {this._cost = parseInt(arg);}

    get production() {return this._production;}
    set production(amountStr) {
      const amount = parseInt(amountStr);
      const newProduction = Number.isNaN(amount) ? 0 : amount;
```

```
    this._province.totalProduction += newProduction - this._production;
    this._production = newProduction;
  }
```

set production()이 계산 결과를 지역 데이터(_province)에 갱신하는 코드가 좀 지저분하다. 나는 이런 코드를 목격하면 리팩터링해서 제거하고 싶어지지만, 그러려면 먼저 테스트를 작성해야 한다.

생산 부족분을 계산하는 코드는 간단하다.

━━━ Province 클래스...
```
  get shortfall() {
    return this._demand - this.totalProduction;
  }
```

수익을 계산하는 코드는 살짝 복잡하다.

━━━ Province 클래스...
```
  get profit() {
    return this.demandValue - this.demandCost;
  }

  get demandValue() {
    return this.satisfiedDemand * this.price;
  }
  get satisfiedDemand() {
    return Math.min(this._demand, this.totalProduction);
  }

  get demandCost() {
    let remainingDemand = this.demand;
    let result = 0;
    this.producers
      .sort((a,b) => a.cost - b.cost)
      .forEach(p => {
        const contribution = Math.min(remainingDemand, p.production);
        remainingDemand -= contribution;
        result += contribution * p.cost;
    });
    return result;
  }
```

4.3 첫 번째 테스트

이 코드를 테스트하기 위해서는 먼저 테스트 프레임워크를 마련해야 한다. 시중에는 다양한 프레임워크가 있는데, 자바스크립트용으로 나온 것만 해도 여러 개다. 여기서는 현재 널리 쓰이고 나름 좋다고 알려진 모카Mocha*를 사용한다. 종합적인 사용법을 설명하기보다는 테스트 예시 몇 가지를 실행하는 모습을 바로 보여주겠다. 다른 프레임워크를 사용하더라도 비슷한 테스트를 어렵지 않게 구축할 수 있을 것이다.

다음은 생산 부족분을 제대로 계산하는지 확인하는 테스트다.

```
describe('province', function() {
  it('shortfall', function() {
    const asia = new Province(sampleProvinceData()); // ❶ 픽스처 설정
    assert.equal(asia.shortfall, 5); // ❷ 검증
  });
});
```

모카 프레임워크는 테스트 코드를 블록 단위로 나눠서 각 블록에 테스트 스위트를 담는 구조다. 테스트는 it 블록에 담긴다. 앞의 예에서는 테스트를 두 단계로 진행했다. ❶ 첫 번째 단계에서는 테스트에 필요한 데이터와 객체를 뜻하는 픽스처fixture; 고정장치를 설정한다. 이 예시에서는 샘플 지역 정보로부터 생성한 **Province** 객체를 픽스처로 설정했다. ❷ 두 번째 단계에서는 이 픽스처의 속성들을 검증하는데, 여기서는 주어진 초깃값에 기초하여 생산 부족분을 정확히 계산했는지 확인한다.

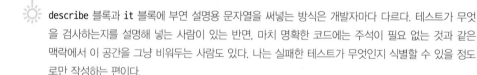

describe 블록과 **it** 블록에 부연 설명용 문자열을 써넣는 방식은 개발자마다 다르다. 테스트가 무엇을 검사하는지를 설명해 넣는 사람이 있는 반면, 마치 명확한 코드에는 주석이 필요 없는 것과 같은 맥락에서 이 공간을 그냥 비워두는 사람도 있다. 나는 실패한 테스트가 무엇인지 식별할 수 있을 정도로만 작성하는 편이다.

이 테스트를 Node.js 콘솔에서 실행하면 다음과 같이 출력된다.

....
* *https://mochajs.org/*

```
 .............

    1 passing (61ms)
```

피드백이 굉장히 간결하다. 보다시피 수행한 테스트와 통과한 테스트의 수만 간략히 보여준다.

실패해야 할 상황에서는 반드시 실패하게 만들자.

지금처럼 기존 코드를 검증하는 테스트를 작성했고 모두 통과했다는 건 좋은 일이다. 하지만 나는 기본적으로 회의적인 인간이다. 특히 수많은 테스트를 실행했음에도 실패하는 게 없다면 테스트가 내 의도와는 다른 방식으로 코드를 다루는 건 아닌지 불안해진다. 그래서 각각의 테스트가 실패하는 모습을 최소한 한 번씩은 직접 확인해본다. 이를 위해 내가 흔히 쓰는 방법은 일시적으로 코드에 오류를 주입하는 것이다. 예를 들면 다음과 같다.

Province 클래스...
```
get shortfall() {
    return this._demand - this.totalProduction * 2;    ◀── 오류 주입
}
```

수정 후 테스트를 다시 실행하면 다음과 같이 출력된다.

!
```

    0 passing (72ms)
    1 failing

    1) province shortfall:
        AssertionError: expected -20 to equal 5
        at Context.<anonymous> (src/tester.js:10:12)
```

이처럼 모카 프레임워크를 이용하면 무언가 문제가 생겼을 때 즉시 알 수 있다. 게다가 어느 테스트가 실패했는지 짚어주고, 실패 원인을 추론해볼 수 있는 단서까지 제공한다. 이 예에서는 기대한 값과 실제로 나온 값을 단서로 제시했고, 그 원인은 물론 방금 내가 주입한 오류였다.

자주 테스트하라. 작성 중인 코드는 최소한 몇 분 간격으로 테스트하고, 적어도 하루에 한 번은 전체 테스트를 돌려보자.

실전에서는 테스트의 수는 수천 개 이상일 수 있다. 뛰어난 테스트 프레임워크를 사용한다면 이렇게 많은 테스트도 간편하게 실행할 수 있고 무언가 실패한다면 금방 확인할 수 있다. 간결한 피드백은 자가 테스트에서 매우 중요하다. 나는 일할 때 테스트를 굉장히 자주 한다. 방금 추가한 코드에 문제가 없는지, 혹은 리팩터링하면서 실수한 것은 없는지 확인하기 위해서다.

모카 프레임워크는 소위 어서션^{assertion: 단언, 확언} 라이브러리라고 하는 픽스처 검증 라이브러리를 선택해 사용할 수 있다. 현재 자바스크립트용 어서션 라이브러리는 엄청나게 많고, 그중 일부는 여러분이 이 책을 읽는 순간까지도 여전히 현역일 것이다. 이 책에서는 차이^{Chai} 라이브러리*를 사용하겠다. 차이를 사용하면 다음과 같이 assert문을 이용해 코드를 검증할 수 있다.

```
describe('province', function() {
  it('shortfall', function() {
    const asia = new Province(sampleProvinceData());
    assert.equal(asia.shortfall, 5);
  });
});
```

또는 다음과 같이 expect문을 이용할 수도 있다.

```
describe('province', function() {
  it('shortfall', function() {
    const asia = new Province(sampleProvinceData());
    expect(asia.shortfall).equal(5);
  });
});
```

개인적으로 assert를 선호하지만 자바스크립트를 다룰 때는 expect를 주로 사용할 것이다.

테스트를 실행하는 방식은 테스트 환경마다 다르다. 난 자바로 프로그래밍할 때는 GUI 테스트 러너^{test runner}를 제공하는 IDE를 사용한다. GUI 환경에서는 테스트가 실행되면 프로그레스바가 초록색으로 표시되다가 테스트 중 하나라도 실패하면 빨간색으로 바뀐다. 그래서 내 동료들은 테스트의 진행 상태를 흔히 '초록 막대^{green bar}'와 '빨간 막대^{red bar}'라고 부른다. 그래서 "실패한 테스트가 하나라도 있으면 리팩터링하면 안 된다"라는 의미로 흔히들 "빨간 막대일 때는 리팩

---

*   *https://www.chaijs.com/*

터링하지 말라"라고 말한다. 한편 "최근 변경을 취소하고 마지막으로 모든 테스트를 통과했던 상태로 돌아가라"라고 전하고 싶을 때는 "초록 막대로 되돌려라"라고 말한다(보통은 버전 관리 시스템의 최근 체크포인트로 돌아가면 된다).

GUI 테스트 러너가 편하지만 반드시 필요한 것은 아니다. 나는 이맥스에서 키 하나만 누르면 테스트 전체를 실행하도록 만들어 두고, 컴파일 창에 텍스트로 출력된 결과를 확인하는 방식도 많이 쓴다. 핵심은 (GUI냐 콘솔이냐가 아니라) 모든 테스트가 통과했다는 사실을 빨리 알 수 있다는 데 있다.

4.4 테스트 추가하기

계속해서 테스트를 더 추가해보자. 이번에는 클래스가 하는 일을 모두 살펴보고 각각의 기능에서 오류가 생길 수 있는 조건을 하나씩 테스트하는 식으로 진행하겠다. 일부 프로그래머들이 선호하는 public 메서드를 빠짐없이 테스트하는 방식과는 다르다. 명심하자! 테스트는 위험 요인을 중심으로 작성해야 한다! 테스트의 목적은 어디까지나 현재 혹은 향후에 발생하는 버그를 찾는 데 있다. 따라서 단순히 필드를 읽고 쓰기만 하는 접근자는 테스트할 필요가 없다. 이런 코드는 너무 단순해서 버그가 숨어들 가능성도 별로 없다.

테스트를 너무 많이 만들다 보면 오히려 필요한 테스트를 놓치기 쉽기 때문에 아주 중요한 포인트다. 나는 적은 수의 테스트만으로 큰 효과를 얻고 있다. 잘못될까봐 가장 걱정되는 영역을 집중적으로 테스트하는데, 이렇게 해서 테스트에 쏟는 노력의 효과를 극대화하는 것이다.

완벽하게 만드느라 테스트를 수행하지 못하느니, 불완전한 테스트라도 작성해 실행하는 게 낫다.

이 맥락에서 샘플 코드의 또 다른 주요 기능인 총수익 계산 로직을 테스트해보겠다. 앞에서와 마찬가지로 초기 픽스처로부터 총수익이 제대로 계산되는지 간단히 검사하도록 작성한다.

```
describe('province', function() {
  it('shortfall', function() {
    const asia = new Province(sampleProvinceData());
    expect(asia.shortfall).equal(5);
  });
```

```
    it('profit', function() {
      const asia = new Province(sampleProvinceData());
      expect(asia.profit).equal(230);
    });
  });
```

여기서 내가 기댓값 230을 구한 방식은 설명이 좀 필요해 보인다. 사실 나는 먼저 기댓값 자리에 임의의 값을 넣고 테스트를 수행한 다음, 프로그램이 내놓는 실제 값(230)으로 대체했다. 직접 손으로 계산해도 되지만, 코드가 제대로 동작할 거라 믿고 일단 이렇게 했다. 그런 다음 테스트가 제대로 작동한다고 확인되면, 총수익 계산 로직에 * 2를 덧붙여서 잘못된 값이 나오도록 수정한다. 일부러 주입한 이 오류를 테스트가 걸러내는 게 확인되면, 만족하며 원래 코드로 되돌린다. 임시 값을 설정했다가 실제 값으로 대체하고, 오류를 심었다가 되돌리는 이 패턴은 실제로 내가 기존 코드를 검사하는 테스트를 추가할 때 흔히 쓰는 방식이다.

지금까지 작성한 두 테스트에는 겹치는 부분이 좀 있다. 둘 다 첫 줄에서 똑같은 픽스처를 설정하는 게 보일 것이다. 일반 코드와 마찬가지로 테스트 코드에서도 중복은 의심해봐야 한다. 그러니 이 픽스처를 둘 모두에서 접근할 수 있는 장소로 옮겨 중복을 제거해보자. 먼저 바깥 범위로 끌어내는 방법을 시도해보자.

```
describe('province', function() {
    const asia = new Province(sampleProvinceData()); // 이렇게 하면 안 된다.
    it('shortfall', function() {
      expect(asia.shortfall).equal(5);
    });
    it('profit', function() {
      expect(asia.profit).equal(230);
    });
  });
```

그런데 주석에 적은 것처럼 나는 절대로 이렇게 하지 않는다. 일시적인 효과는 있겠지만, 테스트 관련 버그 중 가장 지저분한 유형인 '테스트끼리 상호작용하게 하는 공유 픽스처'를 생성하는 원인이 된다. 자바스크립트에서 const 키워드는 asia 객체의 '내용'이 아니라 asia를 가리키는 참조'가 상수임을 뜻한다. 나중에 다른 테스트에서 이 공유 객체의 값을 수정하면 이 픽스처를 사용하는 또 다른 테스트가 실패할 수 있다. 즉, 테스트를 실행하는 순서에 따라 결과가 달라질 수 있다. 이렇게 되면 테스트 결과가 제멋대로가 되어 버그를 잡기가 어렵고 오래 걸린다. 더 심하면 테스트 자체를 믿지 못하게 된다. 그래서 나는 다음 방식을 선호한다.

```
describe('province', function() {
    let asia;
    beforeEach(function() {
      asia = new Province(sampleProvinceData());
    });
    it('shortfall', function() {
      expect(asia.shortfall).equal(5);
    });
    it('profit', function() {
      expect(asia.profit).equal(230);
    });
});
```

beforeEach 구문은 각각의 테스트 바로 전에 실행되어 asia를 초기화하기 때문에 모든 테스트가 자신만의 새로운 asia를 사용하게 된다. 이처럼 개별 테스트를 실행할 때마다 픽스처를 새로 만들면 모든 테스트를 독립적으로 구성할 수 있어서, 결과를 예측할 수 없어 골치를 썩는 사태를 예방할 수 있다.

내가 이렇게 조언하면 매번 픽스처를 생성하느라 테스트가 느려지지 않냐고 묻는 사람이 있다. 눈에 띄게 느려지는 일은 거의 없다. 정말 문제가 될 때는 공유 픽스처를 사용하기도 하지만, 이럴 때는 어떠한 테스트도 픽스처 값을 변경하지 못하도록 주의한다. 또한 불변임이 확실한 픽스처는 공유하기도 한다. 그래도 가장 선호하는 방식은 매번 새로운 픽스처를 만드는 것이다. 공유 픽스처를 사용하다가 저지른 실수 때문에 디버깅하는 데 엄청난 고생을 한 경험이 많기 때문이다.

테스트마다 beforeEach 구문이 실행된다면 그 안의 코드를 각각의 it 블록에 넣으면 되지 않냐고 물을 수 있다. 나는 내 테스트들이 모두 똑같은 픽스처에 기초하여 검증을 수행하기를 바란다. 그래야 표준 픽스처에 익숙해져서 테스트할 속성을 다양하게 찾아낼 수 있기 때문이다. beforeEach 블록의 등장은 내가 표준 픽스처를 사용한다는 사실을 알려준다. 그러면 코드를 읽는 이들은 해당 describe 블록 안의 모든 테스트가 똑같은 기준 데이터로부터 시작한다는 사실을 쉽게 알 수 있다.

4.5 픽스처 수정하기

지금까지 작성한 테스트 코드를 통해 픽스처를 불러와 그 속성을 확인하는 방법을 알 수 있었다. 그런데 실전에서는 사용자가 값을 변경하면서 픽스처의 내용도 수정되는 경우가 흔하다.

이러한 수정 대부분은 세터에서 이뤄지는데, 세터는 보통 아주 단순하여 버그가 생길 일도 별로 없으니 잘 테스트하지 않는다. 하지만 Producer의 production() 세터는 좀 복잡한 동작을 수행하기 때문에 테스트해볼 필요가 있다.

```
describe('province'...
  it('change production', function() {
    asia.producers[0].production = 20;
    expect(asia.shortfall).equal(-6);
    expect(asia.profit).equal(292);
  });
```

흔히 보는 패턴이다. beforeEach 블록에서 '설정'한 표준 픽스처를 취해서, 테스트를 '수행'하고, 이 픽스처가 일을 기대한 대로 처리했는지를 '검증'한다. 테스트에 관해 공부를 좀 했다면 이 패턴을 설정-실행-검증^{setup-exercise-verify}, 조건-발생-결과^{given-when-then}, 준비-수행-단언^{arrange-act-assert} 등으로 부른다는 것을 알 것이다. 이 세 가지 단계가 한 테스트 안에 모두 담겨 있을 수도 있고, 초기 준비 작업 중 공통되는 부분을 beforeEach와 같은 표준 설정 루틴에 모아서 처리하기도 한다.

> ☀️ '해체^{teardown}' 혹은 청소^{cleanup}라고 하는 네 번째 단계도 있는데 명시적으로 언급하지 않을 때가 많다. 해체 단계에서는 픽스처를 제거하여 테스트들이 서로 영향을 주지 못하게 막는다. 설정을 모두 beforeEach에서 수행하도록 작성해두면, 테스트들 사이에 걸친 픽스처를 테스트 프레임워크가 알아서 해체해주기 때문에 굳이 단계를 나눌 필요는 없다. 실무에서도 해체 단계는 무시할 때가 많아서 테스트 관련 글을 보면 대부분 적당히 설명하고 넘어간다. 그런데 드물지만 해체를 명시적으로 수행해야 할 때가 있다. 특히 생성하는 데 시간이 걸려서 여러 테스트가 공유해야만 하는 픽스처가 여기 해당한다.

이 테스트는 it 구문 하나에서 두 가지 속성을 검증하고 있다. 일반적으로 it 구문 하나당 검증도 하나씩만 하는 게 좋다. 앞쪽 검증을 통과하지 못하면 나머지 검증은 실행해보지 못하고 테스트가 실패하게 되는데, 그러면 실패 원인을 파악하는 데 유용한 정보를 놓치기 쉽기 때문이다. 여기서는 한 테스트로 묶어도 문제되지 않을 정도로 두 속성이 밀접하다고 판단하여 이렇게 작성했다. 별개의 it 구문으로 나누고 싶다면 언제든지 나눌 수 있다.

4.6 경계 조건 검사하기

지금까지 작성한 테스트는 모든 일이 순조롭고 사용자도 우리 의도대로 사용하는, 일명 '꽃길 happy path' 상황에 집중하였다. 그런데 이 범위를 벗어나는 경계 지점에서 문제가 생기면 어떤 일이 벌어지는지 확인하는 테스트도 함께 작성하면 좋다.

나는 이번 예시의 **producers**와 같은 컬렉션과 마주하면 그 컬렉션이 비었을 때 어떤 일이 일어나는지 확인하는 편이다.

```
describe('no producers', function() { // 생산자가 없다.
  let noProducers;
  beforeEach(function() {
    const data = {
      name: "No prouducers",
      producers: [],
      demand: 30,
      price: 20
    };
    noProducers = new Province(data);
  });
  it('shortfall', function() {
    expect(noProducers.shortfall).equal(30);
  });
  it('profit', function() {
    expect(noProducers.profit).equal(0);
  });
```

숫자형이라면 0일 때를 검사해본다.

```
describe('province'...
  it('zero demand', function() { // 수요가 없다.
    asia.demand = 0;
```

```
      expect(asia.shortfall).equal(-25);
      expect(asia.profit).equal(0);
    });
```

음수도 넣어보면 좋다.

```
▬▬▬ describe('province'...
    it('negative demand', function() { // 수요가 마이너스다.
      asia.demand = -1;
      expect(asia.shortfall).equal(-26);
      expect(asia.profit).equal(-10);
    });
```

여기서 한 가지 의문이 들 수 있다. 수요가 음수일 때 수익이 음수가 나온다는 것이 이 프로그램을 사용하는 고객 관점에서 말이 되는 소리일까? 수요의 최솟값은 0이어야 하지 않나? 그래서 수요 세터에 전달된 인수가 음수라면 에러를 던지거나 무조건 0으로 설정하는 식으로 정상적인 경우와 다르게 처리해야 하지 않을까? 예리한 지적이다. 이처럼 경계를 확인하는 테스트를 작성해보면 프로그램에서 이런 특이 상황을 어떻게 처리하는 게 좋을지 생각해볼 수 있다.

문제가 생길 가능성이 있는 경계 조건을 생각해보고 그 부분을 집중적으로 테스트하자.

이 프로그램의 세터들은 의미상 숫자만 입력받아야 하지만 UI로부터 문자열을 취하고 있다. 그러다 보니 필드가 아예 비어 있을 수 있고, 이때도 내가 의도한 대로 잘 처리하는지 반드시 테스트해야 한다.

```
▬▬▬ describe('province'...
    it('empty string demand', function() { // 수요 입력란이 비어 있다.
      asia.demand = "";
      expect(asia.shortfall).NaN;
      expect(asia.profit).NaN;
    });
```

자, 내가 스스로 작성한 코드를 적으로 돌리고 있음이 느껴지는가? 나는 의식적으로 프로그램을 망가뜨리는 방법을 모색하는데, 이런 마음 자세가 생산성과 재미를 끌어올려준다. 내 마음속에 잠재하는 사악한 욕구를 충족시켜주기 때문인 것 같다.

이어서 흥미로운 테스트를 준비했다.

```
describe('string for producers', function() { // 생산자 수 필드에 문자열을 대입한다.
  it('', function() {
    const data = {
      name: "String producers",
      producers: "",
      demand: 30,
      price: 20
    };
    const prov = new Province(data);
    expect(prov.shortfall).equal(0);
  });
});
```

이 테스트는 단순히 생산 부족분이 0이 아니라는 실패 메시지는 출력하는 대신, 다음과 같이 출력한다.

```
.........!

9 passing (74ms)
1 failing

1) string for producers :
    TypeError: doc.producers.forEach is not a function
     at new Province (src/main.js:22:19)
     at Context.<anonymous> (src/tester.js:86:18)
```

모카는 이 경우를 실패로 처리한다. 하지만 모카와 달리 에러와 실패를 구분하는 테스트 프레임워크도 많다. 실패[failure]란 검증 단계에서 실제 값이 예상 범위를 벗어났다는 뜻이다. 에러[error]는 성격이 다르다. 검증보다 앞선 과정(이 예에서는 설정 단계)에서 발생한 예외 상황을 말한다. 코드 작성자가 이 상황을 미처 예상하지 못한 것이고, 그래서 자바스크립트 프로그래머라면 지긋지긋하게 보는 오류 메시지인 "... is not a function"이 출력된 것이다.

프로그램은 이 상황에 어떻게 대응해야 할까? 에러 상황을 지금보다 잘 처리하도록 코드를 추가하는 방법도 있다. 더 의미 있는 오류 메시지를 출력할 수도 있고, 그냥 (로그 메시지만 남기고) producers를 빈 배열로 설정할 수도 있다. 물론 지금 상태로 남겨둘 합당한 이유가 있을 수도 있다. 예컨대 입력 객체를 (같은 코드베이스 안처럼) 신뢰할 수 있는 곳에서 만들어주는 경우가 여기 속한다. 같은 코드베이스의 모듈 사이에 유효성 검사[validation check] 코드가 너무 많으면 다른 곳에서 확인한 걸 중복으로 검증하여 오히려 문제가 될 수 있다. 반면, JSON으로 인코딩된 요청처럼 외부에서 들어온 입력 객체는 유효한지 확인해봐야 하므로 테스트를 작성한다. 어떤 경우든 경계 조건을 검사하는 테스트를 작성하다 보면 이런 고민들을 하게 된다.

나는 리팩터링하기 전이라면 이런 테스트를 작성하지 않을 것이다. 리팩터링은 겉보기 동작에 영향을 주지 않아야 하며, 이런 오류는 겉보기 동작에 해당하지 않는다. 따라서 경계 조건에 대응하는 동작이 리팩터링 때문에 변하는지는 신경 쓸 필요 없다.

> ☼ 이런 오류로 인해 프로그램 내부에 잘못된 데이터가 흘러서 디버깅하기 어려운 문제가 발생한다면 **어서션 추가하기**[10.6절]를 적용해서 오류가 최대한 빨리 드러나게 하자. 어서션도 일종의 테스트로 볼 수 있으니 테스트 코드를 따로 작성할 필요는 없다.

어차피 모든 버그를 잡아낼 수는 없다고 생각하여 테스트를 작성하지 않는다면 대다수의 버그를 잡을 수 있는 기회를 날리는 셈이다.

그렇다면 테스트를 어느 수준까지 해야 할까? 아무리 테스트해도 버그 없는 완벽한 프로그램을 만들 수는 없다는 말은 많이 들어봤을 것이다. 맞는 말이지만, 테스트가 프로그래밍 속도를 높여준다는 사실에는 변함이 없다. 그동안 나는 프로그램에서 발생할 수 있는 모든 경우를 테스트하기 위한 다양한 기법을 봐왔다. 이런 기법이 도움되는 것은 분명하지만, 너무 빠져들 필요는 없다. 테스트에도 수확 체감 법칙law of diminishing returns이 적용된다. 또, 테스트를 너무 많이 작성하다 보면 오히려 의욕이 떨어져 나중에는 하나도 작성하지 않게 될 위험도 있다. 따라서 위험한 부분에 집중하는 게 좋다. 코드에서 처리 과정이 복잡한 부분을 찾아보자. 함수에서 오류가 생길만한 부분을 찾아보자. 테스트가 모든 버그를 걸러주지는 못할지라도, 안심하고 리팩터링할 수 있는 보호막은 되어준다. 그리고 리팩터링을 하면서 프로그램을 더욱 깊이 이해하게 되어 더 많은 버그를 찾게 된다. 나는 항상 테스트 스위트부터 갖춘 뒤에 리팩터링하지만, 리팩터링하는 동안에도 계속해서 테스트를 추가한다.

4.7 끝나지 않은 여정

이 장에서 설명할 내용은 여기까지다. 결국 이 책의 주제는 테스트가 아닌 리팩터링이다. 그렇지만 테스트도 굉장히 중요한 주제다. 리팩터링에 반드시 필요한 토대일 뿐만 아니라, 그 자체로도 프로그래밍에 중요한 역할을 한다. 이 책 초판이 출간된 이후로 리팩터링이 프로그래밍 실천법 중 하나로 자리 잡는 것을 보면서 뿌듯했지만, 테스트에 대한 인식도 달라지는 것을 보니 그보다 훨씬 기뻤다. 예전에는 테스트를 별도의 (그리고 실력이 좀 떨어지는) 조직에 맡겼지만, 이제는 뛰어난 소프트웨어 개발자라면 최우선으로 관심을 가지는 주제로 떠오르고 있다. 테스트 용이성testability을 아키텍처 평가 기준으로 활용하는 사례도 많다.

이 장에서 보여준 테스트는 단위 테스트unit test에 해당한다. 단위 테스트란 코드의 작은 영역만을 대상으로 빠르게 실행되도록 설계된 테스트다. 단위 테스트는 자가 테스트 코드의 핵심이자, 자가 테스트 시스템은 대부분 단위 테스트가 차지한다. 물론 컴포넌트 사이의 상호작용에 집중하는 테스트나, 소프트웨어의 다양한 계층의 연동을 검사하는 테스트, 성능 문제를 다루는 테스트 등 다양한 유형의 테스트가 있다(테스트 유형도 많지만, 유형을 분류하는 방식에 대한 논쟁은 그보다 더 많다).

다른 프로그래밍 활동과 마찬가지로 테스트도 반복적으로 진행한다. 실력이 굉장히 뛰어나거나 운이 아주 좋지 않는 한, 한 번에 완벽한 테스트를 갖출 순 없다. 나는 제품 코드에 못지않게 테스트 스위트도 지속해서 보강한다. 다시 말해 기능을 새로 추가할 때마다 테스트도 추가하는 것은 물론, 기존 테스트도 다시 살펴본다. 기존 테스트가 충분히 명확한지, 테스트 과정을 더 이해하기 쉽게 리팩터링할 수는 없는지, 제대로 검사하는지 등을 확인한다. 버그를 발견하는 즉시 발견한 버그를 명확히 잡아내는 테스트부터 작성하는 습관을 들이자. 아주 중요한 습관이다! 나는 버그를 고치기 전에 항상 이런 테스트부터 만든다. 그러면 해당 버그가 다시 나타나지 않는지 확인할 수 있다. 또한 그 버그와 테스트를 계기로 테스트 스위트에 또 다른 구멍은 없는지까지 살펴본다.

버그 리포트를 받으면 가장 먼저 그 버그를 드러내는 단위 테스트부터 작성하자.

"어느 정도 하면 충분히 테스트했다고 할 수 있나요?"라는 질문을 참 많이 받는다. 명확한 기준은 없다. 테스트 커버리지test coverage*를 기준으로 삼는 사람도 있지만, 테스트 커버리지 분석은

---

* https://martinfowler.com/bliki/TestCoverage.html

코드에서 테스트하지 않은 영역을 찾는 데만 도움될 뿐, 테스트 스위트의 품질과는 크게 상관 없다.

테스트 스위트가 충분한지를 평가하는 기준은 주관적이다. 가령 '누군가 결함을 심으면 테스트 가 발견할 수 있다는 믿음'을 기준으로 할 수 있다. 이런 기준은 객관적으로 측정할 수 없어서 헛된 믿음일 뿐인지 알 도리가 없다. 하지만 자가 테스트 코드의 목적은 이 믿음을 갖게 해주는 것이다. 리팩터링 후 테스트 결과가 모두 초록색인 것만 보고도 리팩터링 과정에서 생겨난 버 그가 하나도 없다고 확신할 수 있다면 충분히 좋은 테스트 스위트라 할 수 있다.

테스트를 너무 많이 작성할 가능성도 있다. 제품 코드보다 테스트 코드를 수정하는 데 시간이 더 걸린다면, 그리고 테스트 때문에 개발 속도가 느려진다고 생각되면 테스트를 과하게 작성한 건 아닌지 의심해보자. 하지만 너무 많은 경우보다는 너무 적은 경우가 훨씬 훨씬 많다.

CHAPTER 05

리팩터링 카탈로그 보는 법

이제부터는 여러 가지 리팩터링 기법을 하나씩 소개한다. 나는 안전하고 효율적으로 리팩터링하는 방법이 잘 기억나지 않을 때 언제든 다시 찾아볼 수 있도록 노트에 정리해뒀다. 이제부터 이어질 카탈로그(6~12장)는 이 노트의 내용을 다듬고 몇 가지 리팩터링은 더 깊이 탐구해보면서 분량이 늘었다. 나는 써본 지 좀 된 리팩터링 기법을 적용할 때 여전히 이 카탈로그를 활용한다.

5.1 리팩터링 설명 형식

카탈로그의 리팩터링 기법들은 일정한 형식을 갖춰 정리했다. 각 기법에 대한 설명은 다음의 다섯 항목으로 구성된다.

- 가장 먼저 **이름**이 나온다. 이름은 리팩터링 용어를 구축하는 데 중요하다. 책 전반에서 해당 리팩터링을 이 이름으로 지칭한다. 같은 기법을 다르게 부르는 경우도 있기 때문에 그중 흔한 이름도 함께 소개한다.
- 다음으로 리팩터링의 핵심 개념을 간략히 표현한 **개요**(개념도 + 코드 예시)가 나온다. 원하는 리팩터링을 찾을 때 도움될 것이다.
- 그다음에 나오는 **배경**은 해당 리팩터링 기법이 왜 필요한지와 그 기법을 적용하면 안 되는 상황을 설명한다.
- 이어서 나오는 **절차**는 리팩터링하는 과정을 단계별로 제시한다.
- 마지막의 **예시**는 해당 리팩터링 기법을 실제로 적용하는 간단한 예와 그 효과를 보여준다.

개요에서는 리팩터링 전후로 코드가 어떻게 달라지는지 보여준다. 개요는 리팩터링의 개념이나 수행 과정을 설명하기 위해서가 아니라 나중에 다시 찾아볼 때 이 기법이 어떤 것인지 쉽게 떠올리기 위한 것이다. 개요만 보고는 잘 떠오르지 않는다면 예시까지 살펴봐야 할 것이다. 함께 나오는 간단한 그림도 마찬가지로 설명을 위해서가 아니라 기억 되살리기용 시각 장치다.

절차는 오랜만에 적용하는 리팩터링의 구체적인 단계를 잊지 않도록 개인 노트에 기록해둔 것이다. 그래서 압축된 표현이 많고, 단계를 왜 그렇게 구성했는지에 대한 설명이 없을 때도 많다. 제대로 된 설명은 '예시'에서 풀어준다. 그러니 해당 리팩터링을 알고 있지만 구체적인 진행순서가 기억나지 않을 때 참고하기 좋은 짤막한 노트 정도로 생각하자(최소한 나는 이렇게 활용한다). 해당 리팩터링을 처음 볼 때는 '예시'를 꼼꼼히 읽기 바란다.

절차에는 해당 리팩터링의 단계를 가능한 한 잘게 나눠놓았다. 다시 강조하지만, 리팩터링을 안전하게 수행하려면 단계를 최대한 잘게 나누고 각 단계마다 테스트해야 한다. 실전에서는 각 단계를 더 크게 잡고 리팩터링할 때가 많은데, 그러다 버그가 생기면 이전 단계로 돌아가서 크기를 줄여 다시 진행한다. 어떤 단계에는 '→'로 시작하는 세부 항목이 딸려 있는데, 세부 단계가 아니라 특수한 경우를 위한 참고사항이다. 이 항목들은 해당 단계에서 일종의 체크리스트처럼 활용할 수 있다. 나도 여기 적어둔 사항들이 기억나지 않을 때가 많다.

(항상 그런 것은 아니지만) 절차에서는 한 가지 방식만 소개하는데, 해당 리팩터링을 수행하는 유일한 방법이라는 뜻은 아니다. 그저 대부분 상황에 잘 들어맞는 절차를 선정했을 뿐이다. 리팩터링 경험이 쌓일수록 구체적인 절차를 변형하게 될 텐데, 그래도 문제없다. 작은 단계를 밟아 나가는 게 핵심이라는 점만 명심하기 바란다. 상황이 난해할수록 단계를 잘게 나누자.

예시는 어처구니없을 정도로 간단한 사례로 구성했다. 주의를 분산시키지 않고 리팩터링의 기본에 집중하여 설명하기 위해서다. 그러니 너무 단순하더라도 이해해주기 바란다. (당연히 실제 업무에 적용하기에도 바람직한 코드는 아니다.) 하지만 여러분 앞에 놓인 더 복잡한 상황에 응용하는 데는 부족하지 않을 것이다. 너무 간단한 리팩터링은 예시를 생략했다. 예시를 보여준다고 해서 나아질 게 없다고 판단했기 때문이다.

예시는 어디까지나 해당 절에서 소개하는 리팩터링 기법 하나만 보여주기 위한 것이다. 그래서 수정을 마친 코드에는 다른 문제가 얼마든지 남아 있을 수 있다(그리고 이를 해결하려면 다른 리팩터링을 적용해야 한다). 간혹 실무에서 하나의 패턴처럼 연달아 적용되는 리팩터링들이 있는데, 이런 경우에는 예시에서도 연달아 적용했다. 그 외 대부분의 경우는 한 가지 리팩터링만 적용한 상태로 뒀다. 리팩터링 카탈로그의 주 용도는 어디까지나 레퍼런스이기 때문에 각각의 리팩터링을 최대한 독립적으로 구성하기 위해서다.

코드에서 변경된 부분을 구분하기 어려울 때는 다른 글꼴로 강조했다. 그렇다고 변경된 코드 전부를 강조하지는 않았다. 과유불급! 너무 과하면 오히려 역효과가 날 수 있기 때문이다.

5.2 리팩터링 기법 선정 기준

이 카탈로그는 물론 완벽하지 않다. 내 생각에 가장 유용한 것들만 담았다. 여기서 '가장 유용하다' 함은 흔히 사용되고 특별히 이름과 설명을 덧붙일 만한 가치가 있다는 뜻이다. 설명할 가치가 있다고 판단한 기준은 복합적이다. 어떤 것은 그 절차가 일반적인 리팩터링 기법을 익히는 데 도움되기 때문이고, 어떤 것은 코드 설계 개선에 크게 기여하기 때문이다.

따로 기록해둘 필요가 없을 정도로 간단하고 직관적인 리팩터링 기법은 생략했다. 가령 **문장 슬라이드하기**[8.6절]는 초판에서 소개하지 않았다. 개인적으로 자주 사용하지만 카탈로그에 넣을 만하다고 생각하진 않았다(하지만 마음을 바꿔서 이번에는 추가했다). 앞으로도 내가 새로운 리팩터링 개발에 계속 힘쓴다면 이런 식으로 다음 판에 추가되는 리팩터링이 얼마든지 있을 수 있다.

또한 논리적으로는 분명 존재하지만 내가 잘 사용하지 않거나 비슷한 리팩터링이 있는 것도 생략했다. 이 책에 나온 모든 리팩터링에는 논리적으로 정반대에 해당하는 기법들이 존재한다. 하지만 그 반대 기법 중 특별히 관심 가지지 않는 것은 생략했다. 예컨대 **변수 캡슐화하기**[6.6절]는 자주 사용하고 강력한 기법이지만, 그 반대 기법은 내가 사용할 일이 거의 없어서(게다가 적용 방법도 간단해서) 카탈로그에 넣지 않았다.

기본적인 리팩터링

카탈로그의 첫머리는 가장 기본적이고 많이 사용해서 제일 먼저 배워야 하는 리팩터링들로 시작한다.

내가 가장 많이 사용하는 리팩터링은 **함수 추출하기**[6.1절]와 **변수 추출하기**[6.3절]다. 리팩터링은 본래 코드를 변경하는 작업인 만큼, 이 두 리팩터링을 반대로 진행하는 **함수 인라인하기**[6.2절]와 **변수 인라인하기**[6.4절]도 자주 사용한다.

추출은 결국 이름 짓기이며, 코드 이해도가 높아지다 보면 이름을 바꿔야 할 때가 많다. **함수 선언 바꾸기**[6.5절]는 함수의 이름을 변경할 때 많이 쓰인다. 함수의 인수를 추가하거나 제거할 때도 이 리팩터링을 적용한다. 바꿀 대상이 변수라면 **변수 이름 바꾸기**[6.7절]를 사용하는데, 이는 **변수 캡슐화하기**[6.6절]와 관련이 깊다. 자주 함께 뭉쳐 다니는 인수들은 **매개변수 객체 만들기**[6.8절]를 적용해 객체 하나로 묶으면 편리할 때가 많다.

함수 구성과 이름 짓기는 가장 기본적인 저수준 리팩터링이다. 그런데 일단 함수를 만들고 나면 다시 고수준 모듈로 묶어야 한다. 이렇게 함수를 그룹으로 묶을 때는 **여러 함수를 클래스로 묶기**[6.9절]를 이용한다. 이때 이 함수들이 사용하는 데이터도 클래스로 함께 묶는다. 또 다른 방법으로 **여러 함수를 변환 함수로 묶기**[6.10절]도 있는데, 읽기전용 데이터를 다룰 때 특히 좋다. 나는 한 걸음 더 나아가, 한데 묶은 모듈들의 작업 처리 과정을 명확한 단계phase로 구분 짓는 **단계 쪼개기**[6.11절]를 적용할 때도 많다.

6.1 함수 추출하기

Extract Function

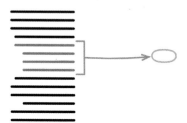

• 반대 리팩터링: 함수 인라인하기[6.2절]
• 1판에서의 이름: 메서드 추출

```javascript
function printOwing(invoice) {
  printBanner();
  let outstanding = calculateOutstanding();

  //세부 사항 출력
  console.log(`고객명: ${invoice.customer}`);
  console.log(`채무액: ${outstanding}`);
```

▼

```javascript
function printOwing(invoice) {
  printBanner();
  let outstanding = calculateOutstanding();
  printDetails(outstanding);

  function printDetails(outstanding) {
    console.log(`고객명: ${invoice.customer}`);
    console.log(`채무액: ${outstanding}`);
  }
}
```

배경

함수 추출하기는 내가 가장 많이 사용하는 리팩터링 중 하나다(여기서 '함수^{function}'라고 표현했는데 객체 지향 언어의 메서드^{method}나 절차형 언어의 프로시저^{procedure}/서브루틴^{subroutine}에도 똑같이 적용된다). 코드 조각을 찾아 무슨 일을 하는지 파악한 다음, 독립된 함수로 추출하고 목적에 맞는 이름을 붙인다.

코드를 언제 독립된 함수로 묶어야 할지에 관한 의견은 수없이 많다. 먼저, 길이를 기준으로 삼을 수 있다. 가령 함수 하나가 한 화면을 넘어가면 안 된다는 규칙을 떠올릴 수 있다. 재사용성을 기준으로 할 수도 있다. 두 번 이상 사용될 코드는 함수로 만들고, 한 번만 쓰이는 코드는 인라인 상태로 놔두는 것이다. 하지만 내 눈에는 '목적과 구현을 분리'하는 방식이 가장 합리적인 기준으로 보인다. 코드를 보고 무슨 일을 하는지 파악하는 데 한참이 걸린다면 그 부분을 함수로 추출한 뒤 '무슨 일'에 걸맞는 이름을 짓는다. 이렇게 해두면 나중에 코드를 다시 읽을 때 함수의 목적이 눈에 확 들어오고, 본문 코드(그 함수가 목적을 이루기 위해 구체적으로 수행하는 일)에 대해서는 더 이상 신경 쓸 일이 거의 없다.

이 원칙을 적용한 뒤로는 함수를 아주 짧게, 대체로 단 몇 줄만 담도록 작성하는 습관이 생겼다. 내 경험상 함수 안에 들어갈 코드가 대여섯 줄을 넘어갈 때부터 슬슬 냄새를 풍기기 시작했고, 단 한 줄짜리 함수를 만드는 일도 적지 않았다. 길이가 그리 중요하지 않다는 사실을 깨닫게 된 계기는 켄트 벡이 보여준 오리지널 스몰토크 시스템이었다. 당시 스몰토크는 흑백 시스템에서 실행됐다. 그래서 화면에서 텍스트나 그래픽을 강조하려면 해당 부분의 색상을 반전시켜야 했다. 스몰토크의 그래픽스 클래스에는 이 목적으로 쓰이는 `highlight()` 메서드가 있었는데, 구현 코드를 보니 단순히 `reverse()`라는 메서드만 호출하고 있었다. 메서드 이름이 구현 코드보다 길었지만, 그건 문제가 되지 않았다. 코드의 목적(강조)과 구현(반전) 사이의 차이가 그만큼 컸기 때문이다.

함수를 짧게 만들면 함수 호출이 많아져서 성능이 느려질까 걱정하는 사람도 있다. 내가 젊던 시절에는 간혹 문제가 되긴 했지만 요즘은 그럴 일이 거의 없다. 함수가 짧으면 캐싱하기가 더 쉽기 때문에 컴파일러가 최적화하는 데 유리할 때가 많다. 성능 최적화에 대해서는 항상 일반 지침을 따르도록 하자.[*]

---

[*] 옮긴이_ "최적화를 할 때는 다음 두 규칙을 따르기 바란다. 첫 번째, 하지 마라. 두 번째(전문가 한정), 아직 하지 마라." – M. A. 잭슨

이러한 짧은 함수의 이점은 이름을 잘 지어야만 발휘되므로 이름 짓기에 특별히 신경 써야 한다. 이름을 잘 짓기까지는 어느 정도 훈련이 필요하다. 하지만 일단 요령을 터득한 후에는 별도 문서 없이 코드 자체만으로 내용을 충분히 설명되게 만들 수 있다.

긴 함수에는 각각의 코드 덩어리 첫머리에 그 목적을 설명하는 주석이 달려 있을 때가 많다. 해당 코드 덩어리를 추출한 함수의 이름을 지을 때 이 주석을 참고하면 도움이 될 것이다.

절차

❶ 함수를 새로 만들고 목적을 잘 드러내는 이름을 붙인다('어떻게'가 아닌 '무엇을' 하는지가 드러나야 한다).

→ 대상 코드가 함수 호출문 하나처럼 매우 간단하더라도 함수로 뽑아서 목적이 더 잘 드러나는 이름을 붙일 수 있다면 추출한다. 이런 이름이 떠오르지 않는다면 함수로 추출하면 안 된다는 신호다. 하지만 추출하는 과정에서 좋은 이름이 떠오를 수도 있으니 처음부터 최선의 이름부터 짓고 시작할 필요는 없다. 일단 함수로 추출해서 사용해보고 효과가 크지 않으면 다시 원래 상태로 인라인해도 된다. 그 과정에서 조금이라도 깨달은 게 있다면 시간 낭비는 아니다. 중첩 함수를 지원하는 언어를 사용한다면 추출한 함수를 원래 함수 안에 중첩시킨다. 그러면 다음 단계에서 수행할, 유효범위를 벗어난 변수를 처리하는 작업을 줄일 수 있다. 원래 함수의 바깥으로 꺼내야 할 때가 오면 언제든 함수 옮기기[8.1절]를 적용하면 된다.

❷ 추출할 코드를 원본 함수에서 복사하여 새 함수에 붙여넣는다.

❸ 추출한 코드 중 원본 함수의 지역 변수를 참조하거나 추출한 함수의 유효범위를 벗어나는 변수는 없는지 검사한다. 있다면 매개변수로 전달한다.

→ 원본 함수의 중첩 함수로 추출할 때는 이런 문제가 생기지 않는다.

→ 일반적으로 함수에는 지역 변수와 매개변수가 있기 마련이다. 가장 일반적인 처리 방법은 이런 변수 모두를 인수로 전달하는 것이다. 사용은 하지만 값이 바뀌지 않는 변수는 대체로 이렇게 쉽게 처리할 수 있다.

→ 추출한 코드에서만 사용하는 변수가 추출한 함수 밖에 선언되어 있다면 추출한 함수 안에서 선언하도록 수정한다.

→ 추출한 코드 안에서 값이 바뀌는 변수 중에서 값으로 전달되는 것들은 주의해서 처리한다. 이런 변수가 하나뿐이라면 추출한 코드를 질의 함수로 취급해서 그 결과(반환 값)를 해당 변수에 대입한다.

→ 때로는 추출한 코드에서 값을 수정하는 지역 변수가 너무 많을 수 있다. 이럴 때는 함수 추출을 멈추고, 변수 쪼개기[9.1절]나 임시 변수를 질의 함수로 바꾸기[7.4절]와 같은 다른 리팩터링을 적용해서 변수를 사용하는 코드를 단순하게 바꿔본다. 그런 다음 함수 추출을 다시 시도한다.

❹ 변수를 다 처리했다면 컴파일한다.

→ 컴파일되는 언어로 개발 중이라면 변수를 모두 처리하고 나서 한번 컴파일해보자. 제대로 처리하지 못한 변수를 찾는 데 도움될 때가 많다.

❺ 원본 함수에서 추출한 코드 부분을 새로 만든 함수를 호출하는 문장으로 바꾼다(즉, 추출한 함수로 일을 위임한다).

❻ 테스트한다.

❼ 다른 코드에 방금 추출한 것과 똑같거나 비슷한 코드가 없는지 살핀다. 있다면 방금 추출한 새 함수를 호출하도록 바꿀지 검토한다(인라인 코드를 함수 호출로 바꾸기[8.5절]).

→ 중복 혹은 비슷한 코드를 찾아주는 리팩터링 도구도 있다. 이런 도구가 없다면 검색 기능을 이용하여 다른 곳에 중복된 코드가 없는지 확인해보는 것이 좋다.

예시: 유효범위를 벗어나는 변수가 없을 때

아주 간단한 코드에서는 함수 추출하기가 굉장히 쉽다.

```
function printOwing(invoice) {
  let outstanding = 0;

  console.log("***************");
  console.log("**** 고객 채무 ****");
  console.log("***************");

  // 미해결 채무(outstanding)를 계산한다.
  for (const o of invoice.orders) {
    outstanding += o.amount;
  }

  // 마감일(dueDate)을 기록한다.
  const today = Clock.today;
  invoice.dueDate = new Date(today.getFullYear(), today.getMonth(),
                            today.getDate() + 30);

  // 세부 사항을 출력한다.
  console.log(`고객명: ${invoice.customer}`);
  console.log(`채무액: ${outstanding}`);
  console.log(`마감일: ${invoice.dueDate.toLocaleDateString()}`);
}
```

여기서 **Clock.today**는 내가 Clock Wrapper*라고 부르는 것으로, 시스템 시계를 감싸는 객체다. 나는 **Date.now()**처럼 시스템 시간을 알려주는 함수는 직접 호출하지 않는다. 직접 호출

***

* *https://martinfowler.com/bliki/ClockWrapper.html*

하면 테스트할 때마다 결과가 달라져서 오류 상황을 재현하기가 어렵기 때문이다.

배너[banner]를 출력하는 코드는 다음과 같이 간단히 추출할 수 있다. 그냥 해당 코드를 잘라내서 새 함수에 붙이고, 원래 자리에 새 함수 호출문을 넣으면 된다.

```
function printOwing(invoice) {
    let outstanding = 0;

    printBanner();    ◀─── 배너 출력 로직을 함수로 추출

    // 미해결 채무(outstanding)를 계산한다.
    for (const o of invoice.orders) {
      outstanding += o.amount;
    }

    // 마감일(dueDate)을 기록한다.
    const today = Clock.today;
    invoice.dueDate = new Date(today.getFullYear(), today.getMonth(),
                              today.getDate() + 30);

    // 세부 사항을 출력한다.
    console.log(`고객명: ${invoice.customer}`);
    console.log(`채무액: ${outstanding}`);
    console.log(`마감일: ${invoice.dueDate.toLocaleDateString()}`);
}

function printBanner() {
    console.log("***************");
    console.log("**** 고객 채무 ****");
    console.log("***************");
}
```

마찬가지로 세부 사항을 출력하는 코드도 간단히 추출할 수 있다.

```
function printOwing(invoice) {
    let outstanding = 0;

    printBanner();

    // 미해결 채무(outstanding)를 계산한다.
```

```
  for (const o of invoice.orders) {
    outstanding += o.amount;
  }

  // 마감일(dueDate)을 기록한다.
  const today = Clock.today;
  invoice.dueDate = new Date(today.getFullYear(), today.getMonth(),
                            today.getDate() + 30);

  printDetails();    ◀── 세부 사항 출력 로직을 함수로 추출

  function printDetails() {
    console.log(`고객명: ${invoice.customer}`);
    console.log(`채무액: ${outstanding}`);
    console.log(`마감일: ${invoice.dueDate.toLocaleDateString()}`);
  }
```

여기까지만 보면 함수 추출 리팩터링이 너무 간단하다고 여길 수 있다. 하지만 더 까다로울 때가 많다.

여기서 printDetails()가 printOwing()에 중첩되도록 정의했다. 이렇게 하면 추출한 함수에서 printOwing()에 정의된 모든 변수에 접근할 수 있다. 하지만 중첩 함수를 지원하지 않는 언어에서는 불가능한 방법이다. 그럴 때는 함수를 최상위 수준으로 추출하는 문제로 볼 수 있다. 따라서 원본 함수 에서만 접근할 수 있는 변수들에 특별히 신경 써야 한다. 원본 함수의 인수나 그 함수 안에서 정의된 임시 변수가 여기 해당한다.

예시: 지역 변수를 사용할 때

지역 변수와 관련하여 가장 간단한 경우는 변수를 사용하지만 다른 값을 다시 대입하지는 않을 때다. 이 경우에는 지역 변수들을 그냥 매개변수로 넘기면 된다. 다음 코드를 보자.

```
function printOwing(invoice) {
  let outstanding = 0;

  printBanner();

  // 미해결 채무(outstanding)를 계산한다.
  for (const o of invoice.orders) {
    outstanding += o.amount;
  }
```

```
    // 마감일(dueDate)을 기록한다.
    const today = Clock.today;
    invoice.dueDate = new Date(today.getFullYear(), today.getMonth(),
                                today.getDate() + 30);

    // 세부 사항을 출력한다.
    console.log(`고객명: ${invoice.customer}`);
    console.log(`채무액: ${outstanding}`);
    console.log(`마감일: ${invoice.dueDate.toLocaleDateString()}`);
  }
```

세부 사항을 출력하는 코드를 다음과 같이 지역 변수 두 개를 매개변수로 받는 함수로 추출한다.

```
function printOwing(invoice) {
  let outstanding = 0;

  printBanner();

  // 미해결 채무(outstanding)를 계산한다.
  for (const o of invoice.orders) {
    outstanding += o.amount;
  }

  // 마감일(dueDate)을 기록한다.
  const today = Clock.today;
  invoice.dueDate = new Date(today.getFullYear(), today.getMonth(),
                              today.getDate() + 30);

  printDetails(invoice, outstanding);    ◀── 앞의 예와 달리 지역 변수를 매개변수로 전달
}

function printDetails(invoice, outstanding) {
  console.log(`고객명: ${invoice.customer}`);
  console.log(`채무액: ${outstanding}`);
  console.log(`마감일: ${invoice.dueDate.toLocaleDateString()}`);
}
```

지역 변수가 (배열, 레코드, 객체와 같은) 데이터 구조라면 똑같이 매개변수로 넘긴 후 필드 값을 수정할 수 있다. 가령 마감일을 설정하는 코드는 다음과 같이 추출한다.

```
function printOwing(invoice) {
    let outstanding = 0;

    printBanner();

    // 미해결 채무(outstanding)를 계산한다.
    for (const o of invoice.orders) {
      outstanding += o.amount;
    }

    recordDueDate(invoice);    ◄── 마감일 설정 로직을 함수로 추출
    printDetails(invoice, outstanding);
}

function recordDueDate(invoice) {
  const today = Clock.today;
  invoice.dueDate = new Date(today.getFullYear(), today.getMonth(),
                            today.getDate() + 30);
}
```

예시: 지역 변수의 값을 변경할 때

지역 변수에 값을 대입하게 되면 문제가 복잡해진다. 지금은 임시 변수만을 취급하겠다. 만약 매개변수에 값을 대입하는 코드를 발견하면 곧바로 그 변수를 쪼개서[9.1절] 임시 변수를 새로 하나 만들어 그 변수에 대입하게 한다.

대입 대상이 되는 임시 변수는 크게 두 가지로 나눌 수 있다. 먼저 간단한 경우는 변수가 추출된 코드 안에서만 사용될 때다. 즉, 이 변수는 추출된 코드 안에서만 존재한다. 만약 변수가 초기화되는 지점과 실제로 사용되는 지점이 떨어져 있다면 문장 슬라이드하기[8.6절]를 활용하여 변수 조작을 모두 한곳에 처리하도록 모아두면 편하다.

이보다 특이한 경우는 변수가 추출한 함수 밖에서 사용될 때다. 이럴 때는 변수에 대입된 새 값을 반환해야 한다. 앞에서 본 코드를 다시 살펴보자.

```
function printOwing(invoice) {
    let outstanding = 0;

    printBanner();
```

```
  // 미해결 채무(outstanding)를 계산한다.
  for (const o of invoice.orders) {
    outstanding += o.amount;
  }

  recordDueDate(invoice);
  printDetails(invoice, outstanding);
}
```

앞 예시에서 수행한 리팩터링들은 모두 간단해서 단번에 처리했지만, 이번에는 단계를 나눠서 진행해보자.

먼저 선언문을 변수가 사용되는 코드 근처로 슬라이드한다.

```
function printOwing(invoice) {
  printBanner();

  // 미해결 채무(outstanding)를 계산한다.
  let outstanding = 0;    ◀── 맨 위에 있던 선언문을 이 위치로 이동
  for (const o of invoice.orders) {
    outstanding += o.amount;
  }

  recordDueDate(invoice);
  printDetails(invoice, outstanding);
}
```

❷ 그런 다음 추출할 부분을 새로운 함수로 복사한다.

```
function printOwing(invoice) {
  printBanner();

  // 미해결 채무(outstanding)를 계산한다.
  let outstanding = 0;
  for (const o of invoice.orders) {
    outstanding += o.amount;
  }

  recordDueDate(invoice);
  printDetails(invoice, outstanding);
```

```
      }

      function calculateOutstanding(invoice) {
        let outstanding = 0;       ◄─── 추출할 코드 복사
        for (const o of invoice.orders) {
          outstanding += o.amount;
        }
        return outstanding;       ◄─── 수정된 값 반환
      }
```

❸ outstanding의 선언문을 추출할 코드 앞으로 옮겼기 때문에 매개변수로 전달하지 않아도
된다. 추출한 코드에서 값이 변경된 변수는 outstanding뿐이다. 따라서 이 값을 반환한다.

❹ 내 자바스크립트 환경은 컴파일해도 아무런 값을 출력하지 않는다(사실 편집기의 구문 분
석 기능보다 못하다). 따라서 이 단계에서는 더 이상 할 일이 없다. ❺ 다음으로 넘어가서 추출
한 코드의 원래 자리를 새로 뽑아낸 함수를 호출하는 문장으로 교체한다. 추출한 함수에서 새
값을 반환하니, 이 값을 원래 변수에 저장한다.

```
function printOwing(invoice) {
    printBanner();
    let outstanding = calculateOutstanding(invoice);    ◄─── 함수 추출 완료. 추출한 함수가 반환한 값을
    recordDueDate(invoice);                                   원래 변수에 저장한다.
    printDetails(invoice, outstanding);
}

function calculateOutstanding(invoice) {
    let outstanding = 0;
    for (const o of invoice.orders) {
      outstanding += o.amount;
    }
    return outstanding;
}
```

마지막으로 반환 값의 이름을 내 코딩 스타일에 맞게 바꾼다.

```
function printOwing(invoice) {
    printBanner();
    const outstanding = calculateOutstanding(invoice);
    recordDueDate(invoice);
```

```
    printDetails(invoice, outstanding);
}

function calculateOutstanding(invoice) {
  let result = 0;     ◄─── 변수 이름 변경
  for (const o of invoice.orders) {
    result += o.amount;
  }
  return result;
}
```

이때 원본 변수인 outstanding에 const를 붙여 불변으로 만들었다.

값을 반환할 변수가 여러 개라면?

방법이 몇 가지 있다. 나는 주로 추출할 코드를 다르게 재구성하는 방향으로 처리한다. 개인적으로 함수가 값 하나만 반환하는 방식을 선호하기 때문에 각각을 반환하는 함수 여러 개로 만든다. 굳이 한 함수에서 여러 값을 반환해야 한다면 값들을 레코드로 묶어서 반환해도 되지만, 임시 변수 추출 작업을 다른 방식으로 처리하는 것이 나을 때가 많다. 여기서는 임시 변수를 질의 함수로 바꾸거나[7.4절] 변수를 쪼개는[9.1절]식으로 처리하면 좋다. 그렇다면 이렇게 추출한 함수를 최상위 수준 같은 다른 문맥context으로 이동하려면 어떻게 해야 할까? 나는 단계를 작게 쪼개는 걸 좋아하기 때문에 내 본능은 먼저 중첩 함수로 추출하고 나서 새로운 문맥으로 옮기라고 말한다. 하지만 이렇게 하면 변수를 처리하기가 까다로울 수 있는데, 실제로 문맥을 옮겨보기 전에는 알지 못한다. 따라서 중첩 함수로 추출할 수 있더라도 최소한 원본 함수와 같은 수준의 문맥으로 먼저 추출해보자. 그러면 코드를 제대로 추출했는지 즉각 판별할 수 있다.

6.2 함수 인라인하기
Inline Function

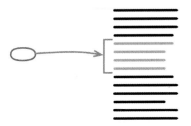

- 반대 리팩터링: 함수 추출하기[6.1절]
- 1판에서의 이름: 메서드 내용 직접 삽입

```
function getRating(driver) {
  return moreThanFiveLateDeliveries(driver) ? 2 : 1;
}

function moreThanFiveLateDeliveries(driver) {
  return driver.numberOfLateDeliveries > 5;
}
```

▼

```
function getRating(driver) {
  return (driver.numberOfLateDeliveries > 5) ? 2 : 1;
}
```

배경

이 책은 목적이 분명히 드러나는 이름의 짤막한 함수를 이용하기를 권한다. 그래야 코드가 명료해지고 이해하기 쉬워지기 때문이다. 하지만 때로는 함수 본문이 이름만큼 명확한 경우도 있다. 또는 함수 본문 코드를 이름만큼 깔끔하게 리팩터링할 때도 있다. 이럴 때는 그 함수를 제거한다. 간접 호출은 유용할 수도 있지만 쓸데없는 간접 호출은 거슬릴 뿐이다.

리팩터링 과정에서 잘못 추출된 함수들도 다시 인라인한다. 잘못 추출된 함수들을 원래 함수로 합친 다음, 필요하면 원하는 형태로 다시 추출하는 것이다.

간접 호출을 너무 과하게 쓰는 코드도 흔한 인라인 대상이다. 가령 다른 함수로 단순히 위임하기만 하는 함수들이 너무 많아서 위임 관계가 복잡하게 얽혀 있으면 인라인해버린다. 그중 간접 호출을 유지하는 편이 나은 경우도 있겠지만, 모두 그렇지는 않을 것이다. 함수 인라인하기를 활용하면 유용한 것만 남기고 나머지는 제거할 수 있다.

절차

❶ 다형 메서드$^{polymorphic\ method}$인지 확인한다.

    → 서브클래스에서 오버라이드하는 메서드는 인라인하면 안 된다.

❷ 인라인할 함수를 호출하는 곳을 모두 찾는다.

❸ 각 호출문을 함수 본문으로 교체한다.

❹ 하나씩 교체할 때마다 테스트한다.

    → 인라인 작업을 한 번에 처리할 필요는 없다. 인라인하기가 까다로운 부분이 있다면 일단 남겨두고 여유가 생길 때마다 틈틈이 처리한다.

❺ 함수 정의(원래 함수)를 삭제한다.

말로는 아주 간단해 보이지만 실제로는 그렇지 않을 때가 많다. 재귀 호출, 반환문이 여러 개인 함수, 접근자가 없는 다른 객체에 메서드를 인라인하는 방법 등을 일일이 설명하자면 몇 쪽은 필요할 것이다. 각각의 경우를 다 설명하지 않는 이유는, 상황이 그 정도로 복잡하다면 함수 인라인하기를 적용하면 안 되기 때문이다.

예시

가장 간단한 경우를 살펴보자. 너무 간단해서 따로 설명할 필요가 없을 정도다.

```
function rating(aDriver) {
  return moreThanFiveLateDeliveries(aDriver) ? 2 : 1;
}

function moreThanFiveLateDeliveries(aDriver) {
  return aDriver.numberOfLateDeliveries > 5;
}
```

호출되는 함수의 반환문을 그대로 복사해서 호출하는 함수의 호출문을 덮어쓰면 끝이다.

```
function rating(aDriver) {
  return aDriver.numberOfLateDeliveries > 5 ? 2 : 1;
}
```

그런데 복사한 코드가 새로운 위치에 잘 들어맞도록 손봐줘야 하는 경우도 있다. 예컨대 앞의 코드가 다음과 같이 약간 다르게 작성되어 있다고 해보자.

```
function rating(aDriver) {
    return moreThanFiveLateDeliveries(aDriver) ? 2 : 1;
}

function moreThanFiveLateDeliveries(dvr) {
  return dvr.numberOfLateDeliveries > 5;
}
```

거의 비슷하지만 moreThanFiveLateDeliveries()를 호출할 때 전달하는 인수 이름이 함수 정의에 쓰인 이름과 다르다. 따라서 인라인 후 코드를 살짝 만져줘야 한다.

```
function rating(aDriver) {
    return aDriver.numberOfLateDeliveries > 5 ? 2 : 1;
}
```

이보다 일이 더 많은 경우도 있다. 다음 코드를 보자.

```
function reportLines(aCustomer) {
    const lines = [];
    gatherCustomerData(lines, aCustomer);
    return lines;
}

function gatherCustomerData(out, aCustomer) {
  out.push(["name", aCustomer.name]);
  out.push(["location", aCustomer.location]);
}
```

단순히 잘라 붙이는 식으로는 gatherCustomerData()를 reportLines()로 인라인할 수 없다. 아주 복잡하지는 않고 여전히 단번에 옮기고 약간 수정해주면 될 때도 많지만, 실수하지 않으려면 한 번에 한 문장씩 옮기는 것이 좋다. 그러니 먼저 여러 문장을 호출한 곳으로 옮기기[8.4절]를 적용해서 첫 문장부터 시작해보자(잘라내서, 붙이고, 다듬는 방식으로 간단히 처리한다).

```
function reportLines(aCustomer) {
    const lines = [];
```

```
        lines.push(["name", aCustomer.name]);
        gatherCustomerData(lines, aCustomer);
        return lines;
    }

    function gatherCustomerData(out, aCustomer) {
        out.push(["name", aCustomer.name]);
        out.push(["location", aCustomer.location]);
    }
```

나머지 문장도 같은 식으로 처리한다.

```
function reportLines(aCustomer) {
    const lines = [];
    lines.push(["name", aCustomer.name]);
    lines.push(["location", aCustomer.location]);
    return lines;
}
```

여기서 핵심은 항상 단계를 잘게 나눠서 처리하는 데 있다. 평소 내 스타일대로 함수를 작게 만들어뒀다면 인라인을 단번에 처리할 수 있을 때가 많다(물론 약간 다듬어야 할 수 있다). 그러다 상황이 복잡해지면 다시 한 번에 한 문장씩 처리한다. 한 문장을 처리하는 데도 얼마든지 복잡해질 수 있다. 이럴 때는 더 정교한 리팩터링인 문장을 호출한 곳으로 옮기기[8.4절]로 작업을 더 잘게 나눈다. 어느 정도 자신감이 붙으면 다시 작업을 크게 묶어서 처리한다. 그러다 테스트가 실패하면 가장 최근의 정상 코드로 돌아온 다음, 아쉬운 마음을 달래며 단계를 잘게 나눠서 다시 리팩터링한다.

6.3 변수 추출하기
Extract Variable

- 반대 리팩터링: 변수 인라인하기[6.4절]
- 1판에서의 이름: 직관적 임시변수 사용

6.3 변수 추출하기
Extract Variable

```
return order.quantity * order.itemPrice -
  Math.max(0, order.quantity - 500) * order.itemPrice * 0.05 +
  Math.min(order.quantity * order.itemPrice * 0.1, 100);
```

▼

```
const basePrice = order.quantity * order.itemPrice;
const quantityDiscount = Math.max(0, order.quantity - 500)
                          * order.itemPrice * 0.05;
const shipping = Math.min(basePrice * 0.1, 100);
return basePrice - quantityDiscount + shipping;
```

배경

표현식이 너무 복잡해서 이해하기 어려울 때가 있다. 이럴 때 지역 변수를 활용하면 표현식을 쪼개 관리하기 더 쉽게 만들 수 있다. 그러면 복잡한 로직을 구성하는 단계마다 이름을 붙일 수 있어서 코드의 목적을 훨씬 명확하게 드러낼 수 있다.

이 과정에서 추가한 변수는 디버깅에도 도움된다. 디버거에 중단점[breakpoint]을 지정하거나 상태를 출력하는 문장을 추가할 수 있기 때문이다.

변수 추출을 고려한다고 함은 표현식에 이름을 붙이고 싶다는 뜻이다. 이름을 붙이기로 했다면 그 이름이 들어갈 문맥도 살펴야 한다. 현재 함수 안에서만 의미가 있다면 변수로 추출하는 것이 좋다. 그러나 함수를 벗어난 넓은 문맥에서까지 의미가 된다면 그 넓은 범위에서 통용되는 이름을 생각해야 한다. 다시 말해 변수가 아닌 (주로) 함수로 추출해야 한다. 이름이 통용되는 문맥을 넓히면 다른 코드에서 사용할 수 있기 때문에 같은 표현식을 중복해서 작성하지 않아도 된다. 그래서 중복이 적으면서 의도가 잘 드러나는 코드를 작성할 수 있다.

이름이 통용되는 문맥을 넓힐 때 생기는 단점은 할 일이 늘어난다는 것이다. 많이 늘어날 것 같다면 임시 변수를 질의 함수로 바꾸기[7.4절]를 적용할 수 있을 때까지 일단 놔둔다. 간단히 처리할 수 있다면 즉시 넓혀서 다른 코드에서도 사용할 수 있게 한다. 가령 클래스 안의 코드를 다룰 때는 함수 추출하기[6.1절]를 아주 쉽게 적용할 수 있다.

절차

❶ 추출하려는 표현식에 부작용은 없는지 확인한다.

❷ 불변 변수를 하나 선언하고 이름을 붙일 표현식의 복제본을 대입한다.

❸ 원본 표현식을 새로 만든 변수로 교체한다.

❹ 테스트한다.

❺ 표현식을 여러 곳에서 사용한다면 각각을 새로 만든 변수로 교체한다. 하나 교체할 때마다 테스트한다.

예시

간단한 계산식에서 시작해보자.

```
function price(order) {
    // 가격(price) = 기본 가격 - 수량 할인 + 배송비
    return order.quantity * order.itemPrice -
      Math.max(0, order.quantity - 500) * order.itemPrice * 0.05 +
      Math.min(order.quantity * order.itemPrice * 0.1, 100);
}
```

간단한 코드지만 더 쉽게 만들 수 있다. 먼저 기본 가격은 상품 가격(itemPrice)에 수량(quantity)을 곱한 값임을 파악해내야 한다.

```
function price(order) {
    // 가격(price) = 기본 가격 - 수량 할인 + 배송비
    return order.quantity * order.itemPrice -
      Math.max(0, order.quantity - 500) * order.itemPrice * 0.05 +
      Math.min(order.quantity * order.itemPrice * 0.1, 100);
}
```

❷ 이 로직을 이해했다면 기본 가격을 담을 변수를 만들고 적절한 이름을 지어준다.

```
function price(order) {
    // 가격(price) = 기본 가격 - 수량 할인 + 배송비
    const basePrice = order.quantity * order.itemPrice;
    return order.quantity * order.itemPrice -
      Math.max(0, order.quantity - 500) * order.itemPrice * 0.05 +
      Math.min(order.quantity * order.itemPrice * 0.1, 100);
}
```

물론 이렇게 변수 하나를 선언하고 초기화한다고 해서 달라지는 건 없다. ❸ 이 변수를 실제로 사용해야 하므로 원래 표현식에서 새로 만든 변수에 해당하는 부분을 교체한다.

```
function price(order) {
    // 가격(price) = 기본 가격 - 수량 할인 + 배송비
    const basePrice = order.quantity * order.itemPrice;
    return basePrice -
      Math.max(0, order.quantity - 500) * order.itemPrice * 0.05 +
      Math.min(order.quantity * order.itemPrice * 0.1, 100);
}
```

❺ 방금 교체한 표현식이 쓰이는 부분이 더 있다면 마찬가지로 새 변수를 사용하도록 수정한다.

```
function price(order) {
    // 가격(price) = 기본 가격 - 수량 할인 + 배송비
    const basePrice = order.quantity * order.itemPrice;
    return basePrice -
      Math.max(0, order.quantity - 500) * order.itemPrice * 0.05 +
      Math.min(basePrice * 0.1, 100);
}
```

❷~❺ 그다음 줄은 수량 할인이다. 수량 할인도 다음과 같이 추출하고 교체한다.

```
function price(order) {
    // 가격(price) = 기본 가격 - 수량 할인 + 배송비
    const basePrice = order.quantity * order.itemPrice;
    const quantityDiscount = Math.max(0, order.quantity - 500) * order.itemPrice * 0.05;
    return basePrice - quantityDiscount + Math.min(basePrice * 0.1, 100);
}
```

❷~❺ 마지막으로 배송비도 똑같이 처리한다. 다 수정했다면 주석은 지워도 된다. 주석에서

한 말이 코드에 그대로 드러나기 때문이다.

```
function price(order) {
    const basePrice = order.quantity * order.itemPrice;
    const quantityDiscount = Math.max(0, order.quantity - 500) * order.itemPrice
                            * 0.05;
    const shipping = Math.min(basePrice * 0.1, 100);
    return basePrice - quantityDiscount + shipping;
}
```

예시: 클래스 안에서

똑같은 코드를 클래스 문맥 안에서 처리하는 방법을 살펴보자.

```
class Order {
    constructor(aRecord) {
        this._data = aRecord;
    }

    get quantity()  {return this._data.quantity;}
    get itemPrice() {return this._data.itemPrice;}

    get price() {
        return this.quantity * this.itemPrice -
            Math.max(0, this.quantity - 500) * this.itemPrice * 0.05 +
            Math.min(this.quantity * this.itemPrice * 0.1, 100);
    }
}
```

이번에도 추출하려는 이름은 같다. 하지만 그 이름이 가격을 계산하는 **price()** 메서드의 범위를 넘어, 주문을 표현하는 **Order** 클래스 전체에 적용된다. 이처럼 클래스 전체에 영향을 줄 때는 나는 변수가 아닌 메서드로 추출하는 편이다.

```
class Order {
    constructor(aRecord) {
        this._data = aRecord;
    }

    get quantity()  {return this._data.quantity;}
```

```
    get itemPrice() {return this._data.itemPrice;}

    get price() {
      return this.basePrice - this.quantityDiscount + this.shipping;
    }
    get basePrice()        {return this.quantity * this.itemPrice;}
    get quantityDiscount() {return Math.max(0, this.quantity - 500) * this.itemPrice * 0.05;}
    get shipping()         {return Math.min(this.basePrice * 0.1, 100);}
  }
```

여기서 객체의 엄청난 장점을 볼 수 있다. 객체는 특정 로직과 데이터를 외부와 공유하려 할 때 공유할 정보를 설명해주는 적당한 크기의 문맥이 되어준다. 이 예처럼 간단한 경우라면 효과가 크지 않지만, 덩치가 큰 클래스에서 공통 동작을 별도 이름으로 뽑아내서 추상화해두면 그 객체를 다룰 때 쉽게 활용할 수 있어서 매우 유용하다.

6.4 변수 인라인하기
Inline Variable

- 반대 리팩터링: 변수 추출하기[6.3절]
- 1판에서의 이름: 임시변수 내용 직접 삽입

```
let basePrice = anOrder.basePrice;
return (basePrice > 1000);
```

▶

```
return anOrder.basePrice > 1000;
```

배경

변수는 함수 안에서 표현식을 가리키는 이름으로 쓰이며, 대체로 긍정적인 효과를 준다. 하지만 그 이름이 원래 표현식과 다를 바 없을 때도 있다. 또 변수가 주변 코드를 리팩터링하는 데 방해가 되기도 한다. 이럴 때는 그 변수를 인라인하는 것이 좋다.

절차

❶ 대입문의 우변(표현식)에서 부작용이 생기지는 않는지 확인한다.

❷ 변수가 불변으로 선언되지 않았다면 불변으로 만든 후 테스트한다.

　→ 이렇게 하면 변수에 값이 단 한 번만 대입되는지 확인할 수 있다.

❸ 이 변수를 가장 처음 사용하는 코드를 찾아서 대입문 우변의 코드로 바꾼다.

❹ 테스트한다.

❺ 변수를 사용하는 부분을 모두 교체할 때까지 이 과정을 반복한다.

❻ 변수 선언문과 대입문을 지운다.

❼ 테스트한다.

6.5 함수 선언 바꾸기
Change Function Declaration

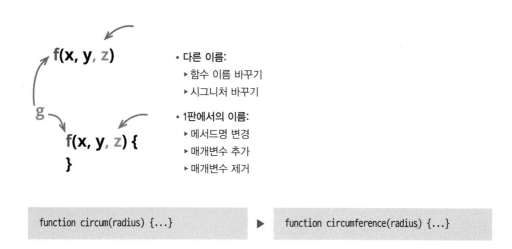

• 다른 이름:
  ▶ 함수 이름 바꾸기
  ▶ 시그니처 바꾸기

• 1판에서의 이름:
  ▶ 메서드명 변경
  ▶ 매개변수 추가
  ▶ 매개변수 제거

```
function circum(radius) {...}
```
▶
```
function circumference(radius) {...}
```

배경

함수는 프로그램을 작은 부분으로 나누는 주된 수단이다. 함수 선언은 각 부분이 서로 맞물리는 방식을 표현하며, 실질적으로 소프트웨어 시스템의 구성 요소를 조립하는 연결부 역할을 한다. 건축과 마찬가지로 소프트웨어도 이러한 연결부에 상당히 의존한다. 연결부를 잘 정의하면 시스템에 새로운 부분을 추가하기가 쉬워지는 반면, 잘못 정의하면 지속적인 방해 요인으로 작용하여 소프트웨어 동작을 파악하기 어려워지고 요구사항이 바뀔 때 적절히 수정하기 어렵게 한다. 다행히 소프트웨어는 소프트하기 때문에 연결부를 수정할 수 있다. 단 주의해서 해야 한다.

이러한 연결부에서 가장 중요한 요소는 함수의 이름이다. 이름이 좋으면 함수의 구현 코드를 살펴볼 필요 없이 호출문만 보고도 무슨 일을 하는지 파악할 수 있다. 하지만 좋은 이름을 떠올리기란 쉽지 않다. 나도 적합한 이름을 단번에 지은 적이 거의 없다. 코드를 읽다가 의미가 와닿지 않는 이름을 발견해도 그대로 놔두고 싶은 유혹에 빠진다. 고작 이름일 뿐이지 않은가? 하지만 이는 '혼란'이라는 악마의 유혹이다. 프로그램의 영혼을 위해서라도 이러한 달콤한 속삭임에 절대 넘어가면 안 된다. 그래서 나는 이름이 잘못된 함수를 발견하면 더 나은 이름이 떠오르는 즉시 바꾸라는 명령으로 받아들인다. 그래야 나중에 그 코드를 다시 볼 때 무슨 일을 하는지 '또' 고민하지 않게 된다.

함수의 매개변수도 마찬가지다. 매개변수는 함수가 외부 세계와 어우러지는 방식을 정의한다. 매개변수는 함수를 사용하는 문맥을 설정한다. 예컨대 전화번호 포매팅 함수가 매개변수로 사람을 받는다고 해보자. 그러면 회사 전화번호 포매팅에는 사용할 수 없게 된다. 사람 대신 전화번호 자체를 받도록 정의하면 이 함수의 활용 범위를 넓힐 수 있다.

이렇게 하면 활용 범위가 넓어질 뿐만 아니라, 다른 모듈과의 결합^{coupling}을 제거할 수도 있다. 예컨대 전화번호 포매팅 로직을 사람 관련 정보를 전혀 모르는 모듈에 둘 수 있다. 동작에 필요한 모듈 수가 줄어들수록 무언가를 수정할 때 머리에 담아둬야 하는 내용도 적어진다. 그리고 내 머리도 예전만 못하다(머리 크기는 그대로지만).

매개변수를 올바르게 선택하기란 단순히 규칙 몇 개로 표현할 수 없다. 예컨대 대여한 지 30일이 지났는지를 기준으로 지불 기한이 넘었는지 판단하는 간단한 함수가 있다고 해보자. 이 함수의 매개변수는 지불 객체가 적절할까, 아니면 마감일로 해야 할까? 지불 객체로 정하면 이 함수는 지불 객체의 인터페이스와 결합돼버린다. 대신 지불이 제공하는 여러 속성에 쉽게 접근할 수 있어서 내부 로직이 복잡해지더라도 이 함수를 호출하는 코드를 일일이 찾아서 변경할 필요가 없다. 실질적으로 함수의 캡슐화 수준이 높아지는 것이다.

이 문제의 정답은 바로 정답이 없다는 것이다. 특히 시간이 흐를수록 더욱더 그렇다. 따라서 어떻게 연결하는 것이 더 나은지 더 잘 이해하게 될 때마다 그에 맞게 코드를 개선할 수 있도록 함수 선언 바꾸기 리팩터링과 친숙해져야만 한다.

나는 다른 리팩터링을 지칭할 때 대체로 대표 명칭만 사용한다. 하지만 함수 선언 바꾸기에서 '이름 바꾸기'가 차지하는 비중이 상당히 높기 때문에, 단순히 이름만 바꿀 때는 '함수 이름 바꾸기'라고 표현해서 확실히 구분할 것이다. 이름을 바꿀 때든 매개변수를 변경할 때든 절차는 똑같다.

절차

이 책에서 다른 리팩터링들은 절차를 한 가지만 소개했다. 방법이 하나뿐이라서가 아니라 대부분 상황에서 대체로 효과적인 방법이라서다. 하지만 함수 선언 바꾸기는 사정이 다르다. '간단한 절차'만으로 충분할 때도 많지만, 더 세분화된 '마이그레이션 절차'가 훨씬 적합한 경우도 많기 때문이다. 따라서 이 리팩터링을 할 때는 먼저 변경 사항을 살펴보고 함수 선언과 호출문들을 단번에 고칠 수 있을지 가늠해본다. 가능할 것 같다면 간단한 절차를 따른다. 마이그레이션 절차를 적용하면 호출문들을 점진적으로 수정할 수 있다. 호출하는 곳이 많거나, 호출 과정이 복잡하거나, 호출 대상이 다형 메서드거나, 선언을 복잡하게 변경할 때는 이렇게 해야 한다.

간단한 절차

❶ 매개변수를 제거하려거든 먼저 함수 본문에서 제거 대상 매개변수를 참조하는 곳은 없는지 확인한다.

❷ 메서드 선언을 원하는 형태로 바꾼다.

❸ 기존 메서드 선언을 참조하는 부분을 모두 찾아서 바뀐 형태로 수정한다.

❹ 테스트한다.

변경할 게 둘 이상이면 나눠서 처리하는 편이 나을 때가 많다. 따라서 이름 변경과 매개변수 추가를 모두 하고 싶다면 각각을 독립적으로 처리하자(그러다 문제가 생기면 작업을 되돌리고 '마이그레이션 절차'를 따른다).

마이그레이션 절차

❶ 이어지는 추출 단계를 수월하게 만들어야 한다면 함수의 본문을 적절히 리팩터링한다.

❷ 함수 본문을 새로운 함수로 추출[6.1절]한다.
　→ 새로 만들 함수 이름이 기존 함수와 같다면 일단 검색하기 쉬운 이름을 임시로 붙여둔다.

❸ 추출한 함수에 매개변수를 추가해야 한다면 '간단한 절차'를 따라 추가한다.

❹ 테스트한다.

❺ 기존 함수를 인라인[6.2절]한다.

❻ 이름을 임시로 붙여뒀다면 함수 선언 바꾸기를 한 번 더 적용해서 원래 이름으로 되돌린다.

❼ 테스트한다.

다형성을 구현한 클래스, 즉 상속 구조 속에 있는 클래스의 메서드를 변경할 때는 다형 관계인 다른 클래스들에도 변경이 반영되어야 한다. 이때, 상황이 복잡하기 때문에 간접 호출 방식으로 우회(혹은 중간 단계로 활용)하는 방법도 쓰인다. 먼저 원하는 형태의 메서드를 새로 만들어서 원래 함수를 호출하는 전달[forward] 메서드로 활용하는 것이다. 단일 상속 구조라면 전달 메서드를 슈퍼클래스에 정의하면 해결된다. (덕 타이핑[duck typing]처럼) 슈퍼클래스와의 연결을 제공하지 않는 언어라면 전달 메서드를 모든 구현 클래스 각각에 추가해야 한다.

공개된 API를 리팩터링할 때는 새 함수를 추가한 다음 리팩터링을 잠시 멈출 수 있다. 이 상태에서 예전 함수를 폐기 대상^{deprecated}으로 지정하고 모든 클라이언트가 새 함수로 이전할 때까지 기다린다. 클라이언트들이 모두 이전했다는 확신이 들면 예전 함수를 지운다.

예시: 함수 이름 바꾸기(간단한 절차)

함수 이름을 너무 축약한 예를 준비했다.

```
function circum(radius) {
    return 2 * Math.PI * radius;
}
```

이 함수의 이름을 이해하기 더 쉽게 바꾸려 한다. ❷ 먼저 함수 선언부터 수정하자.

```
function circumference(radius) {
    return 2 * Math.PI * radius;
}
```

❸ 다음으로 circum()을 호출한 곳을 모두 찾아서 circumference()로 바꾼다(참고로 'circumference'는 원의 둘레를 뜻한다).

기존 함수를 참조하는 곳을 얼마나 쉽게 찾을 수 있는가는 개발 언어에 영향을 받는다. 정적 타입 언어와 뛰어난 IDE의 조합이라면 함수 이름 바꾸기를 자동으로 처리할 수 있고, 그 과정에서 오류가 날 가능성도 거의 없다. 정적 타입 언어가 아니라면 검색 기능이 뛰어난 도구라도 잘못 찾는 경우가 꽤 있어서 일거리가 늘어난다.

매개변수 추가나 제거도 똑같이 처리한다. 함수를 호출하는 부분을 모두 찾은 뒤, 선언문을 바꾸고, 호출문도 그에 맞게 고친다. 이 각각의 단계를 순서대로 처리하는 편이 대체로 좋다. 함수 이름 바꾸기와 매개변수 추가를 모두 할 때는 이름부터 바꾸고, 테스트하고, 매개변수를 추가하고, 또 테스트하는 식으로 진행한다.

간단한 절차의 단점은 호출문과 선언문을(다형성을 구현했다면 여러 선언문 모두를) 한 번에 수정해야 한다는 것이다. 수정할 부분이 몇 개 없거나 괜찮은 자동 리팩터링 도구를 사용한다면 그리 어렵지 않다. 하지만 수정할 부분이 많다면 일이 힘들어진다. 같은 이름이 여러 개일 때도 문제다. 예컨대 changeAddress()란 메서드가 사람 클래스와 계약 클래스 모두에 정의되어 있을 때, 사람 클래스의 메서드만 이름을 바꾸고 싶은 경우 난감해질 수 있다. 나는 변경 작업이 복잡할수록 한 번에 진행하기를 꺼린다. 그래서 이런 상황에 처하면 마이그레이션 절차를 따른다. 마찬가지로 간단한 절차를 따르다가 문제가 생겨도 코드를 가장 최근의 정상 상태로 돌리고 나서 마이그레이션 절차에 따라 다시 진행한다.

예시: 함수 이름 바꾸기(마이그레이션 절차)

이름을 너무 축약한 앞의 함수를 다시 살펴보자.

```
function circum(radius) {
    return 2 * Math.PI * radius;
}
```

이번에는 마이그레이션 절차를 따라 진행하겠다. ❷ 먼저 함수 본문 전체를 새로운 함수로 추출[6.1절]한다.

```
function circum(radius) {
    return circumference(radius);
}

function circumference(radius) {
    return 2 * Math.PI * radius;
}
```

❹ 수정한 코드를 테스트한 뒤 ❺ 예전 함수를 인라인[6.2절]한다. 그러면 예전 함수를 호출하는 부분이 모두 새 함수를 호출하도록 바뀐다. ❼ 하나를 변경할 때마다 테스트하면서 한 번에 하나씩 처리하자. 모두 바꿨다면 기존 함수를 삭제한다.

리팩터링 대상은 대부분 직접 수정할 수 있는 코드지만, 함수 선언 바꾸기만큼은 공개된 API, 다시 말해 직접 고칠 수 없는 외부 코드가 사용하는 부분을 리팩터링하기에 좋다. 가령 circumference() 함수를 만들고 나서 잠시 리팩터링 작업을 멈춘다. 가능하다면 circum()이 폐기 예정[deprecated]임을 표시한다. 그런 다음 circum()의 클라이언트들 모두가 circumference()를 사용하게 바뀔 때까지 기다린다. 모든 클라이언트가 새 함수로 갈아탔다면 circum()을 삭제한다. circum()을 삭제하는 상쾌한 순간을 결코 맞이하지 못할 수도 있지만, 새로 작성되는 코드들은 더 나은 이름의 새로운 함수를 사용하게 될 것이다.

예시: 매개변수 추가하기

도서 관리 프로그램의 Book 클래스에 예약 기능이 구현되어 있다고 하자.

━━━ Book 클래스...
```
addReservation(customer) {
  this._reservations.push(customer);
}
```

그런데 예약 시 우선순위 큐를 지원하라는 새로운 요구가 추가되었다. 그래서 addReser
vation()을 호출할 때 예약 정보를 일반 큐에 넣을지 우선순위 큐에 넣을지를 지정하는 매개
변수를 추가하려 한다. addReservation()을 호출하는 곳을 모두 찾고 고치기가 쉽다면 곧바
로 변경하면 된다. 그렇지 않다면 마이그레이션 절차대로 진행해야 한다. 여기서는 후자의 경
우라고 가정해보자.

❷ 먼저 addReservation()의 본문을 새로운 함수로 추출^{6.1절}한다. 새로 추출한 함수 이름도
addReservation()이어야 하지만, 기존 함수와 이름이 같은 상태로 둘 수는 없으니 우선은 나
중에 찾기 쉬운 임시 이름을 붙인다.

━━━ Book 클래스...
```
addReservation(customer) {
  this.zz_addReservation(customer);
}

zz_addReservation(customer) {
  this._reservations.push(customer);
}
```

❸ 그런 다음 새 함수의 선언문과 호출문에 원하는 매개변수를 추가한다(이 작업은 간단한 절
차로 진행한다).

━━━━ Book 클래스...

```
addReservation(customer) {
  this.zz_addReservation(customer, false);
}

zz_addReservation(customer, isPriority) {
  this._reservations.push(customer);
}
```

나는 자바스크립트로 프로그래밍한다면, 호출문을 변경하기 전에 어서션을 추가[10.6절]하여 호출하는 곳에서 새로 추가한 매개변수를 실제로 사용하는지 확인한다.

━━━━ Book 클래스...

```
zz_addReservation(customer, isPriority) {
  assert(isPriority === true || isPriority === false);
  this._reservations.push(customer);
}
```

이렇게 해두면 호출문을 수정하는 과정에서 실수로 새 매개변수를 빠뜨린 부분을 찾는 데 도움된다. 오랜 세월 나보다 실수를 많이 하는 프로그래머를 거의 못 봤기 때문이기도 하다.

❺ 이제 기존 함수를 인라인[6.2절]하여 호출 코드들이 새 함수를 이용하도록 고친다. 호출문은 한 번에 하나씩 변경한다.

❻ 다 고쳤다면 새 함수의 이름을 기존 함수의 이름으로 바꾼다.

이상의 작업은 대부분 간단한 절차만으로도 무리가 없지만, 필요하면 마이그레이션 절차를 따르기도 한다.

예시: 매개변수를 속성으로 바꾸기

지금까지는 이름을 바꾸거나 매개변수 하나만 추가하는 단순한 예만 살펴봤다. 하지만 마이그레이션 절차를 따른다면 훨씬 복잡한 상황도 꽤 깔끔하게 처리할 수 있다. 이번에는 좀 더 복잡한 예를 살펴보자.

고객이 뉴잉글랜드*에 살고 있는지 확인하는 함수가 있다고 하자.

....

* 옮긴이_ 미국 북동부 지역으로 메인주(MA), 코네티컷주(CT), 매사추세츠주(ME), 버몬트주(VT), 뉴햄프셔주(NH), 로드아일랜드주(RI)의 총 6개 주로 이루어져 있다.

```
function inNewEngland(aCustomer) {
    return ["MA", "CT", "ME", "VT", "NH", "RI"].includes(aCustomer.address.state);
}
```

다음은 이 함수를 호출하는 코드 중 하나다.

호출문...
```
const newEnglanders = someCustomers.filter(c => inNewEngland(c));
```

inNewEngland() 함수는 고객이 거주하는 주 이름을 보고 뉴잉글랜드에 사는지 판단한다. 나라면 이 함수가 주^{state} 식별 코드를 매개변수로 받도록 리팩터링할 것이다. 그러면 고객에 대한 의존성이 제거되어 더 넓은 문맥에 활용할 수 있기 때문이다.

❶ 나는 함수 선언을 바꿀 때 함수 추출[6.1절]부터 하는 편이다. 하지만 이번 코드는 함수 본문을 살짝 리팩터링해두면 이후 작업이 더 수월해질 터라 우선 매개변수로 사용할 코드를 변수로 추출[6.3절]해둔다.

```
function inNewEngland(aCustomer) {
    const stateCode = aCustomer.address.state;
    return ["MA", "CT", "ME", "VT", "NH", "RI"].includes(stateCode);
}
```

❷ 이제 함수 추출하기[6.1절]로 새 함수를 만든다.

```
function inNewEngland(aCustomer) {
    const stateCode = aCustomer.address.state;
    return xxNEWinNewEngland(stateCode);
}
function xxNEWinNewEngland(stateCode) {
    return ["MA", "CT", "ME", "VT", "NH", "RI"].includes(stateCode);
}
```

새 함수의 이름을 나중에 기존 함수 이름으로 바꾸기 쉽도록 검색하기 좋은 이름을 붙여둔다 (예시들을 보면 알겠지만 나는 임시 이름 짓기에 특별히 정해둔 규칙은 없다).

그런 다음 기존 함수 안에 변수로 추출해둔 입력 매개변수를 인라인한다(변수 인라인하기[6.4절]).

```
function inNewEngland(aCustomer) {
```

```
  return xxNEWinNewEngland(aCustomer.address.state);
}
```

❺ 함수 인라인하기[6.2절]로 기존 함수의 본문을 호출문들에 집어넣는다. 실질적으로 기존 함수 호출문을 새 함수 호출문으로 교체하는 셈이다. 이 작업은 한 번에 하나씩 처리한다.

▬▬ 호출문...
```
const newEnglanders = someCustomers.filter(c => xxNEWinNewEngland(c.address.state));
```

기존 함수를 모든 호출문에 인라인했다면, ❻ 함수 선언 바꾸기를 다시 한번 적용하여 새 함수의 이름을 기존 함수의 이름으로 바꾼다.

▬▬ 호출문...
```
const newEnglanders = someCustomers.filter(c => inNewEngland(c.address.state));
```

▬▬ 최상위...
```
function inNewEngland(stateCode) {
  return ["MA", "CT", "ME", "VT", "NH", "RI"].includes(stateCode);
}
```

자동 리팩터링 도구는 마이그레이션 절차의 활용도를 떨어뜨리기도 하고 효과를 배가하기도 한다. 활용도를 떨어뜨리는 이유는 훨씬 복잡한 이름 바꾸기와 매개변수 수정도 자동 리팩터링이 안전하게 수행해줘서 이 절차를 사용할 일이 적어지기 때문이다. 하지만 마지막 예시처럼 모든 작업을 자동 리팩터링만으로 처리할 수 없을 때는 반대로 상당한 도움을 준다. 추출과 인라인 같은 핵심적인 변경을 훨씬 빠르고 안전하게 할 수 있기 때문이다.

6.6 변수 캡슐화하기

Encapsulate Variable

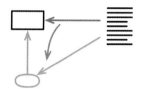

- 1판에서의 이름:
  - ▶ 필드 자체 캡슐화
  - ▶ 필드 캡슐화

```
let defaultOwner = {firstName: "마틴", lastName: "파울러"};
```

▼

```
let defaultOwnerData = {firstName: "마틴", lastName: "파울러"};
export function defaultOwner()          {return defaultOwnerData;}
export function setDefaultOwner(arg) {defaultOwnerData = arg;}
```

배경

리팩터링은 결국 프로그램의 요소를 조작하는 일이다. 함수는 데이터보다 다루기가 수월하다. 함수를 사용한다는 건 대체로 호출한다는 뜻이고, 함수의 이름을 바꾸거나 다른 모듈로 옮기기는 어렵지 않다. 여차하면 기존 함수를 그대로 둔 채 전달[forward] 함수로 활용할 수도 있기 때문이다(즉, 예전 코드들은 변함없이 기존 함수를 호출하고, 이 기존 함수가 새로 만든 함수를 호출하는 식이다). 이런 전달 함수를 오래 남겨둘 일은 별로 없지만 리팩터링 작업을 간소화하는 데 큰 역할을 한다.

반대로 데이터는 함수보다 다루기가 까다로운데, 그 이유는 이런 식으로 처리할 수 없기 때문이다. 데이터는 참조하는 모든 부분을 한 번에 바꿔야 코드가 제대로 작동한다. 짧은 함수 안의 임시 변수처럼 유효범위가 아주 좁은 데이터는 어려울 게 없지만, 유효범위가 넓어질수록 다루기 어려워진다. 전역 데이터가 골칫거리인 이유도 바로 여기에 있다.

그래서 접근할 수 있는 범위가 넓은 데이터를 옮길 때는 먼저 그 데이터로의 접근을 독점하는 함수를 만드는 식으로 캡슐화하는 것이 가장 좋은 방법일 때가 많다. 데이터 재구성이라는 어려운 작업을 함수 재구성이라는 더 단순한 작업으로 변환하는 것이다.

데이터 캡슐화는 다른 경우에도 도움을 준다. 데이터를 변경하고 사용하는 코드를 감시할 수 있는 확실한 통로가 되어주기 때문에 데이터 변경 전 검증이나 변경 후 추가 로직을 쉽게 끼워 넣을 수 있다. 나는 유효범위가 함수 하나보다 넓은 가변 데이터는 모두 이런 식으로 캡슐화해서 그 함수를 통해서만 접근하게 만드는 습관이 있다. 데이터의 유효범위가 넓을수록 캡슐화해야 한다. 레거시 코드를 다룰 때는 이런 변수를 참조하는 코드를 추가하거나 변경할 때마다 최대한 캡슐화한다. 그래야 자주 사용하는 데이터에 대한 결합도가 높아지는 일을 막을 수 있다.

객체 지향에서 객체의 데이터를 항상 private으로 유지해야 한다고 그토록 강조하는 이유가 바로 여기에 있다. 나는 public 필드를 발견할 때마다 캡슐화해서(이 경우에는 흔히 '필드 캡슐화하기'로 부른다) 가시 범위를 제한하려 한다. 클래스 안에서 필드를 참조할 때조차 반드시 접근자를 통하게 하는 자가 캡슐화$^{self-encapsulation}$를 주장하는 사람도 있다. 개인적으로는 자가 캡슐화까지는 좀 지나치지 않나 생각한다. 필드를 자가 캡슐화해야 할 정도로 클래스가 크다면 잘게 쪼개야 하기 때문이다. 하지만 클래스를 쪼개기 전 단계로써 필드를 자가 캡슐화하는 것은 도움이 된다.

불변 데이터는 가변 데이터보다 캡슐화할 이유가 적다. 데이터가 변경될 일이 없어서 갱신 전 검증 같은 추가 로직이 자리할 공간을 마련할 필요가 없기 때문이다. 게다가 불변 데이터는 옮길 필요 없이 그냥 복제하면 된다. 그래서 원본 데이터를 참조하는 코드를 변경할 필요도 없고, 데이터를 변형시키는 코드를 걱정할 일도 없다. 불변성은 강력한 방부제인 셈이다.

절차

❶ 변수로의 접근과 갱신을 전담하는 캡슐화 함수들을 만든다.

❷ 정적 검사를 수행한다.

❸ 변수를 직접 참조하던 부분을 모두 적절한 캡슐화 함수 호출로 바꾼다. 하나씩 바꿀 때마다 테스트한다.

❹ 변수의 접근 범위를 제한한다.

→ 변수로의 직접 접근을 막을 수 없을 때도 있다. 그럴 때는 변수 이름을 바꿔서 테스트해보면 해당 변수를 참조하는 곳을 쉽게 찾아낼 수 있다.

❺ 테스트한다.

❻ 변수 값이 레코드라면 레코드 캡슐화하기$^{7.1절}$를 적용할지 고려해본다.

예시

전역 변수에 중요한 데이터가 담겨 있는 경우를 생각해보자.

```
let defaultOwner = {firstName: "마틴", lastName: "파울러"};
```

데이터라면 당연히 다음과 같이 참조하는 코드가 있을 것이다.

```
spaceship.owner = defaultOwner;
```

갱신하는 코드 역시 있을 것이다.

```
defaultOwner = {firstName: "레베카", lastName: "파슨스"};
```

❶ 기본적인 캡슐화를 위해 가장 먼저 데이터를 읽고 쓰는 함수부터 정의한다.

```
function getDefaultOwner()    {return defaultOwner;}
function setDefaultOwner(arg) {defaultOwner = arg;}
```

❸ 그런 다음 defaultOwner를 참조하는 코드를 찾아서 방금 만든 게터 함수를 호출하도록 고친다.

```
spaceship.owner = getDefaultOwner();
```
대입문은 세터 함수로 바꾼다.

```
setDefaultOwner({firstName: "레베카", lastName: "파슨스"});
```

하나씩 바꿀 때마다 테스트한다.

❹ 모든 참조를 수정했다면 이제 변수의 가시 범위를 제한한다. 그러면 미처 발견하지 못한 참조가 없는지 확인할 수 있고, 나중에 수정하는 코드에서도 이 변수에 직접 접근하지 못하게 만들 수 있다. 자바스크립트로 작성할 때는 변수와 접근자 메서드를 같은 파일로 옮기고 접근자만 노출^{export}시키면 된다.

```
defaultOwner.js 파일...
let defaultOwner = {firstName: "마틴", lastName: "파울러"};
export function getDefaultOwner()    {return defaultOwner;}
export function setDefaultOwner(arg) {defaultOwner = arg;}
```

변수로의 접근을 제한할 수 없을 때는 변수 이름을 바꿔서 다시 테스트해보면 좋다. 이렇게 한다고 해서 나중에 직접 접근하지 못하게 막을 수 있는 건 아니지만, `__privateOnly_defaultOwner`처럼 공개용이 아니라는 의미를 담으면서도 눈에 띄는 이름으로 바꾸면 조금이나마 도움이 된다.

마지막으로, 나는 게터 이름 앞에 get을 붙이는 것을 싫어해서 get을 빼도록 하겠다.

━━━ defaultOwner.js 파일...

```javascript
let defaultOwnerData = {firstName: "마틴", lastName: "파울러"};
export function getdefaultOwner()     {return defaultOwnerData;}
export function setDefaultOwner(arg) {defaultOwnerData = arg;}
```

☀ 자바스크립트에서는 게터와 세터의 이름을 똑같이 짓고 인수가 있냐 없냐에 따라 구분하는 방식을 많이 따른다. 나는 이 방식을 오버로딩된 게터-세터$^{Overloaded\ Getter\ Setter}$*라고 부르며, 아주 싫어한다. 그래서 get은 붙이지 않겠지만 set은 계속 붙이겠다.**

값 캡슐화하기

방금 본 기본 캡슐화 기법으로 데이터 구조로의 참조를 캡슐화하면, 그 구조로의 접근이나 구조 자체를 다시 대입하는 행위는 제어할 수 있다. 하지만 필드 값을 변경하는 일은 제어할 수 없다.

━━━
```javascript
const owner1 = defaultOwner();
assert.equal("파울러", owner1.lastName, "처음 값 확인");
const owner2 = defaultOwner();
owner2.lastName = "파슨스";
assert.equal("파슨스", owner1.lastName, "owner2를 변경한 후"); // 성공할까?
```

기본 캡슐화 기법은 데이터 항목을 참조하는 부분만 캡슐화한다. 대부분은 이 정도로 충분하지만, 변수뿐 아니라 변수에 담긴 내용을 변경하는 행위까지 제어할 수 있게 캡슐화하고 싶을 때도 많다.

이렇게 하는 방법은 크게 두 가지다. 가장 간단한 방법은 그 값을 바꿀 수 없게 만드는 것이다.

---

* _https://martinfowler.com/bliki/OverloadedGetterSetter.html_

** 옮긴이_ 저자가 여기에서는 set 접두어를 유지하겠다고 했지만, 실제 예시 코드들에서는 거의 사용하지 않았다.

나는 주로 게터가 데이터의 복제본을 반환하도록 수정하는 식으로 처리한다.

```
defaultOwner.js...
    let defaultOwnerData = {firstName: "마틴", lastName: "파울러"};
    export function defaultOwner()       {return Object.assign({}, defaultOwnerData);}
    export function setDefaultOwner(arg) {defaultOwnerData = arg;}
```

특히 리스트에 이 기법을 많이 적용한다. 데이터의 복제본을 반환하면 클라이언트는 게터로 얻
은 데이터를 변경할 수 있지만 원본에는 아무 영향을 주지 못한다. 단, 주의할 점이 있다. 공유
데이터(원본)를 변경하기를 원하는 클라이언트가 있을 수 있다. 이럴 때 나는 문제가 될만한
부분을 테스트로 찾는다. 아니면 아예 변경할 수 없게 만들 수도 있다. 이를 위한 좋은 방법이
레코드 캡슐화하기[7.1절]다.

```
    let defaultOwnerData = {firstName: "마틴", lastName: "파울러"};
    export function defaultOwner()       {return new Person(defaultOwnerData);}
    export function setDefaultOwner(arg) {defaultOwnerData = arg;}

    class Person {
      constructor(data) {
        this._lastName = data.lastName;
        this._firstName = data.firstName
      }
      get lastName() {return this._lastName;}
      get firstName() {return this._firstName;}
      // 다른 속성도 이런 식으로 처리한다.
```

이렇게 하면 defaultOwnerData의 속성을 다시 대입하는 연산은 모두 무시된다. 이런 변경을
감지하거나 막는 구체적인 방법은 언어마다 다르므로 사용하는 언어에 맞는 방법으로 처리하
면 된다.

이처럼 변경을 감지하여 막는 기법을 임시로 활용해보면 도움될 때가 많다. 변경하는 부분을
없앨 수도 있고, 적절한 변경 함수를 제공할 수도 있다. 적절히 다 처리하고 난 뒤 게터가 복제
본을 반환하도록 수정하면 된다.

지금까지는 게터에서 데이터를 복제하는 방법을 살펴봤는데, 세터에서도 복제본을 만드는 편
이 좋을 수도 있다. 정확한 기준은 그 데이터가 어디서 오는지, 원본 데이터의 모든 변경을 그
대로 반영할 수 있도록 원본으로의 링크를 유지해야 하는지에 따라 다르다. 링크가 필요 없다

면 데이터를 복제해 저장하여 나중에 원본이 변경돼서 발생하는 사고를 방지할 수 있다. 복제본 만들기가 번거로울 때가 많지만, 이런 복제가 성능에 주는 영향은 대체로 미미하다. 반면, 원본을 그대로 사용하면 나중에 디버깅하기 어렵고 시간도 오래 걸릴 위험이 있다.

여기서 명심할 점이 있다. 앞에서 설명한 복제본 만들기와 클래스로 감싸는 방식은 레코드 구조에서 깊이가 1인 속성들까지만 효과가 있다. 더 깊이 들어가면 복제본과 객체 래핑 단계가 더 늘어나게 된다.

지금까지 본 것처럼 데이터 캡슐화는 굉장히 유용하지만 그 과정은 간단하지 않을 때가 많다. 캡슐화의 구체적인 대상과 방법은 캡슐화할 데이터를 사용하는 방식과 그 데이터를 어떻게 변경하려는 지에 따라 달라진다. 하지만 분명한 사실은 데이터의 사용 범위가 넓을수록 적절히 캡슐화하는 게 좋다는 것이다.

6.7 변수 이름 바꾸기
Rename Variable

```
let a = height * width;
```
▶
```
let area = height * width;
```

배경

명확한 프로그래밍의 핵심은 이름짓기다. 변수는 프로그래머가 하려는 일에 관해 많은 것을 설명해준다. 단, 이름을 잘 지었을 때만 그렇다. 사실 나는 이름을 잘못 지을 때가 많다. 고민을 충분히 하지 않아서거나, 개발을 더 하다 보니 문제에 대한 이해도가 높아져서거나, 혹은 사용자의 요구가 달라져서 프로그램의 목적이 변해 그럴 때도 있다.

특히 이름의 중요성은 그 사용 범위에 영향을 많이 받는다. 한 줄짜리 람다식^{lambda expression}에서 사용하는 변수는 대체로 쉽게 파악할 수 있다. 맥락으로부터 변수의 목적을 명확히 알 수 있어서 한 글자로 된 이름을 짓기도 한다. 마찬가지로 간단한 함수의 매개변수 이름도 짧게 지어도 될 때가 많다. 물론 자바스크립트와 같은 동적 타입 언어라면 나는 이름 앞에 타입을 드러내는 문자를 붙이는 스타일을 선호한다(가령 매개변수 이름을 aCustomer와 같이 짓는다).

함수 호출 한 번으로 끝나지 않고 값이 영속되는 필드라면 이름에 더 신경 써야 한다. 내가 가장 신중하게 이름 짓는 대상이 바로 이런 필드들이다.

절차

❶ 폭넓게 쓰이는 변수라면 변수 캡슐화하기[6.6절]를 고려한다.

❷ 이름을 바꿀 변수를 참조하는 곳을 모두 찾아서, 하나씩 변경한다.

    → 다른 코드베이스에서 참조하는 변수는 외부에 공개된 변수이므로 이 리팩터링을 적용할 수 없다.

    → 변수 값이 변하지 않는다면 다른 이름으로 복제본을 만들어서 하나씩 점진적으로 변경한다. 하나
       씩 바꿀 때마다 테스트한다.

❸ 테스트한다.

예시

변수 이름 바꾸기의 가장 간단한 예는 임시 변수나 인수처럼 유효범위가 함수 하나로 국한된
변수다. 굳이 예시가 필요 없을 정도로 간단하다. 그저 변수를 참조하는 코드를 찾아서 하나씩
바꾸면 되며, 다 바꾼 뒤에는 테스트해서 실수한 부분은 없는지 확인한다.

함수 밖에서도 참조할 수 있는 변수라면 조심해야 한다. 코드베이스 전체에서 두루 참조할 수
도 있다. 다음 변수에서 이야기를 시작해보자.

```
let tpHd = "untitled";
```

어떤 참조는 다음과 같이 변수를 읽기만 한다.

```
result += `<h1>${tpHd}</h1>`;
```

값을 수정하는 곳도 있다고 해보자.

```
tpHd = obj['articleTitle'];
```

❶ 나는 이럴 때 주로 변수 캡슐화하기[6.6절]로 처리한다.

```
result += `<h1>${title()}</h1>`;

setTitle(obj['articleTitle']);

function title()        {return tpHd;}    ◀── tpHd 변수의 게터
function setTitle(arg) {tpHd = arg;}    ◀── tpHd 변수의 세터
```

캡슐화 후에는 변수 이름을 바꿔도 된다.

```
let _title = "untitled";

function title()        {return _title;}
function setTitle(arg) {_title = arg;}
```

❷ 그런 다음 래핑 함수들을 인라인해서 모든 호출자가 변수에 직접 접근하게 하는 방법도 있지만, 나는 별로 내켜하지 않는 방식이다. 이름을 바꾸기 위해 캡슐화부터 해야 할 정도로 널리 사용되는 변수라면 나중을 위해서라도 함수 안에 캡슐화된 채로 두는 편이 좋다고 생각하기 때문이다.

 함수를 인라인한다면 값을 얻을 때는 **getTitle()** 게터를 호출하고 변수 이름에는 밑줄(_)을 붙이지 않았을 것이다.

예시: 상수 이름 바꾸기

❷ 상수(또는 클라이언트가 볼 때 상수처럼 작용하는 대상)의 이름은 캡슐화하지 않고도 복제 방식으로 점진적으로 바꿀 수 있다. 상수가 다음처럼 선언되어 있다고 하자.

```
const cpyNm = "애크미 구스베리";
```

먼저 원본의 이름을 바꾼 후, 원본의 원래 이름(기존 이름)과 같은 복제본을 만든다.

```
const companyName = "애크미 구스베리";
const cpyNm = companyName;
```

이제 기존 이름(복제본)을 참조하는 코드들을 새 이름으로 점진적으로 바꿀 수 있다. 다 바꿨다면 복제본을 삭제한다. 나는 기존 이름을 삭제했다가 테스트에 실패하면 되돌리는 방식보다 (앞의 코드처럼) 새 이름으로 선언한 다음 기존 이름에 복사하는 방식이 조금이라도 쉽다면 후자를 선택한다.

이 방식은 상수는 물론, 클라이언트가 볼 때 읽기전용인 변수(가령 자바스크립트의 익스포트한 변수)에도 적용할 수 있다.

6.8 매개변수 객체 만들기
Introduce Parameter Object

```
function amountInvoiced(startDate, endDate) {...}
function amountReceived(startDate, endDate) {...}
function amountOverdue(startDate, endDate) {...}
```

▼

```
function amountInvoiced(aDateRange) {...}
function amountReceived(aDateRange) {...}
function amountOverdue(aDateRange) {...}
```

배경

데이터 항목 여러 개가 이 함수에서 저 함수로 함께 몰려다니는 경우를 자주 본다. 나는 이런 데이터 무리를 발견하면 데이터 구조 하나로 모아주곤 한다.

데이터 뭉치를 데이터 구조로 묶으면 데이터 사이의 관계가 명확해진다는 이점을 얻는다. 게다가 함수가 이 데이터 구조를 받게 하면 매개변수 수가 줄어든다. 같은 데이터 구조를 사용하는 모든 함수가 원소를 참조할 때 항상 똑같은 이름을 사용하기 때문에 일관성도 높여준다.

하지만 이 리팩터링의 진정한 힘은 코드를 더 근본적으로 바꿔준다는 데 있다. 나는 이런 데이터 구조를 새로 발견하면 이 데이터 구조를 활용하는 형태로 프로그램 동작을 재구성한다. 데이터 구조에 담길 데이터에 공통으로 적용되는 동작을 추출해서 함수로 만드는 것이다(공용 함수를 나열하는 식으로 작성할 수도 있고, 이 함수들과 데이터를 합쳐 클래스로 만들 수도 있다). 이 과정에서 새로 만든 데이터 구조가 문제 영역을 훨씬 간결하게 표현하는 새로운 추상 개념으로 격상되면서, 코드의 개념적인 그림을 다시 그릴 수도 있다. 그러면 놀라울 정도로 강력한 효과를 낸다. 하지만 이 모든 것의 시작은 매개변수 객체 만들기부터다.

절차

❶ 적당한 데이터 구조가 아직 마련되어 있지 않다면 새로 만든다.

→ 개인적으로 클래스로 만드는 걸 선호한다. 나중에 동작까지 함께 묶기 좋기 때문이다. 나는 주로 데이터 구조를 값 객체^{Value Object}* 로 만든다.

❷ 테스트한다.

❸ 함수 선언 바꾸기^{6.5절}로 새 데이터 구조를 매개변수로 추가한다.

❹ 테스트한다.

❺ 함수 호출 시 새로운 데이터 구조 인스턴스를 넘기도록 수정한다. 하나씩 수정할 때마다 테스트한다.

❻ 기존 매개변수를 사용하던 코드를 새 데이터 구조의 원소를 사용하도록 바꾼다.

❼ 다 바꿨다면 기존 매개변수를 제거하고 테스트한다.

예시

온도 측정값^{reading} 배열에서 정상 작동 범위를 벗어난 것이 있는지 검사하는 코드를 살펴보자. 온도 측정값을 표현하는 데이터는 다음과 같다.

```
const station = { name: "ZB1",
                  readings: [
                    {temp: 47, time: "2016-11-10 09:10"},
                    {temp: 53, time: "2016-11-10 09:20"},
                    {temp: 58, time: "2016-11-10 09:30"},
                    {temp: 53, time: "2016-11-10 09:40"},
                    {temp: 51, time: "2016-11-10 09:50"},
                  ]
                };
```

다음은 정상 범위를 벗어난 측정값을 찾는 함수다.

```
function readingsOutsideRange(station, min, max) {
  return station.readings
    .filter(r => r.temp < min || r.temp > max);
}
```

이 함수는 다음과 같이 호출될 수 있다.

━━━ 호출문...

```
alerts = readingsOutsideRange(station,
                             operatingPlan.temperatureFloor,  // 최저 온도
                             operatingPlan.temperatureCeiling);  // 최고 온도
```

호출 코드를 보면 operatingPlan의 데이터 항목 두 개를 쌍으로 가져와서 readingsOutside
Range()로 전달한다. 그리고 operatingPlan은 범위의 시작과 끝 이름을 readingsOutside
Range()와 다르게 표현한다. 이와 같은 범위^{range}라는 개념은 객체 하나로 묶어 표현하는 게 나
은 대표적인 예다. ❶ 먼저 묶은 데이터를 표현하는 클래스부터 선언하자.

━━━
```
class NumberRange {
  constructor(min, max) {
    this._data = {min: min, max: max};
  }
  get min() {return this._data.min;}
  get max() {return this._data.max;}
}
```

여기서는 기본 자바스크립트 객체가 아닌 클래스로 선언했는데, 이 리팩터링은 새로 생성한 객
체로 동작까지 옮기는 더 큰 작업의 첫 단계로 수행될 때가 많기 때문이다. 이 시나리오에는 클
래스가 적합하므로 곧바로 클래스를 사용했다. 한편 값 객체로 만들 가능성이 높기 때문에 세
터는 만들지 않는다. 내가 이 리팩터링을 할 때는 대부분 값 객체를 만들게 된다.

❸ 그런 다음 새로 만든 객체를 readingsOutsideRange()의 매개변수로 추가하도록 함수 선
언을 바꾼다$^{6.5절}$.

━━━
```
function readingsOutsideRange(station, min, max, range) {
  return station.readings
    .filter(r => r.temp < min || r.temp > max);
}
```

자바스크립트라면 호출문을 예전 상태로 둬도 되지만, 다른 언어를 사용할 때는 다음과 같이
새 매개변수 자리에 널^{null}을 적어둔다.

━━━ 호출문...

```
alerts = readingsOutsideRange(station,
                             operatingPlan.temperatureFloor,
```

```
                    operatingPlan.temperatureCeiling,
                    null);
```

❹ 아직까지 동작은 하나도 바꾸지 않았으니 테스트는 문제없이 통과할 것이다. ❺ 이제 온도 범위를 객체 형태로 전달하도록 호출문을 하나씩 바꾼다.

▬▬ 호출문...
```
    const range = new NumberRange(operatingPlan.temperatureFloor,
                                  operatingPlan.temperatureCeiling);
    alerts = readingsOutsideRange(station,
                                  operatingPlan.temperatureFloor,
                                  operatingPlan.temperatureCeiling,
                                  range);
```

여기서도 동작은 바뀌지 않았다. 새로 건넨 매개변수를 아직 사용하지 않기 때문이다. 따라서 이번에도 모든 테스트를 무난히 통과한다.

❻ 이제 기존 매개변수를 사용하는 부분을 변경한다. 최댓값부터 바꿔보자.

```
▬▬ function readingsOutsideRange(station, min, max, range) {
    return station.readings
      .filter(r => r.temp < min || r.temp > range.max);
    }
```

▬▬ 호출문...
```
    const range = new NumberRange(operatingPlan.temperatureFloor,
                                  operatingPlan.temperatureCeiling);
    alerts = readingsOutsideRange(station,
                                  operatingPlan.temperatureFloor,
                                  operatingPlan.temperatureCeiling,
                                  range);
```

여기서 한 번 테스트한 뒤, 다음 매개변수도 제거한다.

```
▬▬ function readingsOutsideRange(station, min, range) {
    return station.readings
      .filter(r => r.temp < range.min || r.temp > range.max);
    }
```

호출문...

```
const range = new NumberRange(operatingPlan.temperatureFloor,
                              operatingPlan.temperatureCeiling);
alerts = readingsOutsideRange(station,
                              operatingPlan.temperatureFloor,
                              range);
```

이상으로 매개변수 객체 만들기가 끝났다.

진정한 값 객체로 거듭나기

앞서 운을 띄웠듯이 매개변수 그룹을 객체로 교체하는 일은 진짜 값진 작업의 준비단계일 뿐이다. 앞에서처럼 클래스로 만들어두면 관련 동작들을 이 클래스로 옮길 수 있다는 이점이 생긴다. 이 예에서는 온도가 허용 범위 안에 있는지 검사하는 메서드를 클래스에 추가할 수 있다.

```
function readingsOutsideRange(station, range) {
    return station.readings
        .filter(r => !range.contains(r.temp));
}
```

NumberRange 클래스...

```
contains(arg) {return (arg >= this.min && arg <= this.max);}
```

지금까지 한 작업은 여러 가지 유용한 동작을 갖춘 범위(Range) 클래스*를 생성하기 위한 첫 단계다. 코드에 범위 개념이 필요함을 깨달았다면 최댓값과 최솟값 쌍을 사용하는 코드를 발견할 때마다 범위 객체로 바꾸자(당장 operatingPlan의 temperatureFloor와 temperatureCeiling을 temperatureRange로 교체할 수 있다). 이러한 값 쌍이 어떻게 사용되는지 살펴보면 다른 유용한 동작도 범위 클래스로 옮겨서 코드베이스 전반에서 값을 활용하는 방식을 간소화할 수 있다. 나라면 진정한 값 객체로 만들기 위해 값에 기반한 동치성 검사 메서드[equality method]부터 추가할 것이다.

---

* *https://martinfowler.com/eaaDev/Range.html*

6.9 여러 함수를 클래스로 묶기
Combine Functions into Class

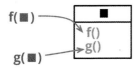

```
function base(aReading) {...}
function taxableCharge(aReading) {...}
function calculateBaseCharge(aReading) {...}
```

▼

```
class Reading {
  base() {...}
  taxableCharge() {...}
  calculateBaseCharge() {...}
}
```

배경

클래스는 대다수의 최신 프로그래밍 언어가 제공하는 기본적인 빌딩 블록이다. 클래스는 데이터와 함수를 하나의 공유 환경으로 묶은 후, 다른 프로그램 요소와 어우러질 수 있도록 그중 일부를 외부에 제공한다. 클래스는 객체 지향 언어의 기본인 동시에 다른 패러다임 언어에도 유용하다.

나는 (흔히 함수 호출 시 인수로 전달되는) 공통 데이터를 중심으로 긴밀하게 엮여 작동하는 함수 무리를 발견하면 클래스 하나로 묶고 싶어진다. 클래스로 묶으면 이 함수들이 공유하는 공통 환경을 더 명확하게 표현할 수 있고, 각 함수에 전달되는 인수를 줄여서 객체 안에서의 함수 호출을 간결하게 만들 수 있다. 또한 이런 객체를 시스템의 다른 부분에 전달하기 위한 참조를 제공할 수 있다.

이 리팩터링은 이미 만들어진 함수들을 재구성할 때는 물론, 새로 만든 클래스와 관련하여 놓친 연산을 찾아서 새 클래스의 메서드로 뽑아내는 데도 좋다.

함수를 한데 묶는 또 다른 방법으로 여러 함수를 변환 함수로 묶기[6.10절]도 있다. 어느 방식으로 진행할지는 프로그램 문맥을 넓게 살펴보고 정해야 한다. 클래스로 묶을 때의 두드러진 장점은 클라이언트가 객체의 핵심 데이터를 변경할 수 있고, 파생 객체들을 일관되게 관리할 수 있다는 것이다.

이런 함수들을 중첩 함수 형태로 묶어도 된다. 나는 중첩 함수보다 클래스를 선호하는 편인데, 중첩 함수는 테스트하기가 까다로울 수 있기 때문이다. 또한 한 울타리로 묶을 함수들 중 외부에 공개할 함수가 여러 개일 때는 클래스를 사용할 수밖에 없다.

클래스를 지원하지 않는 언어를 사용할 때는 같은 기능을 '함수를 객체처럼[Function As Object]' 패턴[*] 을 이용해 구현하기도 한다.

절차

❶ 함수들이 공유하는 공통 데이터 레코드를 캡슐화[7.1절]한다.
→ 공통 데이터가 레코드 구조로 묶여 있지 않다면 먼저 매개변수 객체 만들기[6.8절]로 데이터를 하나로 묶는 레코드를 만든다.
❷ 공통 레코드를 사용하는 함수 각각을 새 클래스로 옮긴다(함수 옮기기[8.1절]).
→ 공통 레코드의 멤버는 함수 호출문의 인수 목록에서 제거한다.
❸ 데이터를 조작하는 로직들은 함수로 추출[6.1절]해서 새 클래스로 옮긴다.

예시

나는 차[tea]를 사랑하기로 소문난 영국에서 자랐다(개인적으로 영국에서 파는 차는 대부분 좋아하지 않지만 중국이나 일본 차는 좋아한다). 그래서 작가다운 상상력을 발휘하여 정부에서 차를 수돗물처럼 제공하는 예를 떠올려봤다. 사람들은 매달 차 계량기를 읽어서 측정값[reading]을 다음과 같이 기록한다고 하자.

```
reading = {customer: "ivan", quantity: 10, month: 5, year: 2017};
```

이런 레코드를 처리하는 코드를 훑어보니 이 데이터로 비슷한 연산을 수행하는 부분이 상당히 많았다. 그래서 기본요금을 계산하는 코드를 찾아봤다.

---

[*] `https://martinfowler.com/bliki/FunctionAsObject.html`

클라이언트 1...

```
const aReading = acquireReading();
const baseCharge = baseRate(aReading.month, aReading.year) * aReading.quantity;
```

필수품이라면 죄다 세금을 매기는 영국을 배경으로 하는 만큼 차에도 세금을 부과한다. 하지만 기본적인 차 소비량만큼은 면세가 되도록 했다.

클라이언트 2...

```
const aReading = acquireReading();
const base = (baseRate(aReading.month, aReading.year) * aReading.quantity);
const taxableCharge = Math.max(0, base - taxThreshold(aReading.year));
```

여기서도 기본요금 계산 공식이 똑같이 등장하는 것을 발견했다. 나와 성향이 같다면 곧바로 함수로 추출[6.1절]하려 시도할 것이다. 그런데 마침 이미 이렇게 처리해둔 코드를 발견했다.

클라이언트 3...

```
const aReading = acquireReading();
const basicChargeAmount = calculateBaseCharge(aReading);

function calculateBaseCharge(aReading) {    ◀── 기본 요금 계산 함수
  return baseRate(aReading.month, aReading.year) * aReading.quantity;
}
```

이런 코드를 보면 나는 본능적으로 앞의 두 클라이언트(클라이언트 1, 2)도 이 함수를 사용하도록 고치려고 한다. 하지만 이렇게 최상위 함수로 두면 못 보고 지나치기 쉽다는 문제가 있다. 나라면 이런 함수를 데이터 처리 코드 가까이에 둔다. 그러기 위한 좋은 방법으로, 데이터를 클래스로 만들 수 있다.

❶ 먼저 레코드를 클래스로 변환하기 위해 레코드를 캡슐화[7.1절]한다.

```
class Reading {
  constructor(data) {
    this._customer = data.customer;
    this._quantity = data.quantity;
    this._month = data.month;
    this._year = data.year;
  }
  get customer() {return this._customer;}
```

```
    get quantity() {return this._quantity;}
    get month()    {return this._month;}
    get year()     {return this._year;}
}
```

❷ 이미 만들어져 있는 calculateBaseCharge()부터 옮기자. 새 클래스를 사용하려면 데이터를 얻자마자 객체로 만들어야 한다.

■■■ 클라이언트 3...
```
const rawReading = acquireReading();
const aReading = new Reading(rawReading);
const basicChargeAmount = calculateBaseCharge(aReading);
```

그런 다음 calculateBaseCharge()를 새로 만든 클래스로 옮긴다(함수 옮기기[8.1절]).

■■■ Reading 클래스...
```
get calculateBaseCharge() {
  return baseRate(this.month, this.year) * this.quantity;
}
```

■■■ 클라이언트 3...
```
const rawReading = acquireReading();
const aReading = new Reading(rawReading);
const basicChargeAmount = aReading.calculateBaseCharge;
```

이 과정에서 메서드 이름을 원하는대로 바꾼다(함수 이름 바꾸기[6.5절]).

■■■ get baseCharge() {
```
  return baseRate(this.month, this.year) * this.quantity;
}
```

■■■ 클라이언트 3...
```
const rawReading = acquireReading();
const aReading = new Reading(rawReading);
const basicChargeAmount = aReading.baseCharge;
```

이렇게 이름을 바꾸고 나면 Reading 클래스의 클라이언트는 baseCharge가 필드인지, 계산된

6.9 여러 함수를 클래스로 묶기
Combine Functions into Class

Chapter 06 - 기본적인 리팩터링 **205**

값(함수 호출)인지 구분할 수 없다. 이는 단일 접근 원칙^{Uniform Access Principle}*을 따르므로 권장하는 방식이다.

이제 첫 번째 클라이언트에서 중복된 계산 코드를 고쳐 앞의 메서드를 호출하게 한다.

▬▬▬ 클라이언트 1...

```
const rawReading = acquireReading();
const aReading = new Reading(rawReading);
const baseCharge = aReading.baseCharge;
```

나는 이런 코드를 보면 baseCharge 변수를 인라인^{6.4절}하고 싶어진다. 하지만 이보다는 세금을 계산하는 클라이언트부터 인라인하는 일이 절실하다. 그래서 우선 새로 만든 기본요금 메서드를 사용하도록 수정한다.

▬▬▬ 클라이언트 2...

```
const rawReading = acquireReading();
const aReading = new Reading(rawReading);
const taxableCharge = Math.max(0, aReading.baseCharge - taxThreshold(aReading.year));
```

❸ 이어서 세금을 부과할 소비량을 계산하는 코드를 함수로 추출^{6.1절}한다.

▬▬▬

```
function taxableChargeFn(aReading) {
  return Math.max(0, aReading.baseCharge - taxThreshold(aReading.year));
}
```

▬▬▬ 클라이언트 3...

```
const rawReading = acquireReading();
const aReading = new Reading(rawReading);
const taxableCharge = taxableChargeFn(aReading);
```

그런 다음 방금 추출한 함수를 Reading 클래스로 옮긴다(함수 옮기기^{8.1절}).

▬▬▬ Reading 클래스...

```
get taxableCharge() {
  return Math.max(0, this.baseCharge - taxThreshold(this.year));
}
```

---

* *https://martinfowler.com/bliki/UniformAccessPrinciple.html*

```
const rawReading = acquireReading();
const aReading = new Reading(rawReading);
const taxableCharge = aReading.taxableCharge;
```

파생 데이터 모두를 필요한 시점에 계산되게 만들었으니 저장된 데이터를 갱신하더라도 문제가 생길 일이 없다. 나는 대체로 불변 데이터를 선호하지만 어쩔 수 없이 가변 데이터를 사용해야 할 때가 많다(가령 자바스크립트처럼 불변성을 염두에 두지 않고 설계된 언어라면 더욱 그렇다). 프로그램의 다른 부분에서 데이터를 갱신할 가능성이 꽤 있을 때는 클래스로 묶어두면 큰 도움이 된다.

6.10 여러 함수를 변환 함수로 묶기
Combine Functions into Transform

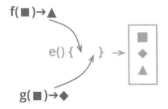

```
function base(aReading) {...}
function taxableCharge(aReading) {...}
```

▼

```
function enrichReading(argReading) {
  const aReading = _.cloneDeep(argReading);
  aReading.baseCharge = base(aReading);
  aReading.taxableCharge = taxableCharge(aReading);
  return aReading;
}
```

배경

소프트웨어는 데이터를 입력받아서 여러 가지 정보를 도출하곤 한다. 이렇게 도출된 정보는 여러 곳에서 사용될 수 있는데, 그러다 보면 이 정보가 사용되는 곳마다 같은 도출 로직이 반복되기도 한다. 나는 이런 도출 작업들을 한데로 모아두길 좋아한다. 모아두면 검색과 갱신을 일관된 장소에서 처리할 수 있고 로직 중복도 막을 수 있다.

이렇게 하기 위한 방법으로 변환 함수transform를 사용할 수 있다. 변환 함수는 원본 데이터를 입력받아서 필요한 정보를 모두 도출한 뒤, 각각을 출력 데이터의 필드에 넣어 반환한다. 이렇게 해두면 도출 과정을 검토할 일이 생겼을 때 변환 함수만 살펴보면 된다.

이 리팩터링 대신 여러 함수를 클래스로 묶기[6.9절]로 처리해도 된다. 둘 중 어느 것을 적용해도 좋으며, 나는 대체로 소프트웨어에 이미 반영된 프로그래밍 스타일을 따르는 편이다. 그런데 둘 사이에는 중요한 차이가 하나 있다. 원본 데이터가 코드 안에서 갱신될 때는 클래스로 묶는 편이 훨씬 낫다. 변환 함수로 묶으면 가공한 데이터를 새로운 레코드에 저장하므로, 원본 데이터가 수정되면 일관성이 깨질 수 있기 때문이다.

여러 함수를 한데 묶는 이유 하나는 도출 로직이 중복되는 것을 피하기 위해서다. 이 로직을 함수로 추출[6.1절]하는 것만으로도 같은 효과를 볼 수 있지만, 데이터 구조와 이를 사용하는 함수가 근처에 있지 않으면 함수를 발견하기 어려울 때가 많다. 변환 함수(또는 클래스)로 묶으면 이런 함수들을 쉽게 찾아 쓸 수 있다.

절차

❶ 변환할 레코드를 입력받아서 값을 그대로 반환하는 변환 함수를 만든다.
  → 이 작업은 대체로 깊은 복사로 처리해야 한다. 변환 함수가 원본 레코드를 바꾸지 않는지 검사하는 테스트를 마련해두면 도움될 때가 많다.

❷ 묶을 함수 중 함수 하나를 골라서 본문 코드를 변환 함수로 옮기고, 처리 결과를 레코드에 새 필드로 기록한다. 그런 다음 클라이언트 코드가 이 필드를 사용하도록 수정한다.
  → 로직이 복잡하면 함수 추출하기[6.1절]부터 한다.

❸ 테스트한다.

❹ 나머지 관련 함수도 위 과정에 따라 처리한다.

예시

내가 자란 영국에서는 일상에서 차[tea]가 차지하는 비중이 상당히 큰 나머지, 나는 서민에게 차를 수돗물처럼 제공하는 서비스를 상상하게 됐다. 이런 서비스가 있다면 매달 사용자가 마신 차의 양을 측정[reading]해야 한다.

```
reading = {customer: "ivan", quantity: 10, month: 5, year: 2017};
```

코드 곳곳에서 다양한 방식으로 차 소비량을 계산한다고 해보자. 그중 사용자에게 요금을 부과하기 위해 기본요금을 계산하는 코드도 있다.

```
클라이언트 1...
  const aReading = acquireReading();
  const baseCharge = baseRate(aReading.month, aReading.year) * aReading.quantity;
```

세금을 부과할 소비량을 계산하는 코드도 필요하다. 모든 시민이 차 세금을 일부 면제받을 수 있도록 정부가 사려깊게 설계하여 이 값은 기본 소비량보다 적다.

클라이언트 2...

```
const aReading = acquireReading();
const base = (baseRate(aReading.month, aReading.year) * aReading.quantity);
const taxableCharge = Math.max(0, base - taxThreshold(aReading.year));
```

이 코드에는 이와 같은 계산 코드가 여러 곳에 반복된다고 해보자. 중복 코드는 나중에 로직을 수정할 때 골치를 썩인다(장담하건대 반드시 수정할 일이 생긴다). 중복 코드라면 함수 추출하기[6.1절]로 처리할 수도 있지만, 추출한 함수들이 프로그램 곳곳에 흩어져서 나중에 프로그래머가 그런 함수가 있는지조차 모르게 될 가능성이 있다. 실제로도 다른 곳에서 함수로 만들어둔 것을 발견했다.

클라이언트 3...

```
const aReading = acquireReading();
const basicChargeAmount = calculateBaseCharge(aReading);

function calculateBaseCharge(aReading) {    ◀── 다른 곳에서 이미 함수로 만들어둠
  return baseRate(aReading.month, aReading.year) * aReading.quantity;
}
```

이를 해결하는 방법으로, 다양한 파생 정보 계산 로직을 모두 하나의 변환 단계로 모을 수 있다. 변환 단계에서 미가공 측정값을 입력받아서 다양한 가공 정보를 덧붙여 반환하는 것이다.

❶ 우선 입력 객체를 그대로 복사해 반환하는 변환 함수를 만든다.

```
function enrichReading(original) {
    const result = _.cloneDeep(original);
    return result;
}
```

깊은 복사는 lodash 라이브러리가 제공하는 **cloneDeep()**로 처리했다.

☼ 참고로 나는 본질은 같고 부가 정보만 덧붙이는 변환 함수의 이름을 "enrich"라 하고, 형태가 변할 때만 "transform"이라는 이름을 쓴다.

---

❷ 이제 변경하려는 계산 로직 중 하나를 고른다. 먼저 이 계산 로직에 측정값을 전달하기 전에 부가 정보를 덧붙이도록 수정한다.

━━━ 클라이언트 3...
```
const rawReading = acquireReading();    ◀── 미가공 측정값
const aReading = enrichReading(rawReading);
const basicChargeAmount = calculateBaseCharge(aReading);
```

calculateBaseCharge()를 부가 정보를 덧붙이는 코드 근처로 옮긴다(함수 옮기기[8.1절]).

━━━
```
function enrichReading(original) {
  const result = _.cloneDeep(original);
  result.baseCharge = calculateBaseCharge(result);    ◀── 미가공 측정값에 기본 소비량을
  return result;                                            부가 정보로 덧붙임
}
```

변환 함수 안에서는 결과 객체를 매번 복제할 필요 없이 마음껏 변경해도 된다. 나는 불변 데이터를 선호하지만 널리 사용되는 언어는 대부분 불변 데이터를 다루기 어렵게 돼 있다. 데이터가 모듈 경계를 넘나든다면 어려움을 기꺼이 감내하며 불변으로 만들어 사용하겠지만, 데이터의 유효범위가 좁을 때는 마음껏 변경한다. 또한 나는 변환 함수로 옮기기 쉬운 이름을 붙인다(여기서는 보강된 값을 담는 변수의 이름을 aReading이라고 지었다).

이어서 이 함수를 사용하던 클라이언트가 부가 정보를 담은 필드를 사용하도록 수정한다.

━━━ 클라이언트 3...
```
const rawReading = acquireReading();
const aReading = enrichReading(rawReading);
const basicChargeAmount = aReading.baseCharge;
```

calculateBaseCharge()를 호출하는 코드를 모두 수정했다면, 이 함수를 enrichReading() 안에 중첩시킬 수 있다. 그러면 '기본요금을 이용하는 클라이언트는 변환된 레코드를 사용해야 한다'는 의도를 명확히 표현할 수 있다.

여기서 주의할 점이 있다. enrichReading()처럼 정보를 추가해 반환할 때 원본 측정값 레코드는 변경하지 않아야 한다는 것이다. 따라서 이를 확인하는 테스트를 작성해두는 것이 좋다.

```
it('check reading unchanged', function() {
    const baseReading = {customer: "ivan", quantity: 15, month: 5, year: 2017};
    const oracle = _.cloneDeep(baseReading);
    enrichReading(baseReading);
    assert.deepEqual(baseReading, oracle);
});
```

그런 다음 클라이언트 1도 이 필드를 사용하도록 수정한다.

클라이언트 1...

```
const rawReading = acquireReading();
const aReading = enrichReading(rawReading);
const baseCharge = aReading.baseCharge;
```

이때 baseCharge 변수도 인라인[6.4절]하면 좋다.

❹ 이제 세금을 부과할 소비량 계산으로 넘어가자. 가장 먼저 변환 함수부터 끼워 넣는다.

```
const rawReading = acquireReading();
const aReading = enrichReading(rawReading);
const base = (baseRate(aReading.month, aReading.year) * aReading.quantity);
const taxableCharge = Math.max(0, base - taxThreshold(aReading.year));
```

여기서 기본요금을 계산하는 부분을 앞에서 새로 만든 필드로 교체할 수 있다. 계산이 복잡하다면 함수 추출하기[6.1절]부터 하겠으나, 여기서는 복잡하지 않으니 한 번에 처리하겠다.

```
const rawReading = acquireReading();
const aReading = enrichReading(rawReading);
const base = aReading.baseCharge;
const taxableCharge = Math.max(0, base - taxThreshold(aReading.year));
```

테스트해서 문제가 없다면 base 변수를 인라인[6.4절]한다.

```
const rawReading = acquireReading();
const aReading = enrichReading(rawReading);
const taxableCharge = Math.max(0, aReading.baseCharge - taxThreshold(aReading.year));
```

그런 다음 계산 코드를 변환 함수로 옮긴다.

```
function enrichReading(original) {
    const result = _.cloneDeep(original);
    result.baseCharge = calculateBaseCharge(result);
    result.taxableCharge = Math.max(0, result.baseCharge - taxThreshold(result.year));
    return result;
}
```

이제 새로 만든 필드를 사용하도록 원본 코드를 수정한다.

```
const rawReading = acquireReading();
const aReading = enrichReading(rawReading);
const taxableCharge = aReading.taxableCharge;
```

테스트에 성공하면 taxableCharge 변수를 인라인[6.4절]한다.

측정값에 부가 정보를 추가하는 지금 방식에서 클라이언트가 데이터를 변경하면 심각한 문제가 생길 수 있다. 예컨대 사용량 필드를 변경하면 데이터의 일관성이 깨진다. 내 생각에 자바스크립트에서 이 문제를 방지하기 가장 좋은 방법은 여러 함수를 클래스로 묶기[6.9절]다. 불변 데이터 구조를 지원하는 언어라면 이런 문제가 생길 일이 없다. 따라서 이런 언어로 프로그래밍할 때는 (그렇지 않은 언어를 쓸 때보다) 여러 함수를 변환 함수로 묶기[6.10절]를 사용하는 비중이 높아진다. 하지만 불변성을 제공하지 않는 언어라도, 웹 페이지에 출력할 부가 데이터를 도출할 때처럼 데이터가 읽기전용 문맥에서 사용될 때는 변환 방식을 활용할 수 있다.

6.11 단계 쪼개기

Split Phase

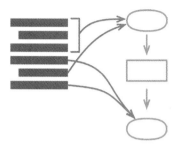

```
const orderData = orderString.split(/\s+/);
const productPrice = priceList[orderData[0].split("-")[1]];
const orderPrice = parseInt(orderData[1]) * productPrice;
```

▼

```
const orderRecord = parseOrder(order);
const orderPrice = price(orderRecord, priceList);

function parseOrder(aString) {
  const values = aString.split(/\s+/);
  return ({
    productID: values[0].split("-")[1],
    quantity: parseInt(values[1]),
  });
}
function price(order, priceList) {
  return order.quantity * priceList[order.productID];
}
```

배경

나는 서로 다른 두 대상을 한꺼번에 다루는 코드를 발견하면 각각을 별개 모듈로 나누는 방법을 모색한다. 코드를 수정해야 할 때 두 대상을 동시에 생각할 필요 없이 하나에만 집중하기 위해서다. 모듈이 잘 분리되어 있다면 다른 모듈의 상세 내용은 전혀 기억하지 못해도 원하는 대로 수정을 끝마칠 수도 있다.

이렇게 분리하는 가장 간편한 방법 하나는 동작을 연이은 두 단계로 쪼개는 것이다. 입력이 처리 로직에 적합하지 않은 형태로 들어오는 경우를 예로 생각해보자. 이럴 때는 본 작업에 들어가기 전에 입력값을 다루기 편한 형태로 가공한다. 아니면 로직을 순차적인 단계들로 분리해도 된다. 이때 각 단계는 서로 확연히 다른 일을 수행해야 한다.

가장 대표적인 예는 컴파일러다. 컴파일러는 기본적으로 어떤 텍스트(프로그래밍 언어로 작성된 코드)를 입력받아서 실행 가능한 형태(예컨대 특정 하드웨어에 맞는 목적 코드$^{object\ code}$)로 변환한다. 컴파일러의 역사가 오래되다 보니 사람들은 컴파일 작업을 여러 단계가 순차적으로 연결된 형태로 분리하면 좋다는 사실을 깨달았다. 즉, 텍스트를 토큰화하고, 토큰을 파싱해서 구문 트리를 만들고, (최적화 등) 구문 트리를 변환하는 다양한 단계를 거친 다음, 마지막으로 목적 코드를 생성하는 식이다. 각 단계는 자신만의 문제에 집중하기 때문에 나머지 단계에 관해서는 자세히 몰라도 이해할 수 있다.

이렇게 단계를 쪼개는 기법은 주로 덩치 큰 소프트웨어에 적용된다. 가령 컴파일러의 매 단계는 다수의 함수와 클래스로 구성된다. 하지만 나는 규모에 관계없이 여러 단계로 분리하면 좋을만한 코드를 발견할 때마다 기본적인 단계 쪼개기 리팩터링을 한다. 다른 단계로 볼 수 있는 코드 영역들이 마침 서로 다른 데이터와 함수를 사용한다면 단계 쪼개기에 적합하다는 뜻이다. 이 코드 영역들을 별도 모듈로 분리하면 그 차이를 코드에서 훨씬 분명하게 드러낼 수 있다.

절차

❶ 두 번째 단계에 해당하는 코드를 독립 함수로 추출한다.

❷ 테스트한다.

❸ 중간 데이터 구조를 만들어서 앞에서 추출한 함수의 인수로 추가한다.

❹ 테스트한다.

❺ 추출한 두 번째 단계 함수의 매개변수를 하나씩 검토한다. 그중 첫 번째 단계에서 사용되는 것은 중간 데이터 구조로 옮긴다. 하나씩 옮길 때마다 테스트한다.

　→ 간혹 두 번째 단계에서 사용하면 안 되는 매개변수가 있다. 이럴 때는 각 매개변수를 사용한 결과를 중간 데이터 구조의 필드로 추출하고, 이 필드의 값을 설정하는 문장을 호출한 곳으로 옮긴다$^{8.4절}$.

❻ 첫 번째 단계 코드를 함수로 추출$^{6.1절}$하면서 중간 데이터 구조를 반환하도록 만든다.

　→ 이때 첫 번째 단계를 변환기^{transformer} 객체로 추출해도 좋다.

예시

상품의 결제 금액을 계산하는 코드로 시작해보자.

```
function priceOrder(product, quantity, shippingMethod) {
    const basePrice = product.basePrice * quantity;
    const discount = Math.max(quantity - product.discountThreshold, 0)
            * product.basePrice * product.discountRate;
    const shippingPerCase = (basePrice > shippingMethod.discountThreshold)
            ? shippingMethod.discountedFee : shippingMethod.feePerCase;
    const shippingCost = quantity * shippingPerCase;
    const price = basePrice - discount + shippingCost;
    return price;
}
```

간단한 예지만, 가만 보면 계산이 두 단계로 이뤄짐을 알 수 있다. 앞의 몇 줄은 상품 정보를 이용해서 결제 금액 중 상품 가격을 계산한다. 반면 뒤의 코드는 배송 정보를 이용하여 결제 금액 중 배송비를 계산한다. 나중에 상품 가격과 배송비 계산을 더 복잡하게 만드는 변경이 생긴다면 (비교적 서로 독립적으로 처리할 수 있으므로) 이 코드는 두 단계로 나누는 것이 좋다.

❶ 먼저 배송비 계산 부분을 함수로 추출[6.1절]한다.

```
function priceOrder(product, quantity, shippingMethod) {
    const basePrice = product.basePrice * quantity;
    const discount = Math.max(quantity - product.discountThreshold, 0)
            * product.basePrice * product.discountRate;
    const price = applyShipping(basePrice, shippingMethod, quantity, discount);
    return price;
}
                    ┌── 두 번째 단계를 처리하는 함수
                    ▽
function applyShipping(basePrice, shippingMethod, quantity, discount) {
    const shippingPerCase = (basePrice > shippingMethod.discountThreshold)
            ? shippingMethod.discountedFee : shippingMethod.feePerCase;
    const shippingCost = quantity * shippingPerCase;
    const price = basePrice - discount + shippingCost;
    return price;
}
```

두 번째 단계에 필요한 데이터를 모두 개별 매개변수로 전달했다. 실전에서는 이런 데이터가 상당히 많을 수 있는데, 어차피 나중에 걸러내기 때문에 걱정할 필요 없다.

❸ 다음으로 첫 번째 단계와 두 번째 단계가 주고받을 중간 데이터 구조를 만든다.

```
function priceOrder(product, quantity, shippingMethod) {
    const basePrice = product.basePrice * quantity;
    const discount = Math.max(quantity - product.discountThreshold, 0)
            * product.basePrice * product.discountRate;
    const priceData = {};    ◀─── 중간 데이터 구조
    const price = applyShipping(priceData, basePrice, shippingMethod, quantity, discount);
    return price;
}


function applyShipping(priceData, basePrice, shippingMethod, quantity, discount) {
    const shippingPerCase = (basePrice > shippingMethod.discountThreshold)
            ? shippingMethod.discountedFee : shippingMethod.feePerCase;
    const shippingCost = quantity * shippingPerCase;
    const price = basePrice - discount + shippingCost;
    return price;
}
```

❺ 이제 applyShipping()에 전달되는 다양한 매개변수를 살펴보자. 이중 basePrice는 첫 번째 단계를 수행하는 코드에서 생성된다. 따라서 중간 데이터 구조로 옮기고 매개변수 목록에서 제거한다.

```
function priceOrder(product, quantity, shippingMethod) {
    const basePrice = product.basePrice * quantity;
    const discount = Math.max(quantity - product.discountThreshold, 0)
            * product.basePrice * product.discountRate;
    const priceData = {basePrice: basePrice};
    const price = applyShipping(priceData, basePrice, shippingMethod, quantity, discount);
    return price;
}


function applyShipping(priceData, basePrice, shippingMethod, quantity, discount)
{
    const shippingPerCase = (priceData.basePrice > shippingMethod.discountThreshold)
            ? shippingMethod.discountedFee : shippingMethod.feePerCase;
    const shippingCost = quantity * shippingPerCase;
    const price = priceData.basePrice - discount + shippingCost;
    return price;
}
```

다음으로 shippingMethod를 보자. 이 매개변수는 첫 번째 단계에서는 사용하지 않으니 그대로 둔다.

그다음 나오는 quantity는 첫 번째 단계에서 사용하지만 거기서 생성된 것은 아니다. 그래서 그냥 매개변수로 놔둬도 된다. 하지만 나는 최대한 중간 데이터 구조에 담는 걸 선호하기 때문에 이 매개변수도 옮긴다.

```
function priceOrder(product, quantity, shippingMethod) {
    const basePrice = product.basePrice * quantity;
    const discount = Math.max(quantity - product.discountThreshold, 0)
            * product.basePrice * product.discountRate;
    const priceData = {basePrice: basePrice, quantity: quantity};
    const price = applyShipping(priceData, shippingMethod, quantity, discount);
    return price;
}

function applyShipping(priceData, shippingMethod, quantity, discount) {
    const shippingPerCase = (priceData.basePrice > shippingMethod.discountThreshold)
            ? shippingMethod.discountedFee : shippingMethod.feePerCase;
    const shippingCost = priceData.quantity * shippingPerCase;
    const price = priceData.basePrice - discount + shippingCost;
    return price;
}
```

discount도 같은 방법으로 처리한다.

```
function priceOrder(product, quantity, shippingMethod) {
    const basePrice = product.basePrice * quantity;
    const discount = Math.max(quantity - product.discountThreshold, 0)
            * product.basePrice * product.discountRate;
    const priceData = {basePrice: basePrice, quantity: quantity, discount:discount};
    const price = applyShipping(priceData, shippingMethod, discount);
    return price;
}

function applyShipping(priceData, shippingMethod, discount) {
    const shippingPerCase = (priceData.basePrice > shippingMethod.discountThreshold)
            ? shippingMethod.discountedFee : shippingMethod.feePerCase;
    const shippingCost = priceData.quantity * shippingPerCase;
```

```
        const price = priceData.basePrice - priceData.discount + shippingCost;
        return price;
    }
```

매개변수들을 모두 처리하면 중간 데이터 구조가 완성된다. ❻ 이제 첫 번째 단계 코드를 함수로 추출하고 이 데이터 구조를 반환하게 한다.

```
function priceOrder(product, quantity, shippingMethod) {
    const priceData = calculatePricingData(product, quantity);
    const price = applyShipping(priceData, shippingMethod);
    return price;
}

function calculatePricingData(product, quantity) {     ◁── 첫 번째 단계를 처리하는 함수
    const basePrice = product.basePrice * quantity;
    const discount = Math.max(quantity - product.discountThreshold, 0)
            * product.basePrice * product.discountRate;
    return {basePrice: basePrice, quantity: quantity, discount:discount};
}

function applyShipping(priceData, shippingMethod) {     ◁── 두 번째 단계를 처리하는 함수
    const shippingPerCase = (priceData.basePrice > shippingMethod.discountThreshold)
            ? shippingMethod.discountedFee : shippingMethod.feePerCase;
    const shippingCost = priceData.quantity * shippingPerCase;
    const price = priceData.basePrice - priceData.discount + shippingCost;
    return price;
}
```

나는 최종 결과를 담은 상수들(price)도 깔끔하게 정리해야 속이 시원하다.

```
function priceOrder(product, quantity, shippingMethod) {
    const priceData = calculatePricingData(product, quantity);
    return applyShipping(priceData, shippingMethod);
}

function calculatePricingData(product, quantity) {
    const basePrice = product.basePrice * quantity;
    const discount = Math.max(quantity - product.discountThreshold, 0)
            * product.basePrice * product.discountRate;
    return {basePrice: basePrice, quantity: quantity, discount:discount};
```

```
    }

    function applyShipping(priceData, shippingMethod) {
      const shippingPerCase = (priceData.basePrice > shippingMethod.discountThreshold)
              ? shippingMethod.discountedFee : shippingMethod.feePerCase;
      const shippingCost = priceData.quantity * shippingPerCase;
      return priceData.basePrice - priceData.discount + shippingCost;
    }
```

예시: 명령줄 프로그램 쪼개기(자바)

JSON 파일에 담긴 주문의 개수를 세는 자바 프로그램을 살펴보자.

```
public static void main(String[] args) {
    try {
      if (args.length == 0) throw new RuntimeException("파일명을 입력하세요.");
      String filename = args[args.length - 1];
      File input = Paths.get(filename).toFile();
      ObjectMapper mapper = new ObjectMapper();
      Order[] orders = mapper.readValue(input, Order[].class);
      if (Stream.of(args).anyMatch(arg -> "-r".equals(arg)))
        System.out.println(Stream.of(orders)
                                  .filter(o -> "ready".equals(o.status))
                                  .count());
      else
        System.out.println(orders.length);
    } catch (Exception e) {
      System.err.println(e);
      System.exit(1);
    }
  }
```

이 프로그램은 명령줄에서 실행할 때 주문이 담긴 파일 이름을 인수로 받는다. 이때 옵션인 -r
플래그를 지정하면 "ready" 상태인 주문만 센다.

이 코드는 두 가지 일을 한다. 하나는 주문 목록을 읽어서 개수를 세고, 다른 하나는 명령줄 인수를 담은 배열을 읽어서 프로그램의 동작을 결정한다. 따라서 단계 쪼개기 리팩터링의 대상으로 적합하다. 첫 번째 단계는 명령줄 인수의 구문을 분석해서 의미를 추출한다. 두 번째 단계는 이렇게 추출된 정보를 이용하여 데이터를 적절히 가공한다. 이렇게 분리해두면, 프로그램에서 지정할 수 있는 옵션이나 스위치가 늘어나더라도 코드를 수정하기 쉽다.

그런데 단계 쪼개기와 상관없는 작업부터 할 것이다. 리팩터링할 때는 테스트를 작성하고 자주 수행해야 하지만, 자바로 작성된 명령줄 프로그램은 테스트하기가 고통스럽다. 매번 JVM을 구동해야 하는데 그 과정이 느리고 복잡하기 때문이다. 특히 메이븐^{Maven}의 단점을 싫어한다면 고통이 배가된다. 이 문제를 개선하려면 일반적인 JUnit 호출로 자바 프로세스 하나에서 테스트할 수 있는 상태로 만들면 된다. 이를 위해 먼저 핵심 작업을 수행하는 코드 전부를 함수로 추출^{6.1절}한다.

```java
public static void main(String[] args) {
    try {
        run(args);
    } catch (Exception e) {
        System.err.println(e);
        System.exit(1);
    }
}

static void run(String[] args) throws IOException {
    if (args.length == 0) throw new RuntimeException("파일명을 입력하세요.");
    String filename = args[args.length - 1];
    File input = Paths.get(filename).toFile();
    ObjectMapper mapper = new ObjectMapper();
    Order[] orders = mapper.readValue(input, Order[].class);
```

* *https://github.com/FasterXML/jackson*

```
        if (Stream.of(args).anyMatch(arg -> "-r".equals(arg)))
          System.out.println(Stream.of(orders)
                                      .filter(o -> "ready".equals(o.status))
                                      .count());
        else
          System.out.println(orders.length);
      }
```

run() 메서드를 테스트 코드에서 쉽게 호출할 수 있도록 접근 범위를 패키지로 설정했다. 이로써 이 메서드를 자바 프로세스 안에서 호출할 수 있지만, 결과를 받아보려면 표준 출력으로 보내는 방식을 수정해야 한다. 이 문제는 System.out을 호출하는 문장을 호출한 곳으로 옮겨[8.4절] 해결한다.

```
public static void main(String[] args) {
    try {
      System.out.println(run(args));
    } catch (Exception e) {
      System.err.println(e);
      System.exit(1);
    }
}

static long run(String[] args) throws IOException {
    if (args.length == 0) throw new RuntimeException("파일명을 입력하세요.");
    String filename = args[args.length - 1];
    File input = Paths.get(filename).toFile();
    ObjectMapper mapper = new ObjectMapper();
    Order[] orders = mapper.readValue(input, Order[].class);
    if (Stream.of(args).anyMatch(arg -> "-r".equals(arg)))
      return Stream.of(orders).filter(o -> "ready".equals(o.status)).count();
    else
      return orders.length;
}
```

이렇게 하면 기존 동작을 망치지 않으면서 run() 메서드를 검사하는 JUnit 테스트를 작성할 수 있다. 이로써 명령줄에서 매번 자바 프로세스를 새로 띄울 때보다 훨씬 빨라졌다. 지금까지의 단계는 리팩터링 시 중요하다. 테스트가 느리거나 불편하면 리팩터링 속도가 느려지고 오류가 생길 가능성도 커진다. 따라서 먼저 테스트를 쉽게 수행할 수 있도록 수정한 다음에 리팩터링하는 게 좋다.

이번 예에서는 명령줄 호출과 표준 출력에 쓰는 느리고 불편한 작업과 자주 테스트해야 할 복잡한 동작을 분리함으로써 테스트를 더 쉽게 수행하게 만들었다. 이 원칙을 흔히 험블 객체 패턴^{Humble Object Pattern}*이라 한다. 단, 여기서는 객체가 아니라 main() 메서드에 적용했다. main()에 담긴 로직을 최대한 간소하게 만들어서 문제가 생길 여지가 줄인 것이다.

이제 단계를 쪼갤 준비가 끝났다. ❶ 가장 먼저 할 일은 두 번째 단계에 해당하는 코드를 독립된 메서드로 추출하는 것이다. 그래서 다음과 같이 수정한다.

```java
static long run(String[] args) throws IOException {
    if (args.length == 0) throw new RuntimeException("파일명을 입력하세요.");
    String filename = args[args.length - 1];
    return countOrders(args, filename);
}

private static long countOrders(String[] args, String filename) throws IOException {
    File input = Paths.get(filename).toFile();
    ObjectMapper mapper = new ObjectMapper();
    Order[] orders = mapper.readValue(input, Order[].class);
    if (Stream.of(args).anyMatch(arg -> "-r".equals(arg)))
        return Stream.of(orders).filter(o -> "ready".equals(o.status)).count();
    else
        return orders.length;
}
```

❸ 다음으로 중간 데이터 구조를 추가한다. 레코드는 단순한 게 좋은데, 자바이므로 클래스로 구현한다.

```java
static long run(String[] args) throws IOException {
    if (args.length == 0) throw new RuntimeException("파일명을 입력하세요.");
    CommandLine commandLine = new CommandLine();
    String filename = args[args.length - 1];
    return countOrders(commandLine, args, filename);
}

private static long countOrders(CommandLine commandLine, String[] args, String filename)
```

* *https://martinfowler.com/books/meszaros.html*

Chapter 06 - 기본적인 리팩터링 **223**

```
        throws IOException {
    File input = Paths.get(filename).toFile();
    ObjectMapper mapper = new ObjectMapper();
    Order[] orders = mapper.readValue(input, Order[].class);
    if (Stream.of(args).anyMatch(arg -> "-r".equals(arg)))
      return Stream.of(orders).filter(o -> "ready".equals(o.status)).count();
    else
      return orders.length;
  }

  private static class CommandLine {}
```

❺ 이제 두 번째 단계 메서드인 countOrders()로 전달되는 다른 인수들을 살펴본다. args부터 보자. args는 첫 번째 단계에서 사용하는데, 이를 두 번째 단계에까지 노출하는 건 적절치 않다. 지금 단계를 쪼개는 목적이 args를 사용하는 부분을 모두 첫 번째 단계로 분리하는 것이기 때문이다.

args를 처리하기 위해 가장 먼저 할 일은 이 값을 사용하는 부분을 찾아서 그 결과를 추출하는 것이다. 여기서는 단 한 번, 개수를 세는 코드가 "ready" 상태인 주문만 세는지 확인하는 데 사용하므로 이 조건식을 변수로 추출[6.3절]한다.

```
static long run(String[] args) throws IOException {
    if (args.length == 0) throw new RuntimeException("파일명을 입력하세요.");
    CommandLine commandLine = new CommandLine();
    String filename = args[args.length - 1];
    return countOrders(commandLine, args, filename);
  }

  private static long countOrders(CommandLine commandLine, String[] args, String filename)
        throws IOException {
    File input = Paths.get(filename).toFile();
    ObjectMapper mapper = new ObjectMapper();
    Order[] orders = mapper.readValue(input, Order[].class);
    boolean onlyCountReady = Stream.of(args).anyMatch(arg -> "-r".equals(arg));
    if (onlyCountReady)
      return Stream.of(orders).filter(o -> "ready".equals(o.status)).count();
    else
      return orders.length;
  }
```

```
private static class CommandLine {}
```

그런 다음 이 값을 중간 데이터 구조로 옮긴다.

```
static long run(String[] args) throws IOException {
    if (args.length == 0) throw new RuntimeException("파일명을 입력하세요.");
    CommandLine commandLine = new CommandLine();
    String filename = args[args.length - 1];
    return countOrders(commandLine, args, filename);
}

private static long countOrders(CommandLine commandLine, String[] args, String filename)
        throws IOException {
    File input = Paths.get(filename).toFile();
    ObjectMapper mapper = new ObjectMapper();
    Order[] orders = mapper.readValue(input, Order[].class);
    commandLine.onlyCountReady = Stream.of(args).anyMatch(arg -> "-r".equals(arg));
    if (commandLine.onlyCountReady)
        return Stream.of(orders).filter(o -> "ready".equals(o.status)).count();
    else
        return orders.length;
}

private static class CommandLine {
    boolean onlyCountReady;
}
```

여기서는 **CommandLine**에 public 필드로 두는 방식을 택했다. 평소에는 꺼리는 방식이지만 이 예에서는 사용되는 범위가 좁기 때문에 문제가 없다.

다음으로 **onlyCountReady**에 값을 설정하는 문장을 호출한 곳으로 옮긴다[8.4절].

```
static long run(String[] args) throws IOException {
    if (args.length == 0) throw new RuntimeException("파일명을 입력하세요.");
    CommandLine commandLine = new CommandLine();
    String filename = args[args.length - 1];
    commandLine.onlyCountReady = Stream.of(args).anyMatch(arg -> "-r".equals(arg));
    return countOrders(commandLine, args, filename);
}
```

```java
  private static long countOrders(CommandLine commandLine, String[] args, String filename)
        throws IOException {
    File input = Paths.get(filename).toFile();
    ObjectMapper mapper = new ObjectMapper();
    Order[] orders = mapper.readValue(input, Order[].class);
    if (commandLine.onlyCountReady)
      return Stream.of(orders).filter(o -> "ready".equals(o.status)).count();
    else
      return orders.length;
  }

  private static class CommandLine {
    boolean onlyCountReady;
  }
```

이어서 filename 매개변수를 중간 데이터 구조인 CommandLine 객체로 옮긴다.

```java
  static long run(String[] args) throws IOException {
    if (args.length == 0) throw new RuntimeException("파일명을 입력하세요.");
    CommandLine commandLine = new CommandLine();
    commandLine.filename = args[args.length - 1];
    commandLine.onlyCountReady = Stream.of(args).anyMatch(arg -> "-r".equals(arg));
    return countOrders(commandLine, filename);
  }

  private static long countOrders(CommandLine commandLine, String filename)
        throws IOException {
    File input = Paths.get(commandLine.filename).toFile();
    ObjectMapper mapper = new ObjectMapper();
    Order[] orders = mapper.readValue(input, Order[].class);
    if (commandLine.onlyCountReady)
      return Stream.of(orders).filter(o -> "ready".equals(o.status)).count();
    else
      return orders.length;
  }

  private static class CommandLine {
    boolean onlyCountReady;
    String filename;
  }
```

매개변수 처리가 다 끝났다. ❻ 이제 첫 번째 단계의 코드를 메서드로 추출한다.

```java
static long run(String[] args) throws IOException {
    CommandLine commandLine = parseCommandLine(args);
    return countOrders(commandLine);
}

private static CommandLine parseCommandLine(String[] args) {
    if (args.length == 0) throw new RuntimeException("파일명을 입력하세요.");
    CommandLine commandLine = new CommandLine();
    commandLine.filename = args[args.length - 1];
    commandLine.onlyCountReady = Stream.of(args).anyMatch(arg -> "-r".equals(arg));
    return commandLine;
}

private static long countOrders(CommandLine commandLine) throws IOException {
    File input = Paths.get(commandLine.filename).toFile();
    ObjectMapper mapper = new ObjectMapper();
    Order[] orders = mapper.readValue(input, Order[].class);
    if (commandLine.onlyCountReady)
        return Stream.of(orders).filter(o -> "ready".equals(o.status)).count();
    else
        return orders.length;
}

private static class CommandLine {
    boolean onlyCountReady;
    String filename;
}
```

단계 쪼개기 리팩터링의 핵심은 이 정도로 끝났다. 그런데 나라면 이름 바꾸기와 인라인하기로 조금 더 정리해야 직성이 풀린다.

```java
static long run(String[] args) throws IOException {
    return countOrders(parseCommandLine(args));
}

private static CommandLine parseCommandLine(String[] args) {
    if (args.length == 0) throw new RuntimeException("파일명을 입력하세요.");
    CommandLine result = new CommandLine();
```

```
        result.filename = args[args.length - 1];
        result.onlyCountReady = Stream.of(args).anyMatch(arg -> "-r".equals(arg));
        return result;
    }

    private static long countOrders(CommandLine commandLine) throws IOException {
        File input = Paths.get(commandLine.filename).toFile();
        ObjectMapper mapper = new ObjectMapper();
        Order[] orders = mapper.readValue(input, Order[].class);
        if (commandLine.onlyCountReady)
            return Stream.of(orders).filter(o -> "ready".equals(o.status)).count();
        else
            return orders.length;
    }

    private static class CommandLine {
        boolean onlyCountReady;
        String filename;
    }
```

이제 두 단계가 명확하게 분리됐다. `parseCommandLine()`은 오로지 명령줄 관련 작업만 처리
하고, `countOrders()`는 실제로 처리할 작업만 수행한다. 이제 두 메서드를 독립적으로 테스트
하기 쉬워졌다. 여기서 로직이 더 복잡해진다면 아마도 `parseCommandLine()`을 더 전문화된
라이브러리로 대체할 것이다.

예시: 첫 번째 단계에 변환기 사용하기(자바)

앞의 명령줄 예시에서는 첫 번째 단계에서 간단한 데이터 구조를 만들어서 두 번째 단계로 전
달했다. 이렇게 하지 않고 명령줄 인수를 담은 문자열 배열을 두 번째 단계에 적합한 인터페이
스로 바꿔주는 변환기transformer 객체를 만들어도 된다.

이 방식을 설명하기 위해 앞 예시에서 두 번째 단계에 데이터를 전달할 `CommandLine` 객체를
생성하는 부분으로 돌아가보자.

```
static long run(String[] args) throws IOException {
    if (args.length == 0) throw new RuntimeException("파일명을 입력하세요.");
    CommandLine commandLine = new CommandLine();
    String filename = args[args.length - 1];
```

```
        return countOrders(commandLine, args, filename);
    }

    private static long countOrders(CommandLine commandLine, String[] args, String filename)
            throws IOException {
      File input = Paths.get(filename).toFile();
      ObjectMapper mapper = new ObjectMapper();
      Order[] orders = mapper.readValue(input, Order[].class);
      if (Stream.of(args).anyMatch(arg -> "-r".equals(arg)))
        return Stream.of(orders).filter(o -> "ready".equals(o.status)).count();
      else
        return orders.length;
    }

    private static class CommandLine {}
```

앞 예시에서는 동작을 포함할 수 있는 객체 대신 레코드 구조를 만들었기 때문에, 내부 클래스를 만들고 나중에 public 데이터 멤버로 채웠다. 하지만 다음과 같이 동작까지 포함하는 최상위 클래스로 빼내는 방법도 있다.

—— App 클래스...

```
    static long run(String[] args) throws IOException {
      if (args.length == 0) throw new RuntimeException("파일명을 입력하세요.");
      CommandLine commandLine = new CommandLine();
      String filename = args[args.length - 1];
      return countOrders(commandLine, args, filename);
    }

    private static long countOrders(CommandLine commandLine, String[] args, String filename)
            throws IOException {
      File input = Paths.get(filename).toFile();
      ObjectMapper mapper = new ObjectMapper();
      Order[] orders = mapper.readValue(input, Order[].class);
      if (Stream.of(args).anyMatch(arg -> "-r".equals(arg)))
        return Stream.of(orders).filter(o -> "ready".equals(o.status)).count();
      else
        return orders.length;
    }
```

━━━ CommandLine 클래스...

```
public class CommandLine {
  String[] args;

  public CommandLine(String[] args) {
    this.args = args;
  }
}
```

이 클래스는 생성자에서 인수 배열을 받아서 첫 단계 로직이 할 일을 수행한다. 즉, 입력받은 데이터를 두 번째 단계에 맞게 변환하는 메서드들을 제공할 것이다.

처리 과정을 확실히 이해하기 위해 countOrders()의 인수를 뒤에서부터 살펴보자. 먼저 filename이다. 이 인수에는 임시 변수를 질의 함수로 바꾸기[7.4절]를 적용한다.

━━━ App 클래스...

```
static long run(String[] args) throws IOException {
  if (args.length == 0) throw new RuntimeException("파일명을 입력하세요.");
  CommandLine commandLine = new CommandLine(args);
  return countOrders(commandLine, args, filename(args));
}

private static String filename(String[] args) {
  return args[args.length - 1];
}

private static long countOrders(CommandLine commandLine, String[] args, String filename)
      throws IOException {
  File input = Paths.get(filename).toFile();
  ObjectMapper mapper = new ObjectMapper();
  Order[] orders = mapper.readValue(input, Order[].class);
  if (Stream.of(args).anyMatch(arg -> "-r".equals(arg)))
    return Stream.of(orders).filter(o -> "ready".equals(o.status)).count();
  else
    return orders.length;
}
```

바로 이어서 이 질의 메서드를 CommandLine 클래스로 옮긴다(함수 옮기기[8.1절]).

— App 클래스...

```
static long run(String[] args) throws IOException {
  if (args.length == 0) throw new RuntimeException("파일명을 입력하세요.");
  CommandLine commandLine = new CommandLine(args);
  return countOrders(commandLine, args, commandLine.filename());
}

private static long countOrders(CommandLine commandLine, String[] args, String filename)
      throws IOException {
  File input = Paths.get(filename).toFile();
  ObjectMapper mapper = new ObjectMapper();
  Order[] orders = mapper.readValue(input, Order[].class);
  if (Stream.of(args).anyMatch(arg -> "-r".equals(arg)))
    return Stream.of(orders).filter(o -> "ready".equals(o.status)).count();
  else
    return orders.length;
}
```

— CommandLine 클래스...

```
String[] args;

public CommandLine(String[] args) {
  this.args = args;
}
String filename() {
  return args[args.length - 1];
}
```

이제 함수 선언 바꾸기[6.5절]로 countOrders()가 새로 만든 메서드를 사용하도록 고친다.

— App 클래스...

```
static long run(String[] args) throws IOException {
  if (args.length == 0) throw new RuntimeException("파일명을 입력하세요.");
  CommandLine commandLine = new CommandLine(args);
  return countOrders(commandLine, args, commandLine.filename..);
}

private static long countOrders(CommandLine commandLine, String[] args, String filename)
      throws IOException {
  File input = Paths.get(commandLine.filename()).toFile();
```

```
        ObjectMapper mapper = new ObjectMapper();
        Order[] orders = mapper.readValue(input, Order[].class);
        if (Stream.of(args).anyMatch(arg -> "-r".equals(arg)))
            return Stream.of(orders).filter(o -> "ready".equals(o.status)).count();
        else
            return orders.length;
    }
```

아직 args는 제거하면 안 된다. 조건문에서 사용하고 있기 때문이다. args를 삭제하려면 먼저
이 조건식부터 추출해야 한다.

━━━ App 클래스...

```
    static long run(String[] args) throws IOException {
        if (args.length == 0) throw new RuntimeException("파일명을 입력하세요.");
        CommandLine commandLine = new CommandLine(args);
        return countOrders(commandLine, args);
    }

    private static long countOrders(CommandLine commandLine, String[] args) throws IOException {
        File input = Paths.get(commandLine.filename()).toFile();
        ObjectMapper mapper = new ObjectMapper();
        Order[] orders = mapper.readValue(input, Order[].class);
        if (onlyCountReady(args))
            return Stream.of(orders).filter(o -> "ready".equals(o.status)).count();
        else
            return orders.length;
    }

    private static boolean onlyCountReady(String[] args) {
        return Stream.of(args).anyMatch(arg -> "-r".equals(arg));
    }
```

그런 다음 이 메서드를 CommandLine 클래스로 옮기고 args 매개변수를 삭제한다.

━━━ App 클래스...

```
    static long run(String[] args) throws IOException {
        if (args.length == 0) throw new RuntimeException("파일명을 입력하세요.");
        CommandLine commandLine = new CommandLine(args);
        return countOrders(commandLine, args);
    }
```

```java
private static long countOrders(CommandLine commandLine, String[] args) throws IOException {
  File input = Paths.get(commandLine.filename()).toFile();
  ObjectMapper mapper = new ObjectMapper();
  Order[] orders = mapper.readValue(input, Order[].class);
  if (commandLine.onlyCountReady())
    return Stream.of(orders).filter(o -> "ready".equals(o.status)).count();
  else
    return orders.length;
}
```

CommandLine 클래스...

```java
String[] args;

public CommandLine(String[] args) {
  this.args = args;
}
String filename() {
  return args[args.length - 1];
}
boolean onlyCountReady() {
  return Stream.of(args).anyMatch(arg -> "-r".equals(arg));
}
```

지금까지는 변환 로직을 새 클래스로 옮기는 방식으로 리팩터링했다. 추가로, 명령줄 인수가 존재하는지 검사하는 부분도 옮겨준다(문장을 함수로 옮기기[8.3절]).

App 클래스...

```java
static long run(String[] args) throws IOException {
  if (args.length == 0) throw new RuntimeException("파일명을 입력하세요.");
  CommandLine commandLine = new CommandLine(args);
  return countOrders(commandLine);
}

private static long countOrders(CommandLine commandLine) throws IOException {
  File input = Paths.get(commandLine.filename()).toFile();
  ObjectMapper mapper = new ObjectMapper();
  Order[] orders = mapper.readValue(input, Order[].class);
  if (commandLine.onlyCountReady())
    return Stream.of(orders).filter(o -> "ready".equals(o.status)).count();
  else
```

```
    return orders.length;
  }
```

CommandLine 클래스...

```
  String[] args;

  public CommandLine(String[] args) {
    this.args = args;
    if (args.length == 0) throw new RuntimeException("파일명을 입력하세요.");
  }
  String filename() {
    return args[args.length - 1];
  }
  boolean onlyCountReady() {
    return Stream.of(args).anyMatch(arg -> "-r".equals(arg));
  }
```

나는 이렇게 단순한 데이터 구조는 사용하기 꺼리는 편이다. 하지만 이 예시처럼 순차적으로 실행되는 두 함수 사이에서 단순 통신용으로 사용하는 것처럼 제한된 문맥에서만 사용할 때는 개의치 않는다. 이렇게 객체를 변환기로 바꾸는 방식도 나름 장점이 있다. 나는 두 방식 중 어느 하나를 특별히 선호하지는 않는다. 핵심은 어디까지나 단계를 명확히 분리하는 데 있기 때문이다.

07

캡슐화

모듈을 분리하는 가장 중요한 기준은 아마도 시스템에서 각 모듈이 자신을 제외한 다른 부분에 드러내지 않아야 할 비밀을 얼마나 잘 숨기느냐에 있을 것이다.* 이러한 비밀 중 대표적인 형태인 데이터 구조는 **레코드 캡슐화하기**[7.1절]와 **컬렉션 캡슐화하기**[7.2절]로 캡슐화해서 숨길 수 있다. 심지어 기본형 데이터도 **기본형을 객체로 바꾸기**[7.3절]로 캡슐화할 수 있다(이때 얻는 부차적인 효과는 왕왕 사람들을 놀라게 한다). 리팩터링할 때 임시 변수가 자주 걸리적거리는데, 정확한 순서로 계산해야 하고 리팩터링 후에도 그 값을 사용하는 코드에서 접근할 수 있어야 하기 때문이다. 이럴 때는 **임시 변수를 질의 함수로 바꾸기**[7.4절]가 상당히 도움된다. 특히 길이가 너무 긴 함수를 쪼개는 데 유용하다.

클래스는 본래 정보를 숨기는 용도로 설계되었다. 앞 장에서는 **여러 함수를 클래스로 묶기**[6.9절]로 클래스를 만드는 방법을 소개했다. 이 외에도 흔히 사용하는 추출하기/인라인하기 리팩터링의 클래스 버전인 **클래스 추출하기**[7.5절]와 **클래스 인라인하기**[7.6절]도 활용할 수 있다.

클래스는 내부 정보뿐 아니라 클래스 사이의 연결 관계를 숨기는 데도 유용하다. 이 용도로는 **위임 숨기기**[7.7절]가 있다. 하지만 너무 많이 숨기려다 보면 인터페이스가 비대해질 수 있으니 반대 기법인 **중개자 제거하기**[7.8절]도 필요하다.

가장 큰 캡슐화 단위는 클래스와 모듈이지만 함수도 구현을 캡슐화한다. 때로는 알고리즘을 통째로 바꿔야 할 때가 있는데, **함수 추출하기**[6.1절]로 알고리즘 전체를 함수 하나에 담은 뒤 **알고리즘 교체하기**[7.9절]를 적용하면 된다.

---

* *https://dl.acm.org/citation.cfm?id=361623*

7.1 레코드 캡슐화하기

Encapsulate Record

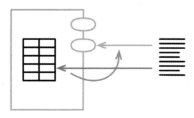

• 1판에서의 이름: 레코드를 데이터 클래스로 전환

```
organization = {name: "애크미 구스베리", country: "GB"};
```

▼

```
class Organization {
  constructor(data) {
    this._name = data.name;
    this._country = data.country;
  }
  get name()    {return this._name;}
  set name(arg) {this._name = arg;}
  get country()    {return this._country;}
  set country(arg) {this._country = arg;}
}
```

배경

대부분의 프로그래밍 언어는 데이터 레코드를 표현하는 구조를 제공한다. 레코드는 연관된 여러 데이터를 직관적인 방식으로 묶을 수 있어서 각각을 따로 취급할 때보다 훨씬 의미 있는 단위로 전달할 수 있게 해준다. 하지만 단순한 레코드에는 단점이 있다. 특히, 계산해서 얻을 수 있는 값과 그렇지 않은 값을 명확히 구분해 저장해야 하는 점이 번거롭다. 가령 값의 범위^{range}를 표현하려면 {start: 1, end: 5}나 {start: 1, length: 5} (또는 내 스타일을 고집한다면 {end: 5, length: 5}) 등의 방식으로 저장할 수 있다. 어떤 식으로 저장하든 '시작'과 '끝'과 '길이'를 알 수 있어야 한다.

바로 이 때문에 나는 가변 데이터를 저장하는 용도로는 레코드보다 객체를 선호하는 편이다.

객체를 사용하면 어떻게 저장했는지를 숨긴 채 세 가지 값을 각각의 메서드로 제공할 수 있다. 사용자는 무엇이 저장된 값이고 무엇이 계산된 값인지 알 필요가 없다. 캡슐화하면 이름을 바꿀 때도 좋다. 필드 이름을 바꿔도 기존 이름과 새 이름 모두를 각각의 메서드로 제공할 수 있어서 사용자 모두가 새로운 메서드로 옮겨갈 때까지 점진적으로 수정할 수 있다.

나는 '가변' 데이터일 때 객체를 선호한다고 했다. 값이 불변이면 단순히 '시작'과 '끝'과 '길이'를 모두 구해서 레코드에 저장한다. 이름을 바꿀 때는 그저 필드를 복제한다. 그러면 앞서 객체를 활용해 수정 전후의 두 메서드를 동시에 제공한 방식과 비슷하게 점진적으로 수정할 수 있다.

레코드 구조는 두 가지로 구분할 수 있다. 하나는 필드 이름을 노출하는 형태고, 다른 하나는 (필드를 외부로부터 숨겨서) 내가 원하는 이름을 쓸 수 있는 형태다. 후자는 주로 라이브러리에서 해시^{hash}, 맵^{map}, 해시맵^{hashmap}, 딕셔너리$^{dictionary;\ 사전}$, 연관 배열$^{associative\ array}$ 등의 이름으로 제공한다. 많은 프로그래밍 언어가 해시맵을 쉽게 만드는 문법을 제공한다. 해시맵은 다양한 프로그래밍 작업에 유용하지만, 필드를 명확히 알려주지 않는다는 게 단점이 될 수 있다. 범위를 {시작, 끝} 혹은 {시작, 길이} 중 어떤 방식으로 표현하는지 알아내는 유일한 길은 해시맵을 생성하고 사용하는 코드를 직접 확인하는 방법뿐이다. 프로그램에서 해시맵을 쓰는 부분이 적다면 문제되지 않지만 사용하는 곳이 많을수록 불분명함으로 인해 발생하는 문제가 커진다. 이러한 불투명한 레코드를 명시적인 레코드로 리팩터링해도 되지만, 그럴 바에는 레코드 대신 클래스를 사용하는 편이 낫다.

코드를 작성하다 보면 중첩된 리스트나 해시맵을 받아서 JSON이나 XML 같은 포맷으로 직렬화^{serialize}할 때가 많다. 이런 구조 역시 캡슐화할 수 있는데, 그러면 나중에 포맷을 바꾸거나 추적하기 어려운 데이터를 수정하기가 수월해진다.

절차

❶ 레코드를 담은 변수를 캡슐화$^{6.6절}$한다.

→ 레코드를 캡슐화하는 함수의 이름은 검색하기 쉽게 지어준다.

❷ 레코드를 감싼 단순한 클래스로 해당 변수의 내용을 교체한다. 이 클래스에 원본 레코드를 반환하는 접근자도 정의하고, 변수를 캡슐화하는 함수들이 이 접근자를 사용하도록 수정한다.

❸ 테스트한다.

❹ 원본 레코드 대신 새로 정의한 클래스 타입의 객체를 반환하는 함수들을 새로 만든다.

❺ 레코드를 반환하는 예전 함수를 사용하는 코드를 ❹에서 만든 새 함수를 사용하도록 바꾼다. 필드에

접근할 때는 객체의 접근자를 사용한다. 적절한 접근자가 없다면 추가한다. 한 부분을 바꿀 때마다 테스트한다.

→ 중첩된 구조처럼 복잡한 레코드라면, 먼저 데이터를 갱신하는 클라이언트들에 주의해서 살펴본다. 클라이언트가 데이터를 읽기만 한다면 데이터의 복제본이나 읽기전용 프락시를 반환할지 고려해보자.

❻ 클래스에서 원본 데이터를 반환하는 접근자와 (❶에서 검색하기 쉬운 이름을 붙여둔) 원본 레코드를 반환하는 함수들을 제거한다.

❼ 테스트한다.

❽ 레코드의 필드도 데이터 구조인 중첩 구조라면 레코드 캡슐화하기와 컬렉션 캡슐화하기[7.2절]를 재귀적으로 적용한다.

예시: 간단한 레코드 캡슐화하기

프로그램 전체에서 널리 사용되는 상수를 예로 살펴보자.

```
const organization = {name: "애크미 구스베리", country: "GB"};
```

이 상수는 프로그램 곳곳에서 레코드 구조로 사용하는 자바스크립트 객체로서, 다음과 같이 읽고 쓴다.

```
result += `<h1>${organization.name}</h1>`;  // 읽기 예
organization.name = newName; // 쓰기 예
```

❶ 가장 먼저 이 상수를 캡슐화해보자(변수 캡슐화하기[6.6절]).

```
function getRawDataOfOrganization() {return organization;}
```

그러면 읽고 쓰는 코드는 다음처럼 바뀐다.

```
result += `<h1>${getRawDataOfOrganization().name}</h1>`; // 읽기 예
getRawDataOfOrganization().name = newName; // 쓰기 예
```

그런데 방금 변수 캡슐화하기[6.6절]를 정식으로 따르지 않고, 게터를 찾기 쉽도록 의도적으로 이상한 이름을 붙였다. 이 게터는 임시로만 사용할 것이기 때문이다.

레코드를 캡슐화하는 목적은 변수 자체는 물론 그 내용을 조작하는 방식도 통제하기 위해서다. ❷ 이렇게 하려면 레코드를 클래스로 바꾸고, ❹ 새 클래스의 인스턴스를 반환하는 함수를 새

로 만든다.

7.1 레코드 캡슐화하기
Encapsulate Record

—— Organization 클래스...
```
class Organization {
  constructor(data) {
    this._data = data;
  }
}
```

—— 최상위...
```
const organization = new Organization({name: "애크미 구스베리", country: "GB"});
function getRawDataOfOrganization() {return organization._data;}
function getOrganization() {return organization;}
```

객체로 만드는 작업이 끝났으니 ❺ 레코드를 사용하던 코드를 살펴보자. 레코드를 갱신하던 코드는 모두 세터를 사용하도록 고친다.

—— Organization 클래스...
```
set name(aString) {this._data.name = aString;}
```

—— 클라이언트...
```
getOrganization().name = newName;
```

마찬가지로, 레코드를 읽는 코드는 모두 게터를 사용하게 바꾼다.

—— Organization 클래스...
```
get name()    {return this._data.name;}
```

—— 클라이언트...
```
result += `<h1>${getOrganization().name}</h1>`;
```

❻ 다 바꿨다면 앞에서 이상한 이름으로 지었던 임시 함수를 제거한다.

—— ~~function getRawDataOfOrganization() {return organization._data;}~~
```
function getOrganization() {return organization;}
```

마지막으로 _data의 필드들을 객체 안에 바로 펼쳐놓으면 더 깔끔할 것 같다.

```
class Organization {
  constructor(data) {
    this._name = data.name;
    this._country = data.country;
  }
  get name()      {return this._name;}
  set name(aString) {this._name = aString;}
  get country()     {return this._country;}
  set country(aCountryCode) {this._country = aCountryCode;}
}
```

이렇게 하면 입력 데이터 레코드와의 연결을 끊어준다는 이점이 생긴다. 특히 이 레코드를 참조하여 캡슐화를 깰 우려가 있는 코드가 많을 때 좋다. 데이터를 개별 필드로 펼치지 않았다면 _data를 대입할 때 복제하는 식으로 처리했을 것이다.

예시: 중첩된 레코드 캡슐화하기

앞에서는 단순한 레코드를 캡슐화하는 방법을 살펴봤다. 그런데 JSON 문서처럼 여러 겹 중첩된 레코드라면 어떻게 해야 할까? 리팩터링의 기본 절차는 똑같고 갱신하는 코드에 주의해야 한다는 점도 같지만, 읽는 코드를 다룰 때는 선택지가 몇 가지 더 생긴다.

다음과 같이 살짝 중첩된 경우를 보자. 이 데이터는 고객 정보를 저장한 해시맵으로, 고객 ID를 키로 사용한다.

```
"1920": {
  name: "마틴 파울러",
  id: "1920",
  usages: {
    "2016": {
      "1": 50,
      "2": 55,
      // 나머지 달(month)은 생략
    },
    "2015": {
      "1": 70,
      "2": 63,
      // 나머지 달은 생략
    }
```

```
      }
    },
    "38673": {
      name: "닐 포드",
      id: "38673",
      // 다른 고객 정보도 같은 형식으로 저장된다.
```

중첩 정도가 심할수록 읽거나 쓸 때 데이터 구조 안으로 더 깊숙히 들어가야 한다.

━━━ 쓰기 예...

```
customerData[customerID].usages[year][month] = amount;
```

━━━ 읽기 예...

```
function compareUsage (customerID, laterYear, month) {
  const later   = customerData[customerID].usages[laterYear][month];
  const earlier = customerData[customerID].usages[laterYear - 1][month];
  return {laterAmount: later, change: later - earlier};
}
```

이번 캡슐화도 앞에서와 마찬가지로 변수 캡슐화[6.6절]부터 시작한다.

```
function getRawDataOfCustomers()     {return customerData;}
function setRawDataOfCustomers(arg) {customerData = arg;}
```

━━━ 쓰기 예...

```
getRawDataOfCustomers()[customerID].usages[year][month] = amount;
```

━━━ 읽기 예...

```
function compareUsage (customerID, laterYear, month) {
  const later   = getRawDataOfCustomers()[customerID].usages[laterYear][month];
  const earlier = getRawDataOfCustomers()[customerID].usages[laterYear - 1][month];
  return {laterAmount: later, change: later - earlier};
}
```

그런 다음 전체 데이터 구조를 표현하는 클래스를 정의하고, 이를 반환하는 함수를 새로 만든다.

```
class CustomerData {
  constructor(data) {
    this._data = data;
```

```
        }
    }
```

━━━ 최상위...
```
    function getCustomerData() {return customerData;}
    function getRawDataOfCustomers()    {return customerData._data;}
    function setRawDataOfCustomers(arg) {customerData = new CustomerData(arg);}
```

여기서 가장 중요한 부분은 데이터를 쓰는 코드다. 따라서 getRawDataOfCustomers()를 호출한 후 데이터를 변경하는 경우에도 주의해야 한다. 값을 쓰는 예를 다시 한번 상기해보자.

━━━ 쓰기 예...
```
    getRawDataOfCustomers()[customerID].usages[year][month] = amount;
```

기본 절차에 따르면 고객 객체를 반환하고 필요한 접근자를 만들어서 사용하게 하면 된다. 현재 고객 객체에는 이 값을 쓰는 세터가 없어서 데이터 구조 안으로 깊이 들어가서 값을 바꾸고 있다. 따라서 데이터 구조 안으로 들어가는 코드를 세터로 뽑아내는 작업부터 한다(함수 추출하기[6.1절]).

━━━ 쓰기 예...
```
    setUsage(customerID, year, month, amount);
```

━━━ 최상위...
```
    function setUsage(customerID, year, month, amount) {
      getRawDataOfCustomers()[customerID].usages[year][month] = amount;
    }
```

그런 다음 이 함수를 고객 데이터 클래스로 옮긴다(함수 옮기기[8.1절]).

━━━ 쓰기 예...
```
    getCustomerData().setUsage(customerID, year, month, amount);
```

━━━ CustomerData 클래스...
```
    setUsage(customerID, year, month, amount) {
      this._data[customerID].usages[year][month] = amount;
    }
```

나는 덩치 큰 데이터 구조를 다룰수록 쓰기 부분에 집중한다. 캡슐화에서는 값을 수정하는 부분을 명확하게 드러내고 한 곳에 모아두는 일이 굉장히 중요하다.

이렇게 쓰는 부분을 찾아 수정하다 보면 빠진 건 없는지 궁금해질 것이다. 확인하는 방법은 여러 가지다. 우선 getRawDataOfCustomers()에서 데이터를 깊은 복사$^{\text{deep copy}}$하여 반환하는 방법이다. 테스트 커버리지가 충분하다면 깜빡 잊고 수정하지 않는 부분을 테스트가 걸러내줄 것이다.

최상위...
```
function getCustomerData() {return customerData;}
function getRawDataOfCustomers()    {return customerData.rawData;}
function setRawDataOfCustomers(arg) {customerData = new CustomerData(arg);}
```

CustomerData 클래스...
```
get rawData() {
  return _.cloneDeep(this._data);
}
```

깊은 복사는 lodash 라이브러리가 제공하는 cloneDeep()로 처리했다.

데이터 구조의 읽기전용 프락시를 반환하는 방법도 있다. 클라이언트에서 내부 객체를 수정하려 하면 프락시가 예외를 던지도록 하는 것이다. 이 기능을 손쉽게 구현할 수 있는 언어도 있지만, 자바스크립트는 아니다. 그래서 독자에게 연습 문제로 남겨두겠다.

또한 복제본을 만들고 이를 재귀적으로 동결^{freeze}해서 쓰기 동작을 감지하는 방법도 있다.

쓰기는 주의해서 다뤄야 한다. 그렇다면 읽기는 어떻게 처리해야 할까? 몇 가지 방법을 소개하겠다.

첫 번째로, 세터 때와 같은 방법을 적용할 수 있다. 즉, 읽는 코드를 모두 독립 함수로 추출한 다음 고객 데이터 클래스로 옮기는 것이다.

CustomerData 클래스...
```
usage(customerID, year, month) {
  return this._data[customerID].usages[year][month];
}
```

```
function compareUsage (customerID, laterYear, month) {
  const later   = getCustomerData().usage(customerID, laterYear, month);
  const earlier = getCustomerData().usage(customerID, laterYear - 1, month);
  return {laterAmount: later, change: later - earlier};
}
```

이 방법의 가장 큰 장점은 **customerData**의 모든 쓰임을 명시적인 API로 제공한다는 것이다. 이 클래스만 보면 데이터 사용 방법을 모두 파악할 수 있다. 하지만 읽는 패턴이 다양하면 그만큼 작성할 코드가 늘어난다. 요즘 언어들에서는 리스트−해시^{list-and-hash} 데이터 구조*를 쉽게 다룰 수 있는데, 이런 언어를 사용한다면 클라이언트에 데이터를 이 형태로 넘겨주는 것도 좋다.

다른 방법으로, 클라이언트가 데이터 구조를 요청할 때 실제 데이터를 제공해도 된다. 하지만 클라이언트가 데이터를 직접 수정하지 못하게 막을 방법이 없어서 '모든 쓰기를 함수 안에서 처리한다'는 캡슐화의 핵심 원칙이 깨지는 게 문제다. 따라서 가장 간단한 방법은 앞에서 작성한 **rawData()** 메서드를 사용하여 내부 데이터를 복제해서 제공하는 것이다.

━━ CustomerData 클래스...

```
get rawData() {
  return _.cloneDeep(this._data);
}
```

━━ 최상위...

```
function compareUsage (customerID, laterYear, month) {
  const later   = getCustomerData().rawData[customerID].usages[laterYear][month];
  const earlier = getCustomerData().rawData[customerID]
                                  .usages[laterYear - 1][month];
  return {laterAmount: later, change: later - earlier};
}
```

이 방법이 간단하지만 문제가 있다. 바로 눈에 띄는 문제는 데이터 구조가 클수록 복제 비용이 커져서 성능이 느려질 수 있다는 것이다. 하지만 다른 경우와 마찬가지로 성능 비용을 감당할 수 있는 상황일 수도 있다. 나라면 막연히 걱정만 하지 않고 얼마나 영향을 주는지 실제로 측정

---

* *https://martinfowler.com/bliki/ListAndHash.html*

해본다. 또 다른 문제는 클라이언트가 원본을 수정한다고 착각할 수 있다는 것이다. 이럴 때는 읽기전용 프락시를 제공하거나 복제본을 동결시켜서 데이터를 수정하려 할 때 에러를 던지도록 만들 수 있다.

두 번째 방법은 레코드 캡슐화를 재귀적으로 하는 것으로, 할 일은 늘어나지만 가장 확실하게 제어할 수 있다. 이 방법을 적용하려면 먼저 고객 정보 레코드를 클래스로 바꾸고, 컬렉션 캡슐화하기[7.2절]로 레코드를 다루는 코드를 리팩터링해서 고객 정보를 다루는 클래스를 생성한다. 그런 다음 접근자를 이용하여 갱신을 함부로 하지 못하게 만든다. 가령 참조를 값으로 바꾸기[9.4절]로 고객 정보를 다루는 객체를 리팩터링할 수 있다. 하지만 데이터 구조가 거대하면 일이 상당히 커진다. 게다가 그 데이터 구조를 사용할 일이 그리 많지 않다면 효과도 별로 없다. 때로는 새로 만든 클래스와 게터를 잘 혼합해서, 게터는 데이터 구조를 깊이 탐색하게 만들되 원본 데이터를 그대로 반환하지 말고 객체로 감싸서 반환하는 게 효과적일 수 있다. 이 방법은 「Refactoring Code to Load a Document」*에서 자세히 다룬다.

---

* https://martinfowler.com/articles/refactoring-document-load.html

7.2 컬렉션 캡슐화하기
Encapsulate Collection

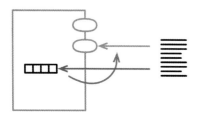

```
class Person {
  get courses() {return this._courses;}
  set courses(aList) {this._courses = aList;}
}
```

▼

```
class Person {
  get courses() {return this._courses.slice();}
  addCourse(aCourse)    { ... }
  removeCourse(aCourse) { ... }
}
```

배경

나는 가변 데이터를 모두 캡슐화하는 편이다. 그러면 데이터 구조가 언제 어떻게 수정되는지 파악하기 쉬워서 필요한 시점에 데이터 구조를 변경하기도 쉬워지기 때문이다. 특히 객체 지향 개발자들은 캡슐화를 적극 권장하는데 컬렉션을 다룰 때는 곧잘 실수를 저지르곤 한다. 예컨대 컬렉션 변수로의 접근을 캡슐화하면서 게터가 컬렉션 자체를 반환하도록 한다면, 그 컬렉션을 감싼 클래스가 눈치채지 못하는 상태에서 컬렉션의 원소들이 바뀌어버릴 수 있다.

나는 이런 문제를 방지하기 위해 컬렉션을 감싼 클래스에 흔히 add()와 remove()라는 이름의 컬렉션 변경자 메서드를 만든다. 이렇게 항상 컬렉션을 소유한 클래스를 통해서만 원소를 변경하도록 하면 프로그램을 개선하면서 컬렉션 변경 방식도 원하는 대로 수정할 수 있다.

모든 팀원이 원본 모듈 밖에서는 컬렉션을 수정하지 않는 습관을 갖고 있다면 이런 메서드를 제공하는 것만으로도 충분할 수 있다. 하지만 실수 한 번이 굉장히 찾기 어려운 버그로 이어질

수 있으니 습관에 의존하는 방식은 바람직하지 않다. 이보다는 컬렉션 게터가 원본 컬렉션을 반환하지 않게 만들어서 클라이언트가 실수로 컬렉션을 바꿀 가능성을 차단하는 게 낫다.

내부 컬렉션을 직접 수정하지 못하게 막는 방법 중 하나로, 절대로 컬렉션 값을 반환하지 않게 할 수 있다. 컬렉션에 접근하려면 컬렉션이 소속된 클래스의 적절한 메서드를 반드시 거치게 하는 것이다. 예컨대 `aCustomer.orders.size()`처럼 접근하는 코드를 `aCustomer.numberOfOrders()`로 바꾸는 것이다. 나는 이 방식에 동의하지 않는다. 최신 언어는 다양한 컬렉션 클래스들을 표준화된 인터페이스로 제공하며, 컬렉션 파이프라인^{Collection Pipeline}*과 같은 패턴을 적용하여 다채롭게 조합할 수 있다. 표준 인터페이스 대신 전용 메서드들을 사용하게 하면 부가적인 코드가 상당히 늘어나며 컬렉션 연산들을 조합해 쓰기도 어려워진다.

또 다른 방법은 컬렉션을 읽기전용으로 제공할 수 있다. 예컨대 자바에서는 컬렉션의 읽기전용 프락시를 반환하게 만들기가 쉽다. 프락시가 내부 컬렉션을 읽는 연산은 그대로 전달하고, 쓰기는 (예외를 던지는 식으로) 모두 막는 것이다. 이터레이터^{iterator; 반복자}나 열거형 객체를 기반으로 컬렉션을 조합하는 라이브러리들도 비슷한 방식을 쓴다. 가령 이터레이터에서 내부 컬렉션을 수정할 수 없게 한다.

가장 흔히 사용하는 방식은 아마도 컬렉션 게터를 제공하되 내부 컬렉션의 복제본을 반환하는 것이다. 복제본을 수정해도 캡슐화된 원본 컬렉션에는 아무런 영향을 주지 않는다. 반환된 컬렉션을 수정하면 원본도 수정될 거라 기대한 프로그래머는 좀 당황할 수 있지만, 이미 여러 코드베이스에서 많은 프로그래머가 널리 사용하는 방식이라 크게 문제되지는 않을 것이다. 컬렉션이 상당히 크다면 성능 문제가 발생할 수 있다. 하지만 성능에 지장을 줄만큼 컬렉션이 큰 경우는 별로 없으니 성능에 대한 일반 규칙**을 따르도록 하자.

한편, 프락시 방식에서는 원본 데이터를 수정하는 과정이 겉으로 드러나지만 복제 방식에서는 그렇지 않다는 차이도 있다. 하지만 이 사실이 문제가 될 일은 별로 없다. 이런 식으로 접근하는 컬렉션은 대체로 짧은 시간 동안만 사용되기 때문이다.

여기서 중요한 점은 코드베이스에서 일관성을 주는 것이다. 앞에 나온 방식 중에서 한 가지만 적용해서 컬렉션 접근 함수의 동작 방식을 통일해야 한다.

---

*   *https://martinfowler.com/articles/collection-pipeline/*

**   *https://memberservices.informit.com/my_account/webedition/9780135425664/html/principles.html#performance*

절차

❶ 아직 컬렉션을 캡슐화하지 않았다면 변수 캡슐화하기[6.6절]부터 한다.

❷ 컬렉션에 원소를 추가/제거하는 함수를 추가한다.

→ 컬렉션 자체를 통째로 바꾸는 세터는 제거[11.7절]한다. 세터를 제거할 수 없다면 인수로 받은 컬렉션을 복제해 저장하도록 만든다.

❸ 정적 검사를 수행한다.

❹ 컬렉션을 참조하는 부분을 모두 찾는다. 컬렉션의 변경자를 호출하는 코드가 모두 앞에서 추가한 추가/제거 함수를 호출하도록 수정한다. 하나씩 수정할 때마다 테스트한다.

❺ 컬렉션 게터를 수정해서 원본 내용을 수정할 수 없는 읽기전용 프락시나 복제본을 반환하게 한다.

❻ 테스트한다.

예시

수업^{course} 목록을 필드로 지니고 있는 **Person** 클래스를 예로 살펴보자.

━━━ Person 클래스...

```
constructor(name) {
  this._name = name;
  this._courses = [];
}
get name() {return this._name;}
get courses() {return this._courses;}
set courses(aList) {this._courses = aList;}
```

━━━ Course 클래스...

```
constructor(name, isAdvanced) {
  this._name = name;
  this._isAdvanced = isAdvanced;
}
get name()      {return this._name;}
get isAdvanced() {return this._isAdvanced;}
```

클라이언트는 **Person**이 제공하는 수업 컬렉션에서 수업 정보를 얻는다.

━━━
```
numAdvancedCourses = aPerson.courses
  .filter(c => c.isAdvanced)
  .length
;
```

모든 필드가 접근자 메서드로 보호받고 있으니 안이한 개발자는 이렇게만 해도 데이터를 제대로 캡슐화했다고 생각하기 쉽다. 하지만 허점이 있다. 세터를 이용해 수업 컬렉션을 통째로 설정한 클라이언트는 누구든 이 컬렉션을 마음대로 수정할 수 있기 때문이다.

클라이언트...
```
const basicCourseNames = readBasicCourseNames(filename);
aPerson.courses = basicCourseNames.map(name => new Course(name, false));
```

클라이언트 입장에서는 다음처럼 수업 목록을 직접 수정하는 것이 훨씬 편할 수 있다.

클라이언트...
```
for(const name of readBasicCourseNames(filename)) {
  aPerson.courses.push(new Course(name, false));
}
```

하지만 이런 식으로 목록을 갱신하면 Person 클래스가 더는 컬렉션을 제어할 수 없으니 캡슐화가 깨진다. 필드를 참조하는 과정만 캡슐화했을 뿐 필드에 담긴 내용은 캡슐화하지 않은 게 원인이다.

❷ 제대로 캡슐화하기 위해 먼저 클라이언트가 수업을 하나씩 추가하고 제거하는 메서드를 Person에 추가해보자.

Person 클래스...
```
addCourse(aCourse) {
  this._courses.push(aCourse);
}
removeCourse(aCourse, fnIfAbsent = () => {throw new RangeError();}) {
  const index = this._courses.indexOf(aCourse);
  if (index === -1) fnIfAbsent();
  else this._courses.splice(index, 1);
}
```

제거 메서드에서는 클라이언트가 컬렉션에 없는 원소를 제거하려 할 때의 대응 방식을 정해야한다. 그냥 무시하거나 에러를 던질 수도 있다. 여기서는 기본적으로 에러를 던지되, 호출자가 원하는 방식으로 처리할 여지도 남겨뒀다.

❹ 그런 다음 컬렉션의 변경자를 직접 호출하던 코드를 모두 찾아서 방금 추가한 메서드를 사

용하도록 바꾼다.

```
for(const name of readBasicCourseNames(filename)) {
  aPerson.addCourse(new Course(name, false));
}
```

❷ 이렇게 개별 원소를 추가하고 제거하는 메서드를 제공하기 때문에 **setCourses()**를 사용할
일이 없어졌으니 제거한다(세터 제거하기[11.7절]). 세터를 제공해야 할 특별한 이유가 있다면 인
수로 받은 컬렉션의 복제본을 필드에 저장하게 한다.

```
set courses(aList) {this._courses = aList.slice();}
```

이렇게 하면 클라이언트는 용도에 맞는 변경 메서드를 사용하도록 할 수 있다. ❺ 하지만 나는
이 메서드들을 사용하지 않고서는 아무도 목록을 변경할 수 없게 만드는 방식을 선호한다. 다
음과 같이 복제본을 제공하면 된다.

```
get courses() {return this._courses.slice();}
```

내 경험에 따르면 컬렉션에 대해서는 어느 정도 강박증을 갖고 불필요한 복제본을 만드는 편
이, 예상치 못한 수정이 촉발한 오류를 디버깅하는 것보다 낫다. 때론 명확히 드러나지 않는 수
정도 일어날 수 있다. 가령 다른 언어들은 컬렉션을 수정하는 연산들이 기본적으로 복제본을
만들어 처리하지만, 자바스크립트에서는 배열을 정렬할 때 원본을 수정한다. 컬렉션 관리를 책
임지는 클래스라면 항상 복제본을 제공해야 한다. 그리고 나는 컬렉션을 변경할 가능성이 있는
작업을 할 때도 습관적으로 복제본을 만든다.

7.3 기본형을 객체로 바꾸기
Replace Primitive with Object

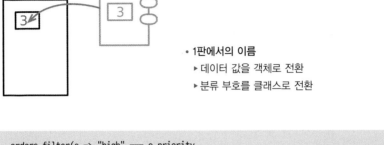

- **1판에서의 이름**
  - ▶ 데이터 값을 객체로 전환
  - ▶ 분류 부호를 클래스로 전환

```
orders.filter(o => "high" === o.priority
              || "rush" === o.priority);
```

▼

```
orders.filter(o => o.priority.higherThan(new Priority("normal")))
```

배경

개발 초기에는 단순한 정보를 숫자나 문자열 같은 간단한 데이터 항목으로 표현할 때가 많다. 그러다 개발이 진행되면서 간단했던 이 정보들이 더 이상 간단하지 않게 변한다. 예컨대 처음에는 전화번호를 문자열로 표현했던데 나중에 포매팅이나 지역 코드 추출 같은 특별한 동작이 필요해질 수 있다. 이런 로직들로 금세 중복 코드가 늘어나서 사용할 때마다 드는 노력도 늘어나게 된다.

나는 단순한 출력 이상의 기능이 필요해지는 순간 그 데이터를 표현하는 전용 클래스를 정의하는 편이다. 시작은 기본형 데이터를 단순히 감싼 것과 큰 차이가 없을 것이라 효과가 미미하다. 하지만 나중에 특별한 동작이 필요해지면 이 클래스에 추가하면 되니 프로그램이 커질수록 점점 유용한 도구가 된다. 그리 대단해 보이지 않을지 모르지만 코드베이스에 미치는 효과는 놀라울 만큼 크다. 초보 프로그래머에게는 직관에 어긋나 보일 수 있다. 하지만 경험 많은 개발자들은 여러 가지 리팩터링 중에서도 가장 유용한 것으로 손꼽는다.

절차

❶ 아직 변수를 캡슐화하지 않았다면 캡슐화[6.6절]한다.

❷ 단순한 값 클래스value class를 만든다. 생성자는 기존 값을 인수로 받아서 저장하고, 이 값을 반환하는 게
터를 추가한다.

❸ 정적 검사를 수행한다.

❹ 값 클래스의 인스턴스를 새로 만들어서 필드에 저장하도록 세터*를 수정한다. 이미 있다면 필드의 타
입을 적절히 변경한다.

❺ 새로 만든 클래스의 게터를 호출한 결과를 반환하도록 게터**를 수정한다.

❻ 테스트한다.

❼ 함수 이름을 바꾸면[6.5절] 원본 접근자의 동작을 더 잘 드러낼 수 있는지 검토한다.
  → 참조를 값으로 바꾸거나[9.4절] 값을 참조로 바꾸면[9.5절] 새로 만든 객체의 역할(값 또는 참조 객체)이
     더 잘 드러나는지 검토한다.

예시

레코드 구조에서 데이터를 읽어 들이는 단순한 주문order 클래스를 살펴보자. 이 클래스의 우선
순위priority 속성은 값을 간단히 문자열로 표현한다.

==== Order 클래스...

```
constructor(data) {
  this.priority = data.priority;
  // 나머지 초기화 코드 생략
```

클라이언트에서는 이 코드를 다음처럼 사용한다.

==== 클라이언트...

```
highPriorityCount = orders.filter(o => "high" === o.priority
                                    || "rush" === o.priority)
                        .length;
```

❶ 나는 데이터 값을 다루기 전에 항상 변수부터 캡슐화[6.6절]한다.

==== Order 클래스...

```
get priority()        {return this._priority;}
set priority(aString) {this._priority = aString;}
```

---

* 옮긴이_ 단계 ❶에서 변수를 캡슐화하면서 만든 세터를 말한다.
** 옮긴이_ 단계 ❶에서 변수를 캡슐화하면서 만든 게터를 말한다.

이제 우선순위 속성을 초기화하는 생성자에서 방금 정의한 세터를 사용할 수 있다.

이렇게 필드를 자가 캡슐화$^{self-encapsulation}$하면 필드 이름을 바꿔도 클라이언트 코드는 유지할 수 있다.

❷ 다음으로 우선순위 속성을 표현하는 값 클래스 **Priority**를 만든다. 이 클래스는 표현할 값을 받는 생성자와 그 값을 문자열로 반환하는 변환 함수로 구성된다.

```
class Priority {
    constructor(value) {this._value = value;}
    toString() {return this._value;}
}
```

이 상황에서는 개인적으로 게터(value())보다는 변환 함수(toString())를 선호한다. 클라이언트 입장에서 보면 속성 자체를 받은 게 아니라 해당 속성을 문자열로 표현한 값을 요청한 게 되기 때문이다.

❹❺ 그런 다음 방금 만든 **Priority** 클래스를 사용하도록 접근자들을 수정한다.

Order 클래스...
```
    get priority()        {return this._priority.toString();}
    set priority(aString) {this._priority = new Priority(aString);}
```

❼ 이렇게 **Priority** 클래스를 만들고 나면 **Order** 클래스의 게터가 이상해진다. 이 게터가 반환하는 값은 우선순위 자체가 아니라 우선순위를 표현하는 문자열이다. 그러니 즉시 함수 이름을 바꿔준다(함수 선언 바꾸기$^{6.5절}$).

Order 클래스...
```
    get priorityString()  {return this._priority.toString();}
    set priority(aString) {this._priority = new Priority(aString);}
```

클라이언트...
```
    highPriorityCount = orders.filter(o => "high" === o.priorityString
                                        || "rush" === o.priorityString)
                              .length;
```

지금처럼 매개변수 이름만으로 세터가 받는 데이터의 유형을 쉽게 알 수 있다면 세터의 이름은 그대로 둬도 좋다.

더 가다듬기

공식적인 리팩터링은 여기까지다. 그런데 Priority 클래스를 사용하는 코드를 살펴보면서 이 클래스를 직접 사용하는 것이 과연 좋은지 고민해봤다. 그 결과 Priority 객체를 제공하는 게터를 Order 클래스에 만드는 편이 낫겠다고 판단했다.

Order 클래스...

```
get priority()        {return this._priority;}
get priorityString()  {return this._priority.toString();}
set priority(aString) {this._priority = new Priority(aString);}
```

클라이언트...

```
highPriorityCount = orders.filter(o => "high" === o.priority.toString()
                                    || "rush" === o.priority.toString())
                    .length;
```

Priority 클래스는 다른 곳에서도 유용할 수 있으니 Order의 세터가 Priority 인스턴스를 받도록 해주면 좋다. 이를 위해 Priority의 생성자를 다음과 같이 변경한다.

Priority 클래스...

```
constructor(value) {
  if (value instanceof Priority) return value;
  this._value = value;
}
```

이렇게 하는 목적은 어디까지나 Priority 클래스를 새로운 동작을 담는 장소로 활용하기 위해서다. 여기서 새로운 동작이란 새로 구현한 것일 수도, 다른 곳에서 옮겨온 것일 수도 있다. 우선순위 값을 검증하고 비교하는 로직을 추가한 예를 준비했다.

Priority 클래스...

```
constructor(value) {
  if (value instanceof Priority) return value;
  if (Priority.legalValues().includes(value))
    this._value = value;
  else
    throw new Error(`<${value}>는 유효하지 않은 우선순위입니다.`);
}
```

```
toString() {return this._value;}
get _index() {return Priority.legalValues().findIndex(s => s === this._value);}
static legalValues() {return ['low', 'normal', 'high', 'rush'];}
equals(other) {return this._index === other._index;}
higherThan(other) {return this._index > other._index;}
lowerThan(other) {return this._index < other._index;}
```

이렇게 수정하면서 우선순위를 값 객체로 만들어야겠다고 판단했다. 따라서 equals()
메서드를 추가하고 불변이 되도록 만들었다.

이처럼 동작을 추가하면 클라이언트 코드를 더 의미 있게 작성할 수 있다.

▬▬ 클라이언트...
```
highPriorityCount = orders.filter(o => o.priority .higherThan(new Priority("normal")))
                          .length;
```

7.4 임시 변수를 질의 함수로 바꾸기
Replace Temp with Query

```
const basePrice = this._quantity * this._itemPrice;
if (basePrice > 1000)
  return basePrice * 0.95;
else
  return basePrice * 0.98;
```

▼

```
get basePrice() {this._quantity * this._itemPrice;}
...
if (this.basePrice > 1000)
  return this.basePrice * 0.95;
else
  return this.basePrice * 0.98;
```

배경

함수 안에서 어떤 코드의 결괏값을 뒤에서 다시 참조할 목적으로 임시 변수를 쓰기도 한다. 임시 변수를 사용하면 값을 계산하는 코드가 반복되는 걸 줄이고 (변수 이름을 통해) 값의 의미를 설명할 수도 있어서 유용하다. 그런데 한 걸음 더 나아가 아예 함수로 만들어 사용하는 편이 나을 때가 많다.

긴 함수의 한 부분을 별도 함수로 추출하고자 할 때 먼저 변수들을 각각의 함수로 만들면 일이 수월해진다. 추출한 함수에 변수를 따로 전달할 필요가 없어지기 때문이다. 또한 이 덕분에 추출한 함수와 원래 함수의 경계가 더 분명해지기도 하는데, 그러면 부자연스러운 의존 관계나 부수효과를 찾고 제거하는 데 도움이 된다.

변수 대신 함수로 만들어두면 비슷한 계산을 수행하는 다른 함수에서도 사용할 수 있어 코드 중복이 줄어든다. 그래서 나는 여러 곳에서 똑같은 방식으로 계산되는 변수를 발견할 때마다 함수로 바꿀 수 있는지 살펴본다.

이번 리팩터링은 클래스 안에서 적용할 때 효과가 가장 크다. 클래스는 추출할 메서드들에 공유 컨텍스트를 제공하기 때문이다. 클래스 바깥의 최상위 함수로 추출하면 매개변수가 너무 많아져서 함수를 사용하는 장점이 줄어든다. 중첩 함수를 사용하면 이런 문제는 없지만 관련 함수들과 로직을 널리 공유하는 데 한계가 있다.

임시 변수를 질의 함수로 바꾼다고 다 좋아지는 건 아니다. 자고로 변수는 값을 한 번만 계산하고, 그 뒤로는 읽기만 해야 한다. 가장 단순한 예로, 변수에 값을 한 번 대입한 뒤 더 복잡한 코드 덩어리에서 여러 차례 다시 대입하는 경우는 모두 질의 함수로 추출해야 한다. 또한 이 계산 로직은 변수가 다음번에 사용될 때 수행해도 똑같은 결과를 내야 한다. 그래서 '옛날 주소'처럼 스냅숏 용도로 쓰이는 변수에는 이 리팩터링을 적용하면 안 된다.

절차

❶ 변수가 사용되기 전에 값이 확실히 결정되는지, 변수를 사용할 때마다 계산 로직이 매번 다른 결과를 내지는 않는지 확인한다.

❷ 읽기전용으로 만들 수 있는 변수는 읽기전용으로 만든다.

❸ 테스트한다.

❹ 변수 대입문을 함수로 추출한다.

　　→ 변수와 함수가 같은 이름을 가질 수 없다면 함수 이름을 임시로 짓는다. 또한, 추출한 함수가 부수효과를 일으키지는 않는지 확인한다. 부수효과가 있다면 질의 함수와 변경 함수 분리하기[11.1절]로 대처한다.

❺ 테스트한다.

❻ 변수 인라인하기[6.4절]로 임시 변수를 제거한다.

예시

간단한 주문^{order} 클래스를 준비했다.

━━ Order 클래스...

```
constructor(quantity, item) {
  this._quantity = quantity;
  this._item = item;
```

```
    }

    get price() {
      var basePrice = this._quantity * this._item.price;
      var discountFactor = 0.98;

      if (basePrice > 1000) discountFactor -= 0.03;
      return basePrice * discountFactor;
    }
```

여기서 임시 변수인 basePrice와 discountFactor를 메서드로 바꿔보자.

❷ 먼저 basePrice에 const를 붙여 읽기전용으로 만들고 ❸ 테스트해본다. 이렇게 하면 못 보고 지나친 재대입 코드를 찾을 수 있다(컴파일 에러가 난다). 지금처럼 코드가 간단할 때는 그럴 일이 없겠지만, 코드가 길면 흔히 벌어지는 일이다.

━━ Order 클래스...
```
    constructor(quantity, item) {
      this._quantity = quantity;
      this._item = item;
    }

    get price() {
      const basePrice = this._quantity * this._item.price;
      var discountFactor = 0.98;
      if (basePrice > 1000) discountFactor -= 0.03;
      return basePrice * discountFactor;
    }
```

❹ 그런 다음 대입문의 우변을 게터로 추출한다.

━━ Order 클래스...
```
    get price() {
      const basePrice = this.basePrice;
      var discountFactor = 0.98;
      if (basePrice > 1000) discountFactor -= 0.03;
      return basePrice * discountFactor;
    }
```

```
get basePrice() {
    return this._quantity * this._item.price;
}
```

❺ 테스트한 다음 ❻ 변수를 인라인[6.4절]한다.

━━━ Order 클래스...
```
get price() {
    const basePrice = this.basePrice;
    var discountFactor = 0.98;
    if (this.basePrice > 1000) discountFactor -= 0.03;
    return this.basePrice * discountFactor;
}
```

discountFactor 변수도 같은 순서로 처리한다. ❹ 먼저 함수 추출하기[6.1절]다.

━━━ Order 클래스...
```
get price() {
    const discountFactor = this.discountFactor;
    return this.basePrice * discountFactor;
}

get discountFactor() {
    var discountFactor = 0.98;
    if (this.basePrice > 1000) discountFactor -= 0.03;
    return discountFactor;
}
```

이번에는 discountFactor에 값을 대입하는 문장이 둘인데, 모두 추출한 함수에 넣어야 한다.
❷ 원본 변수는 마찬가지로 const로 만든다.

❻ 마지막으로 변수 인라인 차례다.

━━━ Order 클래스...
```
get price() {
    return this.basePrice * this.discountFactor;
}
```

7.5 클래스 추출하기
Extract Class

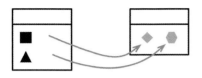

• 반대 리팩터링: 클래스 인라인하기[7.6절]

```
class Person {
  get officeAreaCode() {return this._officeAreaCode;}
  get officeNumber()   {return this._officeNumber;}
}
```

▼

```
class Person {
  get officeAreaCode() {return this._telephoneNumber.areaCode;}
  get officeNumber()   {return this._telephoneNumber.number;}
}
class TelephoneNumber {
  get areaCode() {return this._areaCode;}
  get number()   {return this._number;}
}
```

배경

클래스는 반드시 명확하게 추상화하고 소수의 주어진 역할만 처리해야 한다는 가이드라인을 들어봤을 것이다. 하지만 실무에서는 몇 가지 연산을 추가하고 데이터도 보강하면서 클래스가 점점 비대해지곤 한다. 기존 클래스를 굳이 쪼갤 필요까지는 없다고 생각하여 새로운 역할을 덧씌우기 쉬운데, 역할이 갈수록 많아지고 새끼를 치면서 클래스가 굉장히 복잡해진다. 그러다 보면 어느새 전자레인지로 바짝 익힌 음식처럼 딱딱해지고 만다.

메서드와 데이터가 너무 많은 클래스는 이해하기가 쉽지 않으니 잘 살펴보고 적절히 분리하는 것이 좋다. 특히 일부 데이터와 메서드를 따로 묶을 수 있다면 어서 분리하라는 신호다. 함께 변경되는 일이 많거나 서로 의존하는 데이터들도 분리한다. 특정 데이터나 메서드 일부를 제거하면 어떤 일이 일어나는지 자문해보면 판단에 도움이 된다. 제거해도 다른 필드나 메서드 들이 논리적으로 문제가 없다면 분리할 수 있다는 뜻이다.

개발 후반으로 접어들면 서브클래스가 만들어지는 방식에서 왕왕 징후가 나타나기도 한다. 예컨대 작은 일부의 기능만을 위해 서브클래스를 만들거나, 확장해야 할 기능이 무엇이냐에 따라 서브클래스를 만드는 방식도 달라진다면 클래스를 나눠야 한다는 신호다.

절차

❶ 클래스의 역할을 분리할 방법을 정한다.

❷ 분리될 역할을 담당할 클래스를 새로 만든다.

→ 원래 클래스에 남은 역할과 클래스 이름이 어울리지 않는다면 적절히 바꾼다.

❸ 원래 클래스의 생성자에서 새로운 클래스의 인스턴스를 생성하여 필드에 저장해둔다.

❹ 분리될 역할에 필요한 필드들을 새 클래스로 옮긴다(필드 옮기기[8.2절]). 하나씩 옮길 때마다 테스트한다.

❺ 메서드들도 새 클래스로 옮긴다(함수 옮기기[8.1절]). 이때 저수준 메서드, 즉 다른 메서드를 호출하기보다는 호출을 당하는 일이 많은 메서드부터 옮긴다. 하나씩 옮길 때마다 테스트한다.

❻ 양쪽 클래스의 인터페이스를 살펴보면서 불필요한 메서드를 제거하고, 이름도 새로운 환경에 맞게 바꾼다.

❼ 새 클래스를 외부로 노출할지 정한다. 노출하려거든 새 클래스에 참조를 값으로 바꾸기[9.4절]를 적용할지 고민해본다.

예시

단순한 Person 클래스를 예로 준비했다.

─── Person 클래스...
```
get name()     {return this._name;}
set name(arg) {this._name = arg;}
get telephoneNumber()   {return `(${this.officeAreaCode}) ${this.officeNumber}`;}
get officeAreaCode()    {return this._officeAreaCode;}
set officeAreaCode(arg) {this._officeAreaCode = arg;}
get officeNumber()      {return this._officeNumber;}
set officeNumber(arg)   {this._officeNumber = arg;}
```

❶ 여기서 전화번호 관련 동작을 별도 클래스로 뽑아보자. ❷ 먼저 빈 전화번호를 표현하는 TelephoneNumber 클래스를 정의한다.

─── class TelephoneNumber {
```
    }
```

간단하다. ❸ 다음으로 Person 클래스의 인스턴스를 생성할 때 전화번호 인스턴스도 함께 생성해 저장해둔다.

▬▬▬ Person 클래스...

```
constructor() {
  this._telephoneNumber = new TelephoneNumber();
}
```

▬▬▬ TelephoneNumber 클래스...

```
get officeAreaCode()    {return this._officeAreaCode;}
set officeAreaCode(arg) {this._officeAreaCode = arg;}
```

❹ 그런 다음 필드들을 하나씩 새 클래스로 옮긴다[8.2절].

▬▬▬ Person 클래스...

```
get officeAreaCode()    {return this._telephoneNumber.officeAreaCode;}
set officeAreaCode(arg) {this._telephoneNumber.officeAreaCode = arg;}
```

테스트해서 문제없으면 다음 필드로 넘어간다.

▬▬▬ TelephoneNumber 클래스...

```
get officeNumber()    {return this._officeNumber;}
set officeNumber(arg) {this._officeNumber = arg;}
```

▬▬▬ Person 클래스...

```
get officeNumber()    {return this._telephoneNumber.officeNumber;}
set officeNumber(arg) {this._telephoneNumber.officeNumber = arg;}
```

다시 테스트해보고, ❺ 이어서 telephoneNumber() 메서드를 옮긴다.

▬▬▬ TelephoneNumber 클래스...

```
get telephoneNumber() {return `(${this.officeAreaCode}) ${this.officeNumber}`;}
```

▬▬▬ Person 클래스...

```
get telephoneNumber() {return this._telephoneNumber.telephoneNumber;}
```

❻ 이제 정리할 차례다. 새로 만든 클래스는 순수한 전화번호를 뜻하므로 사무실[office]이란 단어를 쓸 이유가 없다. 마찬가지로 전화번호라는 뜻도 메서드 이름에서 다시 강조할 이유가 없다.

그러니 메서드들의 이름을 적절히 바꿔주자(함수 선언 바꾸기[6.5절]).

━━━ TelephoneNumber 클래스...

```
get areaCode()     {return this._areaCode;}
set areaCode(arg) {this._areaCode = arg;}
get number()     {return this._number;}
set number(arg) {this._number = arg;}
```

━━━ Person 클래스...

```
get officeAreaCode()     {return this._telephoneNumber.areaCode;}
set officeAreaCode(arg) {this._telephoneNumber.areaCode = arg;}
get officeNumber()     {return this._telephoneNumber.number;}
set officeNumber(arg) {this._telephoneNumber.number = arg;}
```

마지막으로 전화번호를 사람이 읽기 좋은 포맷으로 출력하는 역할도 전화번호 클래스에 맡긴다.

━━━ TelephoneNumber 클래스...

```
toString() {return `(${this.areaCode}) ${this.number}`;}
```

━━━ Person 클래스...

```
get telephoneNumber() {return this._telephoneNumber.toString();}
```

❼ 전화번호는 여러모로 쓸모가 많으니 이 클래스는 클라이언트에게 공개하는 것이 좋겠다. 그러면 "office"로 시작하는 메서드들을 없애고 TelephoneNumber의 접근자를 바로 사용하도록 바꿀 수 있다. 그런데 기왕 이렇게 쓸 거라면 전화번호를 값 객체*로 만드는 게 나으니 참조를 값으로 바꾸기[9.4절]부터 적용한다(자세한 방법은 9.4절의 예시에서 소개한다).

....

* *https://martinfowler.com/bliki/ValueObject.html*

7.5 클래스 추출하기
Extract Class

7.6 클래스 인라인하기
Inline Class

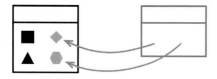

- 반대 리팩터링: 클래스 추출하기[7.5절]

```
class Person {
  get officeAreaCode() {return this._telephoneNumber.areaCode;}
  get officeNumber()   {return this._telephoneNumber.number;}
}
class TelephoneNumber {
  get areaCode() {return this._areaCode;}
  get number()   {return this._number;}
```

▼

```
class Person {
  get officeAreaCode() {return this._officeAreaCode;}
  get officeNumber()   {return this._officeNumber;}
```

배경

클래스 인라인하기는 클래스 추출하기[7.5절]를 거꾸로 돌리는 리팩터링이다. 나는 더 이상 제 역할을 못 해서 그대로 두면 안 되는 클래스는 인라인해버린다. 역할을 옮기는 리팩터링을 하고 나니 특정 클래스에 남은 역할이 거의 없을 때 이런 현상이 자주 생긴다. 이럴 땐 이 불쌍한 클래스를 가장 많이 사용하는 클래스로 흡수시키자.

두 클래스의 기능을 지금과 다르게 배분하고 싶을 때도 클래스를 인라인한다. 클래스를 인라인해서 하나로 합친 다음 새로운 클래스를 추출[7.5절]하는 게 쉬울 수도 있기 때문이다. 이는 코드를 재구성할 때 흔히 사용하는 방식이기도 하다. 상황에 따라 한 컨텍스트의 요소들을 다른 쪽으로 하나씩 옮기는 게 쉬울 수도 있고, 인라인 리팩터링으로 하나로 합친 후 추출하기 리팩터링으로 다시 분리하는 게 쉬울 수도 있다.

절차

❶ 소스 클래스의 각 public 메서드에 대응하는 메서드들을 타깃 클래스에 생성한다. 이 메서드들은 단순히 작업을 소스 클래스로 위임해야 한다.

❷ 소스 클래스의 메서드를 사용하는 코드를 모두 타깃 클래스의 위임 메서드를 사용하도록 바꾼다. 하나씩 바꿀 때마다 테스트한다.

❸ 소스 클래스의 메서드와 필드를 모두 타깃 클래스로 옮긴다. 하나씩 옮길 때마다 테스트한다.

❹ 소스 클래스를 삭제하고 조의를 표한다.

예시

배송 추적 정보를 표현하는 TrackingInformation 클래스를 준비했다.

```
class TrackingInformation {
    get shippingCompany()    {return this._shippingCompany;} // 배송 회사
    set shippingCompany(arg) {this._shippingCompany = arg;}
    get trackingNumber()     {return this._trackingNumber;}  // 추적 번호
    set trackingNumber(arg)  {this._trackingNumber = arg;}
    get display() {
      return `${this.shippingCompany}: ${this.trackingNumber}`;
    }
}
```

이 클래스는 배송^{shipment} 클래스의 일부처럼 사용된다.

```
Shipment 클래스...
    get trackingInfo() {
      return this._trackingInformation.display;
    }
    get trackingInformation()     {return this._trackingInformation;}
    set trackingInformation(aTrackingInformation) {
      this._trackingInformation = aTrackingInformation;
    }
```

TrackingInformation이 예전에는 유용했을지 몰라도 현재는 제 역할을 못 하고 있으니 Shipment 클래스로 인라인하려 한다.

먼저 TrackingInformation의 메서드를 호출하는 코드를 찾는다.

```
aShipment.trackingInformation.shippingCompany = request.vendor;
```

❶ 이처럼 외부에서 직접 호출하는 TrackingInformation의 메서드들을 모조리 Shipment로 옮긴다. 그런데 보통 때의 함수 옮기기[8.1절]와는 약간 다르게 진행해보자. 먼저 Shipment에 위임 함수를 만들고 ❷ 클라이언트가 이를 호출하도록 수정하는 것이다.

━━━ Shipment 클래스...
```
set shippingCompany(arg) {this._trackingInformation.shippingCompany = arg;}
```

━━━ 클라이언트...
```
aShipment.trackingInformation.shippingCompany = request.vendor;
```

클라이언트에서 사용하는 TrackingInformation의 모든 요소를 이런 식으로 처리한다. ❸ 다 고쳤다면 TrackingInformation의 모든 요소를 Shipment로 옮긴다.

먼저 display() 메서드를 인라인[6.2절]한다.

━━━ Shipment 클래스...
```
get trackingInfo() {
  return `${this.shippingCompany}: ${this.trackingNumber}`;
}
```

다음은 배송 회사 필드 차례다.

━━━ Shipment 클래스...
```
get shippingCompany()    {return this._trackingInformation._shippingCompany;}
set shippingCompany(arg) {this._trackingInformation._shippingCompany = arg;}
```

여기서는 이동할 목적지인 Shipment에서 shippingCompany()만 참조하므로 필드 옮기기[8.2절]의 절차를 모두 수행하지 않아도 된다. 그래서 타깃을 참조하는 링크를 소스에 추가하는 단계는 생략한다.

이 과정을 반복하고, ❹ 다 옮겼다면 TrackingInformation 클래스를 삭제한다.

━━━ Shipment 클래스...
```
get trackingInfo() {
  return `${this.shippingCompany}: ${this.trackingNumber}`;
```

```
}
get shippingCompany()    {return this._shippingCompany;}
set shippingCompany(arg) {this._shippingCompany = arg;}
get trackingNumber()     {return this._trackingNumber;}
set trackingNumber(arg)  {this._trackingNumber = arg;}
```

7.7 위임 숨기기
Hide Delegate

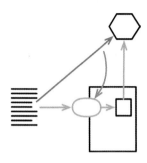

• 반대 리팩터링: 중개자 제거하기[7.8절]

```
manager = aPerson.department.manager;
```

▼

```
manager = aPerson.manager;

class Person {
  get manager() {return this.department.manager;}
```

배경

모듈화 설계를 제대로 하는 핵심은 캡슐화다. 어쩌면 가장 중요한 요소일 수도 있다. 캡슐화는 모듈들이 시스템의 다른 부분에 대해 알아야 할 내용을 줄여준다. 캡슐화가 잘 되어 있다면 무언가를 변경해야 할 때 함께 고려해야 할 모듈 수가 적어져서 코드를 변경하기가 훨씬 쉬워진다.

객체 지향을 처음 배울 때는 캡슐화란 필드를 숨기는 것이라고 배운다. 그러다 경험이 쌓이면서 캡슐화의 역할이 그보다 많다는 사실을 깨닫는다.

예컨대 서버 객체의 필드가 가리키는 객체(위임 객체[delegate])의 메서드를 호출하려면 클라이언트는 이 위임 객체를 알아야 한다. 위임 객체의 인터페이스가 바뀌면 이 인터페이스를 사용하는 모든 클라이언트가 코드를 수정해야 한다. 이러한 의존성을 없애려면 서버 자체에 위임 메서드를 만들어서 위임 객체의 존재를 숨기면 된다. 그러면 위임 객체가 수정되더라도 서버 코드만 고치면 되며, 클라이언트는 아무런 영향을 받지 않는다.

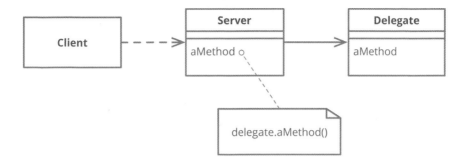

절차

❶ 위임 객체의 각 메서드에 해당하는 위임 메서드를 서버에 생성한다.

❷ 클라이언트가 위임 객체 대신 서버를 호출하도록 수정한다. 하나씩 바꿀 때마다 테스트한다.

❸ 모두 수정했다면, 서버로부터 위임 객체를 얻는 접근자를 제거한다.

❹ 테스트한다.

예시

사람^{person}과 사람이 속한 부서^{department}를 다음처럼 정의했다.

━━━ Person 클래스...

```
constructor(name) {
  this._name = name;
}
get name() {return this._name;}
get department()    {return this._department;}
set department(arg) {this._department = arg;}
```

━━━ Department 클래스...

```
get chargeCode()    {return this._chargeCode;}
set chargeCode(arg) {this._chargeCode = arg;}
get manager()    {return this._manager;}
set manager(arg) {this._manager = arg;}
```

클라이언트에서 어떤 사람이 속한 부서의 관리자를 알고 싶다고 하자. 그러기 위해서는 부서
객체부터 얻어와야 한다.

```
manager = aPerson.department.manager;
```

보다시피 클라이언트는 부서 클래스의 작동 방식, 다시 말해 부서 클래스가 관리자 정보를 제
공한다는 사실을 알아야 한다. ❶ 이러한 의존성을 줄이려면 클라이언트가 부서 클래스를 볼
수 없게 숨기고, 대신 사람 클래스에 간단한 위임 메서드를 만들면 된다.

━━━ Person 클래스...
```
get manager() {return this._department.manager;}
```

❷ 이제 모든 클라이언트가 이 메서드를 사용하도록 고친다.

━━━ 클라이언트...
```
manager = aPerson.department.manager;
```

❸ 클라이언트 코드를 다 고쳤다면 사람 클래스의 department() 접근자를 삭제한다.

7.8 중개자 제거하기
Remove Middle Man

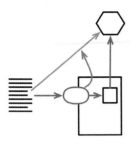

- 반대 리팩터링: 위임 숨기기[7.7절]

```
manager = aPerson.manager;

class Person {
  get manager() {return this.department.manager;}
```

▼

```
manager = aPerson.department.manager;
```

배경

위임 숨기기[7.7절]의 '배경' 절에서 위임 객체를 캡슐화하는 이점을 설명했다. 하지만 그 이점이 거저 주어지는 건 아니다. 클라이언트가 위임 객체의 또 다른 기능을 사용하고 싶을 때마다 서버에 위임 메서드를 추가해야 하는데, 이렇게 기능을 추가하다 보면 단순히 전달만 하는 위임 메서드들이 점점 성가셔진다. 그러면 서버 클래스는 그저 중개자middle man* 역할로 전락하여, 차라리 클라이언트가 위임 객체를 직접 호출하는 게 나을 수 있다.

 이 냄새는 데메테르 법칙Law of Demeter** 을 너무 신봉할 때 자주 나타난다. 나는 이 법칙을 '이따금 유용한 데메테르의 제안' 정도로 부르는 게 훨씬 낫다고 생각한다.

---

* *https://memberservices.informit.com/my_account/webedition/9780135425664/html/smells.html#middle-man*

** 옮긴이_ 영어식 발음을 써서 '디미터의 법칙'이라고도 하며, 또 다른 이름은 '최소 지식 원칙(principle of least knowledge)'이다. 내부 정보를 가능한 한 숨기고 밀접한 모듈과만 상호작용하여 결합도를 낮추자는 원칙으로, 자칫하면 이 과정에서 위임 혹은 래퍼(wrapper) 메서드가 너무 늘어나는 등의 부작용이 있을 수 있으니 상황에 맞게 응용하는 게 좋다.

어느 정도까지 숨겨야 적절한지를 판단하기란 쉽지 않지만, 우리에게는 다행히 위임 숨기기[7.7절]와 중개자 제거하기 리팩터링이 있으니 크게 문제되지는 않는다. 필요하면 언제든 균형점을 옮길 수 있으니 말이다. 시스템이 바뀌면 '적절하다'의 기준도 바뀌기 마련이다. 6개월 전에는 바람직했던 캡슐화가 이제는 어색할 수 있다. 리팩터링은 결코 미안하다고 말하지 않는다.* 즉시 고칠 뿐이다.

절차

❶ 위임 객체를 얻는 게터를 만든다.

❷ 위임 메서드를 호출하는 클라이언트가 모두 이 게터를 거치도록 수정한다. 하나씩 바꿀 때마다 테스트한다.

❸ 모두 수정했다면 위임 메서드를 삭제한다.

→ 자동 리팩터링 도구를 사용할 때는 위임 필드를 캡슐화[6.6절]한 다음. 이를 사용하는 모든 메서드를 인라인[6.2절]한다.

예시

자신이 속한 부서department 객체를 통해 관리자manager를 찾는 사람person 클래스를 살펴보자(이 책을 차례대로 읽고 있다면 굉장히 친숙한 예일 것이다).

━━━ 클라이언트...
```
manager = aPerson.manager;
```

━━━ Person 클래스...
```
get manager() {return this._department.manager;}
```

━━━ Department 클래스...
```
get manager()    {return this._manager;}
```

사용하기 쉽고 부서는 캡슐화되어 있다. 하지만 이런 위임 메서드가 많아지면 사람 클래스의 상당 부분이 그저 위임하는 데만 쓰일 것이다. 그럴 때는 중개자를 제거하는 편이 낫다. ❶ 먼저 위임 객체(부서)를 얻는 게터를 만들자.

━━━ Person 클래스...
```
get department()    {return this._department;}
```

----

* 옮긴이_ 소설 《러브스토리》와 이를 영화화한 동명의 영화에 나온 대사 "Love means never having to say you're sorry"를 패러디한 문장이다.

❷ 이제 각 클라이언트가 부서 객체를 직접 사용하도록 고친다.

■■■■ 클라이언트...
```
manager = aPerson.department.manager;
```

❸ 클라이언트를 모두 고쳤다면 Person의 manager() 메서드를 삭제한다. Person에 단순한 위임 메서드가 더는 남지 않을 때까지 이 작업을 반복한다.

위임 숨기기[7.7절]나 중개자 제거하기를 적당히 섞어도 된다. 자주 쓰는 위임은 그대로 두는 편이 클라이언트 입장에서 편하다. 둘 중 하나를 반드시 해야 한다는 법은 없다. 상황에 맞게 처리하면 되고, 합리적인 사람이라면 어떻게 해야 가장 효과적인지 판단할 수 있을 것이다.

자동 리팩터링을 사용한다면

자동 리팩터링을 사용한다면 다른 방식도 생각해볼 수 있다. 먼저 부서 필드를 캡슐화[6.6절]한다. 그러면 관리자 게터에서 부서의 public 게터를 사용할 수 있다.

■■■■ Person 클래스...
```
get manager() {return this.department.manager;}
```

자바스크립트에서는 이 변화가 잘 드러나지 않지만, department 앞의 밑줄(_)을 빼면, 더 이상 필드를 직접 접근하지 않고 새로 만든 게터를 사용한다는 뜻이다.

그런 다음 manager() 메서드를 인라인[6.2절]하여 모든 호출자를 한 번에 교체한다.

7.9 알고리즘 교체하기

Substitute Algorithm

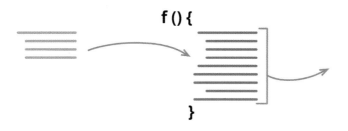

```
function foundPerson(people) {
  for(let i = 0; i < people.length; i++) {
    if (people[i] === "Don") {
      return "Don";
    }
    if (people[i] === "John") {
      return "John";
    }
    if (people[i] === "Kent") {
      return "Kent";
    }
  }
  return "";
}
```

▼

```
function foundPerson(people) {
  const candidates = ["Don", "John", "Kent"];
  return people.find(p => candidates.includes(p)) || '';
}
```

배경

어떤 목적을 달성하는 방법은 여러 가지가 있게 마련이다. 그중에서도 다른 것보다 더 쉬운 방법이 분명히 존재한다. 알고리즘도 마찬가지다. 나는 더 간명한 방법을 찾아내면 복잡한 기존 코드를 간명한 방식으로 고친다. 리팩터링하면 복잡한 대상을 단순한 단위로 나눌 수 있지만, 때로는 알고리즘 전체를 걷어내고 훨씬 간결한 알고리즘으로 바꿔야 할 때가 있다. 문제를 더 확실히 이해하고 훨씬 쉽게 해결하는 방법을 발견했을 때 이렇게 한다. 내 코드와 똑같은 기능을 제공하는 라이브러리를 찾았을 때도 마찬가지다.

알고리즘을 살짝 다르게 동작하도록 바꾸고 싶을 때도 이 변화를 더 쉽게 가할 수 있는 알고리즘으로 통째로 바꾼 후에 처리하면 편할 수 있다.

이 작업에 착수하려면 반드시 메서드를 가능한 한 잘게 나눴는지 확인해야 한다. 거대하고 복잡한 알고리즘을 교체하기란 상당히 어려우니 알고리즘을 간소화하는 작업부터 해야 교체가 쉬워진다.

절차

❶ 교체할 코드를 함수 하나에 모은다.

❷ 이 함수만을 이용해 동작을 검증하는 테스트를 마련한다.

❸ 대체할 알고리즘을 준비한다.

❹ 정적 검사를 수행한다.

❺ 기존 알고리즘과 새 알고리즘의 결과를 비교하는 테스트를 수행한다. 두 결과가 같다면 리팩터링이 끝난다. 그렇지 않다면 기존 알고리즘을 참고해서 새 알고리즘을 테스트하고 디버깅한다.

CHAPTER 08

기능 이동

지금까지는 프로그램 요소를 생성 혹은 제거하거나 이름을 변경하는 리팩터링을 다뤘다. 여기에 더해 요소를 다른 컨텍스트(클래스나 모듈 등)로 옮기는 일 역시 리팩터링의 중요한 축이다. 다른 클래스나 모듈로 함수를 옮길 때는 **함수 옮기기**[8.1절]를 사용한다. 필드 역시 **필드 옮기기**[8.2절]로 옮길 수 있다.

옮기기는 문장 단위에서도 이뤄진다. 문장을 함수 안이나 바깥으로 옮길 때는 **문장을 함수로 옮기기**[8.3절]나 **문장을 호출한 곳으로 옮기기**[8.4절]를 사용한다. 같은 함수 안에서 옮길 때는 **문장 슬라이드하기**[8.6절]를 사용한다. 때로는 한 덩어리의 문장들이 기존 함수와 같은 일을 할 때가 있다. 이럴 때는 **인라인 코드를 함수 호출로 바꾸기**[8.5절]를 적용해 중복을 제거한다.

반복문과 관련하여 자주 사용하는 리팩터링은 두 가지다. 첫 번째는 각각의 반복문이 단 하나의 일만 수행하도록 보장하는 **반복문 쪼개기**[8.7절]고, 두 번째는 반복문을 완전히 없애버리는 **반복문을 파이프라인으로 바꾸기**[8.8절]다.

마지막으로 많은 훌륭한 프로그래머가 즐겨 사용하는 리팩터링인 **죽은 코드 제거하기**[8.9절]가 있다. 필요 없는 문장들을 디지털 화염방사기로 태워버리는 것만큼 짜릿한 일도 없다.

8.1 함수 옮기기
Move Function

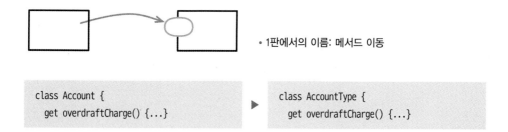

• 1판에서의 이름: 메서드 이동

```
class Account {
  get overdraftCharge() {...}
```

▶

```
class AccountType {
  get overdraftCharge() {...}
```

배경

좋은 소프트웨어 설계의 핵심은 모듈화가 얼마나 잘 되어 있느냐를 뜻하는 모듈성^{modularity}이다. 모듈성이란 프로그램의 어딘가를 수정하려 할 때 해당 기능과 깊이 관련된 작은 일부만 이해해도 가능하게 해주는 능력이다. 모듈성을 높이려면 서로 연관된 요소들을 함께 묶고, 요소 사이의 연결 관계를 쉽게 찾고 이해할 수 있도록 해야 한다. 하지만 프로그램을 얼마나 잘 이해했느냐에 따라 구체적인 방법이 달라질 수 있다. 보통은 이해도가 높아질수록 소프트웨어 요소들을 더 잘 묶는 새로운 방법을 깨우치게 된다. 그래서 높아진 이해를 반영하려면 요소들을 이리저리 옮겨야 할 수 있다.

모든 함수는 어떤 컨텍스트 안에 존재한다. 전역 함수도 있지만 대부분은 특정 모듈에 속한다. 객체 지향 프로그래밍의 핵심 모듈화 컨텍스트는 클래스다. 또한 함수를 다른 함수에 중첩시켜도 또 다른 공통 컨텍스트를 만들게 된다. 프로그래밍 언어들은 저마다의 모듈화 수단을 제공하며, 각각의 수단이 함수가 살아 숨 쉬는 컨텍스트를 만들어준다.

어떤 함수가 자신이 속한 모듈 A의 요소들보다 다른 모듈 B의 요소들을 더 많이 참조한다면 모듈 B로 옮겨줘야 마땅하다. 이렇게 하면 캡슐화가 좋아져서, 이 소프트웨어의 나머지 부분은 모듈 B의 세부사항에 덜 의존하게 된다.

이와 비슷하게, 호출자들의 현재 위치(호출자가 속한 모듈)나 다음 업데이트 때 바뀌리라 예상되는 위치에 따라서도 함수를 옮겨야 할 수 있다. 예컨대 다른 함수 안에서 도우미 역할로 정의된 함수 중 독립적으로도 고유한 가치가 있는 것은 접근하기 더 쉬운 장소로 옮기는 게 낫다. 또한 다른 클래스로 옮겨두면 사용하기 더 편한 메서드도 있다.

함수를 옮길지 말지를 정하기란 쉽지 않다. 그럴 땐 대상 함수의 현재 컨텍스트와 후보 컨텍스트를 둘러보면 도움이 된다. 대상 함수를 호출하는 함수들은 무엇인지, 대상 함수가 호출하는 함수들은 또 무엇이 있는지, 대상 함수가 사용하는 데이터는 무엇인지를 살펴봐야 한다. 서로 관련된 여러 함수를 묶을 새로운 컨텍스트가 필요해질 때도 많은데, 이럴 때는 여러 함수를 클래스로 묶기[6.9절]나 클래스 추출하기[7.5절]로 해결할 수 있다. 함수의 최적 장소를 정하기가 어려울 수 있으나, 선택이 어려울수록 큰 문제가 아닌 경우가 많다. 경험상 함수들을 한 컨텍스트에 두고 작업해보는 것도 괜찮다. 그곳이 얼마나 적합한지는 차차 깨달아갈 것임을 알고 있고, 잘 맞지 않다고 판단되면 위치는 언제든 옮길 수 있으니 말이다.

절차

8.1 함수 옮기기
Move Function

❶ 선택한 함수가 현재 컨텍스트에서 사용 중인 모든 프로그램 요소를 살펴본다. 이 요소들 중에도 함께 옮겨야 할 게 있는지 고민해본다.

→ 호출되는 함수 중 함께 옮길 게 있다면 대체로 그 함수를 먼저 옮기는 게 낫다. 얽혀 있는 함수가 여러 개라면 다른 곳에 미치는 영향이 적은 함수부터 옮기도록 하자.

→ 하위 함수들의 호출자가 고수준 함수 하나뿐이면 먼저 하위 함수들을 고수준 함수에 인라인한 다음. 고수준 함수를 옮기고, 옮긴 위치에서 개별 함수들로 다시 추출하자.

❷ 선택한 함수가 다형 메서드인지 확인한다.

→ 객체 지향 언어에서는 같은 메서드가 슈퍼클래스나 서브클래스에도 선언되어 있는지까지 고려해야 한다.

❸ 선택한 함수를 타깃 컨텍스트로 복사한다(이때 원래의 함수를 소스 함수source function라 하고 복사해서 만든 새로운 함수를 타깃 함수target function라 한다). 타깃 함수가 새로운 터전에 잘 자리 잡도록 다듬는다.

→ 함수 본문에서 소스 컨텍스트의 요소를 사용한다면 해당 요소들을 매개변수로 넘기거나 소스 컨텍스트 자체를 참조로 넘겨준다.

→ 함수를 옮기게 되면 새로운 컨텍스트에 어울리는 새로운 이름으로 바꿔줘야 할 경우가 많다. 필요하면 바꿔준다.

❹ 정적 분석을 수행한다.

❺ 소스 컨텍스트에서 타깃 함수를 참조할 방법을 찾아 반영한다.

❻ 소스 함수를 타깃 함수의 위임 함수가 되도록 수정한다.

❼ 테스트한다.

❽ 소스 함수를 인라인[6.2절]할지 고민해본다.

→ 소스 함수는 언제까지라도 위임 함수로 남겨둘 수 있다. 하지만 소스 함수를 호출하는 곳에서 타깃 함수를 직접 호출하는 데 무리가 없다면 중간 단계(소스 함수)는 제거하는 편이 낫다.

예시: 중첩 함수를 최상위로 옮기기

GPS 추적 기록의 총 거리를 계산하는 함수로 시작해보자.

```
function trackSummary(points) {
  const totalTime = calculateTime();
  const totalDistance = calculateDistance();
  const pace = totalTime / 60 / totalDistance;
  return {
    time: totalTime,
    distance: totalDistance,
    pace: pace
  };

  function calculateDistance() { // 총 거리 계산
    let result = 0;
    for (let i = 1; i < points.length; i++) {
      result += distance(points[i-1], points[i]);
    }
    return result;
  }

  function distance(p1, p2) { ... } // 두 지점의 거리 계산
  function radians(degrees) { ... } // 라디안 값으로 변환
  function calculateTime() { ... }  // 총 시간 계산
```

이 함수에서 중첩 함수인 calculateDistance()를 최상위로 옮겨서 추적 거리를 다른 정보와
는 독립적으로 계산하고 싶다.

❸ 가장 먼저 할 일은 이 함수를 최상위로 복사하는 것이다.

```
function trackSummary(points) {
  const totalTime = calculateTime();
  const totalDistance = calculateDistance();
  const pace = totalTime / 60 / totalDistance;
  return {
    time: totalTime,
    distance: totalDistance,
    pace: pace
  };
```

```
function calculateDistance() {
  let result = 0;
  for (let i = 1; i < points.length; i++) {
    result += distance(points[i-1], points[i]);
  }
  return result;
}
...

function distance(p1, p2) { ... }
function radians(degrees) { ... }
function calculateTime() { ... }
}

function top_calculateDistance() {    ◁─── 최상위로 복사하면서 새로운 (임시) 이름을 지어줌
  let result = 0;
  for (let i = 1; i < points.length; i++) {
    result += distance(points[i-1], points[i]);
  }
  return result;
}
```

이처럼 함수를 복사할 때 이름을 달리해주면 코드에서나 머릿속에서나 소스 함수와 타깃 함수가 쉽게 구별된다. 지금은 가장 적합한 이름을 고민할 단계가 아니므로 임시로 지어주면 된다.

이 프로그램은 지금 상태로도 동작은 하지만 내 정적 분석기는 불만을 토로한다. 새 함수가 정의되지 않은 심벌(distance와 points)을 사용하기 때문이다. points는 매개변수로 넘기면 자연스러울 것이다.

```
function top_calculateDistance(points) {
  let result = 0;
  for (let i = 1; i < points.length; i++) {
    result += distance(points[i-1], points[i]);
  }
  return result;
}
```

❶ distance() 함수도 똑같이 처리할 수 있지만 calculateDistance()와 함께 옮기는 게 합리적으로 보인다. 다음은 distance() 자신과 distance()가 의존하는 코드다.

```
function distance(p1, p2) {
  // 하버사인 공식(haversine formula)은 다음 사이트를 참고하자.
  // http://www.movable-type.co.uk/scripts/latlong.html
  const EARTH_RADIUS = 3959; // 단위: 마일(mile)
  const dLat = radians(p2.lat) - radians(p1.lat);
  const dLon = radians(p2.lon) - radians(p1.lon);
  const a = Math.pow(Math.sin(dLat / 2), 2)
        + Math.cos(radians(p2.lat))
        * Math.cos(radians(p1.lat))
        * Math.pow(Math.sin(dLon / 2), 2);
  const c = 2 * Math.atan2(Math.sqrt(a), Math.sqrt(1-a));
  return EARTH_RADIUS * c;
}

function radians(degrees) {
  return degrees * Math.PI / 180;
}
```

보다시피 distance()는 radians()만 사용하며, radians()는 현재 컨텍스트에 있는 어떤 것도 사용하지 않는다. 따라서 두 함수를 매개변수로 넘기기보다는 함께 옮겨버리는 게 낫다. 이를 위한 작은 첫 단추로, 현재 컨텍스트에서 이 함수들을 calculateDistance() 함수 안으로 옮겨보자.

```
function trackSummary(points) {
  const totalTime = calculateTime();
  const totalDistance = calculateDistance();
  const pace = totalTime / 60 / totalDistance;
  return {
    time: totalTime,
    distance: totalDistance,
    pace: pace
  };

  function calculateDistance() {
    let result = 0;
    for (let i = 1; i < points.length; i++) {
      result += distance(points[i-1], points[i]);
    }
```

```
    return result;

    function distance(p1, p2) { ... }
    function radians(degrees) { ... }
  }
```

그런 다음 정적 분석과 테스트를 활용해 어딘가에서 문제가 생기는지 검증해보자. 지금 경우엔 아무 문제가 없으니 같은 내용을 새로 만든 top_calculateDistance() 함수로도 복사한다.

```
function top_calculateDistance(points) {
    let result = 0;
    for (let i = 1; i < points.length; i++) {
      result += distance(points[i-1], points[i]);
    }
    return result;

    function distance(p1, p2) { ... }
    function radians(degrees) { ... }
```

이번에도 복사한 코드가 프로그램 동작에 아무런 영향을 주지 않지만 ❹ 다시 한번 정적 분석을 수행해볼 타이밍이다. 내가 만약 distance()가 radians()를 호출하는 걸 발견하지 못했더라도 린터linter(정적 분석기)가 지금 단계에서 이 문제를 찾아줬을 것이다.

❺ 이제 밥상을 다 차렸으니 메인 요리(핵심이 되는 수정)를 맛볼 시간이다. 즉, 소스 함수인 calculateDistance()의 본문을 수정하여 top_calculateDistance()를 호출하게 하자.

```
function trackSummary(points) {
    const totalTime = calculateTime();
    const totalDistance = calculateDistance();
    const pace = totalTime / 60 / totalDistance;
    return {
      time: totalTime,
      distance: totalDistance,
      pace: pace
    };

    function calculateDistance() {
      return top_calculateDistance(points);
    }
```

❼ 이 시점에서 '반드시' 모든 테스트를 수행하여 옮겨진 함수가 새 보금자리에 잘 정착했는지를 확인해야 한다.

테스트에 통과하면 이삿짐을 새 집에 풀어놓는다. 가장 먼저 소스 함수를 대리자 역할로 그대로 둘 지를 정한다. 이 예의 소스 함수는 (중첩된 함수답게) 호출자가 많지 않은, 상당히 지역화된 함수다. 그러니 소스 함수는 제거하는 편이 낫겠다.

```
function trackSummary(points) {
  const totalTime = calculateTime();
  const totalDistance = top_calculateDistance(points);
  const pace = totalTime / 60 / totalDistance;
  return {
    time: totalTime,
    distance: totalDistance,
    pace: pace
  };

  function calculateDistance() {
    return top_calculateDistance(points);
  }
}
```

이제 새 함수에 이름을 지어줄 시간이다. 최상위 함수는 가시성이 가장 높으니 적합한 이름을 신중히 지어주는 게 좋다. totalDistance() 정도면 부족하지 않을 것이다. 그런데 trackSummary() 안에 정의된 똑같은 이름의 변수가 새 함수를 가릴 것이라 곧바로 적용할 수는 없다. 어떻게 하면 좋을까? 곰곰이 생각해보면 이 변수를 남겨둘 이유가 없으니 변수 인라인하기[6.4절]로 해결하자.

```
function trackSummary(points) {
  const totalTime = calculateTime();
  const pace = totalTime / 60 / totalDistance(points);
  return {
    time: totalTime,
    distance: totalDistance(points),
    pace: pace
  };

  function totalDistance(points) {
    let result = 0;
```

```
    for (let i = 1; i < points.length; i++) {
      result += distance(points[i-1], points[i]);
    }
    return result;
```

혹시나 이 변수를 남겨둬야 한다면 변수 이름을 totalDistanceCache나 distance 정도로 바꿔주면 된다.

distance()와 radians() 함수도 totalDistance() 안의 어떤 것에도 의존하지 않으니, 나라면 이들 역시 최상위로 옮길 것이다. 그러면 네 함수 모두 최상위가 된다.

```
function trackSummary(points) { ... }
function totalDistance(points) { ... }
function distance(p1, p2) { ... }
function radians(degrees) { ... }
```

distance()와 radians()를 totalDistance() 안에 그대로 두어 가시성을 줄이는 쪽을 선호하는 이도 있을 것이다. 언어에 따라 이 방식도 고려해봄 직하지만, ES2015 이후의 자바스크립트라면 멋진 모듈 메커니즘을 이용해 함수 가시성을 제어할 수 있다. 중첩 함수를 사용하다 보면 숨겨진 데이터끼리 상호 의존하기가 아주 쉬우니 중첩 함수는 되도록 만들지 말자.

예시: 다른 클래스로 옮기기

이번엔 함수 옮기기 리팩터링의 다채로움을 보여주기 위한 예를 준비했다.

```
Account 클래스...
    get bankCharge() {  // 은행 이자 계산
      let result = 4.5;
      if (this._daysOverdrawn > 0) result += this.overdraftCharge;
      return result;
    }

    get overdraftCharge() {  // 초과 인출 이자 계산
      if (this.type.isPremium) {
        const baseCharge = 10;
        if (this.daysOverdrawn <= 7)
          return baseCharge;
        else
```

```
      return baseCharge + (this.daysOverdrawn - 7) * 0.85;
    }
    else
      return this.daysOverdrawn * 1.75;
  }
```

이제부터 계좌 종류에 따라 이자 책정 알고리즘이 달라지도록 고쳐보자. 그러려면 마이너스 통장의 초과 인출 이자를 계산하는 overdraftCharge()를 계좌 종류 클래스인 AccountType으로 옮기는 게 자연스러울 것이다.

❶ 첫 단계로 overdraftCharge() 메서드가 사용하는 기능들을 살펴보고, 그 모두를 한꺼번에 옮길만한 가치가 있는지 고민해보자. 이 예에서는 daysOverdrawn() 메서드는 Account 클래스에 남겨둬야 한다. (계좌 종류가 아닌) 계좌별로 달라지는 메서드이기 때문이다.

❸ 다음으로 overdraftCharge() 메서드 본문을 AccountType 클래스로 복사한 후 새 보금자리에 맞게 정리한다.

══════ AccountType 클래스...
```
    overdraftCharge(daysOverdrawn) {
      if (this.isPremium) {
        const baseCharge = 10;
        if (daysOverdrawn <= 7)
          return baseCharge;
        else
          return baseCharge + (daysOverdrawn - 7) * 0.85;
      }
      else
        return daysOverdrawn * 1.75;
    }
```

이 메서드를 새 보금자리에 맞추려면 호출 대상 두 개의 범위를 조정해야 한다. isPremium은 단순히 this를 통해 호출했다. 한편 daysOverdrawn은 값을 넘길지, 아니면 계좌채로 넘길지 정해야 한다. 우선은 간단히 값으로 넘기기로 하자. 하지만 초과 인출된 일수 외에 다른 정보가 필요해지면 추후 계좌채로 넘기도록 변경할 수도 있을 것이다. 계좌에서 원하는 정보가 계좌 종류에 따라 달라진다면 더욱 그렇다.

❻ 다음으로, 원래 메서드의 본문을 수정하여 새 메서드를 호출하도록 한다. 이제 원래 메서드

는 위임 메서드가 된다.

▬▬ Account 클래스...

```
get bankCharge() {
  let result = 4.5;
  if (this._daysOverdrawn > 0) result += this.overdraftCharge;
  return result;
}


get overdraftCharge() {     ◀── 위임 메서드
  return this.type.overdraftCharge(this.daysOverdrawn);
}
```

❽ 이제 위임 메서드인 overdraftCharge()를 남겨둘지 아니면 인라인할지 정해야 한다. 인라인 쪽을 선택하면 다음처럼 된다.

▬▬ Account 클래스...

```
get bankCharge() {
  let result = 4.5;
  if (this._daysOverdrawn > 0)
    result += this.type.overdraftCharge(this.daysOverdrawn);
  return result;
}
```

소스 컨텍스트에서 가져와야 할 데이터가 많다면?

이전 단계들에서 daysOverdrawn을 매개변수로 넘겼지만, 만약 계좌에서 가져와야 할 데이터가 많았다면 다음과 같이 계좌 자체를 넘겼을 것이다.

▬▬ Account 클래스...

```
get bankCharge() {
  let result = 4.5;
  if (this._daysOverdrawn > 0) result += this.overdraftCharge;
  return result;
}


get overdraftCharge() {
  return this.type.overdraftCharge(this);
}
```

```
    overdraftCharge(account) {
      if (this.isPremium) {
        const baseCharge = 10;
        if (account.daysOverdrawn <= 7)
          return baseCharge;
        else
          return baseCharge + (account.daysOverdrawn - 7) * 0.85;
      }
      else
        return account.daysOverdrawn * 1.75;
    }
```

8.2 필드 옮기기

Move Field

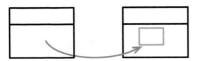

```
class Customer {
  get plan() {return this._plan;}
  get discountRate() {return this._discountRate;}
```

▼

```
class Customer {
  get plan() {return this._plan;}
  get discountRate() {return this.plan.discountRate;}
```

배경

프로그램의 상당 부분이 동작을 구현하는 코드로 이뤄지지만 프로그램의 진짜 힘은 데이터 구조에서 나온다. 주어진 문제에 적합한 데이터 구조를 활용하면 동작 코드는 자연스럽게 단순하고 직관적으로 짜여진다. 반면 데이터 구조를 잘못 선택하면 아귀가 맞지 않는 데이터를 다루기 위한 코드로 범벅이 된다. 이해하기 어려운 코드가 만들어지는 데서 끝나지 않고, 데이터 구조 자체도 그 프로그램이 어떤 일을 하는지 파악하기 어렵게 한다.

그래서 데이터 구조가 중요하다. 하지만 훌륭한 프로그램이 갖춰야 할 다른 요인들과 마찬가지로, 제대로 하기가 어렵다. 가장 적합한 데이터 구조를 알아내고자 프로젝트 초기에 분석을 해본 결과, 경험과 도메인 주도 설계 같은 기술이 내 능력을 개선해줌을 알아냈다. 하지만 나의 모든 기술과 경험에도 불구하고 초기 설계에서는 실수가 빈번했다. 프로젝트를 진행할수록 우리는 문제 도메인과 데이터 구조에 대해 더 많은 것을 배우게 된다. 그래서 오늘까지는 합리적이고 올바랐던 설계가 다음 주가 되면 잘못된 것으로 판명나곤 한다.

현재 데이터 구조가 적절치 않음을 깨닫게 되면 곧바로 수정해야 한다. 고치지 않고 데이터 구조에 남겨진 흠들은 우리 머릿속을 혼란스럽게 하고 훗날 작성하게 될 코드를 더욱 복잡하게 만들어버린다.

예컨대 함수에 어떤 레코드를 넘길 때마다 또 다른 레코드의 필드도 함께 넘기고 있다면 데이터 위치를 옮겨야 할 것이다. 함수에 항상 함께 건네지는 데이터 조각들은 상호 관계가 명확하게 드러나도록 한 레코드에 담는 게 가장 좋다. 변경 역시 주요한 요인이다. 한 레코드를 변경하려 할 때 다른 레코드의 필드까지 변경해야만 한다면 필드의 위치가 잘못되었다는 신호다. 구조체 여러 개에 정의된 똑같은 필드들을 갱신해야 한다면 한 번만 갱신해도 되는 다른 위치로 옮기라는 신호다.

필드 옮기기 리팩터링은 대체로 더 큰 변경의 일환으로 수행된다. 예컨대 필드 하나를 잘 옮기면, 그 필드를 사용하던 많은 코드가 원래 위치보다 옮겨진 위치에서 사용하는 게 더 수월할 수 있다. 그렇다면 리팩터링을 마저 진행하여 호출 코드들까지 모두 변경한다. 비슷하게, 옮기려는 데이터가 쓰이는 패턴 때문에 당장은 필드를 옮길 수 없을 때도 있다. 이럴 땐 사용 패턴을 먼저 리팩터링한 다음에 필드를 옮겨준다.

지금까지의 설명에서 레코드라는 용어를 썼지만, 레코드 대신 클래스나 객체가 와도 똑같다. 클래스는 함수가 곁들여진 레코드라 할 수 있으며, 다른 데이터와 마찬가지로 건강하게 관리돼야 한다. 클래스의 데이터들은 접근자 메서드들 뒤에 감춰져(캡슐화되어) 있으므로 클래스에 곁들여진 함수(메서드)들은 데이터를 이리저리 옮기는 작업을 쉽게 해준다. 데이터의 위치를 옮기더라도 접근자만 그에 맞게 수정하면 클라이언트 코드들은 아무 수정 없이도 동작할 것이다. 따라서 클래스를 사용하면 이 리팩터링을 수행하기가 더 쉬워지며, 그래서 이어지는 설명에서는 클래스를 사용한다고 가정한다. 캡슐화되지 않는 날^{bare} 레코드를 사용해도 똑같이 변경할 수는 있지만, 더 까다로울 것이다.

절차

❶ 소스 필드가 캡슐화되어 있지 않다면 캡슐화한다.

❷ 테스트한다.

❸ 타깃 객체에 필드(와 접근자 메서드들)를 생성한다.

❹ 정적 검사를 수행한다.

❺ 소스 객체에서 타깃 객체를 참조할 수 있는지 확인한다.

→ 기존 필드나 메서드 중 타깃 객체를 넘겨주는 게 있을지 모른다. 없다면 이런 기능의 메서드를 쉽게 만들 수 있는지 살펴본다. 간단치 않다면 타깃 객체를 저장할 새 필드를 소스 객체에 생성하자.

이는 영구적인 변경이 되겠지만, 더 넓은 맥락에서 리팩터링을 충분히 하고 나면 다시 없앨 수 있을 때도 있다.

❻ 접근자들이 타깃 필드를 사용하도록 수정한다.

→ 여러 소스에서 같은 타깃을 공유한다면, 먼저 세터를 수정하여 타깃 필드와 소스 필드 모두를 갱신하게 하고, 이어서 일관성을 깨뜨리는 갱신을 검출할 수 있도록 어서션을 추가[10.6절]하자. 모든 게 잘 마무리되었다면 접근자들이 타깃 필드를 사용하도록 수정한다.

❼ 테스트한다.

❽ 소스 필드를 제거한다.

❾ 테스트한다.

예시

다음의 고객 클래스(Customer)와 계약 클래스(CustomerContract)에서 시작하자.

8.2 필드 옮기기
Move Field

▬▬▬ Customer 클래스...

```
constructor(name, discountRate) {
  this._name = name;
  this._discountRate = discountRate;
  this._contract = new CustomerContract(dateToday());
}


get discountRate() {return this._discountRate;}
becomePreferred() {
  this._discountRate += 0.03;
  // 다른 멋진 일들
}
applyDiscount(amount) {
  return amount.subtract(amount.multiply(this._discountRate));
}
```

▬▬▬ CustomerContract 클래스...

```
constructor(startDate) {
  this._startDate = startDate;
}
```

여기서 할인율을 뜻하는 discountRate 필드를 Customer에서 CustomerContract로 옮기고 싶다고 해보자.

❶ 가장 먼저 할 일은 이 필드를 캡슐화하는 것이다(변수 캡슐화하기[6.6절]).

```
    constructor(name, discountRate) {
      this._name = name;
      this._setDiscountRate(discountRate);
      this._contract = new CustomerContract(dateToday());
    }

    get discountRate() {return this._discountRate;}
    _setDiscountRate(aNumber) {this._discountRate = aNumber;}
    becomePreferred() {
      this._setDiscountRate(this.discountRate + 0.03);
      // 다른 멋진 일들
    }
    applyDiscount(amount) {
      return amount.subtract(amount.multiply(this.discountRate));
    }
```

할인율을 수정하는 public 세터를 만들고 싶지는 않아서 세터 속성이 아니라 메서드를 이용했다.

❸ 이제 **CustomerContract** 클래스에 필드 하나와 접근자들을 추가한다.

```
    constructor(startDate, discountRate) {
      this._startDate = startDate;
      this._discountRate = discountRate;
    }

    get discountRate()    {return this._discountRate;}
    set discountRate(arg) {this._discountRate = arg;}
```

❻ 그런 다음 **Customer**의 접근자들이 새로운 필드를 사용하도록 수정한다. 다 수정하고 나면 "Cannot set property 'discountRate' of undefined"라는 오류가 날 것이다("discountRate 속성은 정의되지 않았으므로 설정할 수 없습니다"라는 뜻이다). 생성자에서 **Contract** 객체를 생성하기도 전에 **_setDiscountRate()**를 호출하기 때문이다. 이 오류를 고치려면 먼저 기존 상태로 되돌린 다음, 문장 슬라이드하기[8.6절]를 적용해 **_setDiscountRate()** 호출을 계약 생성 뒤로 옮겨야 한다.

```
constructor(name, discountRate) {
  this._name = name;
  this._contract = new CustomerContract(dateToday());
  this._setDiscountRate(discountRate);
}
```

테스트에 성공하면 접근자들을 다시 수정하여 새로운 계약 인스턴스를 사용하도록 한다.

Customer 클래스...

```
get discountRate() {return this._contract.discountRate;}
_setDiscountRate(aNumber) {this._contract.discountRate = aNumber;}
```

❽ 자바스크립트를 사용하고 있으므로 소스 필드를 미리 선언할 필요는 없었다. 그래서 제거해야 할 것도 없다.

날 레코드* 변경하기

이 리팩터링은 대체로 객체를 활용할 때가 더 수월하다. 캡슐화 덕에 데이터 접근을 메서드로 자연스럽게 감싸주기 때문이다. 반면, 여러 함수가 날 레코드를 직접 사용하는 경우라면 이 리팩터링은 (여전히 수행할 가치는 있지만) 훨씬 까다롭다.

이럴 때는 접근자 함수들을 만들고, 날 레코드를 읽고 쓰는 모든 함수가 접근자를 거치도록 고치면 된다. 옮길 필드가 불변이라면 값을 처음 설정할 때 소스와 타깃 필드를 한꺼번에 갱신하게 하고, 읽기 함수들은 점진적으로 마이그레이션하자.

나라면 가장 먼저 레코드를 캡슐화[7.1절]하여 클래스로 바꿀 것이다. 물론 가능할 때의 얘기지만, 이렇게 하면 필드 옮기기 리팩터링이 수월해진다.

---

* 옮긴이_ 여기서 날 레코드(bare record)란 C 언어의 구조체(struct)처럼 데이터를 외부로 직접 노출하는 레코드를 뜻한다. 게터와 세터로 내부 데이터를 한 단계 감싸는 객체와 대비되는 의미로 쓰였다.

예시: 공유 객체로 이동하기

다른 사례를 보자. 다음 코드는 이자율$^{interest\ rate}$을 계좌^{account}별로 설정하고 있다.

▬▬ Account 클래스...

```
constructor(number, type, interestRate) {
  this._number = number;
  this._type = type;
  this._interestRate = interestRate;
}

get interestRate() {return this._interestRate;}
```

▬▬ AccountType 클래스...

```
constructor(nameString) {
  this._name = nameString;
}
```

이 코드를 수정하여 이자율이 계좌 종류에 따라 정해지도록 하려고 한다.

❶ 이자율 필드는 이미 잘 캡슐화되어 있으니 ❸ 가볍게 타깃인 AccountType에 이자율 필드와 필요한 접근자 메서드를 생성해보자.

▬▬ AccountType 클래스...

```
constructor(nameString, interestRate) {
  this._name = nameString;
  this._interestRate = interestRate;
}

get interestRate() {return this._interestRate;}
```

❹ 그런데 Account가 AccountType의 이자율을 가져오도록 수정하면 문제가 생길 수 있다. 이 리팩터링 전에는 각 계좌가 자신만의 이자율을 갖고 있었고, 지금은 종류가 같은 모든 계좌가 이자율을 공유하기를 원한다. 만약 수정 전에도 이자율이 계좌 종류별로 같게 설정되어 있었다면 겉보기 동작이 달라지지 않으니 그대로 리팩터링하면 된다. 하지만 이자율이 다른 계좌가 하나라도 있었다면, 이건 더 이상 리팩터링이 아니다. 수정 전과 후의 겉보기 동작이 달라지기 때문이다. 따라서 (예컨대) 계좌 데이터를 데이터베이스에 보관한다면 먼저 데이터베이스를 확인해서 모든 계좌의 이자율이 계좌 종류에 부합하게 설정되어 있는지 확인해야 한다. 계

좌 클래스에 어서션을 추가[10.6절]하는 것도 도움이 된다.

━━ Account 클래스...

```
constructor(number, type, interestRate) {
  this._number = number;
  this._type = type;
  assert(interestRate === this._type.interestRate);
  this._interestRate = interestRate;
}

get interestRate() {return this._interestRate;}
```

이와 같이 어서션을 적용한 채 시스템을 잠시 운영해보며 오류가 생기는지 지켜보는 것이다. 어서션을 추가하는 대신 문제 발생 시 로깅하는 방법도 있다. ❻ 시스템의 겉보기 동작이 달라지지 않는다는 확신이 서면 이자율을 가져오는 부분을 변경하고 ❽ Account에서 이자율을 직접 수정하던 코드를 완전히 제거한다.

━━ Account 클래스...

```
constructor(number, type) {
  this._number = number;
  this._type = type;
}

get interestRate() {return this._type.interestRate;}
```

8.3 문장을 함수로 옮기기
Move Statements into Function

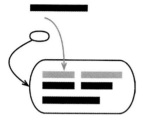

• 반대 리팩터링: 문장을 호출한 곳으로 옮기기[8.4절]

```
result.push(`<p>제목: ${person.photo.title}</p>`);
result.concat(photoData(person.photo));

function photoData(aPhoto) {
  return [
    `<p>위치: ${aPhoto.location}</p>`,
    `<p>날짜: ${aPhoto.date.toDateString()}</p>`,
  ];
}
```

▼

```
result.concat(photoData(person.photo));

function photoData(aPhoto) {
  return [
    `<p>제목: ${aPhoto.title}</p>`,
    `<p>위치: ${aPhoto.location}</p>`,
    `<p>날짜: ${aPhoto.date.toDateString()}</p>`,
  ];
}
```

배경

중복 제거는 코드를 건강하게 관리하는 가장 효과적인 방법 중 하나다. 예컨대 특정 함수를 호출하는 코드가 나올 때마다 그 앞이나 뒤에서 똑같은 코드가 추가로 실행되는 모습을 보면, 나는 그 반복되는 부분을 피호출 함수로 합치는 방법을 궁리한다. 이렇게 해두면 추후 반복되는 부분에서 무언가 수정할 일이 생겼을 때 단 한 곳만 수정하면 된다. 호출하는 곳이 아무리 많더라도 말이다. 혹시 나중에 이 코드의 동작을 여러 변형들로 나눠야 하는 순간이 오면 (반대 리팩터링인) 문장을 호출한 곳으로 옮기기[8.4절]를 적용하여 쉽게 다시 뽑아낼 수 있다.

문장들을 함수로 옮기려면 그 문장들이 피호출 함수의 일부라는 확신이 있어야 한다. 피호출 함수와 한 몸은 아니지만 여전히 함께 호출돼야 하는 경우라면 단순히 해당 문장들과 피호출 함수를 통째로 또 하나의 함수로 추출[6.1절]한다. 이 방법도 절차는 똑같다. 단, 마지막의 인라인과 이름 바꾸기 단계(❺번과 ❻번)만 제외하면 된다. 이 역시 심심치 않게 활용되는 방법이며, 나중에 필요하다면 생략했던 마지막 단계들을 마저 수행할 수도 있다.

절차

❶ 반복 코드가 함수 호출 부분과 멀리 떨어져 있다면 문장 슬라이드하기[8.6절]를 적용해 근처로 옮긴다.

❷ 타깃 함수를 호출하는 곳이 한 곳뿐이면, 단순히 소스 위치에서 해당 코드를 잘라내어 피호출 함수로 복사하고 테스트한다. 이 경우라면 나머지 단계는 무시한다.

❸ 호출자가 둘 이상이면 호출자 중 하나에서 '타깃 함수 호출 부분과 그 함수로 옮기려는 문장들을 함께' 다른 함수로 추출[6.1절]한다. 추출한 함수에 기억하기 쉬운 임시 이름을 지어준다.

❹ 다른 호출자 모두가 방금 추출한 함수를 사용하도록 수정한다. 하나씩 수정할 때마다 테스트한다.

❺ 모든 호출자가 새로운 함수를 사용하게 되면 원래 함수를 새로운 함수 안으로 인라인[6.2절]한 후 원래 함수를 제거한다.

❻ 새로운 함수의 이름을 원래 함수의 이름으로 바꿔준다(함수 이름 바꾸기[6.5절]).
  → 더 나은 이름이 있다면 그 이름을 쓴다.

예시

사진 관련 데이터를 HTML로 내보내는 코드를 준비했다.

```
function renderPerson(outStream, person) {
    const result = [];
    result.push(`<p>${person.name}</p>`);
    result.push(renderPhoto(person.photo));
    result.push(`<p>제목: ${person.photo.title}</p>`);   ←── 제목 출력
    result.push(emitPhotoData(person.photo));
    return result.join("\n");
}
```

```
function photoDiv(p) {
  return [
    "<div>",
    `<p>제목: ${p.title}</p>`,    ◁── 제목 출력
    emitPhotoData(p),
    "</div>",
  ].join("\n");
}

function emitPhotoData(aPhoto) {
  const result = [];
  result.push(`<p>위치: ${aPhoto.location}</p>`);
  result.push(`<p>날짜: ${aPhoto.date.toDateString()}</p>`);
  return result.join("\n");
}
```

이 코드에서는 총 두 곳에서 emitPhotoData()를 호출하며, 두 곳 모두 바로 앞에는 제목 (title) 출력 코드가 나온다. 제목을 출력하는 코드를 emitPhotoData() 안으로 옮겨 이 중복을 없애보자. 호출자가 하나였다면 단순히 해당 코드를 잘라 붙이면 되지만, 호출자 수가 늘어날수록 더 안전한 길을 택해야 한다.

❸ 가장 먼저 호출자 중 하나에 함수 추출하기[6.1]절를 적용하자. 다음과 같이 emitPhotoData()로 옮기려는 코드와 emitPhotoData() 호출문을 함께 추출하면 된다.

```
function photoDiv(p) {
  return [
    "<div>",
    zznew(p),
    "</div>",
  ].join("\n");
}

function zznew(p) {
  return [
    `<p>제목: ${p.title}</p>`,
    emitPhotoData(p),
  ].join("\n");
}
```

❹ 이제 다른 호출자들로 눈을 돌려서, 하나씩 차례로 새로운 함수를 호출하도록 수정한다.

```
function renderPerson(outStream, person) {
    const result = [];
    result.push(`<p>${person.name}</p>`);
    result.push(renderPhoto(person.photo));
    result.push(zznew(person.photo));
    return result.join("\n");
}
```

❺ 호출자들을 빠짐없이 수정했다면 emitPhotoData() 함수를 인라인[6.2절]한다.

```
function zznew(p) {
    return [
        `<p>제목: ${p.title}</p>`,
        `<p>위치: ${p.location}</p>`,
        `<p>날짜: ${p.date.toDateString()}</p>`,
    ].join("\n");
}
```

❻ 그리고 함수 이름을 바꿔 마무리한다(함수 이름 바꾸기[6.5절]).

```
function renderPerson(outStream, person) {
    const result = [];
    result.push(`<p>${person.name}</p>`);
    result.push(renderPhoto(person.photo));
    result.push(emitPhotoData(person.photo));
    return result.join("\n");
}

function photoDiv(aPhoto) {
  return [
    "<div>",
    emitPhotoData(aPhoto),
    "</div>",
  ].join("\n");
}

function emitPhotoData(aPhoto) {
  return [
    `<p>제목: ${aPhoto.title}</p>`,
```

```
      `<p>위치: ${aPhoto.location}</p>`,
      `<p>날짜: ${aPhoto.date.toDateString()}</p>`,
   ].join("\n");
 }
```

이 과정에서 매개변수 이름이 여러분의 규약과 맞지 않다면 적절히 수정하자.

8.4 문장을 호출한 곳으로 옮기기
Move Statements to Callers

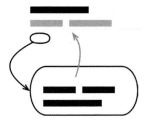

• 반대 리팩터링: 문장을 함수로 옮기기[8.3절]

```
emitPhotoData(outStream, person.photo);

function emitPhotoData(outStream, photo) {
  outStream.write(`<p>제목: ${photo.title}</p>\n`);
  outStream.write(`<p>위치: ${photo.location}</p>\n`);
}
```

▼

```
emitPhotoData(outStream, person.photo);
outStream.write(`<p>위치: ${person.photo.location}</p>\n`);

function emitPhotoData(outStream, photo) {
  outStream.write(`<p>제목: ${photo.title}</p>\n`);
}
```

배경

함수는 프로그래머가 쌓아 올리는 추상화의 기본 빌딩 블록이다. 그런데 추상화라는 것이 그 경계를 항상 올바르게 긋기가 만만치 않다. 그래서 코드베이스의 기능 범위가 달라지면 추상화의 경계도 움직이게 된다. 함수 관점에서 생각해보면, 초기에는 응집도 높고 한 가지 일만 수행하던 함수가 어느새 둘 이상의 다른 일을 수행하게 바뀔 수 있다는 뜻이다.

예컨대 여러 곳에서 사용하던 기능이 일부 호출자에게는 다르게 동작하도록 바뀌어야 한다면 이런 일이 벌어진다. 그렇다면 개발자는 달라진 동작을 함수에서 꺼내 해당 호출자로 옮겨야 한다. 이런 상황에 맞닥뜨리면 우선 문장 슬라이드하기[8.6절]를 적용해 달라지는 동작을 함수의 시작 혹은 끝으로 옮긴 다음, 바로 이어서 문장을 호출한 곳으로 옮기기 리팩터링을 적용하면 된다. 달라지는 동작을 호출자로 옮긴 뒤에는 필요할 때마다 독립적으로 수정할 수 있다.

작은 변경이라면 문장을 호출한 곳으로 옮기는 것으로 충분하지만, 호출자와 호출 대상의 경계를 완전히 다시 그어야 할 때도 있다. 후자의 경우라면 함수 인라인하기[6.2절]부터 적용한 다음, 문장 슬라이드하기[8.6절]와 함수 추출하기[6.1절]로 더 적합한 경계를 설정하면 된다.

절차

❶ 호출자가 한두 개뿐이고 피호출 함수도 간단한 단순한 상황이면, 피호출 함수의 처음(혹은 마지막) 줄(들)을 잘라내어 호출자(들)로 복사해 넣는다(필요하면 적당히 수정한다). 테스트만 통과하면 이번 리팩터링은 여기서 끝이다.

❷ 더 복잡한 상황에서는, 이동하지 '않길' 원하는 모든 문장을 함수로 추출[6.1절]한 다음 검색하기 쉬운 임시 이름을 지어준다.

→ 대상 함수가 서브클래스에서 오버라이드됐다면 오버라이드한 서브클래스들의 메서드 모두에서 동일하게, 남길 부분을 메서드로 추출한다. 이때 남겨질 메서드의 본문은 모든 클래스에서 똑같아야 한다. 그런 다음 (슈퍼클래스의 메서드만 남기고) 서브클래스들의 메서드를 제거한다.

❸ 원래 함수를 인라인[6.2절]한다.

❹ 추출된 함수의 이름을 원래 함수의 이름으로 변경한다(함수 이름 바꾸기[6.5절]).

→ 더 나은 이름이 떠오르면 그 이름을 사용하자.

예시

호출자가 둘뿐인 단순한 상황을 살펴보자.

```
function renderPerson(outStream, person) {
    outStream.write(`<p>${person.name}</p>\n`);
    renderPhoto(outStream, person.photo);
    emitPhotoData(outStream, person.photo);
}

function listRecentPhotos(outStream, photos) {
    photos
        .filter(p => p.date > recentDateCutoff())
        .forEach(p => {
            outStream.write("<div>\n");
            emitPhotoData(outStream, p);
            outStream.write("</div>\n");
```

```
    });
  }

  function emitPhotoData(outStream, photo) {
    outStream.write(`<p>제목: ${photo.title}</p>\n`);
    outStream.write(`<p>날짜: ${photo.date.toDateString()}</p>\n`);
    outStream.write(`<p>위치: ${photo.location}</p>\n`);
  }
```

이 소프트웨어를 수정하여 renderPerson()은 그대로 둔 채 listRecentPhotos()가 위치 정
보(location)를 다르게 렌더링하도록 만들어야 한다고 해보자. 이 변경을 쉽게 처리하기 위
해 마지막 문장을 호출한 곳으로 옮겨보겠다.

❶ 사실 이렇게 단순한 상황에서는 renderPerson()의 마지막 줄을 잘라내어 두 호출 코드 아
래에 붙여 넣으면 끝이다. 하지만 여러분이 더 까다로운 상황에도 대처할 수 있도록 더 복잡한,
하지만 더 안전한 길로 가보겠다.

❷ 첫 단계로 emitPhotoData()에 남길 코드를 함수로 추출[6.1절]한다.

```
function renderPerson(outStream, person) {
    outStream.write(`<p>${person.name}</p>\n`);
    renderPhoto(outStream, person.photo);
    emitPhotoData(outStream, person.photo);
  }

  function listRecentPhotos(outStream, photos) {
    photos
      .filter(p => p.date > recentDateCutoff())
      .forEach(p => {
        outStream.write("<div>\n");
        emitPhotoData(outStream, p);
        outStream.write("</div>\n");
      });
  }

  function emitPhotoData(outStream, photo) {
    zztmp(outStream, photo);
    outStream.write(`<p>위치: ${photo.location}</p>\n`);
  }
```

```
function zztmp(outStream, photo) {    ◄── 이동하지 않을 코드
  outStream.write(`<p>제목: ${photo.title}</p>\n`);
  outStream.write(`<p>날짜: ${photo.date.toDateString()}</p>\n`);
}
```

추출된 함수의 이름은 임시로만 쓰이는 게 보통이니 의미 없는 이름을 사용해도 괜찮지만 이왕이면 검색하기 쉬운 이름이 좋다. 이쯤에서 수정된 코드가 함수 호출 경계를 넘어 잘 동작하는지 테스트해본다.

❸ 다음으로 피호출 함수를 호출자들로 한 번에 하나씩 인라인[6.2절]한다. renderPerson()부터 시작하자.

```
function renderPerson(outStream, person) {
  outStream.write(`<p>${person.name}</p>\n`);
  renderPhoto(outStream, person.photo);
  zztmp(outStream, person.photo);
  outStream.write(`<p>위치: ${person.photo.location}</p>\n`);    ◄── 첫 번째 호출 위치로 인라인
}

function listRecentPhotos(outStream, photos) {
  photos
    .filter(p => p.date > recentDateCutoff())
    .forEach(p => {
      outStream.write("<div>\n");
      emitPhotoData(outStream, p);
      outStream.write("</div>\n");
    });
}

function emitPhotoData(outStream, photo) {
  zztmp(outStream, photo);
  outStream.write(`<p>위치: ${photo.location}</p>\n`);
}

function zztmp(outStream, photo) {
  outStream.write(`<p>제목: ${photo.title}</p>\n`);
  outStream.write(`<p>날짜: ${photo.date.toDateString()}</p>\n`);
}
```

이 호출이 올바로 동작하는지 테스트한 후 다음 함수에도 인라인[6.2절]한다.

```
function renderPerson(outStream, person) {
  outStream.write(`<p>${person.name}</p>\n`);
  renderPhoto(outStream, person.photo);
  zztmp(outStream, person.photo);
  outStream.write(`<p>위치: ${person.photo.location}</p>\n`);
}

function listRecentPhotos(outStream, photos) {
  photos
    .filter(p => p.date > recentDateCutoff())
    .forEach(p => {
      outStream.write("<div>\n");
      zztmp(outStream, p);
      outStream.write(`<p>위치: ${p.location}</p>\n`);      ◀── 두 번째 호출 위치로 인라인
      outStream.write("</div>\n");
    });
}

function emitPhotoData(outStream, photo) {
  zztmp(outStream, photo);
  outStream.write(`<p>위치: ${photo.location}</p>\n`);
}

function zztmp(outStream, photo) {
  outStream.write(`<p>제목: ${photo.title}</p>\n`);
  outStream.write(`<p>날짜: ${photo.date.toDateString()}</p>\n`);
}
```

이제 원래 함수를 지워 함수 인라인하기[6.2절]를 마무리한다.

```
function renderPerson(outStream, person) {
  outStream.write(`<p>${person.name}</p>\n`);
  renderPhoto(outStream, person.photo);
  zztmp(outStream, person.photo);
  outStream.write(`<p>위치: ${person.photo.location}</p>\n`);
}

function listRecentPhotos(outStream, photos) {
```

```
    photos
      .filter(p => p.date > recentDateCutoff())
      .forEach(p => {
        outStream.write("<div>\n");
        zztmp(outStream, p);
        outStream.write(`<p>위치: ${p.location}</p>\n`);
        outStream.write("</div>\n");
      });
  }

  function emitPhotoData(outStream, photo) {
    zztmp(outStream, photo);
    outStream.write(`<p>위치: ${photo.location}</p>\n`);
  }

  function zztmp(outStream, photo) {    ◀── 이 함수는 여전히 남아 있음
    outStream.write(`<p>제목: ${photo.title}</p>\n`);
    outStream.write(`<p>날짜: ${photo.date.toDateString()}</p>\n`);
  }
```

❹ 그런 다음 zztmp()의 이름을 원래 함수의 이름으로 되돌린다.

```
  function renderPerson(outStream, person) {
    outStream.write(`<p>${person.name}</p>\n`);
    renderPhoto(outStream, person.photo);
    emitPhotoData(outStream, person.photo);
    outStream.write(`<p>위치: ${person.photo.location}</p>\n`);
  }

  function listRecentPhotos(outStream, photos) {
    photos
      .filter(p => p.date > recentDateCutoff())
      .forEach(p => {
        outStream.write("<div>\n");
        emitPhotoData(outStream, p);
        outStream.write(`<p>위치: ${p.location}</p>\n`);
        outStream.write("</div>\n");
      });
  }
```

```
function emitPhotoData(outStream, photo) {
  outStream.write(`<p>제목: ${photo.title}</p>\n`);
  outStream.write(`<p>날짜: ${photo.date.toDateString()}</p>\n`);
}
```

8.5 인라인 코드를 함수 호출로 바꾸기
Replace Inline Code with Function Call

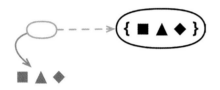

```
let appliesToMass = false;
for(const s of states) {
  if (s === "MA") appliesToMass = true;
}
```

▶

```
appliesToMass = states.includes("MA");
```

배경

함수는 여러 동작을 하나로 묶어준다. 그리고 함수의 이름이 코드의 동작 방식보다는 목적을 말해주기 때문에 함수를 활용하면 코드를 이해하기가 쉬워진다. 함수는 중복을 없애는 데도 효과적이다. 똑같은 코드를 반복하는 대신 함수를 호출하면 된다. 이렇게 해두면 동작을 변경할 때도, 비슷해 보이는 코드들을 일일이 찾아 수정하는 대신 함수 하나만 수정하면 된다(물론 모든 호출자가 수정된 코드를 사용하는 게 맞는지 확인해야 하지만, 이 편이 더 쉽고 일부 호출자만 다른 코드를 원하는 일은 흔치 않다).

이미 존재하는 함수와 똑같은 일을 하는 인라인 코드를 발견하면 보통은 해당 코드를 함수 호출로 대체하길 원할 것이다. 예외가 있다면, 순전히 우연히 비슷한 코드가 만들어졌을 때뿐이다. 즉, 기존 함수의 코드를 수정하더라도 인라인 코드의 동작은 바뀌지 않아야 할 때뿐이다. 이 경우인가를 판단하는 데는 함수 이름이 힌트가 된다. 이름을 잘 지었다면 인라인 코드 대신 함수 이름을 넣어도 말이 된다. 말이 되지 않는다면 함수 이름이 적절하지 않거나(함수 이름을 바꿔주자[6.5절]), 그 함수의 목적이 인라인 코드의 목적과 다르기 때문일 것이다(따라서 함수 호출로 대체하면 안 된다).

특히 라이브러리가 제공하는 함수로 대체할 수 있다면 훨씬 좋다. 함수 본문을 작성할 필요조차 없어지기 때문이다.

절차

❶ 인라인 코드를 함수 호출로 대체한다.

❷ 테스트한다.

 옮긴이_ 함수 추출하기(6.1절)와 이번 리팩터링의 차이는 인라인 코드를 대체할 함수가 이미 존재하느냐 여부다. 아직 없어서 새로 만들어야 한다면 함수 추출하기를 적용하고, 이미 존재한다면 인라인 코드를 함수 호출로 바꾸기를 적용하면 된다.

사용 중인 프로그래밍 언어의 표준 라이브러리나 플랫폼(혹은 프레임워크나 안정화된 서드파티 라이브러리 등)이 제공하는 API를 잘 파악하고 있을수록 이번 리팩터링의 활용 빈도가 높아질 것이다. 보통은 직접 짠 코드보다 라이브러리가 제공하는 API가 더 효율적일 가능성이 크니, 사용 중인 언어와 플랫폼이 버전업될 때 어떤 기능이 새로 생기고 변경되는지를 평소에 잘 챙겨두면 코드를 개선하는 데 많은 도움이 된다. 물론 외부 라이브러리에 지나치게 의존하면 설계 유연성이 떨어지니 처한 상황에 맞게 신중히 판단해야 한다.

8.6 문장 슬라이드하기
Slide Statements

• 1판에서의 이름: 조건문의 공통 실행 코드 빼내기

```
const pricingPlan = retrievePricingPlan();
const order = retreiveOrder();
let charge;
const chargePerUnit = pricingPlan.unit;
```

▼

```
const pricingPlan = retrievePricingPlan();
const chargePerUnit = pricingPlan.unit;
const order = retreiveOrder();
let charge;
```

배경

관련된 코드들이 가까이 모여 있다면 이해하기가 더 쉽다. 예컨대 하나의 데이터 구조를 이용하는 문장들은 (다른 데이터를 이용하는 코드 사이에 흩어져 있기보다는) 한데 모여 있어야 좋다. 실제로 나는 문장 슬라이드하기 리팩터링으로 이런 코드들을 한데 모아둔다. 가장 흔한 사례는 변수를 선언하고 사용할 때다. 모든 변수 선언을 함수 첫머리에 모아두는 사람도 있는데, 나는 변수를 처음 사용할 때 선언하는 스타일을 선호한다.

관련 코드끼리 모으는 작업은 다른 리팩터링(주로 함수 추출하기[6.1절])의 준비 단계로 자주 행해진다. 관련 있는 코드들을 명확히 구분되는 함수로 추출하는 게 그저 문장들을 한데로 모으는 것보다 나은 분리법이다. 하지만 코드들이 모여 있지 않다면 함수 추출은 애초에 수행할 수조차 없다.

절차

❶ 코드 조각(문장들)을 이동할 목표 위치를 찾는다. 코드 조각의 원래 위치와 목표 위치 사이의 코드들을 훑어보면서, 조각을 모으고 나면 동작이 달라지는 코드가 있는지 살핀다. 다음과 같은 간섭이 있다면 이 리팩터링을 포기한다.

→ 코드 조각에서 참조하는 요소를 선언하는 문장 앞으로는 이동할 수 없다.

→ 코드 조각을 참조하는 요소의 뒤로는 이동할 수 없다.

→ 코드 조각에서 참조하는 요소를 수정하는 문장을 건너뛰어 이동할 수 없다.

→ 코드 조각이 수정하는 요소를 참조하는 요소를 건너뛰어 이동할 수 없다.

❷ 코드 조각을 원래 위치에서 잘라내어 목표 위치에 붙여 넣는다.

❸ 테스트한다.

테스트가 실패한다면 더 작게 나눠 시도해보라. 이동 거리를 줄이는 방법과 한 번에 옮기는 조각의 크기를 줄이는 방법이 있다.

예시

코드 조각을 슬라이드할 때는 두 가지를 확인해야 한다. 무엇을 슬라이드할지와 슬라이드할 수 있는지 여부다. 무엇을 슬라이드할지는 맥락과 관련이 깊다. 가장 단순하게는, 요소를 선언하는 곳과 사용하는 곳을 가까이 두기를 좋아하는 나는 선언 코드를 슬라이드하여 처음 사용하는 곳까지 끌어내리는 일을 자주 한다. 그 외에도 다른 리팩터링을 하기 위해서는 거의 항상 코드를 슬라이드하게 된다. 예컨대 함수를 추출하기[6.1절] 전에 추출할 코드를 한데 모을 때 적용한다.

코드 조각을 슬라이드하기로 했다면, 다음 단계로는 그 일이 실제로 가능한지를 점검해야 한다. 그러려면 슬라이드할 코드 자체와 그 코드가 건너뛰어야 할 코드를 모두 살펴야 한다. 이 코드들의 순서가 바뀌면 프로그램의 겉보기 동작이 달라지는가?

다음 코드를 예로 살펴보자.

```
1 const pricingPlan = retrievePricingPlan();
2 const order = retreiveOrder();
3 const baseCharge = pricingPlan.base;
4 let charge;
5 const chargePerUnit = pricingPlan.unit;
6 const units = order.units;
7 let discount;
8 charge = baseCharge + units * chargePerUnit;
```

```
 9 let discountableUnits = Math.max(units - pricingPlan.discountThreshold, 0);
10 discount = discountableUnits * pricingPlan.discountFactor;
11 if (order.isRepeat) discount += 20;
12 charge = charge - discount;
13 chargeOrder(charge);
```

처음 일곱 줄은 선언이므로 이동하기가 상대적으로 쉽다. 예컨대 할인 관련 코드를 한데 모으고 싶다면 7번 줄(let discount;)을 10번 줄(discount = ...) 바로 위까지 내리면 된다. 선언은 부수효과가 없고 다른 변수를 참조하지도 않으므로 discount 자신을 참조하는 첫 번째 코드 바로 앞까지는 어디로든 옮겨도 안전하다. 이런 이동은 여러 상황에서 공통적으로 행해진다. 예컨대 할인 로직을 별도 함수로 추출[6.1절]하고 싶다면, 추출하기 전에 이 선언의 위치부터 옮겨줘야 한다.

부수효과가 없는 다른 코드에도 비슷한 분석을 수행해보면 2번 줄(const order = ...)도 6번 줄(const units = ...) 바로 위로 옮겨도 문제가 없음을 알 수 있다.

이 경우 건너뛰어지는 코드들도 부수효과가 없다는 점이 도움이 됐다. 사실 부수효과가 없는 코드끼리는 마음 가는 대로 재배치할 수 있다. 현명한 프로그래머들이 되도록 부수효과 없는 코드들로 프로그래밍하는 이유 중 하나다.

여기서 짚고 넘어갈 게 있다. 나는 2번 줄이 부수효과가 없다는 걸 어떻게 알았을까? 확실히 하려면 retrieveOrder()의 내부(그리고 그 안에서 호출하는 모든 함수의 내부도... 또 그 내부도...)를 살펴 아무 부수효과가 없음을 확인해야 한다. 하지만 나는 거의 명령-질의 분리 Command-Query Separation 원칙[*]을 지켜가며 코딩하므로, 내가 직접 작성한 코드라면 값을 반환하는 함수는 모두 부수효과가 없음을 알고 있던 것이다. 단, 코드베이스에 대해 잘 알 때만 이 점을 확신할 수 있다. 잘 모르는 코드베이스에서 작업한다면 더욱 주의해야 한다. 어쨌든 사용하는 코드가 부수효과가 없음을 안다는 것의 가치는 아주 크므로, 나는 내 코드에서만이라도 항상 명령-질의 분리 원칙을 지키려 노력한다.

부수효과가 있는 코드를 슬라이드하거나 부수효과가 있는 코드를 건너뛰어야 한다면 훨씬 신중해야 한다. 두 코드 조각 사이에 간섭이 있는지를 확인해야 한다. 자, 11번 줄(if (order.isRepeat) ...)을 코드 끝으로 슬라이드하고 싶다고 해보자. 이 작업은 12번 줄(charge = charge - discount;) 때문에 가로막히는데, 11번 줄에서 상태를 수정한 변수 discount를

---

[*] *https://martinfowler.com/bliki/CommandQuerySeparation.html*

12번 줄에서 참조하기 때문이다. 비슷하게, 13번 줄(chargeOrder(charge);)도 12번 줄 앞으로 이동할 수 없다. 13번 줄이 참조하는 변수 charge를 12번 줄에서 수정하기 때문이다. 하지만 8번 줄(charge = baseCharge + ...)은 9~11번 줄을 건너뛸 수 있다. 이 코드들에서는 공통된 상태를 수정하는 일이 전혀 없기 때문이다.

슬라이드할 코드 조각과 건너뛸 코드 중 어느 한쪽이 다른 쪽에서 참조하는 데이터를 수정한다면 슬라이드를 할 수 없다. 이것이 가장 직관적인 규칙이다. 하지만 완벽한 규칙은 아닌 것이, 다음 두 줄은 순서를 바꿔도 안전하다.

```
a = a + 10;
a = a + 5;
```

슬라이드가 안전한 지를 판단하려면 관련된 연산이 무엇이고 어떻게 구성되는지를 완벽히 이해해야 한다.

상태 갱신에 특히나 신경 써야 하기 때문에 상태를 갱신하는 코드 자체를 최대한 제거하는 게 좋다. 그래서 나라면 이 코드에 다른 어떤 슬라이드를 시도하기 앞서 charge 변수를 쪼갤[9.1절]것이다.

지금 예에서는 지역 변수만 수정하고 있으니 분석하기가 상대적으로 쉽다. 데이터 구조가 더 복잡했다면 간섭 여부를 확신하기가 훨씬 어려웠을 거다. 그래서 테스트가 중요한 역할을 한다. 조각을 슬라이드한 후 테스트를 수행해서 깨지는 게 없는지 살피자. 테스트 커버리지가 높다면 마음 편히 리팩터링할 수 있다. 테스트를 믿을 수 없다면 리팩터링을 더 신중히 진행한다. 혹은 (더 흔하게는) 당장의 리팩터링에 영향받는 코드의 테스트를 보강한다.

슬라이드 후 테스트가 실패했을 때 가장 좋은 대처는 더 작게 슬라이드해보는 것이다. 열 줄을 건너뛰는 대신 다섯 줄만 건너뛰거나, 위험해 보이는 줄까지만 슬라이드해보자. 테스트 실패는 그 슬라이드를 수행할 가치가 없거나, 다른 무언가를 먼저 하라는 뜻일 수도 있다.

예시: 조건문이 있을 때의 슬라이드

조건문의 안팎으로 슬라이드해야 할 때도 있다. 조건문 밖으로 슬라이드할 때는 중복 로직이 제거될 것이고, 조건문 안으로 슬라이드할 때는 반대로 중복 로직이 추가될 것이다.

다음 조건문의 두 분기에는 똑같은 문장이 포함되어 있다.

```
let result;
if (availableResources.length === 0) {
  result = createResource();
  allocatedResources.push(result);
} else {
  result = availableResources.pop();
  allocatedResources.push(result);
}
return result;
```

이때 중복된 문장들을 조건문 밖으로 슬라이드할 수 있는데, 조건문 블록 밖으로 꺼내는 순간 한 문장으로 합쳐진다.

```
let result;
if (availableResources.length === 0) {
  result = createResource();
} else {
  result = availableResources.pop();
}
allocatedResources.push(result);
return result;
```

반대의 상황, 즉 코드 조각을 조건문 안으로 슬라이드하면 조건문의 모든 분기에 복제되어 들어간다.

더 읽을거리

문장 교환하기Swap Statement*라는 이름의 거의 똑같은 리팩터링도 있다. 문장 교환하기는 인접한 코드 조각을 이동하지만, 문장 하나짜리 조각만 취급한다. 따라서 이동할 조각과 건너뛸 조각 모두 단일 문장으로 구성된 문장 슬라이드로 생각해도 된다. 이 리팩터링도 매력적이다. 나는 항상 단계를 잘게 나눠 리팩터링하는데, 리팩터링을 처음 접하는 이들이 보기에는 어리석어 보일 정도로 작은 단계들을 밟는다.

하지만 종국에는 큰 조각을 다루는 리팩터링만 책에 싣기로 했다. 실제로 내가 그렇게 하기 때문이다. 나는 큰 슬라이드를 수행하기 어려울 때만 한 문장씩 이동한다. 큰 슬라이드에서 어려

---

* https://www.industriallogic.com/blog/swap-statement-refactoring/

움을 겪는 일은 드물었다. 하지만 더 지저분한 코드를 정리할 때는 더 작게 슬라이드하는 편이 쉬울 것이다.

8.7 반복문 쪼개기
Split Loop

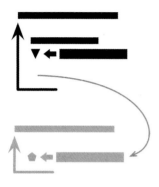

```
let averageAge = 0;
let totalSalary = 0;
for (const p of people) {
  averageAge += p.age;
  totalSalary += p.salary;
}
averageAge = averageAge / people.length;
```

▶

```
let totalSalary = 0;
for (const p of people) {
  totalSalary += p.salary;
}

let averageAge = 0;
for (const p of people) {
  averageAge += p.age;
}
averageAge = averageAge / people.length;
```

배경

종종 반복문 하나에서 두 가지 일을 수행하는 모습을 보게 된다. 그저 두 일을 한꺼번에 처리할 수 있다는 이유에서 말이다. 하지만 이렇게 하면 반복문을 수정해야 할 때마다 두 가지 일 모두를 잘 이해하고 진행해야 한다. 반대로 각각의 반복문으로 분리해두면 수정할 동작 하나만 이해하면 된다.

반복문을 분리하면 사용하기도 쉬워진다. 한 가지 값만 계산하는 반복문이라면 그 값만 곧바로 반환할 수 있다. 반면 여러 일을 수행하는 반복문이라면 구조체를 반환하거나 지역 변수를 활용해야 한다. 참고로 반복문 쪼개기는 서로 다른 일들이 한 함수에서 이뤄지고 있다는 신호일 수 있고, 그래서 반복문 쪼개기와 함수 추출하기^{6.1절}는 연이어 수행하는 일이 잦다.

반복문을 두 번 실행해야 하므로 이 리팩터링을 불편해하는 프로그래머도 많다. 다시 한번 이야기하지만, 리팩터링과 최적화를 구분하자.* 최적화는 코드를 깔끔히 정리한 이후에 수행하자. 반복문을 두 번 실행하는 게 병목이라 밝혀지면 그때 다시 하나로 합치기는 식은 죽 먹기다. 하지만 심지어 긴 리스트를 반복하더라도 병목으로 이어지는 경우는 매우 드물다. 오히려 반복문 쪼개기가 다른 더 강력한 최적화를 적용할 수 있는 길을 열어주기도 한다.

절차

❶ 반복문을 복제해 두 개로 만든다.

❷ 반복문이 중복되어 생기는 부수효과를 파악해서 제거한다.

❸ 테스트한다.

❹ 완료됐으면, 각 반복문을 함수로 추출^{6.1절}할지 고민해본다.

예시

전체 급여와 가장 어린 나이를 계산하는 코드에서 시작해보자.

```
let youngest = people[0] ? people[0].age : Infinity;
let totalSalary = 0;
for (const p of people) {
  if (p.age < youngest) youngest = p.age;
  totalSalary += p.salary;
}

return `최연소: ${youngest}, 총 급여: ${totalSalary}`;
```

아주 간단한 반복문이지만 관련 없는 두 가지 계산을 수행한다. ❶ 자, 반복문 쪼개기의 첫 단계는 단순히 반복문 복제하는 것이다.

```
let youngest = people[0] ? people[0].age : Infinity;
let totalSalary = 0;
for (const p of people) {
  if (p.age < youngest) youngest = p.age;
```

---

* *https://memberservices.informit.com/my_account/webedition/9780135425664/html/principles.html#performance*

```
    totalSalary += p.salary;
  }
  for (const p of people) {
    if (p.age < youngest) youngest = p.age;
    totalSalary += p.salary;
  }

  return `최연소: ${youngest}, 총 급여: ${totalSalary}`;
```

❷ 반복문을 복제했으면 잘못된 결과를 초래할 수 있는 중복을 제거해야 한다. 부수효과가 없는 코드라면 반복문 안에 그대로 둬도 되지만, 지금 예에서는 부수효과가 있으니 찾아서 없애자.

```
let youngest = people[0] ? people[0].age : Infinity;
let totalSalary = 0;
for (const p of people) {
  if (p.age < youngest) youngest = p.age;    ◁── 부수효과가 있는 코드는 한쪽만 남기고 제거
  totalSalary += p.salary;
}

for (const p of people) {
  if (p.age < youngest) youngest = p.age;
  totalSalary += p.salary;    ◁── 부수효과가 있는 코드는 한쪽만 남기고 제거
}

return `최연소: ${youngest}, 총 급여: ${totalSalary}`;
```

더 가다듬기

공식적인 반복문 쪼개기 리팩터링은 여기서 끝이다. 하지만 반복문 쪼개기의 묘미는 그 자체가 아닌, 다음 단계로 가는 디딤돌 역할에 있다. ❹ 이 리팩터링을 할 때는 나뉜 각 반복문을 각각의 함수로 추출하면 어떨지까지 한 묶음으로 고민하자. 지금의 경우라면 코드 일부에 문장 슬라이드하기[8.6절]부터 적용해야 한다.

```
let totalSalary = 0;
for (const p of people) {
  totalSalary += p.salary;
}
```

```
let youngest = people[0] ? people[0].age : Infinity;
for (const p of people) {
  if (p.age < youngest) youngest = p.age;
}

return `최연소: ${youngest}, 총 급여: ${totalSalary}`;
```

그런 다음 각 반복문을 함수로 추출[6.1절]한다.

```
▬▬ return `최연소: ${youngestAge()}, 총 급여: ${totalSalary()}`;

    function totalSalary() {
      let totalSalary = 0;
      for (const p of people) {
        totalSalary += p.salary;
      }
      return totalSalary;
    }

    function youngestAge() {
      let youngest = people[0] ? people[0].age : Infinity;
      for (const p of people) {
        if (p.age < youngest) youngest = p.age;
      }
      return youngest;
    }
```

추출된 총 급여 계산 함수의 코드를 보면 반복문을 파이프라인으로 바꾸고[8.8절] 싶은 충동을 떨치기 어렵고, 최연소 계산 코드에는 알고리즘 교체하기[7.9절]를 적용하면 좋을 것 같다. 둘 다 적용해보자.

```
▬▬ return `최연소: ${youngestAge()}, 총 급여: ${totalSalary()}`;

    function totalSalary() {
      return people.reduce((total, p) => total + p.salary, 0);
    }
    function youngestAge() {
      return Math.min(...people.map(p => p.age));
    }
```

8.8 반복문을 파이프라인으로 바꾸기
Replace Loop with Pipeline

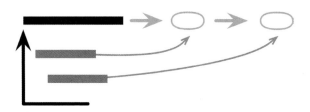

```
const names = [];
for (const i of input) {
  if (i.job === "programmer")
    names.push(i.name);
}
```

▶

```
const names = input
  .filter(i => i.job === "programmer")
  .map(i => i.name)
;
```

배경

프로그래머 대부분이 그렇듯 나도 객체 컬렉션을 순회할 때 반복문을 사용하라고 배웠다. 하지만 언어는 계속해서 더 나은 구조를 제공하는 쪽으로 발전해왔다. 예컨대 이번 이야기의 주인공인 컬렉션 파이프라인Collection Pipeline을 이용하면 처리 과정을 일련의 연산으로 표현할 수 있다.* 이때 각 연산은 컬렉션을 입력받아 다른 컬렉션을 내뱉는다. 대표적인 연산은 map과 filter다. map은 함수를 사용해 입력 컬렉션의 각 원소를 변환하고, filter는 또 다른 함수를 사용해 입력 컬렉션을 필터링해 부분집합을 만든다. 이 부분집합은 파이프라인의 다음 단계를 위한 컬렉션으로 쓰인다. 논리를 파이프라인으로 표현하면 이해하기 훨씬 쉬워진다. 객체가 파이프라인을 따라 흐르며 어떻게 처리되는지를 읽을 수 있기 때문이다.

절차

❶ 반복문에서 사용하는 컬렉션을 가리키는 변수를 하나 만든다.
  → 기존 변수를 단순히 복사한 것일 수도 있다.

❷ 반복문의 첫 줄부터 시작해서, 각각의 단위 행위를 적절한 컬렉션 파이프라인 연산으로 대체한다. 이

---

* *https://martinfowler.com/articles/collection-pipeline/*

때 컬렉션 파이프라인 연산은 ❶에서 만든 반복문 컬렉션 변수에서 시작하여, 이전 연산의 결과를 기초로 연쇄적으로 수행된다. 하나를 대체할 때마다 테스트한다.

❸ 반복문의 모든 동작을 대체했다면 반복문 자체를 지운다.

→ 반복문이 결과를 누적 변수accumulator에 대입했다면 파이프라인의 결과를 그 누적 변수에 대입한다.

예시

다음은 예시를 위한 데이터로, 내 회사의 지점 사무실 정보를 CSV 형태로 정리한 것이다.

```
office, country, telephone
Chicago, USA, +1 312 373 1000
Beijing, China, +86 4008 900 505
Bangalore, India, +91 80 4064 9570
Porto Alegre, Brazil, +55 51 3079 3550
Chennai, India, +91 44 660 44766

... (더 많은 데이터)
```

다음 함수는 인도India에 자리한 사무실을 찾아서 도시명과 전화번호를 반환한다.

```javascript
function acquireData(input) {
  const lines = input.split("\n");    ◀── 컬렉션
  let firstLine = true;
  const result = [];
  for (const line of lines) {    ◀── 반복문
    if (firstLine) {
      firstLine = false;
      continue;
    }
    if (line.trim() === "") continue;
    const record = line.split(",");
    if (record[1].trim() === "India") {
      result.push({city: record[0].trim(), phone: record[2].trim()});
    }
  }
  return result;
}
```

이 코드의 반복문을 컬렉션 파이프라인으로 바꿔보자.

❶ 첫 번째로 할 일은 반복문에서 사용하는 컬렉션을 가리키는 별도 변수를 새로 만드는 것이다. 이 변수를 루프 변수[loop variable]라 하겠다.

```
function acquireData(input) {
  const lines = input.split("\n");
  let firstLine = true;
  const result = [];
  const loopItems = lines
  for (const line of loopItems) {
    if (firstLine) {
      firstLine = false;
      continue;
    }
    if (line.trim() === "") continue;
    const record = line.split(",");
    if (record[1].trim() === "India") {
      result.push({city: record[0].trim(), phone: record[2].trim()});
    }
  }
  return result;
}
```

❷ 이 코드의 반복문에서 첫 if문은 CSV 데이터의 첫 줄을 건너뛰는 역할이다. 이 작업은 slice() 연산을 떠올리게 한다. 자, 이 slice() 연산을 루프 변수에서 수행하고 반복문 안의 if문은 제거하자.

```
function acquireData(input) {
  const lines = input.split("\n");
  let firstLine = true;
  const result = [];
  const loopItems = lines
        .slice(1);
  for (const line of loopItems) {
    if (firstLine) {
      firstLine = false;
      continue;
    }
    if (line.trim() === "") continue;
    const record = line.split(",");
```

```
      if (record[1].trim() === "India") {
        result.push({city: record[0].trim(), phone: record[2].trim()});
      }
    }
    return result;
  }
```

이 단계에서 보너스로 `firstLine` 변수도 지울 수 있게 됐다. 제어용 변수를 지우는 일은 언제나 즐겁다.

반복문에서 수행하는 다음 작업은 빈 줄 지우기(trim)다. 이 작업은 `filter()` 연산으로 대체할 수 있다.

```
function acquireData(input) {
    const lines = input.split("\n");
    const result = [];
    const loopItems = lines
        .slice(1)
        .filter(line => line.trim() !== "")
        ;
    for (const line of loopItems) {
      if (line.trim() === "") continue;
      const record = line.split(",");
      if (record[1].trim() === "India") {
        result.push({city: record[0].trim(), phone: record[2].trim()});
      }
    }
    return result;
  }
```

파이프라인을 사용할 때는 문장 종료 세미콜론(`;`)을 별도 줄에 적어주면 편하다.

다음으로 `map()` 연산을 사용해 여러 줄짜리 CSV 데이터를 문자열 배열로 변환한다. 수정 전 코드에서의 `record`라는 변수 이름은 적절치 않은데, 리팩터링을 안전하게 진행하기 위해 지금은 그냥 두고 나중에 수정하겠다.

```
function acquireData(input) {
    const lines = input.split("\n");
    const result = [];
```

```
    const loopItems = lines
          .slice(1)
          .filter(line => line.trim() !== "")
          .map(line => line.split(","))
          ;
    for (const line of loopItems) {
      const record = line;.split(",");
      if (record[1].trim() === "India") {
        result.push({city: record[0].trim(), phone: record[2].trim()});
      }
    }
    return result;
  }
```

다시 한번 filter() 연산을 수행하여 인도에 위치한 사무실 레코드를 뽑아낸다.

```
function acquireData(input) {
    const lines = input.split("\n");
    const result = [];
    const loopItems = lines
          .slice(1)
          .filter(line => line.trim() !== "")
          .map(line => line.split(","))
          .filter(record => record[1].trim() === "India")
          ;
    for (const line of loopItems) {
      const record = line;
      if (record[1].trim() === "India") {
        result.push({city: record[0].trim(), phone: record[2].trim()});
      }
    }
    return result;
  }
```

map()을 사용해 결과 레코드를 생성한다.

```
function acquireData(input) {
    const lines = input.split("\n");
    const result = [];
    const loopItems = lines
```

```
            .slice(1)
            .filter(line => line.trim() !== "")
            .map(line => line.split(","))
            .filter(record => record[1].trim() === "India")
            .map(record => ({city: record[0].trim(), phone: record[2].trim()}))
            ;
    for (const line of loopItems) {
      const record = line;
      result.push(line);
    }
    return result;
  }
```

반복문이 하는 일은 이제 하나만 남았다. 바로 결과를 누적 변수에 추가하는 일이다. ❸ 파이프라인의 결과를 누적 변수에 대입해주면 이 코드도 제거할 수 있다.

```
━━━ function acquireData(input) {
    const lines = input.split("\n");
    const result = lines
            .slice(1)
            .filter(line => line.trim() !== "")
            .map(line => line.split(","))
            .filter(record => record[1].trim() === "India")
            .map(record => ({city: record[0].trim(), phone: record[2].trim()}))
            ;
    for (const line of loopItems) {
      const record = line;
      result.push(line);
    }
    return result;
  }
```

더 가다듬기

여기까지가 이번 리팩터링의 핵심이다. 하지만 코드를 좀 더 정리해보자. result 변수를 인라인하고, 람다^{lambda} 변수 중 일부의 이름을 바꾸고, 코드를 읽기 쉽도록 레이아웃을 표 형태로 정돈하면 다음처럼 된다.

```
function acquireData(input) {
    const lines = input.split("\n");
    return lines
        .slice  (1)
        .filter (line   => line.trim() !== "")
        .map    (line   => line.split(","))
        .filter (fields => fields[1].trim() === "India")
        .map    (fields => ({city: fields[0].trim(), phone: fields[2].trim()}))
        ;
}
```

lines도 인라인할까 생각했지만, 그대로 두는 편이 코드가 수행하는 일을 더 잘 설명해
준다고 판단하여 그대로 뒀다.

더 읽을거리

반복문을 파이프라인으로 대체하는 예를 더 보고 싶다면 내 블로그의 「Refactoring with
Loops and Collection Pipelines」*를 참고하기 바란다.

---

* *https://martinfowler.com/articles/refactoring-pipelines.html*

8.9 죽은 코드 제거하기
Remove Dead Code

```
if(false) {
  doSomethingThatUsedToMatter();
}
```

배경

소프트웨어를 납품할 때, 심지어 모바일 기기용 소프트웨어라도 코드의 양에는 따로 비용을 매기지 않는다. 쓰이지 않는 코드가 몇 줄 있다고 해서 시스템이 느려지는 것도 아니고 메모리를 많이 잡아먹지도 않는다. 사실 최신 컴파일러들은 이런 코드를 알아서 제거해준다. 그렇더라도 사용되지 않는 코드가 있다면 그 소프트웨어의 동작을 이해하는 데는 커다란 걸림돌이 될 수 있다. 이 코드들 스스로는 '절대 호출되지 않으니 무시해도 되는 함수다'라는 신호를 주지 않기 때문이다. 그래서 운 나쁜 프로그래머는 이 코드의 동작을 이해하기 위해, 그리고 코드를 수정했는데도 기대한 결과가 나오지 않는 이유를 파악하기 위해 시간을 허비하게 된다.

코드가 더 이상 사용되지 않게 됐다면 지워야 한다. 혹시 다시 필요해질 날이 오지 않을까 걱정할 필요 없다. 우리에겐 버전 관리 시스템이 있다! 그러니 그런 날이 진짜로 온다면 그저 다시 살려내면 된다. 그런 날이 반드시 올 거라 생각된다면 어느 리비전에서 삭제했는지를 커밋 메시지로 남겨놓자. 하지만 솔직히, 내가 마지막으로 이렇게 했던 게 언제인지 기억도 나지 않으며, 이렇게 하지 않아서 후회한 기억도 없다.

한때는 죽은 코드를 주석 처리하는 방법이 널리 쓰였다. 버전 관리 시스템이 보편화되지 않았거나 아직은 쓰기 불편했던 시절엔 유용한 방법이었다. 지금은 코드가 몇 줄 안 되는 초기 단계부터 버전 관리 시스템을 사용하므로, 더 이상은 필요치 않다.

절차

❶ 죽은 코드를 외부에서 참조할 수 있는 경우라면(예컨대 함수 하나가 통째로 죽었을 때) 혹시라도 호출하는 곳이 있는지 확인한다.

❷ 없다면 죽은 코드를 제거한다.

❸ 테스트한다.

데이터 조직화

데이터 구조는 프로그램에서 중요한 역할을 수행하니 데이터 구조에 집중한 리팩터링만 한 묶음 따로 준비했다. 하나의 값이 여러 목적으로 사용된다면 혼란과 버그를 낳는다. 그러니 이런 코드를 발견하면 **변수 쪼개기**[9.1절]를 적용해 용도별로 분리하자. 다른 프로그램 요소와 마찬가지로 변수 이름을 제대로 짓는 일은 까다로우면서도 중요하다. 그래서 **변수 이름 바꾸기**[6.7절]와는 반드시 친해져야 한다. 한편, **파생 변수를 질의 함수로 바꾸기**[9.3절]를 활용하여 변수 자체를 완전히 없애는 게 가장 좋은 해법일 때도 있다.

참조reference인지 값value인지가 헷갈려 문제가 되는 코드도 자주 볼 수 있는데, 둘 사이를 전환할 때는 **참조를 값으로 바꾸기**[9.4절]와 **값을 참조로 바꾸기**[9.5절]를 사용한다.

☀ **옮긴이_** 이 외에도 원서 웹 버전에 수록된 다음 리팩터링을 더 번역해 실었다.

코드에 의미를 알기 어려운 리터럴이 보이면 **매직 리터럴 바꾸기**[9.6절]로 명확하게 바꿔준다.

9.1 변수 쪼개기
Split Variable

- 1판에서의 이름: 매개변수로의 값 대입 제거
- 1판에서의 이름: 임시변수 분리

```
let temp = 2 * (height + width);
console.log(temp);
temp = height * width;
console.log(temp);
```

▶

```
const perimeter = 2 * (height + width);
console.log(perimeter);
const area = height * width;
console.log(area);
```

배경

변수는 다양한 용도로 쓰인다. 그중 변수에 값을 여러 번 대입할 수밖에 없는 경우도 있다. 예컨대 (반복문 for (let i = 0; i < 10; i++)에서 변수 i 같은) 루프 변수^{loop variable}는 반복문을 한 번 돌 때마다 값이 바뀐다. 수집 변수^{collecting variable}는 메서드가 동작하는 중간중간 값을 저장한다.

그 외에도 변수는 긴 코드의 결과를 저장했다가 나중에 쉽게 참조하려는 목적으로 흔히 쓰인다. 이런 변수에는 값을 단 한 번만 대입해야 한다. 대입이 두 번 이상 이뤄진다면 여러 가지 역할을 수행한다는 신호다. 역할이 둘 이상인 변수가 있다면 쪼개야 한다. 예외는 없다. 역할 하나당 변수 하나다. 여러 용도로 쓰인 변수는 코드를 읽는 이에게 커다란 혼란을 주기 때문이다.

절차

❶ 변수를 선언한 곳과 값을 처음 대입하는 곳에서 변수 이름을 바꾼다.
   → 이후의 대입이 항상 i = i + 〈무언가〉 형태라면 수집 변수이므로 쪼개면 안 된다. 수집 변수는 총합 계산, 문자열 연결, 스트림에 쓰기, 컬렉션에 추가하기 등의 용도로 흔히 쓰인다.

❷ 가능하면 이때 불변^{immutable}으로 선언한다.

❸ 이 변수에 두 번째로 값을 대입하는 곳 앞까지의 모든 참조(이 변수가 쓰인 곳)를 새로운 변수 이름으로 바꾼다.

❹ 두 번째 대입 시 변수를 원래 이름으로 다시 선언한다.

❺ 테스트한다.

❻ 반복한다. 매 반복에서 변수를 새로운 이름으로 선언하고 다음번 대입 때까지의 모든 참조를 새 변수명으로 바꾼다. 이 과정을 마지막 대입까지 반복한다.

예시

이번 예에서는 해기스^{haggis: 양의 내장으로 만든 스코틀랜드 음식으로, 순대와 비슷하다}라는 음식이 다른 지역으로 전파된 거리를 구하는 코드를 살펴볼 것이다. 해기스가 발상지에서 초기 힘을 받아 일정한 가속도로 전파되다가, 시간이 흐른 후 어떠한 계기로 두 번째 힘을 받아 전파 속도가 빨라진다고 가정해보자. 이를 일반적인 물리 법칙을 적용해 전파 거리를 다음과 같이 계산했다.

```
function distanceTravelled (scenario, time) {
    let result;
    let acc = scenario.primaryForce / scenario.mass; // 가속도(a) = 힘(F) / 질량(m)
    let primaryTime = Math.min(time, scenario.delay);
    result = 0.5 * acc * primaryTime * primaryTime;  // 전파된 거리
    let secondaryTime = time - scenario.delay;
    if (secondaryTime > 0) { // 두 번째 힘을 반영해 다시 계산
      let primaryVelocity = acc * scenario.delay;
      acc = (scenario.primaryForce + scenario.secondaryForce) / scenario.mass;
      result += primaryVelocity * secondaryTime
              + 0.5 * acc * secondaryTime * secondaryTime;
    }
    return result;
}
```

괜찮아 보이는 작은 함수가 만들어졌다. 이 예시에서 흥미로운 부분은 acc 변수에 값이 두 번 대입된다는 점이다. 역할이 두 개라는 신호다. 하나는 첫 번째 힘이 유발한 초기 가속도를 저장하는 역할이고, 다른 하나는 두 번째 힘까지 반영된 후의 가속도를 저장하는 역할이다. 쪼개야 할 변수다.

함수나 파일에서 특정 심벌이 쓰인 위치를 시각적으로 강조해주는 코드 편집기를 사용하면 변수의 쓰임을 분석하는 데 도움이 된다. 물론 요즘 편집기들은 대부분 지원한다.

첫 단계로 ❶ 변수에 새로운 이름을 지어주고 ❷ 선언 시 const를 붙여 불변으로 만든다. ❸ 그런 다음 두 번째 대입 전까지의 모든 참조를 새로운 이름으로 바꾼다. ❹ 그리고 두 번째로 대입할 때 변수를 다시 선언한다.

```
function distanceTravelled (scenario, time) {
  let result;
  const primaryAcceleration = scenario.primaryForce / scenario.mass; // ❶❷
  let primaryTime = Math.min(time, scenario.delay);
  result = 0.5 * primaryAcceleration * primaryTime * primaryTime; // ❸
  let secondaryTime = time - scenario.delay;
  if (secondaryTime > 0) {
    let primaryVelocity = primaryAcceleration * scenario.delay; // ❸
    let acc = (scenario.primaryForce + scenario.secondaryForce) / scenario.mass; // ❹
    result += primaryVelocity * secondaryTime
            + 0.5 * acc * secondaryTime * secondaryTime;
  }
  return result;
}
```

수정한 코드를 보면 ❶에서 변수의 첫 번째 용도만을 대표하는 이름을 선택했음을 알 수 있다. 그리고 const로 선언해서 값을 다시 대입하지 못하도록 했다. 그리고 두 번째 대입하는 곳 ❹ 에서 변수를 원래 이름으로 다시 선언했다. ❺ 이제 컴파일하여 테스트해보자. 잘 동작해야 한다.

❻ 두 번째 대입을 처리할 차례다. 이번에는 두 번째 용도에 적합한 이름으로 수정하므로 이 변수의 원래 이름은 완전히 사라지게 된다.

```
function distanceTravelled (scenario, time) {
  let result;
  const primaryAcceleration = scenario.primaryForce / scenario.mass;
  let primaryTime = Math.min(time, scenario.delay);
  result = 0.5 * primaryAcceleration * primaryTime * primaryTime;
  let secondaryTime = time - scenario.delay;
  if (secondaryTime > 0) {
    let primaryVelocity = primaryAcceleration * scenario.delay;
    const secondaryAcceleration
        = (scenario.primaryForce + scenario.secondaryForce) / scenario.mass;
    result += primaryVelocity * secondaryTime +
       0.5 * secondaryAcceleration * secondaryTime * secondaryTime;
  }
  return result;
}
```

이 외에도 리팩터링할 만한 곳이 많이 보일 것이다. 한번 해보기 바란다. 해기스 시식보다는 분명 재미난 도전일 것이다(해기스 안을 뭘로 채우는지 아는 사람?).

예시: 입력 매개변수의 값을 수정할 때

변수 쪼개기의 또 다른 예로 입력 매개변수를 생각해볼 수 있다(매개변수도 변수다). 다음 코드를 보자.

```
function discount (inputValue, quantity) {
    if (inputValue > 50) inputValue = inputValue - 2;
    if (quantity > 100) inputValue = inputValue - 1;
    return inputValue;
}
```

여기서 inputValue는 함수에 데이터를 전달하는 용도와 결과를 호출자에 반환하는 용도로 쓰였다(자바스크립트의 매개변수는 값에 의한 호출call-by-value 방식으로 전달되므로 inputValue를 수정해도 호출자에 영향을 주지 않는다).

이 상황이라면 먼저 다음과 같이 inputValue를 쪼개야 한다.

```
function discount (originalInputValue, quantity) {
    let inputValue = originalInputValue;
    if (inputValue > 50) inputValue = inputValue - 2;
    if (quantity > 100) inputValue = inputValue - 1;
    return inputValue;
}
```

그런 다음 변수 이름 바꾸기[6.7절]를 두 번 수행해서 각각의 쓰임에 어울리는 이름을 지어준다.

```
function discount (inputValue, quantity) {
    let result = inputValue;
    if (inputValue > 50) result = result - 2;
    if (quantity > 100) result = result - 1;
    return result;
}
```

첫 번째 if문에서 (result가 아닌) inputValue와 비교하도록 수정한 게 보일 것이다. 사실 어떤 변수를 써도 똑같이 동작하지만, 이 코드가 입력 값에 기초하여 결괏값을 누적해 계산한다는 사실을 더 명확히 드러낸 것이다.

9.2 필드 이름 바꾸기
Rename Field

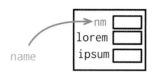

```
class Organization {
  get name() {...}
}
```
▶
```
class Organization {
  get title() {...}
}
```

배경

이름은 중요하다. 그리고 프로그램 곳곳에서 쓰이는 레코드 구조체의 필드 이름들은 특히 더 중요하다. 데이터 구조는 프로그램을 이해하는 데 큰 역할을 한다. 수년 전 프레드 브룩스[Fred] [Brooks]는 이런 말을 했다. "데이터 테이블 없이 흐름도[flowchart]만 보여줘서는 나는 여전히 혼란스러울 것이다. 하지만 데이터 테이블을 보여준다면 흐름도는 웬만해선 필요조차 없을 것이다. 테이블만으로 명확하기 때문이다." 요즘은 흐름도를 그리는 사람을 찾기 어렵지만 이 격언은 여전히 유효하다. 데이터 구조는 무슨 일이 벌어지는지를 이해하는 열쇠다.

데이터 구조가 중요한 만큼 반드시 깔끔하게 관리해야 한다. 다른 요소와 마찬가지로 개발을 진행할수록 데이터를 더 잘 이해하게 된다. 따라서 그 깊어진 이해를 프로그램에 반드시 반영해야 한다.

이 과정에서 레코드의 필드 이름을 바꾸고 싶을 수 있는데, 클래스에서도 마찬가지다. 게터와 세터 메서드는 클래스 사용자 입장에서는 필드와 다를 바 없다. 따라서 게터와 세터 이름 바꾸기도 레코드 구조체의 필드 이름 바꾸기와 똑같이 중요하다.

절차

❶ 레코드의 유효 범위가 제한적이라면 필드에 접근하는 모든 코드를 수정한 후 테스트한다. 이후 단계는 필요 없다.

❷ 레코드가 캡슐화되지 않았다면 우선 레코드를 캡슐화[7.1절]한다.

❸ 캡슐화된 객체 안의 private 필드명을 변경하고, 그에 맞게 내부 메서드들을 수정한다.

❹ 테스트한다.

❺ 생성자의 매개변수 중 필드와 이름이 겹치는 게 있다면 함수 선언 바꾸기[6.5절]로 변경한다.

❻ 접근자들의 이름도 바꿔준다[6.5절].

예시

다음의 상수가 하나 있다.

```
const organization = {name: "애크미 구스베리", country: "GB"};
```

여기서 "name"을 "title"로 바꾸고 싶다고 해보자. 이 객체는 코드베이스 곳곳에서 사용되며, 그중 이 제목[title]을 변경하는 곳도 있다. ❷ 그래서 우선 organization 레코드를 클래스로 캡슐화[7.1절]한다.

```
class Organization {
  constructor(data) {
    this._name = data.name;
    this._country = data.country;
  }
  get name()        {return this._name;}
  set name(aString) {this._name = aString;}
  get country()     {return this._country;}
  set country(aCountryCode) {this._country = aCountryCode;}
}

const organization = new Organization({name: "애크미 구스베리", country: "GB"});
```

자, 레코드를 클래스로 캡슐화하자 이름을 변경할 곳이 네 곳이 되었다. 게터 함수, 세터 함수, 생성자, 내부 데이터 구조다. 일을 더 키워버린 게 아닌가 싶겠지만, 실제로는 더 쉬워진 것이다. 모든 변경을 한 번에 수행하는 대신 작은 단계들로 나눠 독립적으로 수행할 수 있게 됐으니 말이다. 여기서 '작은 단계'라 함은 각 단계에서 잘못될 일이 적어졌고, 그래서 할 일도 줄었다는 뜻이다. 물론 실수를 저지르지 않는다면 줄어들 일도 없지만, '실수 없이'란 내가 아주 예전에 포기한 판타지일 뿐이다.

입력 데이터 구조를 내부 데이터 구조로 복제했으므로 둘을 구분해야 독립적으로 작업할 수 있다. ❸ 별도의 필드를 정의하고 생성자와 접근자에서 둘을 구분해 사용하도록 하자.

━━ Organization 클래스...

```
class Organization {
  constructor(data) {
    this._title = data.name;
    this._country = data.country;
  }
  get name()      {return this._title;}
  set name(aString) {this._title = aString;}
  get country()     {return this._country;}
  set country(aCountryCode) {this._country = aCountryCode;}
}
```

다음으로 생성자에서 "title"도 받아들일 수 있도록 조치한다.

━━ Organization 클래스...

```
class Organization {
  constructor(data) {
    this._title = (data.title !== undefined) ? data.title : data.name;
    this._country = data.country;
  }
  get name()      {return this._title;}
  set name(aString) {this._title = aString;}
  get country()     {return this._country;}
  set country(aCountryCode) {this._country = aCountryCode;}
}
```

이상으로 생성자를 호출하는 쪽에서는 "name"과 "title"을 모두 사용할 수 있게 되었다(둘 다 등장할 시 "title"이 우선한다). 이제 이 생성자를 호출하는 곳을 모두 찾아서 새로운 이름인 "title"을 사용하도록 하나씩 수정한다.

```
━━ const organization = new Organization({title: "애크미 구스베리", country: "GB"});
```

모두 수정했다면 생성자에서 "name"을 사용할 수 있게 하던 코드를 제거한다.

━━ Organization 클래스...

```
class Organization {
  constructor(data) {
    this._title = data.title;
    this._country = data.country;
```

```
  }
  get name()          {return this._title;}
  set name(aString) {this._title = aString;}
  get country()       {return this._country;}
  set country(aCountryCode) {this._country = aCountryCode;}
}
```

❻ 이제 생성자와 데이터가 새로운 이름을 사용하게 되었으니 접근자도 수정할 수 있게 되었
다. 쉬운 작업이다. 단순히 접근자 각각의 이름을 바꿔주면 된다(함수 이름 바꾸기[6.5절]).

===== Organization 클래스...

```
class Organization {
  constructor(data) {
    this._title = data.title;
    this._country = data.country;
  }
  get title()          {return this._title;}
  set title(aString) {this._title = aString;}
  get country()        {return this._country;}
  set country(aCountryCode) {this._country = aCountryCode;}
}
```

지금까지 보여준 과정은 널리 참조되는 데이터 구조일 때 적용되는 가장 복잡한 형태다. 한 함
수의 안에서만 쓰였다면 캡슐화할 필요 없이 그저 원하는 속성들의 이름을 바꿔주는 것으로 끝
났을 일이다. 전체 과정을 적용할지는 상황에 맞게 잘 판단하기 바란다. 단, 리팩터링 도중 테
스트에 실패한다면 더 작은 단계로 나눠 진행해야 한다는 신호임을 잊지 말자.

데이터 구조를 불변으로 만들 수 있는 프로그래밍 언어도 있다. 그런 언어를 사용한다면 캡슐
화하는 대신 데이터 구조의 값을 복제해 새로운 이름으로 선언한다. 그런 다음 사용하는 곳을
찾아 하나씩 새 데이터를 사용하도록 수정하고, 마지막으로 원래의 데이터 구조를 제거하면 된
다. 가변 데이터 구조를 이용한다면 데이터를 복제하는 행위가 재앙으로 이어질 수 있다. 불변
데이터 구조가 널리 쓰이게 된 이유는 바로 이 재앙을 막기 위해서다.

9.3 파생 변수를 질의 함수로 바꾸기
Replace Derived Variable with Query

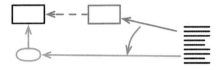

```
get discountedTotal() {return this._discountedTotal;}
set discount(aNumber) {
  const old = this._discount;
  this._discount = aNumber;
  this._discountedTotal += old - aNumber;
```

▼

```
get discountedTotal() {return this._baseTotal - this._discount;}
set discount(aNumber) {this._discount = aNumber;}
```

배경

가변 데이터는 소프트웨어에 문제를 일으키는 가장 큰 골칫거리에 속한다. 가변 데이터는 서로 다른 두 코드를 이상한 방식으로 결합하기도 하는데, 예컨대 한 쪽 코드에서 수정한 값이 연쇄 효과를 일으켜 다른 쪽 코드에 원인을 찾기 어려운 문제를 야기하기도 한다. 그렇다고 가변 데이터를 완전히 배제하기란 현실적으로 불가능할 때가 많지만, 가변 데이터의 유효 범위를 가능한 한 좁혀야 한다고 힘주어 주장해본다.

효과가 좋은 방법으로, 값을 쉽게 계산해낼 수 있는 변수들을 모두 제거할 수 있다. 계산 과정을 보여주는 코드 자체가 데이터의 의미를 더 분명히 드러내는 경우도 자주 있으며 변경된 값을 깜빡하고 결과 변수에 반영하지 않는 실수를 막아준다.

여기에는 합당한 예외가 있다. 피연산자 데이터가 불변이라면 계산 결과도 일정하므로 역시 불변으로 만들 수 있다. 그래서 새로운 데이터 구조를 생성하는 변형 연산transformation operation이라면 비록 계산 코드로 대체할 수 있더라도 그대로 두는 것도 좋다. 변형 연산에는 두 가지가 있다. 첫째, 데이터 구조를 감싸며 그 데이터에 기초하여 계산한 결과를 속성으로 제공하는 객체다.

둘째, 데이터 구조를 받아 다른 데이터 구조로 변환해 반환하는 함수다. 소스 데이터가 가변이고 파생 데이터 구조의 수명을 관리해야 하는 상황에서는 객체를 사용하는 편이 확실히 유리하다. 반면 소스 데이터가 불변이거나 파생 데이터를 잠시 쓰고 버릴 거라면 어느 방식을 써도 상관없다.

절차

❶ 변수 값이 갱신되는 지점을 모두 찾는다. 필요하면 변수 쪼개기[9.1절]를 활용해 각 갱신 지점에서 변수를 분리한다.

❷ 해당 변수의 값을 계산해주는 함수를 만든다.

❸ 해당 변수가 사용되는 모든 곳에 어서션을 추가[10.6절]하여 함수의 계산 결과가 변수의 값과 같은지 확인한다.

　　→ 필요하면 변수 캡슐화하기[6.6절]를 적용하여 어서션이 들어갈 장소를 마련해준다.

❹ 테스트한다.

❺ 변수를 읽는 코드를 모두 함수 호출로 대체한다.

❻ 테스트한다.

❼ 변수를 선언하고 갱신하는 코드를 죽은 코드 제거하기[8.9절]로 없앤다.

예시

작지만 확실하고 보기 흉한 예를 준비했다.

━━━ ProductionPlan 클래스...
```
get production() {return this._production;}
applyAdjustment(anAdjustment) {
  this._adjustments.push(anAdjustment);
  this._production += anAdjustment.amount;
}
```

흉하다는 기준은 사람마다 다르지만, 이 예에서는 중복이 내 눈에 거슬린다. 일반적인 코드 중복은 아니고, 데이터 중복이다. 이 코드는 조정 값 adjustment를 적용하는 과정에서 직접 관련이 없는 누적 값 production까지 갱신했다. 그런데 이 누적 값은 매번 갱신하지 않고도 계산할 수 있다.

하지만 나는 신중한 사람이다. 이 값을 계산해낼 수 있다는 건 내 가정일 뿐이니 어서션을 추가[10.6절]하여 검증해보자.

▬▬▬ ProductionPlan 클래스...

```
get production() {
  assert(this._production === this.calculatedProduction);
  return this._production;
}

get calculatedProduction() {
  return this._adjustments
    .reduce((sum, a) => sum + a.amount, 0);
}
```

어서션을 추가했으면 테스트해본다. 어서션이 실패하지 않으면 필드를 반환하던 코드를 수정하여 계산 결과를 직접 반환하도록 한다.

▬▬▬ ProductionPlan 클래스...

```
get production() {
  assert(this._production === this.calculatedProduction);
  return this.calculatedProduction;
}
```

그런 다음 calculatedProduction() 메서드를 인라인[6.2절]한다.

▬▬▬ ProductionPlan 클래스...

```
get production() {
  return this._adjustments
    .reduce((sum, a) => sum + a.amount, 0);
}
```

마지막으로, 옛 변수를 참조하는 모든 코드를 죽은 코드 제거하기[8.9절]로 정리한다.

▬▬▬ ProductionPlan 클래스...

```
applyAdjustment(anAdjustment) {
  this._adjustments.push(anAdjustment);
  this._production += anAdjustment.amount;
}
```

예시: 소스가 둘 이상일 때

앞의 예는 production() 값에 영향을 주는 요소가 하나뿐이라 깔끔하고 이해하기 쉬웠다. 하지만 때에 따라서는 둘 이상의 요소가 관여되기도 한다.

▬▬▬ ProductionPlan 클래스...

```
constructor(production) {
  this._production = production;
  this._adjustments = [];
}


get production() {return this._production;}
applyAdjustment(anAdjustment) {
  this._adjustments.push(anAdjustment);
  this._production += anAdjustment.amount;
}
```

어서션 코드를 앞의 예와 똑같이 작성한다면 _production의 초깃값이 0이 아니면 실패하고 만다.

이 파생 데이터를 대체할 방법은 아직 있고, 사실 간단하다. 앞에서와의 차이라면 변수 쪼개기[9.1절]를 먼저 적용하는 것뿐이다.

```
constructor(production) {
  this._initialProduction = production;
  this._productionAccumulator = 0;
  this._adjustments = [];
}


get production() {
  return this._initialProduction + this._productionAccumulator;
}
```

이제 어서션을 추가[10.6절]한다.

▬▬▬ ProductionPlan 클래스...

```
get production() {
  assert(this._productionAccumulator === this.calculatedProductionAccumulator);
  return this._initialProduction + this._productionAccumulator;
}
```

```
get calculatedProductionAccumulator() {
  return this._adjustments
    .reduce((sum, a) => sum + a.amount, 0);
}
```

그다음은 이전과 거의 같다. 다만 이번에는 calculatedProductionAccumulator()를 인라인
하지 않고 속성으로 남겨두는 편이 나아 보인다.

9.4 참조를 값으로 바꾸기
Change Reference to Value

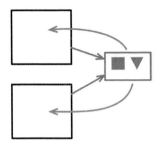

- 반대 리팩터링: 값을 참조로 바꾸기[9.5절]

```
class Product {
  applyDiscount(arg) {this._price.amount -= arg;}
```

▼

```
class Product {
  applyDiscount(arg) {
    this._price = new Money(this._price.amount - arg, this._price.currency);
  }
```

배경

객체(데이터 구조)를 다른 객체(데이터 구조)에 중첩하면 내부 객체를 참조 혹은 값으로 취급할 수 있다. 참조냐 값이냐의 차이는 내부 객체의 속성을 갱신하는 방식에서 가장 극명하게 드러난다. 참조로 다루는 경우에는 내부 객체는 그대로 둔 채 그 객체의 속성만 갱신하며, 값으로 다루는 경우에는 새로운 속성을 담은 객체로 기존 내부 객체를 통째로 대체한다.

필드를 값으로 다룬다면 내부 객체의 클래스를 수정하여 값 객체[Value Object]*로 만들 수 있다. 값 객체는 대체로 자유롭게 활용하기 좋은데, 특히 불변이기 때문이다. 일반적으로 불변 데이터 구조는 다루기 더 쉽다. 불변 데이터 값은 프로그램 외부로 건네줘도 나중에 그 값이 나 몰래 바뀌어서 내부에 영향을 줄까 염려하지 않아도 된다. 값을 복제해 이곳저곳에서 사용하더라도

----

*   https://martinfowler.com/bliki/ValueObject.html

서로 간의 참조를 관리하지 않아도 된다. 그래서 값 객체는 분산 시스템과 동시성 시스템에서 특히 유용하다.

한편 값 객체의 이런 특성 때문에 이번 리팩터링을 적용하면 안 되는 상황도 있다. 예컨대 특정 객체를 여러 객체에서 공유하고자 한다면, 그래서 공유 객체의 값을 변경했을 때 이를 관련 객체 모두에 알려줘야 한다면 공유 객체를 참조로 다뤄야 한다.

절차

❶ 후보 클래스가 불변인지, 혹은 불변이 될 수 있는지 확인한다.

❷ 각각의 세터를 하나씩 제거[11.7절]한다.

❸ 이 값 객체의 필드들을 사용하는 동치성[equality] 비교 메서드를 만든다.

→ 대부분의 언어는 이런 상황에 사용할 수 있도록 오버라이딩 가능한 동치성 비교 메서드를 제공한다. 동치성 비교 메서드를 오버라이드할 때는 보통 해시코드 생성 메서드도 함께 오버라이드해야 한다.

예시

사람[person] 객체가 있고, 이 객체는 다음 코드처럼 생성 시점에는 전화번호가 올바로 설정되지 못하게 짜여 있다고 해보자.

━━━ Person 클래스...
```
constructor() {
  this._telephoneNumber = new TelephoneNumber();
}

get officeAreaCode()    {return this._telephoneNumber.areaCode;}
set officeAreaCode(arg) {this._telephoneNumber.areaCode = arg;}
get officeNumber()      {return this._telephoneNumber.number;}
set officeNumber(arg) {this._telephoneNumber.number = arg;}
```

━━━ TelephoneNumber 클래스...
```
get areaCode()    {return this._areaCode;}
set areaCode(arg) {this._areaCode = arg;}
get number()    {return this._number;}
set number(arg) {this._number = arg;}
```

클래스를 추출[7.5절]하다 보면 종종 이런 상황이 벌어지곤 한다. 추출해서 새로 만들어진 객체

(이 예에서는 TelephoneNumber)를 갱신하는 메서드들은 여전히 추출 전 클래스(이 예에서는 Person)에 존재할 것이다. 어쨌든 새 클래스를 가리키는 참조가 하나뿐이므로 참조를 값으로 바꾸기에 좋은 상황이다.

❶ 가장 먼저 할 일은 전화번호를 불변으로 만들기다. ❷ 필드들의 세터들만 제거[11.7절]하면 된다. 세터 제거의 첫 단계로, 세터로 설정하던 두 필드를 생성자에서 입력받아 설정하도록 한다 (함수 선언 바꾸기[6.5절]).

━━━ TelephoneNumber 클래스...
```
constructor(areaCode, number) {
  this._areaCode = areaCode;
  this._number = number;
}
```

이제 세터를 호출하는 쪽을 살펴서 전화번호를 매번 다시 대입하도록 바꿔야 한다. 지역 코드[area code]부터 바꿔보자.

━━━ Person 클래스...
```
get officeAreaCode()    {return this._telephoneNumber.areaCode;}
set officeAreaCode(arg) {
  this._telephoneNumber = new TelephoneNumber(arg, this.officeNumber);
}
get officeNumber()    {return this._telephoneNumber.number;}
set officeNumber(arg) {this._telephoneNumber.number = arg;}
```

나머지 필드에도 같은 작업을 해준다.

━━━ Person 클래스...
```
get officeAreaCode()    {return this._telephoneNumber.areaCode;}
set officeAreaCode(arg) {
  this._telephoneNumber = new TelephoneNumber(arg, this.officeNumber);
}
get officeNumber()    {return this._telephoneNumber.number;}
set officeNumber(arg) {
  this._telephoneNumber = new TelephoneNumber(this.officeAreaCode, arg);
}
```

❸ 이제 전화번호는 불변이 되었으니 진짜 '값'이 될 준비가 끝났다. 값 객체로 인정받으려면 동

치성을 값 기반으로 평가해야 한다. 이 점에서 자바스크립트는 살짝 아쉬운데, 자바스크립트는 참조 기반 동치성을 값 기반 동치성으로 대체하는 일과 관련하여 언어나 핵심 라이브러리 차원에서 지원해주는 게 없다. 내가 생각해낸 최선의 방법은 equals 메서드를 직접 작성하는 것이다.

```
TelephoneNumber 클래스...
  equals(other) {
    if (!(other instanceof TelephoneNumber)) return false;
    return this.areaCode === other.areaCode &&
          this.number === other.number;
  }
```

다음과 같이 테스트해주는 것도 잊으면 안 된다.

```
it('telephone equals', function() {
  assert(        new TelephoneNumber("312", "555-0142")
        .equals(new TelephoneNumber("312", "555-0142")));
});
```

코드 포맷팅이 좀 독특한데, 똑같은 생성자를 호출했음을 보여주고자 일부러 이렇게 했다.

이 테스트의 핵심은 독립된 객체를 두 개 생성하여 동치성 검사를 수행했다는 점이다.

대부분의 객체 지향 언어는 값 기반 동치성 비교를 할 수 있도록 오버라이드 가능한 동치성 검사 수단을 기본으로 제공한다. 루비^{Ruby}에서는 == 연산자를 오버라이드하면 되고, 자바에서는 Object.equals() 메서드를 오버라이드하면 된다. 그리고 동치성 검사 메서드를 오버라이드할 때는 해시코드 생성 메서드도 함께 오버라이드해야 하는 게 보통이다(자바에서는 Object.hashCode() 메서드). 그래야 해시 기반으로 동작하는 컬렉션이 새로 만든 값도 문제없이 다룰 수 있다.

전화번호를 사용하는 곳이 둘 이상이라도 절차는 똑같다. 세터를 제거[11.7절]할 때 해당 사용처 모두를 수정하면 된다. 번호가 다른 전화번호들로 비교해보고, 유효하지 않은 번호나 널 값과도 비교해보면 좋다.

9.5 값을 참조로 바꾸기
Change Value to Reference

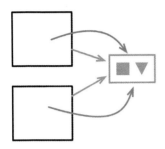

- 반대 리팩터링: **참조를 값으로 바꾸기**[9.4절]

```
let customer = new Customer(customerData);
```

▼

```
let customer = customerRepository.get(customerData.id);
```

배경

하나의 데이터 구조 안에 논리적으로 똑같은 제3의 데이터 구조를 참조하는 레코드가 여러 개 있을 때가 있다. 예컨대 주문 목록을 읽다 보면 같은 고객이 요청한 주문이 여러 개 섞여 있을 수 있다. 이때 고객을 값으로도, 혹은 참조로도 다룰 수 있다. 값으로 다룬다면 고객 데이터가 각 주문에 복사되고, 참조로 다룬다면 여러 주문이 단 하나의 데이터 구조를 참조하게 된다.

고객 데이터를 갱신할 일이 없다면 어느 방식이든 상관없다. 같은 데이터를 여러 벌 복사하는 게 조금 꺼림칙할지 모르지만, 별달리 문제되는 경우는 많지 않아서 흔히 사용하는 방식이다. 복사본이 많이 생겨서 가끔은 메모리가 부족할 수도 있지만, 다른 성능 이슈와 마찬가지로 아주 드문 일이다.

논리적으로 같은 데이터를 물리적으로 복제해 사용할 때 가장 크게 문제되는 상황은 그 데이터를 갱신해야 할 때다. 모든 복제본을 찾아서 빠짐없이 갱신해야 하며, 하나라도 놓치면 데이터 일관성이 깨져버린다. 이런 상황이라면 복제된 데이터들을 모두 참조로 바꿔주는 게 좋다. 데이터가 하나면 갱신된 내용이 해당 고객의 주문 모두에 곧바로 반영되기 때문이다.

값을 참조로 바꾸면 엔티티entity 하나당 객체도 단 하나만 존재하게 되는데, 그러면 보통 이런 객체들을 한데 모아놓고 클라이언트들의 접근을 관리해주는 일종의 저장소가 필요해진다. 각 엔티티를 표현하는 객체를 한 번만 만들고, 객체가 필요한 곳에서는 모두 이 저장소로부터 얻어 쓰는 방식이 된다.

절차

❶ 같은 부류에 속하는 객체들을 보관할 저장소를 만든다(이미 있다면 생략).

❷ 생성자에서 이 부류의 객체들 중 특정 객체를 정확히 찾아내는 방법이 있는지 확인한다.

❸ 호스트 객체의 생성자들을 수정하여 필요한 객체를 이 저장소에서 찾도록 한다. 하나 수정할 때마다 테스트한다.

예시

주문order 클래스를 준비했다. 이 클래스는 주문 데이터를 생성자에서 JSON 문서로 입력받아 필드들을 채운다. 이 과정에서 주문 데이터에 포함된 고객 ID를 사용해 고객customer 객체를 생성한다.

━━━ Order 클래스...
```
constructor(data) {
  this._number = data.number;
  this._customer = new Customer(data.customer);   ◄── data.customer가 고객 ID임
  // 다른 데이터를 읽어 들인다.
}

get customer() {return this._customer;}
```

━━━ Customer 클래스...
```
constructor(id) {
  this._id = id;
}

get id() {return this._id;}
```

이런 방식으로 생성한 고객 객체는 값이다. 고객 ID가 123인 주문을 다섯 개 생성한다면 독립된 고객 객체가 다섯 개 만들어진다. 이 중 하나를 수정하더라도 나머지 네 개에는 반영되지 않는다. 이 상황에서, 예컨대 고객 서비스에서 얻어온 데이터를 고객 객체에 추가해야 한다면 다

섯 객체 모두를 같은 값으로 갱신해야 한다. 이처럼 객체가 중복해서 만들어지는 상황은 항상 내 신경을 곤두세운다. 이번 예처럼 같은 엔티티를 표현하는 객체가 여러 개 만들어지면 혼란이 생긴다. 설상가상으로 이 객체가 불변이 아니라면 일관성이 깨질 수 있어서 다루기가 더욱 까다로운 문제로 돌변한다.

❶ 항상 물리적으로 똑같은 고객 객체를 사용하고 싶다면 먼저 이 유일한 객체를 저장해둘 곳이 있어야 한다. 객체를 어디에 저장해야 할지는 애플리케이션에 따라 다르겠지만, 간단한 상황이라면 나는 저장소 객체^{repository object}*를 사용하는 편이다.

```
let _repositoryData;

export function initialize() {
  _repositoryData = {};
  _repositoryData.customers = new Map();
}

export function registerCustomer(id) {
  if (! _repositoryData.customers.has(id))
    _repositoryData.customers.set(id, new Customer(id));
  return findCustomer(id);
}

export function findCustomer(id) {
  return _repositoryData.customers.get(id);
}
```

이 저장소는 고객 객체를 ID와 함께 등록할 수 있으며, ID 하나당 오직 하나의 고객 객체만 생성됨을 보장한다. 저장소가 준비되었으니 이제 주문 클래스의 생성자가 이 저장소를 사용하도록 수정할 수 있다.

쓸만한 저장소가 이미 존재할 때도 왕왕 있는데, 그렇다면 그저 그 저장소를 사용하기만 하면된다. ❷ 다음 단계로는 주문의 생성자에서 올바른 고객 객체를 얻어오는 방법을 강구해야 한다. 이번 예에서는 고객 ID가 입력 데이터 스트림으로 전달되니 쉽게 해결할 수 있다. ❸ 수정해보자.

---

* https://martinfowler.com/eaaCatalog/repository.html

```
    constructor(data) {
      this._number = data.number;
      this._customer = registerCustomer(data.customer);
      // 다른 데이터를 읽어 들인다.
    }

    get customer() {return this._customer;}
```

이제 특정 주문과 관련된 고객 정보를 갱신하면 같은 고객을 공유하는 주문 모두에서 갱신된 데이터를 사용하게 된다.

이 예에서는 특정 고객 객체를 참조하는 첫 번째 주문에서 해당 고객 객체를 생성했다. 또 다른 방법으로, 고객 목록을 미리 다 만들어서 저장소에 저장해놓고 주문 정보를 읽을 때 연결해주는 방법도 자주 사용한다. 이 방식에서는 저장소에 없는 고객 ID를 사용하는 주문에서는 오류가 난다.

이 예시 코드는 생성자 본문이 전역 저장소와 결합된다는 문제가 있다. 전역 객체는 독한 약처럼 신중히 다뤄야 한다. 소량만 사용하면 이로울 수도 있지만 과용하면 독이 된다. 이 점이 염려된다면 저장소를 생성자 매개변수로 전달하도록 수정하자.*

---

*   옮긴이_ 의존성 주입(dependency injection) 중 생성자 주입을 말한다.

9.6 매직 리터럴 바꾸기
Replace Magic Literal

```
2 * 3.14 * radius
```

π

• 1판에서의 이름: 마법 숫자를 기호 상수로 전환

```
function potentialEnergy(mass, height) {
  return mass * 9.81 * height;
}
```

▶

```
const STANDARD_GRAVITY = 9.81;
function potentialEnergy(mass, height) {
    return mass * STANDARD_GRAVITY * height;
}
```

배경

매직 리터럴^{magic literal}이란 소스 코드에 (보통은 여러 곳에) 등장하는 일반적인 리터럴 값을 말한다. 예컨대 움직임을 계산하는 코드에서라면 9.80665라는 숫자가 산재해 있는 모습을 목격할 수 있다. 내가 물리 수업을 들은 게 언제인지 까마득하지만 이 숫자가 표준중력을 뜻한다는 건 기억이 난다. 하지만 코드를 읽는 사람이 이 값의 의미를 모른다면 숫자 자체로는 의미를 명확히 알려주지 못하므로 매직 리터럴이라 할 수 있다. 의미를 알고 있다고 해도 결국 각자의 머리에서 해석해낸 것일 뿐이라서, 이보다는 코드 자체가 뜻을 분명하게 드러내는 게 좋다. 상수를 정의하고 숫자 대신 상수를 사용하도록 바꾸면 될 것이다.

매직 리터럴은 대체로 숫자가 많지만 다른 타입의 리터럴도 특별한 의미를 지닐 수 있다. 예컨대 "1월 1일"은 새로운 해의 시작을, "M"은 남성을, "서울"은 본사를 뜻할 수도 있다.

일반적으로는 해당 값이 쓰이는 모든 곳을 적절한 이름의 상수로 바꿔주는 방법이 가장 좋다. 다른 선택지도 있는데, 그 상수가 특별한 비교 로직에 주로 쓰이는 경우에 고려해볼 수 있는 방법이다. 예컨대 나는 aValue === "M"을 aValue === MALE_GENDER로 바꾸기보다 isMale(aValue)라는 함수 호출로 바꾸는 쪽을 선호한다.

상수를 과용하는 모습도 종종 본다. const ONE = 1 같은 선언은 의미가 없다. 의미 전달 면에서 값을 바로 쓰는 것보다 나을 게 없기 때문이다(값이 달라질 가능성도 없다). 또한 리터럴이 함수 하나에서만 쓰이고 그 함수가 맥락 정보를 충분히 제공하여 헷갈릴 일이 없다면 상수로 바꿔 얻는 이득이 줄어든다.

방법

❶ 상수를 선언하고 매직 리터럴을 대입한다.

❷ 해당 리터럴이 사용되는 곳을 모두 찾는다.

❸ 찾은 곳 각각에서 리터럴이 새 상수와 똑같은 의미로 쓰였는지 확인하여, 같은 의미라면 상수로 대체한 후 테스트한다.

 이 리팩터링이 제대로 되었는지는 어떻게 테스트할까? 좋은 방법을 하나 소개하겠다. 상수의 값을 바꾸고, 관련 테스트 모두가 바뀐 값에 해당하는 결과를 내는지 확인하는 것이다. 항상 적용할 수 있는 방법은 아니지만, 가능한 경우라면 아주 편리하다.

CHAPTER **10**

조건부 로직 간소화

조건부 로직은 프로그램의 힘을 강화하는 데 크게 기여하지만, 안타깝게도 프로그램을 복잡하게 만드는 주요 원흉이기도 하다. 그래서 나는 조건부 로직을 이해하기 쉽게 바꾸는 리팩터링을 자주 한다. 복잡한 조건문에는 **조건문 분해하기**[10.1절]를, 논리적 조합을 명확하게 다듬는 데는 **중복 조건식 통합하기**[10.2절]를 적용한다. 함수의 핵심 로직에 본격적으로 들어가기 앞서 무언가를 검사해야 할 때는 **중첩 조건문을 보호 구문으로 바꾸기**[10.3절]를, 똑같은 분기 로직(주로 switch문)이 여러 곳에 등장한다면 **조건부 로직을 다형성으로 바꾸기**[10.4절]를 적용한다.

널[null]과 같은 특이 케이스를 처리하는 데도 조건부 로직이 흔히 쓰인다. 이 처리 로직이 거의 똑같다면 **특이 케이스 추가하기**[10.5절]**(널 객체 추가하기**[Introduce Null Object]라고도 한다)를 적용해 코드 중복을 상당히 줄일 수 있다. 한편, (내가 조건절 없애기를 매우 좋아하는 건 사실이지만) 프로그램의 상태를 확인하고 그 결과에 따라 다르게 동작해야 하는 상황이면 **어서션 추가하기**[10.6절]가 도움이 된다.

 옮긴이_ 이 외에도 원서 웹 버전에 수록된 다음 리팩터링을 더 번역해 실었다.

제어 플래그를 이용해 코드 동작 흐름을 변경하는 코드는 대부분 **제어 플래그를 탈출문으로 바꾸기**[10.7절]를 적용해 더 간소화할 수 있다.

10.1 조건문 분해하기
Decompose Conditional

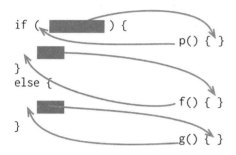

```
if (!aDate.isBefore(plan.summerStart) && !aDate.isAfter(plan.summerEnd))
  charge = quantity * plan.summerRate;
else
  charge = quantity * plan.regularRate + plan.regularServiceCharge;
```

▼

```
if (summer())
  charge = summerCharge();
else
  charge = regularCharge();
```

배경

복잡한 조건부 로직은 프로그램을 복잡하게 만드는 가장 흔한 원흉에 속한다. 다양한 조건, 그에 따라 동작도 다양한 코드를 작성하면 순식간에 꽤 긴 함수가 탄생한다. 긴 함수는 그 자체로 읽기가 어렵지만, 조건문은 그 어려움을 한층 가중시킨다. 조건을 검사하고 그 결과에 따른 동작을 표현한 코드는 무슨 일이 일어나는지는 이야기해주지만 '왜' 일어나는지는 제대로 말해주지 않을 때가 많은 것이 문제다.

거대한 코드 블록이 주어지면 코드를 부위별로 분해한 다음 해체된 코드 덩어리들을 각 덩어리의 의도를 살린 이름의 함수 호출로 바꿔주자. 그러면 전체적인 의도가 더 확실히 드러난다. 조건문이 보이면 나는 조건식과 각 조건절에 이 작업을 해주길 좋아한다. 이렇게 하면 해당 조건이 무엇인지 강조하고, 그래서 무엇을 분기했는지가 명백해진다. 분기한 이유 역시 더 명확해진다.

이 리팩터링은 자신의 코드에 함수 추출하기[6.1절]를 적용하는 한 사례로 볼 수도 있다. 하지만 연습용으로 아주 훌륭하기 때문에 독립된 리팩터링으로 추가했다.

절차

❶ 조건식과 그 조건식에 딸린 조건절 각각을 함수로 추출[6.1절]한다.

예시

여름철이면 할인율이 달라지는 어떤 서비스의 요금을 계산한다고 해보자.

```
if (!aDate.isBefore(plan.summerStart) && !aDate.isAfter(plan.summerEnd))
    charge = quantity * plan.summerRate;
else
    charge = quantity * plan.regularRate + plan.regularServiceCharge;
```

❶ 우선 조건 부분(조건식)을 별도 함수로 추출하자.

```
if (summer())
    charge = quantity * plan.summerRate;
else
    charge = quantity * plan.regularRate + plan.regularServiceCharge;

function summer() {
  return !aDate.isBefore(plan.summerStart) && !aDate.isAfter(plan.summerEnd);
}
```

그런 다음 조건이 만족했을 때의 로직도 또 다른 함수로 추출한다.

```
if (summer())
    charge = summerCharge();
else
    charge = quantity * plan.regularRate + plan.regularServiceCharge;

function summer() {
  return !aDate.isBefore(plan.summerStart) && !aDate.isAfter(plan.summerEnd);
}
```

```
function summerCharge() {
  return quantity * plan.summerRate;
}
```

마지막으로 else절도 별도 함수로 추출한다.

```
if (summer())
  charge = summerCharge();
else
  charge = regularCharge();

function summer() {
  return !aDate.isBefore(plan.summerStart) && !aDate.isAfter(plan.summerEnd);
}
function summerCharge() {
  return quantity * plan.summerRate;
}
function regularCharge() {
  return quantity * plan.regularRate + plan.regularServiceCharge;
}
```

모두 끝났다면 취향에 따라 전체 조건문을 3항 연산자로 바꿔줄 수도 있다.

```
charge = summer() ? summerCharge() : regularCharge();

function summer() {
  return !aDate.isBefore(plan.summerStart) && !aDate.isAfter(plan.summerEnd);
}
function summerCharge() {
  return quantity * plan.summerRate;
}
function regularCharge() {
  return quantity * plan.regularRate + plan.regularServiceCharge;
}
```

10.2 조건식 통합하기

Consolidate Conditional Expression

```
if (■) ⊙
if (△) ⊙
if (▼) ⊙


      if (p()) ⊙
```

```
if (anEmployee.seniority < 2) return 0;
if (anEmployee.monthsDisabled > 12) return 0;
if (anEmployee.isPartTime) return 0;
```

▼

```
if (isNotEligibleForDisability()) return 0;

function isNotEligibleForDisability() {
  return ((anEmployee.seniority < 2)
         || (anEmployee.monthsDisabled > 12)
         || (anEmployee.isPartTime));
}
```

배경

비교하는 조건은 다르지만 그 결과로 수행하는 동작은 똑같은 코드들이 더러 있는데, 어차피 같은 일을 할 거라면 조건 검사도 하나로 통합하는 게 낫다. 이럴 때 'and' 연산자와 'or' 연산자를 사용하면 여러 개의 비교 로직을 하나로 합칠 수 있다.

조건부 코드를 통합하는 게 중요한 이유는 두 가지다. 첫째, 여러 조각으로 나뉜 조건들을 하나로 통합함으로써 내가 하려는 일이 더 명확해진다. 나눠서 순서대로 비교해도 결과는 같지만, 읽는 사람은 독립된 검사들이 우연히 함께 나열된 것으로 오해할 수 있다. 두 번째 이유는 이 작업이 함수 추출하기[6.1절]까지 이어질 가능성이 높기 때문이다. 복잡한 조건식을 함수로 추출하면 코드의 의도가 훨씬 분명하게 드러나는 경우가 많다. 함수 추출하기는 '무엇'을 하는지를 기술하던 코드를 '왜' 하는지를 말해주는 코드로 바꿔주는 효과적인 도구임을 기억하자.

조건식을 통합해야 하는 이유는 이 리팩터링을 하지 말아야 하는 이유도 설명해준다. 하나의 검사라고 생각할 수 없는, 다시 말해 진짜로 독립된 검사들이라고 판단되면 이 리팩터링을 해서는 안 된다.

절차

❶ 해당 조건식들 모두에 부수효과가 없는지 확인한다.

→ 부수효과가 있는 조건식들에는 질의 함수와 변경 함수 분리하기[11.1철]를 먼저 적용한다.

❷ 조건문 두 개를 선택하여 두 조건문의 조건식들을 논리 연산자로 결합한다.

→ 순차적으로 이뤄지는(레벨이 같은) 조건문은 or로 결합하고, 중첩된 조건문은 and로 결합한다.

❸ 테스트한다.

❹ 조건이 하나만 남을 때까지 ❷~❸ 과정을 반복한다.

❺ 하나로 합쳐진 조건식을 함수로 추출[6.1철]할지 고려해본다.

예시: or 사용하기

코드를 훑다가 다음 코드를 발견했다고 하자.

```
function disabilityAmount(anEmployee) {
    if (anEmployee.seniority < 2) return 0;
    if (anEmployee.monthsDisabled > 12) return 0;
    if (anEmployee.isPartTime) return 0;
    // 장애 수당 계산
```

똑같은 결과로 이어지는 조건 검사가 순차적으로 진행되고 있다. ❷ 결과로 행하는 동작이 같으므로 이 조건들을 하나의 식으로 통합해보자. 이처럼 순차적인 경우엔 or 연산자를 이용하면 된다.

```
function disabilityAmount(anEmployee) {
    if ((anEmployee.seniority < 2)
        || (anEmployee.monthsDisabled > 12)) return 0;
    if (anEmployee.isPartTime) return 0;
    // 장애 수당 계산
```

❸ 테스트한 후 ❹ 그다음 조건에도 적용한다.

```
function disabilityAmount(anEmployee) {
    if ((anEmployee.seniority < 2)
        || (anEmployee.monthsDisabled > 12)
        || (anEmployee.isPartTime)) return 0;
    // 장애 수당 계산
```

❺ 모든 조건을 통합했다면 최종 조건식을 함수로 추출[6.1절]해볼 수 있다.

```
function disabilityAmount(anEmployee) {
    if (isNotEligibleForDisability()) return 0;
    // 장애 수당 계산

    function isNotEligibleForDisability() { // 장애 수당 적용 여부 확인
      return ((anEmployee.seniority < 2)
              || (anEmployee.monthsDisabled > 12)
              || (anEmployee.isPartTime));
    }
```

예시: and 사용하기

앞에서는 식들을 or로 결합하는 예를 보여줬는데, if문이 중첩되어 나오면 and를 사용해야
한다.

```
if (anEmployee.onVacation)
    if (anEmployee.seniority > 10)
      return 1;
    return 0.5;
```

이 조건들을 and 연산자로 결합해보자.

```
if ((anEmployee.onVacation)
      && (anEmployee.seniority > 10)) return 1;
    return 0.5;
```

두 경우가 복합된 상황에서는 and와 or 연산자를 적절히 섞어 결합하자. 이처럼 복잡한 상황이라면
대체로 코드가 지저분하다. 따라서 함수 추출하기[6.1절]를 적절히 활용하여 전체를 더 이해하기 쉽게 만
들어주면 좋다.

10.3 중첩 조건문을 보호 구문으로 바꾸기
Replace Nested Conditional with Guard Clauses

```
if (■)
    ■■■■■■
else
 ← if (■)
        ■■■■■■
    else
   ←── if (■)
            ■■■■■■
        else
```

```
function getPayAmount() {
  let result;
  if (isDead)
    result = deadAmount();
  else {
    if (isSeparated)
      result = separatedAmount();
    else {
      if (isRetired)
        result = retiredAmount();
      else
        result = normalPayAmount();
    }
  }
  return result;
```

▶

```
function getPayAmount() {
  if (isDead) return deadAmount();
  if (isSeparated) return separatedAmount();
  if (isRetired) return retiredAmount();
  return normalPayAmount();
}
```

배경

조건문은 주로 두 가지 형태로 쓰인다. 참인 경로와 거짓인 경로 모두 정상 동작으로 이어지는 형태와, 한쪽만 정상인 형태다.

두 형태는 의도하는 바가 서로 다르므로 그 의도가 코드에 드러나야 한다. 나는 두 경로 모두 정상 동작이라면 if와 else절을 사용한다. 한쪽만 정상이라면 비정상 조건을 if에서 검사한

다음, 조건이 참이면(비정상이면) 함수에서 빠져나온다. 두 번째 검사 형태를 흔히 **보호 구문** guard clause 이라고 한다.

중첩 조건문을 보호 구문으로 바꾸기 리팩터링의 핵심은 의도를 부각하는 데 있다. 나는 if-then-else 구조를 사용할 때 if절과 else절에 똑같은 무게를 두어, 코드를 읽는 이에게 양 갈래가 똑같이 중요하다는 뜻을 전달한다. 이와 달리, 보호 구문은 "이건 이 함수의 핵심이 아니다. 이 일이 일어나면 무언가 조치를 취한 후 함수에서 빠져나온다"라고 이야기한다.

함수의 진입점과 반환점이 하나여야 한다고 배운 프로그래머와 함께 일하다 보면 이 리팩터링을 자주 사용하게 된다. 진입점이 하나라는 조건은 최신 프로그래밍 언어에서는 강제된다. 그런데 반환점이 하나여야 한다는 규칙은, 정말이지 유용하지 않다. 코드에서는 명확함이 핵심이다. 반환점이 하나일 때 함수의 로직이 더 명백하다면 그렇게 하자. 그렇지 않다면 하지 말자.

절차

❶ 교체해야 할 조건 중 가장 바깥 것을 선택하여 보호 구문으로 바꾼다.
❷ 테스트한다.
❸ ❶~❷ 과정을 필요한 만큼 반복한다.
❹ 모든 보호 구문이 같은 결과를 반환한다면 보호 구문들의 조건식을 통합[10.2절]한다.

예시

직원 급여를 계산하는 코드를 예로 가져왔다. 현직 직원만 급여를 받아야 하므로 이 함수는 두 가지 조건을 검사하고 있다.

```
function payAmount(employee) {
  let result;
  if(employee.isSeparated) { // 퇴사한 직원인가?
    result = {amount: 0, reasonCode: "SEP"};
  }
  else {
    if (employee.isRetired) { // 은퇴한 직원인가?
      result = {amount: 0, reasonCode: "RET"};
    }
    else {
      // 급여 계산 로직
      lorem.ipsum(dolor.sitAmet);
```

```
        consectetur(adipiscing).elit();
        sed.do.eiusmod = tempor.incididunt.ut(labore) && dolore(magna.aliqua);
        ut.enim.ad(minim.veniam);
        result = someFinalComputation();
      }
    }
    return result;
  }
```

이 코드는 실제로 벌어지는 중요한 일들이 중첩된 조건들에 가려서 잘 보이지 않는다. 이 코드가 진짜 의도한 일은 모든 조건이 거짓일 때만 실행되기 때문이다. 이 상황에서는 보호 구문을 사용하면 코드의 의도가 더 잘 드러난다.

다른 리팩터링과 마찬가지로 나는 단계를 작게 나눠 하나씩 밟아가길 좋아한다. ❶ 그러니 최상위 조건부터 보호 구문으로 바꿔보자.

```
    function payAmount(employee) {
      let result;
      if (employee.isSeparated) return {amount: 0, reasonCode: "SEP"};
      if (employee.isRetired) {
        result = {amount: 0, reasonCode: "RET"};
      }
      else {
        // 급여 계산 로직
        lorem.ipsum(dolor.sitAmet);
        consectetur(adipiscing).elit();
        sed.do.eiusmod = tempor.incididunt.ut(labore) && dolore(magna.aliqua);
        ut.enim.ad(minim.veniam);
        result = someFinalComputation();
      }
      return result;
    }
```

❷ 변경 후 테스트하고 ❸ 다음 조건으로 넘어간다.

```
    function payAmount(employee) {
      let result;
      if (employee.isSeparated) return {amount: 0, reasonCode: "SEP"};
      if (employee.isRetired)   return {amount: 0, reasonCode: "RET"};
```

```
    // 급여 계산 로직
    lorem.ipsum(dolor.sitAmet);
    consectetur(adipiscing).elit();
    sed.do.eiusmod = tempor.incididunt.ut(labore) && dolore(magna.aliqua);
    ut.enim.ad(minim.veniam);
    result = someFinalComputation();
    return result;
}
```

여기까지 왔다면 result 변수는 아무 일도 하지 않으므로 제거하자.

```
function payAmount(employee) {
    let result;
    if (employee.isSeparated) return {amount: 0, reasonCode: "SEP"};
    if (employee.isRetired)   return {amount: 0, reasonCode: "RET"};
    // 급여 계산 로직
    lorem.ipsum(dolor.sitAmet);
    consectetur(adipiscing).elit();
    sed.do.eiusmod = tempor.incididunt.ut(labore) && dolore(magna.aliqua);
    ut.enim.ad(minim.veniam);
    return someFinalComputation();
}
```

가변 변수를 제거하면 자다가도 떡이 생긴다는 사실을 항상 기억하자!

예시: 조건 반대로 만들기

이 책 초판의 원고를 검토하던 조슈아 케리에프스키[Joshua Kerievsky]가 이 리팩터링을 수행할 때는 조건식을 반대로 만들어 적용하는 경우도 많다고 알려왔다. 그리고 고맙게도 예시까지 만들어 보내주었다.

```
function adjustedCapital(anInstrument) {
    let result = 0;
    if (anInstrument.capital > 0) {
        if (anInstrument.interestRate > 0 && anInstrument.duration > 0) {
            result = (anInstrument.income / anInstrument.duration) * anInstrument.adjustmentFactor;
        }
    }
    return result;
}
```

역시 한 번에 하나씩 수정한다. 다만 이번에는 보호 구문을 추가하면서 조건을 역으로 바꿀 것이다.

```
function adjustedCapital(anInstrument) {
  let result = 0;
  if (anInstrument.capital <= 0) return result;
  if (anInstrument.interestRate > 0 && anInstrument.duration > 0) {
    result = (anInstrument.income / anInstrument.duration) * anInstrument.adjustmentFactor;
  }
  return result;
}
```

다음 조건은 살짝 더 복잡하므로 두 단계로 나눠 진행하겠다. 먼저 간단히 not 연산자(!)를 추가한다.

```
function adjustedCapital(anInstrument) {
  let result = 0;
  if (anInstrument.capital <= 0) return result;
  if (!(anInstrument.interestRate > 0 && anInstrument.duration > 0)) return result;
  result = (anInstrument.income / anInstrument.duration) * anInstrument.adjustmentFactor;
  return result;
}
```

이처럼 조건식 안에 not이 있으면 영 개운치 않으니 다음처럼 간소화한다.

```
function adjustedCapital(anInstrument) {
  let result = 0;
  if (anInstrument.capital <= 0) return result;
  if (anInstrument.interestRate <= 0 || anInstrument.duration <= 0) return result;
  result = (anInstrument.income / anInstrument.duration) * anInstrument.adjustmentFactor;
  return result;
}
```

두 if문 모두 같은 결과를 내는 조건을 포함하니 조건식을 통합[10.2절]한다.

```
function adjustedCapital(anInstrument) {
  let result = 0;
  if (   anInstrument.capital     <= 0
      || anInstrument.interestRate <= 0
```

```
     || anInstrument.duration    <= 0) return result;
  result = (anInstrument.income / anInstrument.duration) * anInstrument.adjustmentFactor;
  return result;
}
```

여기서의 **result** 변수는 두 가지 일을 한다. 처음 설정한 값 **0**은 보호 구문이 발동했을 때 반환할 값이다. 두 번째로 설정한 값은 계산의 최종 결과다. 이 변수를 제거하면 변수 하나가 두 가지 용도로 쓰이는 상황이 사라진다(변수 쪼개기[9.1절] 참고).

```
function adjustedCapital(anInstrument) {
  if (   anInstrument.capital     <= 0
      || anInstrument.interestRate <= 0
      || anInstrument.duration    <= 0) return 0;
  return (anInstrument.income / anInstrument.duration * anInstrument.adjustmentFactor;
}
```

10.4 조건부 로직을 다형성으로 바꾸기

Replace Conditional with Polymorphism

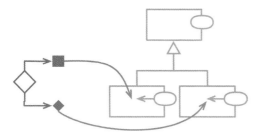

```
switch (bird.type) {
  case '유럽 제비':
    return "보통이다";
  case '아프리카 제비':
    return (bird.numberOfCoconuts > 2) ? "지쳤다" : "보통이다";
  case '노르웨이 파랑 앵무':
    return (bird.voltage > 100) ? "그을렸다" : "예쁘다";
  default:
    return "알 수 없다";
```

▼

```
class EuropeanSwallow {
  get plumage() {
    return "보통이다";
  }
  ...
class AfricanSwallow {
  get plumage() {
    return (this.numberOfCoconuts > 2) ? "지쳤다" : "보통이다";
  }
  ...
class NorwegianBlueParrot {
  get plumage() {
    return (this.voltage > 100) ? "그을렸다" : "예쁘다";
  }
  ...
```

배경

복잡한 조건부 로직은 프로그래밍에서 해석하기 가장 난해한 대상에 속한다. 그래서 나는 조건부 로직을 직관적으로 구조화할 방법을 항상 고민한다. 종종 더 높은 수준의 개념을 도입해 이 조건들을 분리해낼 수 있다. 조건문 구조를 그대로 둔 채 해결될 때도 있지만, 클래스와 다형성을 이용하면 더 확실하게 분리할 수도 있다.

흔한 예로, 타입을 여러 개 만들고 각 타입이 조건부 로직을 자신만의 방식으로 처리하도록 구성하는 방법이 있다. 책, 음악, 음식은 다르게 처리해야 한다. 왜? 타입이 다르니까! 타입을 기준으로 분기하는 switch문이 포함된 함수가 여러 개 보인다면 분명 이러한 상황이다. 이런 경우 case별로 클래스를 하나씩 만들어 공통 switch 로직의 중복을 없앨 수 있다. 다형성을 활용하여 어떻게 동작할지를 각 타입이 알아서 처리하도록 하면 된다.

또 다른 예로, 기본 동작을 위한 case문과 그 변형 동작으로 구성된 로직을 떠올릴 수 있다. 기본 동작은 가장 일반적이거나 가장 직관적인 동작일 것이다. 먼저 이 로직을 슈퍼클래스로 넣어서 변형 동작에 신경 쓰지 않고 기본에 집중하게 한다. 그런 다음 변형 동작을 뜻하는 case들을 각각의 서브클래스로 만든다. 이 서브클래스들은 기본 동작과의 차이를 표현하는 코드로 채워질 것이다.

다형성은 객체 지향 프로그래밍의 핵심이다. 하지만 (유용한 기능들이 늘 그렇듯) 남용하기 쉽다. 실제로 모든 조건부 로직을 다형성으로 대체해야 한다고 주장하는 사람도 만난 적이 있다. 나는 그 견해에는 동의하지 않는다. 조건부 로직 대부분은 기본 조건문인 if/else와 switch/case로 이뤄지기 때문이다. 하지만 앞서 이야기한 방법들로 개선할 수 있는 복잡한 조건부 로직을 발견하면 다형성이 막강한 도구임을 깨닫게 된다.

절차

❶ 다형적 동작을 표현하는 클래스들이 아직 없다면 만들어준다. 이왕이면 적합한 인스턴스를 알아서 만들어 반환하는 팩터리 함수도 함께 만든다.

❷ 호출하는 코드에서 팩터리 함수를 사용하게 한다.

❸ 조건부 로직 함수를 슈퍼클래스로 옮긴다.
  → 조건부 로직이 온전한 함수로 분리되어 있지 않다면 먼저 함수로 추출[6.1]절한다.

❹ 서브클래스 중 하나를 선택한다. 서브클래스에서 슈퍼클래스의 조건부 로직 메서드를 오버라이드한다. 조건부 문장 중 선택된 서브클래스에 해당하는 조건절을 서브클래스 메서드로 복사한 다음 적절히 수정한다.

❺ 같은 방식으로 각 조건절을 해당 서브클래스에서 메서드로 구현한다.

❻ 슈퍼클래스 메서드에는 기본 동작 부분만 남긴다. 혹은 슈퍼클래스가 추상 클래스여야 한다면, 이 메서드를 추상으로 선언하거나 서브클래스에서 처리해야 함을 알리는 에러를 던진다.

예시

다양한 새를 키우는 친구가 있는데, 새의 종에 따른 비행 속도와 깃털 상태를 알고 싶어 한다. 그래서 이 정보를 알려주는 작은 프로그램을 짜봤다.

```
function plumages(birds) {
  return new Map(birds.map(b => [b.name, plumage(b)]));
}

function speeds(birds) {
  return new Map(birds.map(b => [b.name, airSpeedVelocity(b)]));
}

function plumage(bird) { // 깃털 상태
  switch (bird.type) {
  case '유럽 제비':
    return "보통이다";
  case '아프리카 제비':
    return (bird.numberOfCoconuts > 2) ? "지쳤다" : "보통이다";
  case '노르웨이 파랑 앵무':
    return (bird.voltage > 100) ? "그을렸다" : "예쁘다";
  default:
    return "알 수 없다";
  }
}

function airSpeedVelocity(bird) { // 비행 속도
  switch (bird.type) {
  case '유럽 제비':
    return 35;
  case '아프리카 제비':
    return 40 - 2 * bird.numberOfCoconuts;
  case '노르웨이 파랑 앵무':
    return (bird.isNailed) ? 0 : 10 + bird.voltage / 10;
  default:
    return null;
  }
}
```

새 종류에 따라 다르게 동작하는 함수가 몇 개 보이니 종류별 클래스를 만들어서 각각에 맞는 동작을 표현하면 좋을 것 같다.

❸ 가장 먼저 airSpeedVelocity()와 plumage()를 Bird라는 클래스로 묶어보자(여러 함수를 클래스로 묶기6.9절).

```
function plumage(bird) {
  return new Bird(bird).plumage;
}

function airSpeedVelocity(bird) {
  return new Bird(bird).airSpeedVelocity;
}
```

```
class Bird {
  constructor(birdObject) {
    Object.assign(this, birdObject);
  }

  get plumage() {
    switch (this.type) {
    case '유럽 제비':
      return "보통이다";
    case '아프리카 제비':
      return (this.numberOfCoconuts > 2) ? "지쳤다" : "보통이다";
    case '노르웨이 파랑 앵무':
      return (this.voltage > 100) ? "그을렸다" : "예쁘다";
    default:
      return "알 수 없다";
    }
  }

  get airSpeedVelocity() {
    switch (this.type) {
    case '유럽 제비':
      return 35;
    case '아프리카 제비':
      return 40 - 2 * this.numberOfCoconuts;
    case '노르웨이 파랑 앵무':
      return (this.isNailed) ? 0 : 10 + this.voltage / 10;
    default:
      return null;
    }
  }
}
```

❶ 이제 종별 서브클래스를 만든다. 적합한 서브클래스의 인스턴스를 만들어줄 팩터리 함수도 잊지 말자. ❷ 그러고 나서 객체를 얻을 때 팩터리 함수를 사용하도록 수정한다.

```
function plumage(bird) {
  return createBird(bird).plumage;
}

function airSpeedVelocity(bird) {
```

```
    return createBird(bird).airSpeedVelocity;
  }
  function createBird(bird) {
    switch (bird.type) {
    case '유럽 제비':
      return new EuropeanSwallow(bird);
    case '아프리카 제비':
      return new AfricanSwallow(bird);
    case '노르웨이 파랑 앵무':
      return new NorwegianBlueParrot(bird);
    default:
      return new Bird(bird);
    }
  }

  class EuropeanSwallow extends Bird {
  }

  class AfricanSwallow extends Bird {
  }

  class NorwegianBlueParrot extends Bird {
  }
```

필요한 클래스 구조가 준비되었으니 두 조건부 메서드를 처리할 차례다. plumage()부터 시작하자. ❹ switch문의 절 하나를 선택해 해당 서브클래스에서 오버라이드한다. 첫 번째 절의 유럽 제비를 선택해봤다.

▬▬▬ EuropeanSwallow 클래스...
```
    get plumage() {
      return "보통이다";
    }
```

▬▬▬ Bird 클래스...
```
    get plumage() {
      switch (this.type) {
      case '유럽 제비':
        throw "오류 발생";
      case '아프리카 제비':
```

```
      return (this.numberOfCoconuts > 2) ? "지쳤다" : "보통이다";
    case '노르웨이 파랑 앵무':
      return (this.voltage > 100) ? "그을렸다" : "예쁘다";
    default:
      return "알 수 없다";
    }
  }
}
```

나는 완벽주의자이니 슈퍼클래스의 조건문에 throw문을 추가했다.

이 시점에서 컴파일하고 테스트해보자. ❺ 잘 동작한다면 다음 조건절을 처리한다.

━━━ AfricanSwallow 클래스...
```
  get plumage() {
    return (this.numberOfCoconuts > 2) ? "지쳤다" : "보통이다";
  }
```

마지막은 노르웨이 파랑 앵무 차례다.

━━━ NorwegianBlueParrot 클래스...
```
  get plumage() {
    return (this.voltage > 100) ? "그을렸다" : "예쁘다";
  }
```

❻ 슈퍼클래스의 메서드는 기본 동작용으로 남겨놓는다.

━━━ Bird 클래스...
```
  get plumage() {
    return "알 수 없다";
  }
```

똑같은 과정을 airSpeedVelocity()에도 수행한다. 다 끝내면 코드의 모습이 다음처럼 변해
있을 것이다(참고로 최상위 함수인 airSpeedVelocity()와 plumage()는 인라인시켰다).

━━━ function plumages(birds) {
```
  return new Map(birds
              .map(b => createBird(b))
              .map(bird => [bird.name, bird.plumage]));
  }
```

```
function speeds(birds) {
  return new Map(birds
              .map(b => createBird(b))
              .map(bird => [bird.name, bird.airSpeedVelocity]));
}

function createBird(bird) {
  switch (bird.type) {
  case '유럽 제비':
    return new EuropeanSwallow(bird);
  case '아프리카 제비':
    return new AfricanSwallow(bird);
  case '노르웨이 파랑 앵무':
    return new NorwegianBlueParrot(bird);
  default:
    return new Bird(bird);
  }
}

class Bird {
  constructor(birdObject) {
    Object.assign(this, birdObject);
  }
  get plumage() {
    return "알 수 없다";
  }
  get airSpeedVelocity() {
    return null;
  }
}

class EuropeanSwallow extends Bird {
  get plumage() {
    return "보통이다";
  }
  get airSpeedVelocity() {
    return 35;
  }
}

class AfricanSwallow extends Bird {
```

```
    get plumage() {
      return (this.numberOfCoconuts > 2) ? "지쳤다" : "보통이다";
    }
    get airSpeedVelocity() {
      return 40 - 2 * this.numberOfCoconuts;
    }
  }

  class NorwegianBlueParrot extends Bird {
    get plumage() {
      return (this.voltage > 100) ? "그을렸다" : "예쁘다";
    }
    get airSpeedVelocity() {
      return (this.isNailed) ? 0 : 10 + this.voltage / 10;
    }
  }
```

최종 코드를 보니 슈퍼클래스인 Bird는 없어도 괜찮아 보인다. 자바스크립트에서는 타입 계층
구조 없이도 다형성을 표현할 수 있다. 객체가 적절한 이름의 메서드만 구현하고 있다면 아무
문제없이 같은 타입으로 취급하기 때문이다(이를 덕 타이핑^{duck typing}이라 한다). 하지만 이번
예에서는 슈퍼클래스가 클래스들의 관계를 잘 설명해주기 때문에 그대로 두기로 했다.

예시: 변형 동작을 다형성으로 표현하기

옮긴이_ 이번 예시는 '절차'의 과정과 상당히 다르게 진행되어 번호를 표기하지 않았다.

앞의 예에서는 계층구조를 정확히 새의 종 분류에 맞게 구성했다. 많은 교재에서 서브클래싱과
다형성을 설명하는 전형적인 방식이다. 하지만 상속이 이렇게만 쓰이는 것은 아니다. 아니, 심
지어 가장 흔하거나 최선인 방식도 아닐 것이다. 또 다른 쓰임새로, 거의 똑같은 객체지만 다른
부분도 있음을 표현할 때도 상속을 쓴다.

이러한 예로, 신용 평가 기관에서 선박의 항해 투자 등급을 계산하는 코드를 생각해보자. 평가
기관은 위험요소와 잠재 수익에 영향을 주는 다양한 요인을 기초로 항해 등급을 'A'와 'B'로 나
눈다. 위험요소로는 항해 경로의 자연조건과 선장의 항해 이력을 고려한다.

```
function rating(voyage, history) { // 투자 등급
  const vpf = voyageProfitFactor(voyage, history);
  const vr = voyageRisk(voyage);
  const chr = captainHistoryRisk(voyage, history);
  if (vpf * 3 > (vr + chr * 2)) return "A";
  else return "B";
}

function voyageRisk(voyage) { // 항해 경로 위험요소
  let result = 1;
  if (voyage.length > 4) result += 2;
  if (voyage.length > 8) result += voyage.length - 8;
  if (["중국", "동인도"].includes(voyage.zone)) result += 4;
  return Math.max(result, 0);
}

function captainHistoryRisk(voyage, history) { // 선장의 항해 이력 위험요소
  let result = 1;
  if (history.length < 5) result += 4;
  result += history.filter(v => v.profit < 0).length;
  if (voyage.zone === "중국" && hasChina(history)) result -= 2;
  return Math.max(result, 0);
}

function hasChina(history) {  // 중국을 경유하는가?
  return history.some(v => "중국" === v.zone);
}

function voyageProfitFactor(voyage, history) { // 수익 요인
  let result = 2;
  if (voyage.zone === "중국") result += 1;
  if (voyage.zone === "동인도") result += 1;
  if (voyage.zone === "중국" && hasChina(history)) {
    result += 3;
    if (history.length > 10) result += 1;
    if (voyage.length > 12) result += 1;
    if (voyage.length > 18) result -= 1;
  }
  else {
    if (history.length > 8) result += 1;
    if (voyage.length > 14) result -= 1;
```

```
        }
        return result;
    }
```

voyageRisk()와 captainHistoryRisk() 함수의 점수는 위험요소에, voyageProfitFactor() 점수는 잠재 수익에 반영된다. rating() 함수는 두 값을 종합하여 요청한 항해의 최종 등급을 계산한다.

호출하는 쪽 코드가 다음과 같다고 해보자.

```
const voyage = {zone: "서인도", length: 10};
const history = [
    {zone: "동인도", profit:  5},
    {zone: "서인도", profit: 15},
    {zone: "중국", profit: -2},
    {zone: "서아프리카", profit:  7},
];

const myRating = rating(voyage, history);
```

여기서 주목할 부분은 두 곳으로, 중국까지 항해해본 선장이 중국을 경유해 항해할 때를 다루는 조건부 로직들이다.

```
function rating(voyage, history) {
    const vpf = voyageProfitFactor(voyage, history);
    const vr = voyageRisk(voyage);
    const chr = captainHistoryRisk(voyage, history);
    if (vpf * 3 > (vr + chr * 2)) return "A";
    else return "B";
}

function voyageRisk(voyage) {
    let result = 1;
    if (voyage.length > 4) result += 2;
    if (voyage.length > 8) result += voyage.length - 8;
    if (["중국", "동인도"].includes(voyage.zone)) result += 4;
    return Math.max(result, 0);
}
```

```
function captainHistoryRisk(voyage, history) {
  let result = 1;
  if (history.length < 5) result += 4;
  result += history.filter(v => v.profit < 0).length;
  if (voyage.zone === "중국" && hasChina(history)) result -= 2;
  return Math.max(result, 0);
}

function hasChina(history) {
  return history.some(v => "중국" === v.zone);
}

function voyageProfitFactor(voyage, history) {
  let result = 2;
  if (voyage.zone === "중국") result += 1;
  if (voyage.zone === "동인도") result += 1;
  if (voyage.zone === "중국" && hasChina(history)) {
    result += 3;
    if (history.length > 10) result += 1;
    if (voyage.length > 12) result += 1;
    if (voyage.length > 18) result -= 1;
  }
  else {
    if (history.length > 8) result += 1;
    if (voyage.length > 14) result -= 1;
  }
  return result;
}
```

이 특수한 상황을 다루는 로직들을 기본 동작에서 분리하기 위해 상속과 다형성을 이용할 것이다. 다녀온 바 있는 중국으로의 항해 시 추가될 특별한 로직이 더 많았다면 이번 리팩터링의 효과가 더욱 컸겠지만, 지금 상황에서도 이 특수 상황을 검사하는 로직이 반복되어 기본 동작을 이해하는 데 방해가 되고 있다.

함수가 많은데, 세부 계산을 수행하는 함수들을 먼저 처리해보자. 다형성을 적용하려면 클래스를 만들어야 하니 여러 함수를 클래스로 묶기[6.9절]부터 적용할 것이다. 그러면 코드가 다음처럼 변한다.

```
function rating(voyage, history) {
  return new Rating(voyage, history).value;
}

class Rating {  // 함수들을 Rating 클래스로 묶었다.
  constructor(voyage, history) {
    this.voyage = voyage;
    this.history = history;
  }

  get value() {
    const vpf = this.voyageProfitFactor;
    const vr = this.voyageRisk;
    const chr = this.captainHistoryRisk;
    if (vpf * 3 > (vr + chr * 2)) return "A";
    else return "B";
  }

  get voyageRisk() {
    let result = 1;
    if (this.voyage.length > 4) result += 2;
    if (this.voyage.length > 8) result += this.voyage.length - 8;
    if (["중국", "동인도"].includes(this.voyage.zone)) result += 4;
    return Math.max(result, 0);
  }

  get captainHistoryRisk() {
    let result = 1;
    if (this.history.length < 5) result += 4;
    result += this.history.filter(v => v.profit < 0).length;
    if (this.voyage.zone === "중국" && this.hasChinaHistory) result -= 2;
    return Math.max(result, 0);
  }

  get voyageProfitFactor() {
    let result = 2;

    if (this.voyage.zone === "중국") result += 1;
    if (this.voyage.zone === "동인도") result += 1;
    if (this.voyage.zone === "중국" && this.hasChinaHistory) {
      result += 3;
```

```
      if (this.history.length > 10) result += 1;
      if (this.voyage.length > 12) result += 1;
      if (this.voyage.length > 18) result -= 1;
    }
    else {
      if (this.history.length > 8) result += 1;
      if (this.voyage.length > 14) result -= 1;
    }
    return result;
  }

  get hasChinaHistory() {
    return this.history.some(v => "중국" === v.zone);
  }
}
```

기본 동작을 담당할 클래스가 만들어졌다. 다음 차례는 변형 동작을 담을 빈 서브클래스 만들기다.

```
class ExperiencedChinaRating extends Rating {
}
```

그런 다음 적절한 변형 클래스를 반환해줄 팩터리 함수를 만든다.

```
function createRating(voyage, history) {
  if (voyage.zone === "중국" && history.some(v => "중국" === v.zone))
    return new ExperiencedChinaRating(voyage, history);
  else return new Rating(voyage, history);
}
```

이제 생성자를 호출하는 코드를 모두 찾아서 이 팩터리 함수를 대신 사용하도록 수정한다. 지금 예에서는 rating() 함수 하나뿐이다.

```
function rating(voyage, history) {
  return createRating(voyage, history).value;
}
```

서브클래스로 옮길 동작은 두 가지다. captainHistoryRisk() 안의 로직부터 시작하자.

Rating 클래스...

```
  get captainHistoryRisk() {
    let result = 1;
    if (this.history.length < 5) result += 4;
    result += this.history.filter(v => v.profit < 0).length;
    if (this.voyage.zone === "중국" && this.hasChinaHistory) result -= 2;
    return Math.max(result, 0);
  }
```

서브클래스에서 이 메서드를 오버라이드한다.

ExperiencedChinaRating 클래스...

```
  get captainHistoryRisk() {
    const result = super.captainHistoryRisk - 2;
    return Math.max(result, 0);
  }
```

Rating 클래스...

```
  get captainHistoryRisk() {
    let result = 1;
    if (this.history.length < 5) result += 4;
    result += this.history.filter(v => v.profit < 0).length;
    if (this.voyage.zone === "중국" && this.hasChinaHistory) result -= 2;
    return Math.max(result, 0);
  }
```

voyageProfitFactor()에서 변형 동작을 분리하는 작업은 살짝 더 복잡하다. 이 함수에는 다른 경로가 존재하므로, 단순히 변형 동작을 제거하고 슈퍼클래스의 메서드를 호출하는 방식은 적용할 수 없다. 또한 슈퍼클래스의 메서드를 통째로 서브클래스로 복사하고 싶지도 않다.

Rating 클래스...

```
  get voyageProfitFactor() {
    let result = 2;

    if (this.voyage.zone === "중국") result += 1;
    if (this.voyage.zone === "동인도") result += 1;
    if (this.voyage.zone === "중국" && this.hasChinaHistory) {
      result += 3;
      if (this.history.length > 10) result += 1;
```

```
      if (this.voyage.length > 12) result += 1;
      if (this.voyage.length > 18) result -= 1;
    }
    else {
      if (this.history.length > 8) result += 1;
      if (this.voyage.length > 14) result -= 1;
    }
    return result;
  }
```

그래서 내 해답은 먼저 해당 조건부 블록 전체를 함수로 추출[6.1절]하는 것이다.

━━ Rating 클래스...
```
  get voyageProfitFactor() {
    let result = 2;

    if (this.voyage.zone === "중국") result += 1;
    if (this.voyage.zone === "동인도") result += 1;
    result += this.voyageAndHistoryLengthFactor;
    return result;
  }

  get voyageAndHistoryLengthFactor() {
    let result = 0;
    if (this.voyage.zone === "중국" && this.hasChinaHistory) {
      result += 3;
      if (this.history.length > 10) result += 1;
      if (this.voyage.length > 12) result += 1;
      if (this.voyage.length > 18) result -= 1;
    }
    else {
      if (this.history.length > 8) result += 1;
      if (this.voyage.length > 14) result -= 1;
    }
    return result;
  }
```

함수 이름에 "그리고"를 뜻하는 "And"가 들어 있어서 악취가 꽤 나지만, 서브클래스 구성을 마무리하는 잠깐 동안만 견뎌보기로 하자.

Rating 클래스...

```
get voyageAndHistoryLengthFactor() {
  let result = 0;
  if (this.history.length > 8) result += 1;
  if (this.voyage.length > 14) result -= 1;
  return result;
}
```

ExperiencedChinaRating 클래스...

```
get voyageAndHistoryLengthFactor() {
  let result = 0;
  result += 3;
  if (this.history.length > 10) result += 1;
  if (this.voyage.length > 12) result += 1;
  if (this.voyage.length > 18) result -= 1;
  return result;
}
```

더 가다듬기

변형 동작을 서브클래스로 뽑아냈으니 공식적으로는 여기까지가 이 리팩터링의 끝이다. 슈퍼클래스의 로직은 간소화되어 이해하고 다루기 더 쉬워졌다. 변형 동작은 슈퍼클래스와의 차이를 표현해야 하는 서브클래스에서만 신경 쓰면 된다.

하지만 악취를 풍기는 메서드를 새로 만들었으니 처리 방법을 대략으로나마 설명해줘야 할 것 같다. 이번 예와 같이 '기본 동작-변형 동작' 상속에서는 서브클래스에서 순전히 오버라이드만을 위해 메서드를 추가하는 일이 흔하다. 하지만 이런 조잡한 메서드는 로직을 부각하기보다는 일의 진행 과정을 모호하게 만들곤 한다.

메서드 이름의 "And"는 이 메서드가 두 가지 독립된 일을 수행한다고 소리친다. 그러니 둘을 분리하는 게 현명할 것이다. 이력 길이를 수정하는 부분을 함수로 추출[6.1절]하면 해결되는데, 이때 슈퍼클래스와 서브클래스 모두에 적용해야 한다. 슈퍼클래스부터 보자.

Rating 클래스...

```
get voyageAndHistoryLengthFactor() {
  let result = 0;
  result += this.historyLengthFactor;
  if (this.voyage.length > 14) result -= 1;
```

```
    return result;
  }

  get historyLengthFactor() {
    return (this.history.length > 8) ? 1 : 0;
  }
```

같은 작업을 서브클래스에도 해준다.

ExperiencedChinaRating 클래스...

```
  get voyageAndHistoryLengthFactor() {
    let result = 0;
    result += 3;
    result += this.historyLengthFactor;
    if (this.voyage.length > 12) result += 1;
    if (this.voyage.length > 18) result -= 1;
    return result;
  }

  get historyLengthFactor() {
    return (this.history.length > 10) ? 1 : 0;
  }
```

이제 슈퍼클래스에서는 문장을 호출한 곳으로 옮기기[8.4절]를 적용할 수 있다.

Rating 클래스...

```
  get voyageProfitFactor() {
    let result = 2;
    if (this.voyage.zone === "중국") result += 1;
    if (this.voyage.zone === "동인도") result += 1;
    result += this.historyLengthFactor;
    result += this.voyageAndHistoryLengthFactor;
    return result;
  }

  get voyageAndHistoryLengthFactor() {
    let result = 0;
    result += this.historyLengthFactor;
    if (this.voyage.length > 14) result -= 1;
    return result;
```

```
    }
```

━━━ ExperiencedChinaRating 클래스...
```
    get voyageAndHistoryLengthFactor() {
      let result = 0;
      result += 3;
      result += this.historyLengthFactor;
      if (this.voyage.length > 12) result += 1;
      if (this.voyage.length > 18) result -= 1;
      return result;
    }
```

이어서 함수 이름을 바꿔준다[6.5절].

━━━ Rating 클래스...
```
get voyageProfitFactor() {
      let result = 2;
      if (this.voyage.zone === "중국") result += 1;
      if (this.voyage.zone === "동인도") result += 1;
      result += this.historyLengthFactor;
      result += this.voyageLengthFactor;
      return result;
    }

    get voyageLengthFactor() {
      return (this.voyage.length > 14) ? - 1: 0;
    }
```

그리고 3항 연산자를 써서 voyageLengthFactor()를 간소화한다.

━━━ ExperiencedChinaRating 클래스...
```
    get voyageLengthFactor() {
      let result = 0;
      result += 3;
      if (this.voyage.length > 12) result += 1;
      if (this.voyage.length > 18) result -= 1;
      return result;
    }
```

마지막 하나가 남았다. 항해 거리 요인을 계산할 때 3점을 더하고 있는데, 이 로직은 전체 결과를 계산하는 쪽으로 옮기는 게 좋아 보인다.

──── ExperiencedChinaRating 클래스...

```
get voyageProfitFactor() {
  return super.voyageProfitFactor + 3;
}

get voyageLengthFactor() {
  let result = 0;
  result += 3;
  if (this.voyage.length > 12) result += 1;
  if (this.voyage.length > 18) result -= 1;
  return result;
}
```

리팩터링 결과로 다음 코드를 얻었다. 중국 항해 경험이 있는지와 관련한 복잡한 코드에서 벗어난 기본 Rating 클래스를 먼저 만나보자.

──── class Rating {

```
class Rating {
  constructor(voyage, history) {
    this.voyage = voyage;
    this.history = history;
  }

  get value() {
    const vpf = this.voyageProfitFactor;
    const vr = this.voyageRisk;
    const chr = this.captainHistoryRisk;
    if (vpf * 3 > (vr + chr * 2)) return "A";
    else return "B";
  }

  get voyageRisk() {
    let result = 1;
    if (this.voyage.length > 4) result += 2;
    if (this.voyage.length > 8) result += this.voyage.length - 8;
    if (["중국", "동인도"].includes(this.voyage.zone)) result += 4;
    return Math.max(result, 0);
  }
}
```

```
    get captainHistoryRisk() {
      let result = 1;
      if (this.history.length < 5) result += 4;
      result += this.history.filter(v => v.profit < 0).length;
      return Math.max(result, 0);
    }


    get voyageProfitFactor() {
      let result = 2;
      if (this.voyage.zone === "중국") result += 1;
      if (this.voyage.zone === "동인도") result += 1;
      result += this.historyLengthFactor;
      result += this.voyageLengthFactor;
      return result;
    }


    get voyageLengthFactor() {
      return (this.voyage.length > 14) ? - 1: 0;
    }


    get historyLengthFactor() {
      return (this.history.length > 8) ? 1 : 0;
    }
  }
```

중국 항해 경험이 있을 때를 담당하는 다음 클래스는 기본 클래스와의 차이만 담고 있다.

```
class ExperiencedChinaRating extends Rating {
    get captainHistoryRisk() {
      const result =  super.captainHistoryRisk - 2;
      return Math.max(result, 0);
    }


    get voyageLengthFactor() {
      let result = 0;
      if (this.voyage.length > 12) result += 1;
      if (this.voyage.length > 18) result -= 1;
        return result;
    }


    get historyLengthFactor() {
```

```
    return (this.history.length > 10) ? 1 : 0;
  }

  get voyageProfitFactor() {
    return super.voyageProfitFactor + 3;
  }
}
```

10.5 특이 케이스 추가하기
Introduce Special Case

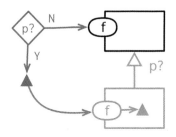

• 1판에서의 이름: Null 검사를 널 객체에 위임

```
if (aCustomer === "미확인 고객") customerName = "거주자";
```

▼

```
class UnknownCustomer {
    get name() {return "거주자";}
```

배경

데이터 구조의 특정 값을 확인한 후 똑같은 동작을 수행하는 코드가 곳곳에 등장하는 경우가 더러 있는데, 흔히 볼 수 있는 중복 코드 중 하나다. 이처럼 코드베이스에서 특정 값에 대해 똑같이 반응하는 코드가 여러 곳이라면 그 반응들을 한 데로 모으는 게 효율적이다.

특수한 경우의 공통 동작을 요소 하나에 모아서 사용하는 특이 케이스 패턴Special Case Pattern이라는 것이 있는데, 바로 이럴 때 적용하면 좋은 메커니즘이다. 이 패턴을 활용하면 특이 케이스를 확인하는 코드 대부분을 단순한 함수 호출로 바꿀 수 있다.

특이 케이스는 여러 형태로 표현할 수 있다. 특이 케이스 객체에서 단순히 데이터를 읽기만 한다면 반환할 값들을 담은 리터럴 객체 형태로 준비하면 된다. 그 이상의 어떤 동작을 수행해야 한다면 필요한 메서드를 담은 객체를 생성하면 된다. 특이 케이스 객체는 이를 캡슐화한 클래스가 반환하도록 만들 수도 있고, 변환transform을 거쳐 데이터 구조에 추가시키는 형태도 될 수 있다.

널null은 특이 케이스로 처리해야 할 때가 많다. 그래서 이 패턴을 널 객체 패턴Null Object Pattern이

라고도 한다. 하지만 널 외의 다른 특이 케이스에도 같은 패턴을 적용할 수 있으니, 널 객체가
특이 케이스의 특수한 예라고 보는 게 맞을 것이다.

절차

이번 리팩터링의 대상이 될 속성을 담은 데이터 구조(혹은 클래스)에서 시작하자. 이 데이터
구조를 컨테이너라 하겠다. 컨테이너를 사용하는 코드에서는 해당 속성이 특이한 값인지를 검
사한다. 우리는 이 대상이 가질 수 있는 값 중 특별하게 다뤄야 할 값을 특이 케이스 클래스(혹
은 데이터 구조)로 대체하고자 한다.

❶ 컨테이너에 특이 케이스인지를 검사하는 속성을 추가하고, false를 반환하게 한다.

❷ 특이 케이스 객체를 만든다. 이 객체는 특이 케이스인지를 검사하는 속성만 포함하며, 이 속성은 true
를 반환하게 한다.

❸ 클라이언트에서 특이 케이스인지를 검사하는 코드를 함수로 추출[6.1절]한다. 모든 클라이언트가 값을 직
접 비교하는 대신 방금 추출한 함수를 사용하도록 고친다.

❹ 코드에 새로운 특이 케이스 대상을 추가한다. 함수의 반환 값으로 받거나 변환 함수를 적용하면 된다.

❺ 특이 케이스를 검사하는 함수 본문을 수정하여 특이 케이스 객체의 속성을 사용하도록 한다.

❻ 테스트한다.

❼ 여러 함수를 클래스로 묶기[6.9절]나 여러 함수를 변환 함수로 묶기[6.10절]를 적용하여 특이 케이스를 처리
하는 공통 동작을 새로운 요소로 옮긴다.
→ 특이 케이스 클래스는 간단한 요청에는 항상 같은 값을 반환하는 게 보통이므로, 해당 특이 케이스
의 리터럴 레코드를 만들어 활용할 수 있을 것이다.

❽ 아직도 특이 케이스 검사 함수를 이용하는 곳이 남아 있다면 검사 함수를 인라인[6.2절]한다.

예시

전력 회사는 전력이 필요한 현장[site]에 인프라를 설치해 서비스를 제공한다.

═══ Site 클래스...
```
get customer() {return this._customer;}
```

고객[customer] 클래스에는 수많은 속성이 있겠지만, 그중 다음 세 가지만 고려해보자.

═══ Customer 클래스...
```
get name()          {...}  // 고객 이름
get billingPlan()   {...}  // 요금제
set billingPlan(arg) {...}
```

```
get paymentHistory() {...}  // 납부 이력
```

일반적으로 현장에는 고객이 거주하는 게 보통이지만 꼭 그렇지만은 않다. 누군가 이사를 나가고 (아직 누구인지 모르는) 다른 누군가가 이사왔을 수도 있다. 이럴 때는 데이터 레코드의 고객 필드를 "미확인 고객"이란 문자열로 채운다. 이런 상황을 감안하여 **Site** 클래스를 사용하는 클라이언트 코드들은 알려지지 않은 미확인 고객도 처리할 수 있어야 한다. 이런 코드의 예를 몇 개 가져와봤다.

━━━ 클라이언트 1...
```
const aCustomer = site.customer;
// ... 수많은 코드 ...
let customerName;
if (aCustomer === "미확인 고객") customerName = "거주자";
else customerName = aCustomer.name;
```

━━━ 클라이언트 2...
```
const plan = (aCustomer === "미확인 고객") ?
        registry.billingPlans.basic
      : aCustomer.billingPlan;
```

━━━ 클라이언트 3...
```
if (aCustomer !== "미확인 고객") aCustomer.billingPlan = newPlan;
```

━━━ 클라이언트 4...
```
const weeksDelinquent = (aCustomer === "미확인 고객") ?
        0
      : aCustomer.paymentHistory.weeksDelinquentInLastYear;
```

코드베이스를 훑어보니 미확인 고객을 처리해야 하는 클라이언트가 여러 개 발견됐고, 그 대부분에서 똑같은 방식으로 처리했다. 고객 이름으로는 **"거주자"**를 사용하고, 기본 요금제billing plan를 청구하고, 연체delinquent 기간은 0주week로 분류한 것이다. 많은 곳에서 이뤄지는 이 특이 케이스 검사와 공통된 반응이 우리에게 특이 케이스 객체를 도입할 때임을 말해준다.

❶ 먼저 미확인 고객인지를 나타내는 메서드를 고객 클래스에 추가한다.

━━━ Customer 클래스...
```
get isUnknown() {return false;}
```

❷ 그런 다음 미확인 고객 전용 클래스를 만든다.

```
class UnknownCustomer {
  get isUnknown() {return true;}
}
```

☀ UnknownCustomer를 Customer의 서브클래스로 만들지 않았음에 주목하자. 다른 언어, 특히 정적 타입 언어였다면 서브클래스로 만들었을 것이다. 하지만 자바스크립트의 서브클래스 규칙과 동적 타이핑 능력 덕분에 이 경우엔 지금 예처럼 만드는 편이 낫다.

❸ 지금부터는 좀 까다롭다. "미확인 고객"을 기대하는 곳 모두에 새로 만든 특이 케이스 객체(UnknownCustomer)를 반환하도록 하고, 역시 값이 "미확인 고객"인지를 검사하는 곳 모두에서 새로운 isUnknown() 메서드를 사용하도록 고쳐야 한다. 한 번에 조금씩만 변경하고 테스트할 수 있는 잘 정돈된 코드가 필요해 보인다. 그런데 Customer 클래스를 수정하여 "미확인 고객" 문자열 대신 UnknownCustomer 객체를 반환하게 한다면, 클라이언트들 각각에서 "미확인 고객"인지를 확인하는 코드 모두를 isUnknown() 호출로 바꾸는 작업을 한 번에 해야만 한다. 다시 말해, 전혀 매력적이지 않다.

이런 상황에 봉착할 때마다 내가 자주 사용하는 기법이 있다. 여러 곳에서 똑같이 수정해야만 하는 코드를 별도 함수로 추출[6.1절]하여 한데로 모으는 것이다. 지금 예에서는 특이 케이스인지 확인하는 코드가 추출 대상이다.

```
function isUnknown(arg) {
  if (!((arg instanceof Customer) || (arg === "미확인 고객")))
    throw new Error(`잘못된 값과 비교: <${arg}>`);
  return (arg === "미확인 고객");
}
```

☀ 의도치 않은 값이 입력되면 에러를 던지도록 했다. 이렇게 하면 리팩터링 도중 실수를 저지르거나, 혹은 이상하게 동작하는 위치를 찾는 데 도움이 된다.

이제 이 isUnknown() 함수*를 이용해 미확인 고객인지를 확인할 수 있다. 이 변경을 한 번에 하나씩만 적용하고 테스트해보자.

▬▬▬ 클라이언트 1...
```
let customerName;
if (isUnknown(aCustomer)) customerName = "거주자";
else customerName = aCustomer.name;
```

다른 코드들도 모두 수정한다.

▬▬▬ 클라이언트 2...
```
const plan = (isUnknown(aCustomer)) ?
      registry.billingPlans.basic
      : aCustomer.billingPlan;
```

▬▬▬ 클라이언트 3...
```
if (!isUnknown(aCustomer)) aCustomer.billingPlan = newPlan;
```

▬▬▬ 클라이언트 4...
```
const weeksDelinquent = isUnknown(aCustomer) ?
      0
      : aCustomer.paymentHistory.weeksDelinquentInLastYear;
```

호출하는 곳 모두에서 isUnknown() 함수를 사용하도록 수정했다면 ❹ 특이 케이스일 때 Site 클래스가 UnknownCustomer 객체를 반환하도록 수정하자.

▬▬▬ Site 클래스...
```
get customer() {
  return (this._customer === "미확인 고객") ? new UnknownCustomer() : this._customer;
}
```

❺ isUnknown() 함수를 수정하여 고객 객체의 속성을 사용하도록 하면 "미확인 고객" 문자열을 사용하던 코드는 완전히 사라진다.

▬▬▬ function isUnknown(arg) {
```
  if (!(arg instanceof Customer || arg instanceof UnknownCustomer))
```

....

```
    throw new Error(`잘못된 값과 비교: <${arg}>`);
  return arg.isUnknown;
}
```

❻ 모든 기능이 잘 동작하는지 테스트한다.

❼ 이제부터가 재미있다. 각 클라이언트에서 수행하는 특이 케이스 검사를 일반적인 기본값으로 대체할 수 있다면 이 검사 코드에 여러 함수를 클래스로 묶기^{6.9절}를 적용할 수 있다. 지금 예에서는 미확인 고객의 이름으로 **"거주자"**를 사용하는 코드가 많다. 다음 코드처럼 말이다.

━━━ 클라이언트 1...
```
    let customerName;
    if (isUnknown(aCustomer)) customerName = "거주자";
    else customerName = aCustomer.name;
```

다음과 같이 적절한 메서드를 UnknownCustomer 클래스에 추가하자.

━━━ UnknownCustomer 클래스...
```
    get name() {return "거주자";}
```

그러면 조건부 코드는 지워도 된다.

━━━ 클라이언트 1...
```
    const customerName = aCustomer.name;
```

지금까지의 코드가 동작하는지 테스트한다. 그리고 나라면 이 변수를 인라인^{6.4절}할 것이다.

다음은 요금제 속성 차례다.

━━━ 클라이언트 2...
```
    const plan = (isUnknown(aCustomer)) ?
        registry.billingPlans.basic
        : aCustomer.billingPlan;
```

━━━ 클라이언트 3...
```
    if (!isUnknown(aCustomer)) aCustomer.billingPlan = newPlan;
```

요금제 속성을 읽는 동작은 앞서 이름 속성을 처리한 과정을 그대로 반복할 것이다. 즉, 일반적인 기본값을 반환한다. 쓰는 동작은 조금 다르다. 현재 코드에서는 미확인 고객에 대해서는 세

터를 호출하지 않는다. 겉보기 동작을 똑같게 만들어야 하므로 특이 케이스에서도 세터가 호출
되도록 하되, 세터에서는 아무런 일도 하지 않는다.

━━ UnknownCustomer 클래스...

```
get billingPlan()    {return registry.billingPlans.basic;}
set billingPlan(arg) { /* 무시한다. */ }
```

━━ 클라이언트(읽는 경우)...

```
const plan = aCustomer.billingPlan;
```

━━ 클라이언트(쓰는 경우)...

```
aCustomer.billingPlan = newPlan;
```

특이 케이스 객체는 값 객체다. 따라서 항상 불변이어야 한다. 대체하려는 값이 가변이더라도
마찬가지다.

마지막 상황은 좀 더 복잡하다. 특이 케이스가 자신만의 속성을 갖는 또 다른 객체(지불 이력)
를 반환해야 하기 때문이다.

━━ 클라이언트...

```
const weeksDelinquent = isUnknown(aCustomer) ?
        0
        : aCustomer.paymentHistory.weeksDelinquentInLastYear;
```

특이 케이스 객체가 다른 객체를 반환해야 한다면 그 객체 역시 특이 케이스여야 하는 것이 일
반적인이다. 그래서 NullPaymentHistory를 만들기로 했다.

━━ UnknownCustomer 클래스...

```
get paymentHistory() {return new NullPaymentHistory();}
```

━━ NullPaymentHistory 클래스...

```
get weeksDelinquentInLastYear() {return 0;}
```

━━ 클라이언트...

```
const weeksDelinquent = aCustomer.paymentHistory.weeksDelinquentInLastYear;
```

❽ 계속해서 모든 클라이언트의 코드를 이 다형적 행위(타입에 따라 동작이 달라진다는 뜻)로
대체할 수 있는지를 살펴본다. 예외가 있을 수 있기 때문이다. 특이 케이스로부터 다른 클라이

언트와는 다른 무언가를 원하는 독특한 클라이언트가 있을 수 있다. 예컨대 미확인 고객의 이름으로 **"거주자"**를 사용하는 클라이언트가 23개나 되더라도 튀는 클라이언트가 하나쯤은 있을 수 있다. 다음 클라이언트처럼 말이다.

━━━ 튀는 클라이언트...
```
const name = !isUnknown(aCustomer) ? aCustomer.name : "미확인 거주자";
```

이런 경우엔 원래의 특이 케이스 검사 코드를 유지해야 한다. 이 코드는 Customer에 선언된 메서드를 사용하도록 수정하면 되는데, 구체적으로는 isUnknown() 함수를 인라인[6.2절]하면 된다.

━━━ 튀는 클라이언트...
```
const name =  aCustomer.isUnknown ? "미확인 거주자" : aCustomer.name;
```

모든 클라이언트를 수정했다면, 호출하는 곳이 없어진 전역 isUnknown() 함수를 죽은 코드 제거하기[8.9절]로 없애준다.

예시: 객체 리터럴 이용하기

앞의 예처럼 정말 단순한 값을 위해 클래스까지 동원하는 건 좀 과한 감이 있다. 하지만 고객 정보가 갱신될 수 있어서 클래스가 꼭 필요했다. 한편, 데이터 구조를 읽기만 한다면 클래스 대신 리터럴 객체를 사용해도 된다.

같은 예를 다시 살펴보자. 단, 이번에는 고객 정보를 갱신하는 클라이언트가 없다.

━━━ Site 클래스...
```
get customer() {return this._customer;}
```

━━━ Customer 클래스...
```
get name()          {...}
get billingPlan()   {...}
set billingPlan(arg) {...}
get paymentHistory() {...}
```

━━━ 클라이언트 1...
```
const aCustomer = site.customer;
// ... 수많은 코드 ...
```

```
    let customerName;
    if (aCustomer === "미확인 고객") customerName = "거주자";
    else customerName = aCustomer.name;
```

■■■■ 클라이언트 2...

```
    const plan = (aCustomer === "미확인 고객") ?
        registry.billingPlans.basic
        : aCustomer.billingPlan;
```

■■■■ 클라이언트 3...

```
    const weeksDelinquent = (aCustomer === "미확인 고객") ?
        0
        : aCustomer.paymentHistory.weeksDelinquentInLastYear;
```

❶ 앞의 예와 같이, 먼저 고객에 isUnknown() 속성을 추가하고 ❷ 이 필드를 포함하는 특이 케이스 객체를 생성한다. 차이점이라면 이번에는 특이 케이스가 리터럴이다.

■■■■ Customer 클래스...

```
    get isUnknown() {return false;}
```

■■■■ 최상위...

```
    function createUnknownCustomer() {
      return {
        isUnknown: true,
      };
    }
```

❸ 특이 케이스 조건 검사 부분을 함수로 추출[6.1절]한다.

```
■■■■ function isUnknown(arg) {
      return (arg === "미확인 고객");
    }
```

■■■■ 클라이언트 1...

```
    let customerName;
    if (isUnknown(aCustomer)) customerName = "거주자";
    else customerName = aCustomer.name;
```

━━━ 클라이언트 2...
```
const plan = isUnknown(aCustomer) ?
        registry.billingPlans.basic
      : aCustomer.billingPlan;
```

━━━ 클라이언트 3...
```
const weeksDelinquent = isUnknown(aCustomer) ?
        0
      : aCustomer.paymentHistory.weeksDelinquentInLastYear;
```

❹ 조건을 검사하는 코드와 Site 클래스에서 이 특이 케이스를 이용하도록 수정한다.

━━━ Site 클래스...
```
get customer() {
  return (this._customer === "미확인 고객") ? createUnknownCustomer() : this._customer;
}
```

━━━ 최상위...
```
function isUnknown(arg) {
  return arg.isUnknown;
}
```

❼ 다음으로, 각각의 표준 응답을 적절한 리터럴 값으로 대체한다. 이름부터 해보자.

━━━
```
function createUnknownCustomer() {
  return {
    isUnknown: true,
    name: "거주자",
  };
}
```

━━━ 클라이언트 1...
```
const customerName = aCustomer.name;
```

다음은 요금제 차례다.

━━━
```
function createUnknownCustomer() {
  return {
    isUnknown: true,
```

```
      name: "거주자",
      billingPlan: registry.billingPlans.basic,
    };
  }
```

━━━ 클라이언트 2...
```
    const plan = aCustomer.billingPlan;
```

비슷한 방법으로 납부 이력이 없다는 정보는 중첩 리터럴로 생성한다.

```
function createUnknownCustomer() {
    return {
      isUnknown: true,
      name: "거주자",
      billingPlan: registry.billingPlans.basic,
      paymentHistory: {
        weeksDelinquentInLastYear: 0,
      },
    };
  }
```

━━━ 클라이언트 3...
```
    const weeksDelinquent = aCustomer.paymentHistory.weeksDelinquentInLastYear;
```

리터럴을 이런 식으로 사용하려면 불변으로 만들어야 한다(freeze() 메서드를 이용하면 된다). 참고로 나는 이 방식보다는 클래스를 사용하는 쪽을 선호한다.

예시: 변환 함수 이용하기

앞의 두 예는 모두 클래스와 관련 있지만, 변환 단계를 추가하면 같은 아이디어를 레코드에도 적용할 수 있다.

입력이 다음처럼 단순한 레코드 구조라고 가정하자(JSON 문서다).

```
{
    name: "애크미 보스턴",
    location: "Malden MA",
    // 더 많은 현장(site) 정보
    customer: {
```

```
      name: "애크미 산업",
      billingPlan: "plan-451",
      paymentHistory: {
        weeksDelinquentInLastYear: 7
        // 중략
      },
      // 중략
    }
  }
```

고객이 알려지지 않은 경우도 있을 텐데, 앞서와 똑같이 **"미확인 고객"**으로 표시하자.

```
{
    name: "물류창고 15",
    location: "Malden MA",
    // 더 많은 현장(site) 정보
    customer: "미확인 고객",
}
```

이번에도 앞서의 예시들과 비슷하게, 미확인 고객인지를 검사하는 클라이언트 코드들이 있다.

클라이언트 1...
```
const site = acquireSiteData();
const aCustomer = site.customer;
// ... 수많은 코드 ...
let customerName;
if (aCustomer === "미확인 고객") customerName = "거주자";
else customerName = aCustomer.name;
```

클라이언트 2...
```
const plan = (aCustomer === "미확인 고객") ?
    registry.billingPlans.basic
    : aCustomer.billingPlan;
```

클라이언트 3...
```
const weeksDelinquent = (aCustomer === "미확인 고객") ?
    0
    : aCustomer.paymentHistory.weeksDelinquentInLastYear;
```

처음 할 일은 현장 데이터 구조를 변환 함수인 enrichSite()에 통과시키는 것이다. 이 함수는 아직 특별한 작업 없이 깊은 복사^{deep copy}만 수행한다.

☀ 참고로 나는 본질은 같고 부가 정보만 덧붙이는 변환 함수의 이름을 "enrich"라 하고, 형태가 변할 때만 "transform"이라는 이름을 쓴다.

클라이언트 1...

```
const rawSite = acquireSiteData();
const site = enrichSite(rawSite);
const aCustomer = site.customer;
// ... 수많은 코드 ...
let customerName;
if (aCustomer === "미확인 고객") customerName = "거주자";
else customerName = aCustomer.name;

function enrichSite(inputSite) {
  return _.cloneDeep(inputSite);
}
```

❸ 알려지지 않은 고객인지 검사하는 로직을 함수로 추출^{6.1절}한다.

```
function isUnknown(aCustomer) {
  return aCustomer === "미확인 고객";
}
```

클라이언트 1...

```
const rawSite = acquireSiteData();
const site = enrichSite(rawSite);
const aCustomer = site.customer;
// ... 수많은 코드 ...
let customerName;
if (isUnknown(aCustomer)) customerName = "거주자";
else customerName = aCustomer.name;
```

클라이언트 2...

```
const plan = (isUnknown(aCustomer)) ?
      registry.billingPlans.basic
    : aCustomer.billingPlan;
```

클라이언트 3...

```
const weeksDelinquent = (isUnknown(aCustomer)) ?
        0
        : aCustomer.paymentHistory.weeksDelinquentInLastYear;
```

❶❷ 고객 레코드에 isUnknown() 속성을 추가하여 현장 정보를 보강^{enrich}한다.

```
function enrichSite(aSite) {
    const result = _.cloneDeep(aSite);
    const unknownCustomer = {
      isUnknown: true,
    };

    if (isUnknown(result.customer)) result.customer = unknownCustomer;
    else result.customer.isUnknown = false;
    return result;
}
```

❺ 그런 다음 특이 케이스 검사 시 새로운 속성을 이용하도록 수정한다. 원래의 검사도 유지하여 입력이 원래의 rawSite든 보강(변환)된 site든 상관없이 테스트가 동작하도록 해준다.

```
function isUnknown(aCustomer) {
    if (aCustomer === "미확인 고객") return true;
    else return aCustomer.isUnknown;
}
```

❻ 모든 기능이 잘 동작하는지 테스트한 다음 ❼ 특이 케이스에 여러 함수를 변환 함수로 묶기 6.10절를 적용한다. 먼저 이름 선택 부분을 enrichSite() 함수로 옮긴다.

```
function enrichSite(aSite) {
    const result = _.cloneDeep(aSite);
    const unknownCustomer = {
      isUnknown: true,
      name: "거주자",
    };

    if (isUnknown(result.customer)) result.customer = unknownCustomer;
    else result.customer.isUnknown = false;
    return result;
```

```
    }
```

■■■ 클라이언트 1…

```
    const rawSite = acquireSiteData();
    const site = enrichSite(rawSite);
    const aCustomer = site.customer;
    // ... 수많은 코드 ...
    const customerName = aCustomer.name;
```

테스트한 후 요금제에도 적용한다.

```
■■■ function enrichSite(aSite) {
      const result = _.cloneDeep(aSite);
      const unknownCustomer = {
        isUnknown: true,
        name: "거주자",
        billingPlan: registry.billingPlans.basic,
      };

      if (isUnknown(result.customer)) result.customer = unknownCustomer;
      else result.customer.isUnknown = false;
      return result;
    }
```

■■■ 클라이언트 2…

```
    const plan = aCustomer.billingPlan;
```

또 테스트한 후 마지막 클라이언트까지 수정한다.

```
■■■ function enrichSite(aSite) {
      const result = _.cloneDeep(aSite);
      const unknownCustomer = {
        isUnknown: true,
        name: "거주자",
        billingPlan: registry.billingPlans.basic,
        paymentHistory: {
          weeksDelinquentInLastYear: 0,
        }
      };
```

```
    if (isUnknown(result.customer)) result.customer = unknownCustomer;
    else result.customer.isUnknown = false;
    return result;
  }
```

클라이언트 3...
```
const weeksDelinquent = aCustomer.paymentHistory.weeksDelinquentInLastYear;
```

10.6 어서션 추가하기

Introduce Assertion

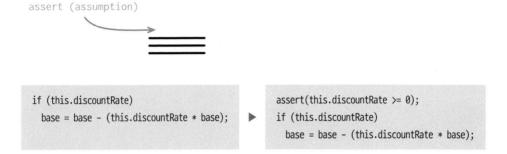

```
if (this.discountRate)
  base = base - (this.discountRate * base);
```

▶

```
assert(this.discountRate >= 0);
if (this.discountRate)
  base = base - (this.discountRate * base);
```

배경

특정 조건이 참일 때만 제대로 동작하는 코드 영역이 있을 수 있다. 단순한 예로, 제곱근 계산은 입력이 양수일 때만 정상 동작한다. 객체로 눈을 돌리면 여러 필드 중 최소 하나에는 값이 들어 있어야 동작하는 경우를 생각할 수 있다.

이런 가정이 코드에 항상 명시적으로 기술되어 있지는 않아서 알고리즘을 보고 연역해서 알아내야 할 때도 있다. 주석에라도 적혀 있다면 그나마 형편이 좀 낫다. 더 나은 방법은 어서션 ^{assertion: 단언, 확언}을 이용해서 코드 자체에 삽입해놓는 것이다.

어서션은 항상 참이라고 가정하는 조건부 문장으로, 어서션이 실패했다는 건 프로그래머가 잘못했다는 뜻이다. 어서션 실패는 시스템의 다른 부분에서는 절대 검사하지 않아야 하며, 어서션이 있고 없고가 프로그램 기능의 정상 동작에 아무런 영향을 주지 않도록 작성돼야 한다. 그래서 어서션을 컴파일타임에 켜고 끌 수 있는 스위치를 제공하는 프로그래밍 언어도 있다.

어서션을 오류 찾기에 활용하라고 추천하는 사람도 왕왕 본다. 물론 좋은 일이긴 하지만 어서션의 쓰임은 여기서 끝나지 않는다. 어서션은 프로그램이 어떤 상태임을 가정한 채 실행되는지를 다른 개발자에게 알려주는 훌륭한 소통 도구인 것이다. 디버깅하기도 편하고 이런 소통 수단으로서의 가치도 있어서, 나는 추적하던 버그를 잡은 뒤에도 어서션을 코드에 남겨두곤 한다. 한편, 테스트 코드가 있다면 어서션의 디버깅 용도로서의 효용은 줄어든다. 단위 테스트를 꾸준히 추가하여 사각을 좁히면 어서션보다 나을 때가 많다. 하지만 소통 측면에서는 어서션이 여전히 매력적이다.

절차

❶ 참이라고 가정하는 조건이 보이면 그 조건을 명시하는 어서션을 추가한다.

 어서션은 시스템 운영에 영향을 주면 안 되므로 어서션을 추가한다고 해서 동작이 달라지지는 않는다.

예시

할인과 관련한 간단한 예를 준비했다. 다음과 같이 고객은 상품 구입 시 할인율을 적용받는다.

▬▬▬ Customer 클래스...
```
applyDiscount(aNumber) {
  return (this.discountRate)
    ? aNumber - (this.discountRate * aNumber)
    : aNumber;
}
```

이 코드에는 할인율이 항상 양수라는 가정이 깔려 있다. 어서션을 이용해 이 가정을 명시해보자. 그런데 3항 표현식에는 어서션을 넣을 장소가 적당치 않으니, 먼저 **if-then** 문장으로 재구성하자.

▬▬▬ Customer 클래스...
```
applyDiscount(aNumber) {
  if (!this.discountRate) return aNumber;
  else return aNumber - (this.discountRate * aNumber);
}
```

❶ 이제 간단히 어서션을 추가할 수 있다.

▬▬▬ Customer 클래스...
```
applyDiscount(aNumber) {
  if (!this.discountRate) return aNumber;
  else {
    assert(this.discountRate >= 0);
    return aNumber - (this.discountRate * aNumber);
  }
}
```

이번 예에서는 어서션을 세터 메서드에 추가하는 게 나아 보인다. 어서션이 `applyDiscount()`에서 실패한다면 이 문제가 언제 처음 발생했는지를 찾는 문제를 다시 풀어야 하기 때문이다.

━━ Customer 클래스...

```
set discountRate(aNumber) {
  assert(null === aNumber || aNumber >= 0);
  this._discountRate = aNumber;
}
```

이런 어서션은 오류의 출처를 특정하기 어려울 때 특히 제값을 한다. 이 예에서라면 입력 데이터가 잘못됐거나 코드의 다른 어딘가에서 부호를 반전시켰을 수도 있을 것이다.

한편, 어서션을 남발하는 것 역시 위험하다. 나는 참이라고 생각하는 가정 모두에 어서션을 달지는 않는다. '반드시 참이어야 하는' 것만 검사한다. 이런 종류의 조건(가정)은 미세하게 자주 조정되기 때문에 중복된 코드가 있다면 큰 문제가 된다. 그래서 이런 조건들에서의 중복은 반드시 남김없이 제거해야 하며, 이때 함수 추출하기[6.1절]가 아주 효과적이다.

나는 프로그래머가 일으킬만한 오류에만 어서션을 사용한다. 데이터를 외부에서 읽어 온다면 그 값을 검사하는 작업은 (어서션의 대상인) 가정이 아니라 (예외 처리로 대응해야 하는) 프로그램 로직의 일부로 다뤄야 한다. 외부 데이터 출처를 전적으로 신뢰할 수 있는 상황이 아니라면 말이다. 어서션은 버그 추적을 돕는 최후의 수단이다. 하지만 모순되게도 나는 절대 실패하지 않으리라 믿는 곳에만 사용한다.

10.7 제어 플래그를 탈출문으로 바꾸기
Replace Control Flag with Break

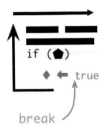

• 1판에서의 이름: 제어 플래그 제거

```
for (const p of people) {
  if (!found) {
    if (p === "조커") {
      sendAlert();
      found = true;
    }
  }
  ...
```

▶

```
for (const p of people) {
  if (p === "조커") {
    sendAlert();
    break;
  }
  ...
```

배경

제어 플래그란 코드의 동작을 변경하는 데 사용되는 변수를 말하며, 어딘가에서 값을 계산해 제어 플래그에 설정한 후 다른 어딘가의 조건문에서 검사하는 형태로 쓰인다. 나는 이런 코드를 항상 악취로 본다. 리팩터링으로 충분히 간소화할 수 있음에도 복잡하게 작성된 코드에서 흔히 나타나기 때문이다.

제어 플래그의 주 서식지는 반복문 안이다. break문이나 continue문 활용에 익숙하지 않은 사람이 심어놓기도 하고, 함수의 return문을 하나로 유지하고자 노력하는 사람이 심기도 한다. 모든 함수의 return문은 하나여야 한다고 주장하는 사람도 있지만, 나는 동의하지 않는다. 함수에서 할 일을 다 마쳤다면 그 사실을 return문으로 명확히 알리는 편이 낫지 않을까?

절차

❶ 제어 플래그를 사용하는 코드를 함수로 추출^{6.1절}할지 고려한다.

❷ 제어 플래그를 갱신하는 코드 각각을 적절한 제어문으로 바꾼다. 하나 바꿀 때마다 테스트한다.

　→ 제어문으로는 주로 return, break, continue가 쓰인다.

❸ 모두 수정했다면 제어 플래그를 제거한다.

예시

다음은 사람 목록을 훑으면서 악당^{miscreant}을 찾는 코드다. 악당 이름은 하드코딩되어 있다.

```
// 생략(중요하지 않은 코드)
let found = false;
for (const p of people) {
  if (! found) {
    if ( p === "조커") {
      sendAlert();
      found = true;
    }
    if ( p === "사루만") {
      sendAlert();
      found = true;
    }
  }
}
// 생략
```

❶ 여기서 제어 플래그는 found 변수이고, 제어 흐름을 변경하는 데 쓰인다. 이처럼 정리해야 할 코드양이 제법 된다면 가장 먼저 함수 추출하기[6.1절]를 활용해서 서로 밀접한 코드만 담은 함수를 뽑아내보자. 그러면 관련된 코드만 따로 떼어서 볼 수 있다.

```
// 생략(중요하지 않은 코드)
checkForMiscreants(people);
// 생략

function checkForMiscreants(people) {
  let found = false;
  for (const p of people) {
    if (! found) {
      if ( p === "조커") {
        sendAlert();
        found = true;
      }
```

```
      if ( p === "사루만") {
        sendAlert();
        found = true;
      }
    }
  }
}
```

❷ 제어 플래그가 참이면 반복문에서는 더 이상 할 일이 없다. break문으로 반복문에서 벗어나거나 return을 써서 함수에서 아예 빠져나오면 된다. 이 함수에서는 더 할 일이 없으니 return을 사용하자. 언제나처럼 작은 단계로 나눠 진행할 것이다. 가장 먼저 return문을 넣은 후 테스트해보자.

```
function checkForMiscreants(people) {
  let found = false;
  for (const p of people) {
    if (! found) {
      if ( p === "조커") {
        sendAlert();
        return;
      }
      if ( p === "사루만") {
        sendAlert();
        found = true;
      }
    }
  }
}
```

제어 플래그가 갱신되는 장소를 모두 찾아서 같은 과정을 반복한다.

```
function checkForMiscreants(people) {
  let found = false;
  for (const p of people) {
    if (! found) {
      if ( p === "조커") {
        sendAlert();
        return;
      }
```

```
      if ( p === "사루만") {
        sendAlert();
        return;
      }
    }
  }
}
```

❸ 갱신 코드를 모두 제거했다면 제어 플래그를 참조하는 다른 코드도 모두 제거한다.

```
function checkForMiscreants(people) {
  let found = false;
  for (const p of people) {
    if (! found) {
      if ( p === "조커") {
        sendAlert();
        return;
      }
      if ( p === "사루만") {
        sendAlert();
        return;
      }
    }
  }
}
```

더 가다듬기

이번 리팩터링은 여기서 끝이다. 하지만 이런 코드가 내 눈앞에 있다면 다음과 같은 모습으로 정리할 것이다.

```
function checkForMiscreants(people) {
  if (people.some(p => ["조커", "사루만"].includes(p))) sendAlert();
}
```

그리고 이 코드를 보고 있자니, 자바스크립트도 어서 다음과 같은 근사한 집합 연산을 지원해줬으면 하는 마음이 간절해진다.

```
["조커", "사루만"].isDisjointWith(people)
```

API 리팩터링

모듈과 함수는 소프트웨어를 구성하는 빌딩 블록이며, API는 이 블록들을 끼워 맞추는 연결부다. 이런 API를 이해하기 쉽고 사용하기 쉽게 만드는 일은 중요한 동시에 어렵기도 하다. 그래서 API를 개선하는 방법을 새로 깨달을 때마다 그에 맞게 리팩터링해야 한다.

좋은 API는 데이터를 갱신하는 함수와 그저 조회만 하는 함수를 명확히 구분한다. 두 기능이 섞여 있다면 **질의 함수와 변경 함수 분리하기**[11.1절]를 적용해 갈라놔야 한다. 값 하나 때문에 여러 개로 나뉜 함수들은 **함수 매개변수화하기**[11.2절]를 적용해 하나로 합칠 수 있다. 한편, 어떤 매개변수는 그저 함수의 동작 모드를 전환하는 용도로만 쓰이는데, 이럴 때는 **플래그 인수 제거하기**[11.3절]를 적용하면 좋다.

데이터 구조가 함수 사이를 건너 다니면서 필요 이상으로 분해될 때는 **객체 통째로 넘기기**[11.4절]를 적용해 하나로 유지하면 깔끔해진다. 무언가를 매개변수로 건네 피호출 함수가 판단할지 아니면 호출 함수가 직접 정할지에 관해서는 만고불변의 진리는 없으니, 상황이 바뀌면 **매개변수를 질의 함수로 바꾸기**[11.5절]와 **질의 함수를 매개변수로 바꾸기**[11.6절]로 균형점을 옮길 수 있다.

클래스는 대표적인 모듈이다. 나는 내가 만든 객체가 되도록 불변이길 원하므로 기회가 될 때마다 **세터 제거하기**[11.7절]를 적용한다. 한편, 호출자에 새로운 객체를 만들어 반환하려 할 때 일반적인 생성자의 능력만으로는 부족할 때가 있다. 이럴 땐 **생성자를 팩터리 함수로 바꾸기**[11.8절]가 좋은 해법일 수 있다.

마지막 두 리팩터링은 수많은 데이터를 받는 복잡한 함수를 잘게 쪼개는 문제를 다룬다. **함수를 명령으로 바꾸기**[11.9절]를 적용하면 이런 함수를 객체로 변환할 수 있는데, 그러면 해당 함수의 본문에서 함수를 추출하기[6.1절]가 수월해진다. 나중에 이 함수를 단순화하여 명령 객체가 더는 필요 없어진다면 **명령을 함수로 바꾸기**[11.10절]를 적용해 함수로 되돌릴 수 있다.

함수 안에서 데이터가 수정됐음을 확실히 알리려면 **수정된 값 반환하기**[11.11절]를 적용한다. 오류 코드에 의존하는 과거 방식 코드는 **오류 코드를 예외로 바꾸기**[11.12절]로 정리한다. 단, 예외는 올바른 상황에서만 정확하게 적용해야 한다. 특히, 문제가 되는 조건을 함수 호출 전에 검사할 수 있다면 **예외를 사전 확인으로 바꾸기**[11.13절]로 예외 남용을 줄일 수 있다.

11.1 질의 함수와 변경 함수 분리하기

Separate Query from Modifier

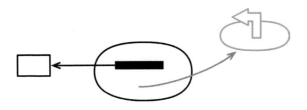

```
function getTotalOutstandingAndSendBill() {
  const result = customer.invoices.reduce((total, each) => each.amount + total, 0);
  sendBill();
  return result;
}
```

▼

```
function totalOutstanding() {
  return customer.invoices.reduce((total, each) => each.amount + total, 0);
}
function sendBill() {
  emailGateway.send(formatBill(customer));
}
```

배경

우리는 외부에서 관찰할 수 있는 겉보기 부수효과^{observable side effect}가 전혀 없이 값을 반환해주는 함수를 추구해야 한다. 이런 함수는 어느 때건 원하는 만큼 호출해도 아무 문제가 없다. 호출하는 문장의 위치를 호출하는 함수 안 어디로든 옮겨도 되며 테스트하기도 쉽다. 한마디로, 이용할 때 신경 쓸 거리가 매우 적다.

겉보기 부수효과가 있는 함수와 없는 함수는 명확히 구분하는 것이 좋다. 이를 위한 한 가지 방법은 '질의 함수(읽기 함수)는 모두 부수효과가 없어야 한다'는 규칙을 따르는 것이다. 이를 명령–질의 분리^{command–query separation}*라 하는데, 이 규칙을 절대적으로 신봉하는 프로그래머도 있

---

* *https://martinfowler.com/bliki/CommandQuerySeparation.html*

다. 나는 이 견해에(혹은 다른 무엇이라도) 100% 동의하지는 않지만 되도록 따르려 노력하고 있으며, 그동안 효과도 톡톡히 봤다.

나는 값을 반환하면서 부수효과도 있는 함수를 발견하면 상태를 변경하는 부분과 질의하는 부분을 분리하려 시도한다. 무조건이다!

내가 '겉보기' 부수효과라고 한 데는 이유가 있다. 흔히 쓰는 최적화 기법 중 요청된 값을 캐시해두고 다음번 호출 때 빠르게 응답하는 방법이 있는데, 이러한 캐싱도 객체의 상태를 변경하지만 객체 밖에서는 관찰할 수 없다. 즉, 겉보기 부수효과 없이 어떤 순서로 호출하든 모든 호출에 항상 똑같은 값을 반환할 뿐이다.

절차

❶ 대상 함수를 복제하고 질의 목적에 충실한 이름을 짓는다.

→ 함수 내부를 살펴 무엇을 반환하는지 찾는다. 어떤 변수의 값을 반환한다면 그 변수 이름이 훌륭한 단초가 될 것이다.

❷ 새 질의 함수에서 부수효과를 모두 제거한다.

❸ 정적 검사를 수행한다.

❹ 원래 함수(변경 함수)를 호출하는 곳을 모두 찾아낸다. 호출하는 곳에서 반환 값을 사용한다면 질의 함수를 호출하도록 바꾸고, 원래 함수를 호출하는 코드를 바로 아래 줄에 새로 추가한다. 하나 수정할 때마다 테스트한다.

❺ 원래 함수에서 질의 관련 코드를 제거한다.

❻ 테스트한다.

이 리팩터링을 마친 후에는 새로 만든 질의 함수와 원래 함수에 (정리해야 할) 중복이 남아 있을 수 있다.

예시

이름 목록을 훑어 악당miscreant을 찾는 함수를 준비했다. 악당을 찾으면 그 사람의 이름을 반환하고 경고를 울린다. 이 함수는 가장 먼저 찾은 악당만 취급한다.

```
function alertForMiscreant(people) {
  for (const p of people) {
    if (p === "조커") {
```

```
      setOffAlarms();
      return "조커";
    }
    if (p === "사루만") {
      setOffAlarms();
      return "사루만";
    }
  }
  return "";
}
```

❶ 첫 단계는 함수를 복제하고 질의 목적에 맞는 이름짓기다.

```
function findMiscreant(people) {
  for (const p of people) {
    if (p === "조커") {
      setOffAlarms();
      return "조커";
    }
    if (p === "사루만") {
      setOffAlarms();
      return "사루만";
    }
  }
  return "";
}
```

❷ 새 질의 함수에서 부수효과를 낳는 부분을 제거한다.

```
function findMiscreant(people) {
  for (const p of people) {
    if (p === "조커") {
      setOffAlarms();
      return "조커";
    }
    if (p === "사루만") {
      setOffAlarms();
      return "사루만";
    }
  }
  return "";
```

```
      }
```

❹ 이제 원래 함수를 호출하는 곳을 모두 찾아서 새로운 질의 함수를 호출하도록 바꾸고, 이어서 원래의 변경 함수를 호출하는 코드를 바로 아래에 삽입한다. 예컨대 다음 코드를...

```
const found = alertForMiscreant(people);
```

다음과 같이 바꾼다.

```
const found = findMiscreant(people);
alertForMiscreant(people);
```

❺ 이제 원래의 변경 함수에서 질의 관련 코드를 없앤다.

```
function alertForMiscreant(people) {
  for (const p of people) {
    if (p === "조커") {
      setOffAlarms();
      return;
    }
    if (p === "사루만") {
      setOffAlarms();
      return;
    }
  }
  return;
}
```

더 가다듬기

리팩터링은 마쳤지만 변경 함수와 새 질의 함수에는 중복된 코드가 많이 보인다. 이번 경우엔 변경 함수에서 질의 함수를 사용하도록 고치면 해결된다(알고리즘 교체하기[7.9절] 적용).

```
function alertForMiscreant(people) {
  if (findMiscreant(people) !== "") setOffAlarms();
}
```

11.2 함수 매개변수화하기
Parameterize Function

 • 1판에서의 이름: 메서드를 매개변수로 전환

```
function tenPercentRaise(aPerson) {
  aPerson.salary = aPerson.salary.multiply(1.1);
}
function fivePercentRaise(aPerson) {
  aPerson.salary = aPerson.salary.multiply(1.05);
}
```

▼

```
function raise(aPerson, factor) {
  aPerson.salary = aPerson.salary.multiply(1 + factor);
}
```

배경

두 함수의 로직이 아주 비슷하고 단지 리터럴 값만 다르다면, 그 다른 값만 매개변수로 받아 처리하는 함수 하나로 합쳐서 중복을 없앨 수 있다. 이렇게 하면 매개변수 값만 바꿔서 여러 곳에서 쓸 수 있으니 함수의 유용성이 커진다.

절차

❶ 비슷한 함수 중 하나를 선택한다.

❷ 함수 선언 바꾸기[6.5절]로 리터럴들을 매개변수로 추가한다.

❸ 이 함수를 호출하는 곳 모두에 적절한 리터럴 값을 추가한다.

❹ 테스트한다.

❺ 매개변수로 받은 값을 사용하도록 함수 본문을 수정한다. 하나 수정할 때마다 테스트한다.

❻ 비슷한 다른 함수를 호출하는 코드를 찾아 매개변수화된 함수를 호출하도록 하나씩 수정한다. 하나 수정할 때마다 테스트한다.

→ 매개변수화된 함수가 대체할 비슷한 함수와 다르게 동작한다면, 그 비슷한 함수의 동작도 처리할 수 있도록 본문 코드를 적절히 수정한 후 진행한다.

예시

먼저 명백한 예를 보자.

```
function tenPercentRaise(aPerson) {
    aPerson.salary = aPerson.salary.multiply(1.1);
}

function fivePercentRaise(aPerson) {
    aPerson.salary = aPerson.salary.multiply(1.05);
}
```

앞의 두 함수는 확실히 다음 함수로 대체할 수 있다.

```
function raise(aPerson, factor) {
    aPerson.salary = aPerson.salary.multiply(1 + factor);
}
```

하지만 이렇게 간단히 끝나지 않는 경우도 있다. 다음 코드를 보자.

```
function baseCharge(usage) {
    if (usage < 0) return usd(0);
    const amount =
        bottomBand(usage) * 0.03
        + middleBand(usage) * 0.05
        + topBand(usage) * 0.07;
    return usd(amount);
}

function bottomBand(usage) {
  return Math.min(usage, 100);
}

function middleBand(usage) {
  return usage > 100 ? Math.min(usage, 200) - 100 : 0;
}
```

```
function topBand(usage) {
  return usage > 200 ? usage - 200 : 0;
}
```

대역^{band}을 다루는 세 함수의 로직이 상당히 비슷한 건 사실이지만, 과연 매개변수화 함수로 통합할 수 있을 만큼 비슷한가? 그렇다. 하지만 앞의 간단한 예보다는 덜 직관적이다.

❶ 비슷한 함수들을 매개변수화하여 통합할 때는 먼저 대상 함수 중 하나를 골라 매개변수를 추가한다. 단, 다른 함수들까지 고려해 선택해야 한다. 지금 예처럼 범위를 다루는 로직에서는 대개 중간에 해당하는 함수에서 시작하는 게 좋다. 그러니 middleBand()에 매개변수를 추가하고 다른 호출들을 여기에 맞춰보자.

❷ middleBand()는 리터럴을 두 개(100과 200) 사용하며, 그 각각은 중간 대역의 하한^{bottom}과 상한^{op}을 뜻한다. 함수 선언 바꾸기^{6.5절}를 적용하고 ❸ 이 리터럴들을 호출 시점에 입력하도록 바꿔보자. 이 과정에서 함수 이름도 매개변수화된 기능에 어울리게 수정한다.

```
function withinBand(usage, bottom, top) {
  return usage > 100 ? Math.min(usage, 200) - 100 : 0;
}

function baseCharge(usage) {
  if (usage < 0) return usd(0);
  const amount =
      bottomBand(usage) * 0.03
    + withinBand(usage, 100, 200) * 0.05
    + topBand(usage) * 0.07;
  return usd(amount);
}
```

❺ 함수에서 사용하던 리터럴들을 적절한 매개변수로 대체한다.

```
function withinBand(usage, bottom, top) {
  return usage > bottom ? Math.min(usage, 200) - bottom : 0;
}
```

나머지 매개변수도 대체한다.

```
function withinBand(usage, bottom, top) {
    return usage > bottom ? Math.min(usage, top) - bottom : 0;
}
```

❻ 대역의 하한을 호출하는 부분도 새로 만든 매개변수화 함수를 호출하도록 바꾼다.

```
function baseCharge(usage) {
    if (usage < 0) return usd(0);
    const amount =
        withinBand(usage, 0, 100) * 0.03
        + withinBand(usage, 100, 200) * 0.05
        + topBand(usage) * 0.07;
    return usd(amount);
}

function bottomBand(usage) {
    return Math.min(usage, 100);
}
```

대역의 상한 호출을 대체할 때는 무한대를 뜻하는 Infinity를 이용하면 된다.

```
function baseCharge(usage) {
    if (usage < 0) return usd(0);
    const amount =
        withinBand(usage, 0, 100) * 0.03
        + withinBand(usage, 100, 200) * 0.05
        + withinBand(usage, 200, Infinity) * 0.07;
    return usd(amount);
}

function topBand(usage) {
    return usage > 200 ? usage - 200 : 0;
}
```

이제 로직이 의도한 대로 동작하니 초기의 보호 구문을 제거해도 된다. 하지만 논리적으로는
필요 없어졌다고 해도, 예외 상황에서의 대처 방식을 잘 설명해주므로 그냥 두기로 했다.

11.3 플래그 인수 제거하기

Remove Flag Argument

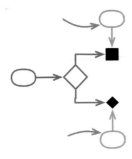

• 1판에서의 이름: 매개변수를 메서드로 전환

```
function setDimension(name, value) {
  if (name === "height") {
    this._height = value;
    return;
  }
  if (name === "width") {
    this._width = value;
    return;
  }
}
```

```
function setHeight(value) {this._height = value;}
function setWidth (value) {this._width = value;}
```

배경

플래그 인수flag argument란 호출되는 함수가 실행할 로직을 호출하는 쪽에서 선택하기 위해 전달하는 인수다. 다음 함수를 보자.

```
function bookConcert(aCustomer, isPremium) {
    if (isPremium) {
      // 프리미엄 예약용 로직
    } else {
      // 일반 예약용 로직
    }
}
```

콘서트를 프리미엄으로 예약하려면 다음처럼 호출해야 한다.

```
bookConcert(aCustomer, true);
```

플래그 인수가 열거형일 수도 있다.

```
bookConcert(aCustomer, CustomerType.PREMIUM);
```

문자열(혹은 해당 프로그래밍 언어가 제공하는 또 다른 타입)을 쓰기도 한다.

```
bookConcert(aCustomer, "premium");
```

내가 플래그 인수를 싫어하는 이유가 있다. 호출할 수 있는 함수들이 무엇이고 어떻게 호출해야 하는지를 이해하기가 어려워지기 때문이다. 나는 API를 익힐 때 주로 함수 목록부터 살펴보는데, 플래그 인수가 있으면 함수들의 기능 차이가 잘 드러나지 않는다. 사용할 함수를 선택한 후에도 플래그 인수로 어떤 값을 넘겨야 하는지를 또 알아내야 한다. 불리언 플래그는 코드를 읽는 이에게 뜻을 온전히 전달하지 못하기 때문에 더욱 좋지 못하다. 함수에 전달한 **true**의 의미가 대체 뭐란 말인가? 이보다는 다음처럼 특정 기능 하나만 수행하는 명시적인 함수를 제공하는 편이 훨씬 깔끔하다.

```
premiumBookConcert(aCustomer);
```

이렇게 생긴 인수라고 해서 다 플래그 인수는 아니다. 플래그 인수가 되려면 호출하는 쪽에서 불리언 값으로 (프로그램에서 사용되는 데이터가 아닌) 리터럴 값을 건네야 한다. 또한, 호출되는 함수는 그 인수를 (다른 함수에 전달하는 데이터가 아닌) 제어 흐름을 결정하는 데 사용해야 한다.

플래그 인수를 제거하면 코드가 깔끔해짐은 물론 프로그래밍 도구에도 도움을 준다. 예컨대 코드 분석 도구는 프리미엄 로직 호출과 일반 로직 호출의 차이를 더 쉽게 파악할 수 있게 된다.

함수 하나에서 플래그 인수를 두 개 이상 사용하면 플래그 인수를 써야 하는 합당한 근거가 될 수 있다. 플래그 인수 없이 구현하려면 플래그 인수들의 가능한 조합 수만큼의 함수를 만들어야 하기 때문이다. 그런데 다른 관점에서 보자면, 플래그 인수가 둘 이상이면 함수 하나가 너무 많은 일을 처리하고 있다는 신호이기도 하다. 그러니 같은 로직을 조합해내는 더 간단한 함수를 만들 방법을 고민해봐야 한다.

절차

❶ 매개변수로 주어질 수 있는 값 각각에 대응하는 명시적 함수들을 생성한다.
  → 주가 되는 함수에 깔끔한 분배 조건문이 포함되어 있다면 조건문 분해하기[10.1]절로 명시적 함수들을 생성하자. 그렇지 않다면 래핑 함수wrapping function 형태로 만든다.

❷ 원래 함수를 호출하는 코드들을 모두 찾아서 각 리터럴 값에 대응되는 명시적 함수를 호출하도록 수정한다.

예시

코드를 살펴보던 중 배송일자를 계산하는 호출을 발견했다고 치자. 그중 일부는 다음처럼 호출한다.

```
aShipment.deliveryDate = deliveryDate(anOrder, true);
```

다른 곳에서는 다음처럼 호출한다.

```
aShipment.deliveryDate = deliveryDate(anOrder, false);
```

이 코드들을 확인한 나는 곧바로 '이 불리언 값이 뭘 의미하지?'란 의문이 떠올랐다.

deliveryDate() 함수의 코드는 다음과 같았다.

```
function deliveryDate(anOrder, isRush) {
    if (isRush) {
      let deliveryTime;
      if (["MA", "CT"]    .includes(anOrder.deliveryState)) deliveryTime = 1;
      else if (["NY", "NH"].includes(anOrder.deliveryState)) deliveryTime = 2;
      else deliveryTime = 3;
      return anOrder.placedOn.plusDays(1 + deliveryTime);
    }
    else {
      let deliveryTime;
      if (["MA", "CT", "NY"].includes(anOrder.deliveryState)) deliveryTime = 2;
      else if (["ME", "NH"] .includes(anOrder.deliveryState)) deliveryTime = 3;
      else deliveryTime = 4;
      return anOrder.placedOn.plusDays(2 + deliveryTime);
    }
}
```

즉, 호출하는 쪽에서는 이 불리언 리터럴 값을 이용해서 어느 쪽 코드를 실행할지를 정한 것이다. 전형적인 플래그 인수다. 이 함수가 어느 코드를 실행할지는 전적으로 호출자의 지시에 따른다. 따라서 명시적인 함수를 사용해 호출자의 의도를 분명히 밝히는 편이 나을 것이다.

❶ 이 예에서라면 조건문 분해하기[10.1절]를 적용할 수 있는데, 결과는 다음과 같다.

```
function deliveryDate(anOrder, isRush) {
    if (isRush) return rushDeliveryDate(anOrder);
    else       return regularDeliveryDate(anOrder);
}

function rushDeliveryDate(anOrder) {
    let deliveryTime;
    if (["MA", "CT"]    .includes(anOrder.deliveryState)) deliveryTime = 1;
    else if (["NY", "NH"].includes(anOrder.deliveryState)) deliveryTime = 2;
    else deliveryTime = 3;
    return anOrder.placedOn.plusDays(1 + deliveryTime);
}

function regularDeliveryDate(anOrder) {
    let deliveryTime;
    if (["MA", "CT", "NY"].includes(anOrder.deliveryState)) deliveryTime = 2;
    else if (["ME", "NH"] .includes(anOrder.deliveryState)) deliveryTime = 3;
    else deliveryTime = 4;
    return anOrder.placedOn.plusDays(2 + deliveryTime);
}
```

보다시피 새로 만든 두 함수가 호출자의 의도를 더 잘 드러낸다. ❷ 따라서 다음 호출은…

```
aShipment.deliveryDate = deliveryDate(anOrder, true);
```

다음 호출로 대체할 수 있다.

```
aShipment.deliveryDate = rushDeliveryDate(anOrder);
```

나머지 호출도 같은 식으로 바꿔주면 된다.

모든 호출을 대체했다면 **deliveryDate()**를 제거한다.

플래그 인수를 싫어하는 이유는 불리언 값을 사용해서가 아니라, 불리언 값을 (변수와 같은) 데이터가 아닌 리터럴로 설정하기 때문이다. 가령 deliveryDate()를 호출하는 코드가 모두 다음처럼 생겼다면 어떨까?

```
const isRush = determineIfRush(anOrder);
aShipment.deliveryDate = deliveryDate(anOrder, isRush);
```

이런 상황이라면 나는 deliveryDate()의 시그니처에 불만이 없었을 것이다(여전히 조건문 분해하기 10.1절는 적용하고 싶어 할 테지만...).

한편 리터럴을 사용하는 곳과 데이터를 사용하는 곳이 혼재할 수도 있다. 그럴더라도 나라면 플래그 인수를 제거할 것이다. 단, 데이터를 사용하는 코드는 수정하지 않고 deliveryDate()도 제거하지 않을 것이다. 이렇게 하여 쓰임새가 다른 두 인터페이스를 모두 지원할 수 있다.

예시: 매개변수를 까다로운 방식으로 사용할 때

앞에서 본 것처럼 조건문을 쪼개면 이 리팩터링을 수행하는 게 수월해진다. 하지만 매개변수에 따른 분배 로직이 함수 핵심 로직의 바깥에 해당할 때만 이용할 수 있다(물론 그렇지 않더라도 이런 형태로 쉽게 리팩터링할 수 있다). 그런데 매개변수가 훨씬 까다로운 방식으로 사용될 때도 있다. 다음은 까다로운 버전의 deliveryDate()다.

```
function deliveryDate(anOrder, isRush) {
  let result;
  let deliveryTime;
  if (anOrder.deliveryState === "MA" || anOrder.deliveryState === "CT")
    deliveryTime = isRush? 1 : 2;
  else if (anOrder.deliveryState === "NY" || anOrder.deliveryState === "NH") {
    deliveryTime = 2;
    if (anOrder.deliveryState === "NH" && !isRush)
      deliveryTime = 3;
  }
  else if (isRush)
    deliveryTime = 3;
  else if (anOrder.deliveryState === "ME")
    deliveryTime = 3;
  else
    deliveryTime = 4;
```

```
        result = anOrder.placedOn.plusDays(2 + deliveryTime);
        if (isRush) result = result.minusDays(1);
        return result;
    }
```

이 코드에서 isRush를 최상위 분배 조건문으로 뽑아내려면 생각보다 일이 커질 수도 있어 보인다. ❶ 그렇다면 deliveryDate()를 감싸는 래핑 함수를 생각해볼 수 있다.

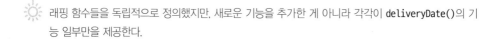

```
function rushDeliveryDate   (anOrder) {return deliveryDate(anOrder, true);}
function regularDeliveryDate(anOrder) {return deliveryDate(anOrder, false);}
```

> ☀ 래핑 함수들을 독립적으로 정의했지만, 새로운 기능을 추가한 게 아니라 각각이 deliveryDate()의 기능 일부만을 제공한다.

❷ 이 두 함수를 추가했다면 호출하는 코드들을 앞에서 조건문을 쪼갰을 때와 똑같은 방식으로 대체할 수 있다.

> ☀ 매개변수를 데이터로 사용한 호출자가 하나도 없다면 이 함수들의 가시 범위를 제한하거나, 함수 이름을 (예컨대 deliveryDateHelperOnly()로) 바꿔서 직접 호출하지 말라는 뜻을 명시했을 것이다.

11.4 객체 통째로 넘기기
Preserve Whole Object

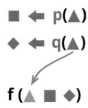

```
const low = aRoom.daysTempRange.low;
const high = aRoom.daysTempRange.high;
if (aPlan.withinRange(low, high))
```

▶

```
if (aPlan.withinRange(aRoom.daysTempRange))
```

배경

하나의 레코드에서 값 두어 개를 가져와 인수로 넘기는 코드를 보면, 나는 그 값들 대신 레코드를 통째로 넘기고 함수 본문에서 필요한 값들을 꺼내 쓰도록 수정하곤 한다.

레코드를 통째로 넘기면 변화에 대응하기 쉽다. 예컨대 그 함수가 더 다양한 데이터를 사용하도록 바뀌어도 매개변수 목록은 수정할 필요가 없다. 그리고 매개변수 목록이 짧아져서 일반적으로는 함수 사용법을 이해하기 쉬워진다. 한편, 레코드에 담긴 데이터 중 일부를 받는 함수가 여러 개라면 그 함수들끼리는 같은 데이터를 사용하는 부분이 있을 것이고, 그 부분의 로직이 중복될 가능성이 커진다. 레코드를 통째로 넘긴다면 이런 로직 중복도 없앨 수 있다.

하지만 함수가 레코드 자체에 의존하기를 원치 않을 때는 이 리팩터링을 수행하지 않는데, 레코드와 함수가 서로 다른 모듈에 속한 상황이면 특히 더 그렇다.

어떤 객체로부터 값 몇 개를 얻은 후 그 값들만으로 무언가를 하는 로직이 있다면, 그 로직을 객체 안으로 집어넣어야 함을 알려주는 악취로 봐야 한다. 그래서 객체 통째로 넘기기는 특히 매개변수 객체 만들기[6.8절] 후, 즉 산재한 수많은 데이터 더미를 새로운 객체로 묶은 후 적용하곤 한다.

한편, 한 객체가 제공하는 기능 중 항상 똑같은 일부만을 사용하는 코드가 많다면, 그 기능만 따로 묶어서 클래스로 추출[7.5절]하라는 신호일 수 있다.

많은 사람이 놓치는 사례가 하나 더 있다. 다른 객체의 메서드를 호출하면서 호출하는 객체 자신이 가지고 있는 데이터 여러 개를 건네는 경우다. 이런 상황이면 데이터 여러 개 대신 객체 자신의 참조만 건네도록 수정할 수 있다(자바스크립트라면 this를 건넬 것이다).

절차

❶ 매개변수들을 원하는 형태로 받는 빈 함수를 만든다.
→ 마지막 단계에서 이 함수의 이름을 변경해야 하니 검색하기 쉬운 이름으로 지어준다.

❷ 새 함수의 본문에서는 원래 함수를 호출하도록 하며, 새 매개변수와 원래 함수의 매개변수를 매핑한다.

❸ 정적 검사를 수행한다.

❹ 모든 호출자가 새 함수를 사용하게 수정한다. 하나씩 수정하며 테스트하자.
→ 수정 후에는 원래의 매개변수를 만들어내는 코드 일부가 필요 없어질 수 있다. 따라서 죽은 코드 제거하기[8.9절]로 없앨 수 있을 것이다.

❺ 호출자를 모두 수정했다면 원래 함수를 인라인[6.2절]한다.

❻ 새 함수의 이름을 적절히 수정하고 모든 호출자에 반영한다.

예시

실내온도 모니터링 시스템을 생각해보자. 이 시스템은 일일 최저·최고 기온이 난방 계획[heating plan]에서 정한 범위를 벗어나는지 확인한다.

━━ 호출자...
```
const low = aRoom.daysTempRange.low;
const high = aRoom.daysTempRange.high;
if (!aPlan.withinRange(low, high))
  alerts.push("방 온도가 지정 범위를 벗어났습니다.");
```

━━ HeatingPlan 클래스...
```
withinRange(bottom, top) {
  return (bottom >= this._temperatureRange.low)
      && (top <= this._temperatureRange.high);
}
```

그런데 최저·최고 기온을 뽑아내어 인수로 건네는 대신 범위 객체를 통째로 건넬 수도 있다.

❶ 가장 먼저 원하는 인터페이스를 갖춘 빈 메서드를 만든다.

▬▬▬ HeatingPlan 클래스...
```
xxNEWwithinRange(aNumberRange) {
}
```

이 메서드로 기존 `withinRange()` 메서드를 대체할 생각이다. 그래서 똑같은 이름을 쓰되, 나중에 찾아 바꾸기 쉽도록 적당한 접두어만 붙여뒀다.

❷ 그런 다음 새 메서드의 본문은 기존 `withinRange()`를 호출하는 코드로 채운다. 자연스럽게 새 매개변수를 기존 매개변수와 매핑하는 로직이 만들어진다.

▬▬▬ HeatingPlan 클래스...
```
xxNEWwithinRange(aNumberRange) {
  return this.withinRange(aNumberRange.low, aNumberRange.high);
}
```

이제 본격적인 작업을 시작할 준비가 되었다. ❹ 기존 함수를 호출하는 코드를 찾아서 새 함수를 호출하게 수정하자.

▬▬▬ 호출자...
```
const low = aRoom.daysTempRange.low;
const high = aRoom.daysTempRange.high;
if (!aPlan.xxNEWwithinRange(aRoom.daysTempRange))
  alerts.push("방 온도가 지정 범위를 벗어났습니다.");
```

❹ 이렇게 다 수정하고 나면 기존 코드 중 더는 필요 없는 부분이 생길 수 있다. 죽은 코드이니 제거[8.9절]한다.

▬▬▬ 호출자...
```
const low = aRoom.daysTempRange.low;
const high = aRoom.daysTempRange.high;
if (!aPlan.xxNEWwithinRange(aRoom.daysTempRange))
  alerts.push("방 온도가 지정 범위를 벗어났습니다.");
```

이런 식으로 한 번에 하나씩 수정하면서 테스트한다.

❺ 모두 새 함수로 대체했다면 원래 함수를 인라인[6.2절]해준다.

~~~~~ HeatingPlan 클래스...
```
xxNEWwithinRange(aNumberRange) {
  return (aNumberRange.low >= this._temperatureRange.low) &&
          (aNumberRange.high <= this._temperatureRange.high);
}
```

❻ 마지막으로 새 함수에서 보기 흉한 접두어를 제거하고 호출자들에도 모두 반영한다. 접두어를 활용하면 이름 변경 기능을 제공하지 않는 코드 편집기를 사용하더라도 전체 바꾸기를 간단히 수행할 수 있다.

~~~~~ HeatingPlan 클래스...
```
withinRange(aNumberRange) {
  return (aNumberRange.low >= this._temperatureRange.low) &&
          (aNumberRange.high <= this._temperatureRange.high);
}
```

~~~~~ 호출자...
```
if (!aPlan.withinRange(aRoom.daysTempRange))
  alerts.push("방 온도가 지정 범위를 벗어났습니다.");
```

예시: 새 함수를 다른 방식으로 만들기

앞 예시에서는 새 메서드(함수)의 코드를 직접 작성했는데, 대부분 상황에서 꽤나 간단하고 가장 쉽게 적용할 수 있는 방법이다. 그런데 다른 상황에서 유용하게 쓰이는 변형된 방법도 있다. 코드 작성 없이 순전히 다른 리팩터링들을 연달아 수행하여 새 메서드를 만들어내는 방법이다.

기존 메서드의 호출자부터 살펴보자.

~~~~~ 호출자...
```
const low = aRoom.daysTempRange.low;
const high = aRoom.daysTempRange.high;
if (!aPlan.withinRange(low, high))
  alerts.push("방 온도가 지정 범위를 벗어났습니다.");
```

이번에는 코드를 재정렬해서 기존 코드 일부를 메서드로 추출하는 방식으로 새 메서드를 만들려 한다. 지금의 호출자 코드는 이에 적합하지 않지만 변수 추출하기[6.3절]를 몇 번 적용하면 원하는 모습으로 둔갑한다. 먼저, 조건문에서 기존 메서드를 호출하는 코드들을 해방시켜보자.

━━━ 호출자...
```
const low = aRoom.daysTempRange.low;
const high = aRoom.daysTempRange.high;
const isWithinRange = aPlan.withinRange(low, high);
if (!isWithinRange)
  alerts.push("방 온도가 지정 범위를 벗어났습니다.");
```

그런 다음 입력 매개변수를 추출한다.

━━━ 호출자...
```
const tempRange = aRoom.daysTempRange;
const low = tempRange.low;
const high = tempRange.high;
const isWithinRange = aPlan.withinRange(low, high);
if (!isWithinRange)
  alerts.push("방 온도가 지정 범위를 벗어났습니다.");
```

다 끝났으면 함수 추출하기[6.1절]로 새 메서드를 만들 수 있다.

━━━ 호출자...
```
const tempRange = aRoom.daysTempRange;
const isWithinRange = xxNEWwithinRange(aPlan, tempRange);
if (!isWithinRange)
  alerts.push("방 온도가 지정 범위를 벗어났습니다.");
```

━━━ 최상위...
```
function xxNEWwithinRange(aPlan, tempRange) {
  const low = tempRange.low;
  const high = tempRange.high;
  const isWithinRange = aPlan.withinRange(low, high);
  return isWithinRange;
}
```

원래 메서드는 다른 컨텍스트(HeatingPlan 클래스 안)에 있으니 함수 옮기기[8.1절]를 수행해야 한다.

━━ 호출자...

```
    const tempRange = aRoom.daysTempRange;
    const isWithinRange = aPlan.xxNEWwithinRange(tempRange);
    if (!isWithinRange)
      alerts.push("방 온도가 지정 범위를 벗어났습니다.");
```

━━ HeatingPlan 클래스...

```
    xxNEWwithinRange(tempRange) {
      const low = tempRange.low;
      const high = tempRange.high;
      const isWithinRange = this.withinRange(low, high);
      return isWithinRange;
    }
```

그다음은 앞 예시와 같다. 다른 호출자들을 수정한 다음 옛 메서드를 새 메서드 안으로 인라인한다. 추출한 변수들도 인라인해주면 새로 추출한 메서드를 깔끔히 분리할 수 있다.

이 변형 방식은 순전히 리팩터링으로만 구성되므로 추출과 인라인 리팩터링을 지원하는 편집기를 이용하면 아주 손쉽게 수행할 수 있다.

11.5 매개변수를 질의 함수로 바꾸기

Replace Parameter with Query

- 반대 리팩터링: 질의 함수를 매개변수로 바꾸기[11.6절]
- 1판에서의 이름: 매개변수 세트를 메서드로 전환

```
availableVacation(anEmployee, anEmployee.grade);

function availableVacation(anEmployee, grade) {
  // 연휴 계산...
```

▼

```
availableVacation(anEmployee)

function availableVacation(anEmployee) {
  const grade = anEmployee.grade;
  // 연휴 계산...
```

배경

매개변수 목록은 함수의 변동 요인을 모아놓은 곳이다. 즉, 함수의 동작에 변화를 줄 수 있는 일차적인 수단이다. 다른 코드와 마찬가지로 이 목록에서도 중복은 피하는 게 좋으며 짧을수록 이해하기 쉽다.

피호출 함수가 스스로 '쉽게' 결정할 수 있는 값을 매개변수로 건네는 것도 일종의 중복이다. 이런 함수를 호출할 때 매개변수의 값은 호출자가 정하게 되는데, 이 결정은 사실 하지 않아도 되었을 일이니 의미 없이 코드만 복잡해질 뿐이다.

이번 리팩터링의 한계는 '쉽게'라는 단어에 있다. 해당 매개변수를 제거하면 값을 결정하는 책임 주체가 달라진다. 매개변수가 있다면 결정 주체가 호출자가 되고, 매개변수가 없다면 피호출 함수가 된다. 나는 습관적으로 호출하는 쪽을 간소하게 만든다. 즉, 책임 소재를 피호출 함수로 옮긴다는 뜻인데, 물론 피호출 함수가 그 역할을 수행하기에 적합할 때만 그렇게 한다.

매개변수를 질의 함수로 바꾸지 말아야 할 상황도 있다. 가장 흔한 예는 매개변수를 제거하면 피호출 함수에 원치 않는 의존성이 생길 때다. 즉, 해당 함수가 알지 못했으면 하는 프로그램 요소에 접근해야 하는 상황을 만들 때다. 새로운 의존성이 생기거나 제거하고 싶은 기존 의존성을 강화하는 경우라 할 수 있다. 이런 상황은 주로 함수 본문에서 문제의 외부 함수를 호출해야 하거나 나중에 함수 밖으로 빼내길 원하는 수용 객체^{receiver object}에 담긴 데이터를 사용해야 할 때 일어난다.

제거하려는 매개변수의 값을 다른 매개변수에 질의해서 얻을 수 있다면 안심하고 질의 함수로 바꿀 수 있다. 다른 매개변수에서 얻을 수 있는 값을 별도 매개변수로 전달하는 것은 아무 의미가 없다.

주의사항이 하나 있다. 대상 함수가 참조 투명^{referential transparency}해야 한다는 것이다. 참조 투명이란 '함수에 똑같은 값을 건네 호출하면 항상 똑같이 동작한다'는 뜻이다. 이런 함수는 동작을 예측하고 테스트하기가 훨씬 쉬우니 이 특성이 사라지지 않도록 주의하자. 따라서 매개변수를 없애는 대신 가변 전역 변수를 이용하는 일은 하면 안 된다.

절차

❶ 필요하다면 대상 매개변수의 값을 계산하는 코드를 별도 함수로 추출^{6.1절}해놓는다.

❷ 함수 본문에서 대상 매개변수로의 참조를 모두 찾아서 그 매개변수의 값을 만들어주는 표현식을 참조하도록 바꾼다. 하나 수정할 때마다 테스트한다.

❸ 함수 선언 바꾸기^{6.5절}로 대상 매개변수를 없앤다.

예시

다른 리팩터링을 수행한 뒤 특정 매개변수가 더는 필요 없어졌을 때가 있는데, 바로 이번 리팩터링을 적용하는 가장 흔한 사례다. 다음 코드를 보자.

—— Order 클래스...

```
get finalPrice() {
  const basePrice = this.quantity * this.itemPrice;
  let discountLevel;
  if (this.quantity > 100) discountLevel = 2;
  else discountLevel = 1;
  return this.discountedPrice(basePrice, discountLevel);
}
```

```
discountedPrice(basePrice, discountLevel) {
  switch (discountLevel) {
    case 1: return basePrice * 0.95;
    case 2: return basePrice * 0.9;
  }
}
```

함수를 간소화하다 보면 임시 변수를 질의 함수로 바꾸기[7.4절]를 적용할 때가 많다. 이를 앞의
finalPrice() 함수에 적용하면 다음처럼 변한다.

━━ Order 클래스...
```
get finalPrice() {
  const basePrice = this.quantity * this.itemPrice;
  return this.discountedPrice(basePrice, this.discountLevel);
}

get discountLevel() {
  return (this.quantity > 100) ? 2 : 1;
}
```

그 결과로 discountedPrice() 함수에 discountLevel()의 반환 값을 건넬 이유가 사라졌다.
필요할 때 직접 호출하면 되기 때문이다.

❷ 이 매개변수를 참조하는 코드를 모두 함수 호출로 바꿔보자.

━━ Order 클래스...
```
discountedPrice(basePrice, discountLevel) {
  switch (this.discountLevel) {
    case 1: return basePrice * 0.95;
    case 2: return basePrice * 0.9;
  }
}
```

❸ 이제 함수 선언 바꾸기[6.5절]로 이 매개변수를 없앨 수 있다.

━━ Order 클래스...
```
get finalPrice() {
  const basePrice = this.quantity * this.itemPrice;
  return this.discountedPrice(basePrice, this.discountLevel);
}
```

```
discountedPrice(basePrice, discountLevel) {
  switch (this.discountLevel) {
    case 1: return basePrice * 0.95;
    case 2: return basePrice * 0.9;
  }
}
```

11.6 질의 함수를 매개변수로 바꾸기

Replace Query with Parameter

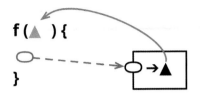

- 반대 리팩터링: 매개변수를 질의 함수로 바꾸기[11.5절]

```
targetTemperature(aPlan)

function targetTemperature(aPlan) {
  currentTemperature = thermostat.currentTemperature;
  // 생략
```

▼

```
targetTemperature(aPlan, thermostat.currentTemperature)

function targetTemperature(aPlan, currentTemperature) {
  // 생략
```

배경

코드를 읽다 보면 함수 안에 두기엔 거북한 참조를 발견할 때가 있다. 전역 변수를 참조한다거나(같은 모듈에 안에서라도) 제거하길 원하는 원소를 참조하는 경우가 여기 속한다. 이 문제는 해당 참조를 매개변수로 바꿔 해결할 수 있다. 참조를 풀어내는 책임을 호출자로 옮기는 것이다.

이런 상황 대부분은 코드의 의존 관계를 바꾸려 할 때 벌어진다. 예컨대 대상 함수가 더 이상 (매개변수화하려는) 특정 원소에 의존하길 원치 않을 때 일어난다. 이때 두 극단 사이에서 적절한 균형을 찾아야 한다. 한쪽 끝은 모든 것을 매개변수로 바꿔 아주 길고 반복적인 매개변수 목록을 만드는 것이고, 다른 쪽 끝은 함수들끼리 많은 것을 공유하여 수많은 결합을 만들어내는 것이다. 대다수 까다로운 결정이 그렇듯, 이 역시 한 시점에 내린 결정이 영원히 옳다고 할수는 없는 문제다. 따라서 프로그램을 더 잘 이해하게 됐을 때 더 나은 쪽으로 개선하기 쉽게 설계해두는 게 중요하다.

똑같은 값을 건네면 매번 똑같은 결과를 내는 함수는 다루기 쉽다. 이런 성질을 '참조 투명성'이라 한다. 참조 투명하지 않은 원소에 접근하는 모든 함수는 참조 투명성을 잃게 되는데, 이 문제는 해당 원소를 매개변수로 바꾸면 해결된다. 책임이 호출자로 옮겨진다는 점을 고려해야 하지만, 모듈을 참조 투명하게 만들어 얻는 장점은 대체로 아주 크다. 그래서 모듈을 개발할 때 순수 함수들을 따로 구분하고, 프로그램의 입출력과 기타 가변 원소들을 다루는 로직으로 순수 함수들의 겉을 감싸는 패턴을 많이 활용한다. 그리고 이번 리팩터링을 활용하면 프로그램의 일부를 순수 함수로 바꿀 수 있으며, 결과적으로 그 부분은 테스트하거나 다루기가 쉬워진다.

이 리팩터링에도 단점은 있다. 질의 함수를 매개변수로 바꾸면 어떤 값을 제공할지를 호출자가 알아내야 한다. 결국 호출자가 복잡해지는데, 이왕이면 고객(호출자)의 삶이 단순해지도록 설계하자는 내 평소 지론과 배치된다. 이 문제는 결국 책임 소재를 프로그램의 어디에 배정하느냐의 문제로 귀결된다. 답을 찾기가 쉽지 않으며 항상 정답이 있는 것도 아니다. 프로젝트를 진행하면서 균형점이 이리저리 옮겨질 수 있으니 이 리팩터링(과 그 반대 리팩터링)과는 아주 친해져야 한다.

절차

❶ 변수 추출하기[6.3절]로 질의 코드를 함수 본문의 나머지 코드와 분리한다.

❷ 함수 본문 중 해당 질의를 호출하지 않는 코드들을 별도 함수로 추출[6.1절]한다.
→ 이 함수의 이름은 나중에 수정해야 하니 검색하기 쉬운 이름으로 짓는다.

❸ 방금 만든 변수를 인라인[6.4절]하여 제거한다.

❹ 원래 함수도 인라인[6.2절]한다.

❺ 새 함수의 이름을 원래 함수의 이름으로 고쳐준다.

예시

간단하지만 거추장스러운 코드를 준비했다. 실내온도 제어 시스템이다. 사용자는 온도조절기 thermostat로 온도를 설정할 수 있지만, 목표 온도는 난방 계획에서 정한 범위에서만 선택할 수 있다.

▬▬ HeatingPlan 클래스...
```
get targetTemperature() {
    if      (thermostat.selectedTemperature > this._max) return this._max;
```

```
        else if (thermostat.selectedTemperature < this._min) return this._min;
        else return thermostat.selectedTemperature;
    }
```

호출자...

```
    if      (thePlan.targetTemperature > thermostat.currentTemperature) setToHeat();
    else if (thePlan.targetTemperature < thermostat.currentTemperature) setToCool();
    else setOff();
```

내가 이 시스템의 사용자라면 내 바람보다 난방 계획이 우선한다는 사실에 짜증 날 것이다. 하지만 개발자로서의 나는 **targetTemperature()** 메서드가 전역 객체인 **thermostat**에 의존한다는 데 더 신경이 쓰인다. 그러니 이 전역 객체에 건네는 질의 메서드를 매개변수로 옮겨서 의존성을 끊어보자.

❶ 첫 번째로 할 일은 변수 추출하기[6.3절]를 이용하여 이 메서드에서 사용할 매개변수를 준비하는 것이다.

HeatingPlan 클래스...

```
    get targetTemperature() {
        const selectedTemperature = thermostat.selectedTemperature;
        if      (selectedTemperature > this._max) return this._max;
        else if (selectedTemperature < this._min) return this._min;
        else return selectedTemperature;
    }
```

❷ 이제 매개변수의 값을 구하는 코드를 제외한 나머지를 메서드로 추출[6.1절]하기가 한결 수월해졌다.

HeatingPlan 클래스...

```
    get targetTemperature() {
        const selectedTemperature = thermostat.selectedTemperature;
        return this.xxNEWtargetTemperature(selectedTemperature);
    }

    xxNEWtargetTemperature(selectedTemperature) {
        if      (selectedTemperature > this._max) return this._max;
        else if (selectedTemperature < this._min) return this._min;
        else return selectedTemperature;
    }
```

❸ 다음으로 방금 추출한 변수를 인라인[6.4절]하면 원래 메서드에는 단순한 호출만 남게 된다.

HeatingPlan 클래스...

```
get targetTemperature() {
  return this.xxNEWtargetTemperature(thermostat.selectedTemperature);
}
```

❹ 이어서 이 메서드까지 인라인[6.2절]한다.

호출자...

```
if      (thePlan.xxNEWtargetTemperature(thermostat.selectedTemperature) >
         thermostat.currentTemperature)
  setToHeat();
else if (thePlan.xxNEWtargetTemperature(thermostat.selectedTemperature) <
         thermostat.currentTemperature)
  setToCool();
else
  setOff();
```

❺ 이제 새 메서드의 이름을 원래 메서드의 이름으로 바꿀 차례다. 앞서 이 메서드의 이름을 검색하기 쉽게 만들어놓은 덕에 쉽게 바꿀 수 있다(접두어만 제거하면 된다).

호출자...

```
if      (thePlan.targetTemperature(thermostat.selectedTemperature) >
         thermostat.currentTemperature)
  setToHeat();
else if (thePlan.targetTemperature(thermostat.selectedTemperature) <
         thermostat.currentTemperature)
  setToCool();
else
  setOff();
```

HeatingPlan 클래스...

```
targetTemperature(selectedTemperature) {
  if      (selectedTemperature > this._max) return this._max;
  else if (selectedTemperature < this._min) return this._min;
  else return selectedTemperature;
}
```

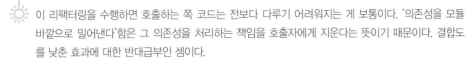

이 리팩터링을 수행하면 호출하는 쪽 코드는 전보다 다루기 어려워지는 게 보통이다. '의존성을 모듈 바깥으로 밀어낸다'함은 그 의존성을 처리하는 책임을 호출자에게 지운다는 뜻이기 때문이다. 결합도를 낮춘 효과에 대한 반대급부인 셈이다.

그런데 이 리팩터링으로 얻은 것이 온도조절기 객체와의 결합을 제거한 것만은 아니다. `HeatingPlan` 클래스는 불변이 되었다. 모든 필드가 생성자에서 설정되며, 필드를 변경할 수 있는 메서드는 없다. (이 클래스의 다른 코드를 생략한 것은 독자 여러분이 굳이 다 살펴보지 않도록 배려한 것이니 그냥 나를 믿어주길 바란다.) 난방 계획도 불변이므로 온도조절기 참조를 메서드 밖으로 옮긴 것이 `targetTemperature()`를 참조 투명하게 만들어준다. 따라서 같은 객체의 `targetTemperature()`에 같은 인수를 넘겨 호출하면 언제나 똑같은 결과를 돌려줄 것이다. 난방 계획의 메서드도 모두 참조 투명하다면 이 클래스는 테스트하고 다루기가 훨씬 쉬워졌을 것이다.

자바스크립트와 불변 클래스

자바스크립트의 클래스 모델에서는 객체 안의 데이터를 직접 얻어낼 방법이 항상 존재하기 때문에 불변 클래스임을 보장하는 수단이 없다는 문제가 있다. 하지만 클래스를 불변으로 설계했음을 알리고 그렇게 사용하라고 제안하는 것만으로 충분한 값어치를 할 때가 많다. 클래스에 불변 성격을 부여하는 건 훌륭한 전략이며, 질의 함수를 매개변수로 바꾸기 리팩터링은 이 전략을 실행하는 데 큰 도움이 된다.

11.7 세터 제거하기
Remove Setting Method

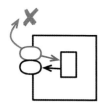

```
class Person {
  get name() {...}
  set name(aString) {...}
}
```
▶
```
class Person {
  get name() {...}
}
```

배경

세터 메서드가 있다고 함은 필드가 수정될 수 있다는 뜻이다. 객체 생성 후에는 수정되지 않길 원하는 필드라면 세터를 제공하지 않았을 것이다(그래서 그 필드를 불변으로 만들었을 것이다). 그러면 해당 필드는 오직 생성자에서만 설정되며, 수정하지 않겠다는 의도가 명명백백해지고, 변경될 가능성이 봉쇄된다(자바의 리플렉션처럼 언어에 따라 변경할 수 있는 특별한 메커니즘을 제공하기도 한다).

세터 제거하기 리팩터링이 필요한 상황은 주로 두 가지다. 첫째, 사람들이 무조건 접근자 메서드를 통해서만 필드를 다루려 할 때다. 심지어 생성자 안에서도 말이다. 이러면 오직 생성자에서만 호출하는 세터가 생겨나곤 한다. 하지만 나라면 세터를 제거해서 객체가 생성된 후에는 값이 바뀌면 안 된다는 뜻을 분명히 할 것이다.

두 번째 상황은 클라이언트에서 생성 스크립트^{creation script}를 사용해 객체를 생성할 때다. 생성 스크립트란 생성자를 호출한 후 일련의 세터를 호출하여 객체를 완성하는 형태의 코드를 말한다(별도의 스크립트 파일이 아니다). 그러면서 설계자는 스크립트가 완료된 뒤로는 그 객체의 필드 일부(혹은 전체)는 변경되지 않으리라 기대한다. 즉, 해당 세터들은 처음 생성할 때만 호출되리라 가정한다. 이런 경우에도 세터들을 제거하여 의도를 더 정확하게 전달하는 게 좋다.

절차

❶ 설정해야 할 값을 생성자에서 받지 않는다면 그 값을 받을 매개변수를 생성자에 추가한다(함수 선언 바꾸기[6.5절]). 그런 다음 생성자 안에서 적절한 세터를 호출한다.

→ 세터 여러 개를 제거하려면 해당 값 모두를 한꺼번에 생성자에 추가한다. 그러면 이후 과정이 간소해진다.

❷ 생성자 밖에서 세터를 호출하는 곳을 찾아 제거하고, 대신 새로운 생성자를 사용하도록 한다. 하나 수정할 때마다 테스트한다.

→ (갱신하려는 대상이 공유 참조 객체라서) 새로운 객체를 생성하는 방식으로는 세터 호출을 대체할 수 없다면 이 리팩터링을 취소한다.

❸ 세터 메서드를 인라인[6.2절]한다. 가능하다면 해당 필드를 불변으로 만든다.

❹ 테스트한다.

예시

간단한 사람[person] 클래스를 준비했다.

```
━━━ Person 클래스...
    get name()     {return this._name;}
    set name(arg) {this._name = arg;}
    get id()      {return this._id;}
    set id(arg) {this._id = arg;}
```

그리고 다음 코드로 사람 객체를 하나 생성한다.

```
━━━ const martin = new Person();
    martin.name = "마틴";
    martin.id = "1234";
```

사람의 속성 중 이름은 객체를 생성한 뒤라도 변경될 수 있겠지만 **id**는 그러면 안 된다. 이 의도를 명확히 알리기 위해 ID 세터를 없애보자.

❶ 최초 한 번은 ID를 설정할 수 있어야 하므로 함수 선언 바꾸기[6.5절]로 생성자에서 ID를 받도록 한다.

```
━━━ Person 클래스...
    constructor(id) {
      this.id = id;
    }
```

❷ 그런 다음 생성 스크립트가 이 생성자를 통해 ID를 설정하게끔 수정한다.

```
const martin = new Person("1234");
martin.name = "마틴";
martin.id = "1234";
```

이 작업을 사람 객체를 생성하는 모든 곳에서 수행하며, 하나 수정할 때마다 테스트한다.

❸ 모두 수정했다면 세터 메서드를 인라인[6.2절]한다.

```
Person 클래스...
constructor(id) {
    this._id = id;
}

get name()     {return this._name;}
set name(arg) {this._name = arg;}
get id()     {return this._id;}
set id(arg) {this._id = arg;}
```

11.8 생성자를 팩터리 함수로 바꾸기
Replace Constructor with Factory Function

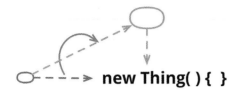

new Thing( ) { } • 1판에서의 이름: 생성자를 팩토리 메서드로 전환

```
leadEngineer = new Employee(document.leadEngineer, 'E');
```

▼

```
leadEngineer = createEngineer(document.leadEngineer);
```

배경

많은 객체 지향 언어에서 제공하는 생성자는 객체를 초기화하는 특별한 용도의 함수다. 실제로 새로운 객체를 생성할 때면 주로 생성자를 호출한다. 하지만 생성자에는 일반 함수에는 없는 이상한 제약이 따라붙기도 한다. 가령 자바 생성자는 반드시 그 생성자를 정의한 클래스의 인스턴스를 반환해야 한다. 서브클래스의 인스턴스나 프락시를 반환할 수는 없다. 생성자의 이름도 고정되어, 기본 이름보다 더 적절한 이름이 있어도 사용할 수 없다. 생성자를 호출하려면 특별한 연산자(많은 언어에서 new를 쓴다)를 사용해야 해서 일반 함수가 오길 기대하는 자리에는 쓰기 어렵다.

팩터리 함수에는 이런 제약이 없다. 팩터리 함수를 구현하는 과정에서 생성자를 호출할 수는 있지만, 원한다면 다른 무언가로 대체할 수 있다.

절차

❶ 팩터리 함수를 만든다. 팩터리 함수의 본문에서는 원래의 생성자를 호출한다.

❷ 생성자를 호출하던 코드를 팩터리 함수 호출로 바꾼다.

❸ 하나씩 수정할 때마다 테스트한다.

❹ 생성자의 가시 범위가 최소가 되도록 제한한다.

예시

직원^{employee} 유형을 다루는, 간단하지만 이상한 예를 살펴보자. 먼저 직원 클래스를 보자.

─── Employee 클래스...

```
constructor(name, typeCode) {
  this._name = name;
  this._typeCode = typeCode;
}

get name() {return this._name;}
get type() {
  return Employee.legalTypeCodes[this._typeCode];
}
static get legalTypeCodes() {
  return {"E": "Engineer", "M": "Manager", "S": "Salesperson"};
}
```

다음은 이 클래스를 사용하는 코드다.

─── 호출자...

```
candidate = new Employee(document.name, document.empType);
```

다음처럼도 사용한다.

─── 호출자...

```
const leadEngineer = new Employee(document.leadEngineer, 'E');
```

❶ 첫 번째로 할 일은 팩터리 함수 만들기다. 팩터리 본문은 단순히 생성자에 위임하는 방식으로 구현한다.

─── 최상위...

```
function createEmployee(name, typeCode) {
  return new Employee(name, typeCode);
}
```

❷ 그런 다음 생성자를 호출하는 곳을 찾아 수정한다. 한 번에 하나씩, 생성자 대신 팩터리 함수를 사용하게 바꾼다.

첫 번째 코드는 쉽게 바꿀 수 있다.

■■■ 호출자...

```
candidate = createEmployee(document.name, document.empType);
```

두 번째 코드를 바꾸려면 다음과 같은 모습의 새로운 팩터리 함수를 사용할 수도 있을 것이다.

■■■ 호출자...

```
const leadEngineer = createEmployee(document.leadEngineer, 'E');
```

하지만 이건 내가 권장하는 코드 스타일이 아니다(함수에 문자열 리터럴을 건네는 건 악취로 봐야 한다). 그 대신 직원 유형을 팩터리 함수의 이름에 녹이는 방식을 권한다.

■■■ 호출자...

```
const leadEngineer = createEngineer(document.leadEngineer);
```

■■■ 최상위...

```
function createEngineer(name) {
  return new Employee(name, 'E');
}
```

11.9 함수를 명령으로 바꾸기
Replace Function with Command

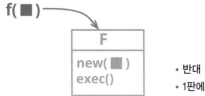

- 반대 리팩터링: 명령을 함수로 바꾸기[11.10절]
- 1판에서의 이름: 메서드를 메서드 객체로 전환

```
function score(candidate, medicalExam, scoringGuide) {
  let result = 0;
  let healthLevel = 0;
  // 긴 코드 생략
}
```

▼

```
class Scorer {
  constructor(candidate, medicalExam, scoringGuide) {
    this._candidate = candidate;
    this._medicalExam = medicalExam;
    this._scoringGuide = scoringGuide;
  }

  execute() {
    this._result = 0;
    this._healthLevel = 0;
    // 긴 코드 생략
  }
}
```

배경

함수(독립된 함수든 객체에 소속된 메서드든)는 프로그래밍의 기본적인 빌딩 블록 중 하나다. 그런데 함수를 그 함수만을 위한 객체 안으로 캡슐화하면 더 유용해지는 상황이 있다. 이런 객체를 가리켜 '명령 객체' 혹은 단순히 **명령**command'이라 한다. 명령 객체 대부분은 메서드 하나로 구성되며, 이 메서드를 요청해 실행하는 것이 이 객체의 목적이다.

명령은 평범한 함수 메커니즘보다 훨씬 유연하게 함수를 제어하고 표현할 수 있다. 명령은 되돌리기^{undo} 같은 보조 연산을 제공할 수 있으며, 수명주기를 더 정밀하게 제어하는 데 필요한 매개변수를 만들어주는 메서드도 제공할 수 있다. 상속과 훅^{hook}을 이용해 사용자 맞춤형으로 만들 수도 있다. 객체는 지원하지만 일급 함수$^{first-class\ function}$를 지원하지 않는 프로그래밍 언어를 사용할 때는 명령을 이용해 일급 함수의 기능 대부분을 흉내 낼 수 있다. 비슷하게, 중첩 함수를 지원하지 않는 언어에서도 메서드와 필드를 이용해 복잡한 함수를 잘게 쪼갤 수 있고, 이렇게 쪼갠 메서드들을 테스트와 디버깅에 직접 이용할 수 있다.

이처럼 명령을 사용해 얻는 이점이 많으므로 함수를 명령으로 리팩터링할 채비를 갖춰야 할 것이다. 하지만 유연성은 (언제나 그렇듯) 복잡성을 키우고 얻는 대가임을 잊지 말아야 한다. 그래서 일급 함수와 명령 중 선택해야 한다면, 나라면 95%는 일급 함수의 손을 들어준다. 내가 명령을 선택할 때는 명령보다 더 간단한 방식으로는 얻을 수 없는 기능이 필요할 때뿐이다.

소프트웨어 개발 용어 중에는 여러 가지 의미로 사용되는 게 많은데, '명령'도 마찬가지다. 지금 맥락에서의 명령은 요청을 캡슐화한 객체로, 디자인 패턴 중 명령 패턴$^{Command\ Pattern}$에서 말하는 명령과 같다. 이 책에서 이 의미의 명령을 이야기할 때는 먼저 '명령 객체'라고 한번 언급해준 후 '명령'으로 줄여 쓸 것이다. 한편 명령-질의 분리 원칙$^{command-query\ separation\ principle}$*에서도 명령이 등장한다. 이 원칙에서의 명령은 객체의 겉보기 상태를 변경하는 메서드를 가리킨다. 이 책에서는 이 의미의 명령을 이야기할 때는 명령이란 단어를 쓰지 않으려 노력할 것이다. 대신 '변경 함수$^{modifier\ 혹은\ mutator}$'라 하겠다.

절차

❶ 대상 함수의 기능을 옮길 빈 클래스를 만든다. 클래스 이름은 함수 이름에 기초해 짓는다.

❷ 방금 생성한 빈 클래스로 함수를 옮긴다[8.1절].

  → 리팩터링이 끝날 때까지는 원래 함수를 전달 함수 역할로 남겨두자.

  → 명령 관련 이름은 사용하는 프로그래밍 언어의 명명규칙을 따른다. 규칙이 딱히 없다면 "execute" 나 "call" 같이 명령의 실행 함수에 흔히 쓰이는 이름을 택하자.

❸ 함수의 인수들 각각은 명령의 필드로 만들어 생성자를 통해 설정할지 고민해본다.

----

* https://martinfowler.com/bliki/CommandQuerySeparation.html

예시

자바스크립트는 허점이 많은 언어다. 하지만 함수를 일급으로 만든 선택은 아주 훌륭했다. 그래서 일급 함수를 지원하지 않는 언어에서라면 필요했을 일반적인 작업에는 굳이 명령을 만들어 해결할 이유가 없다. 하지만 명령을 사용하는 편이 나을 때가 없는 건 아니다.

예컨대 복잡한 함수를 잘게 쪼개서 이해하거나 수정하기 쉽게 만들고자 할 때가 있다. 그래서 사실 이 리팩터링의 가치를 잘 보여주려면 길고 복잡한 함수를 준비해야 한다. 하지만 그렇게 하면 책에 싣기에는 너무 길고 여러분이 읽기에도 불편할 것이므로 길이를 최소한으로 제한했다. 다음은 건강보험 애플리케이션에서 사용하는 점수 계산 함수다.

```
function score(candidate, medicalExam, scoringGuide) {
    let result = 0;
    let healthLevel = 0;
    let highMedicalRiskFlag = false;

      if (medicalExam.isSmoker) {
      healthLevel += 10;
      highMedicalRiskFlag = true;
    }
    let certificationGrade = "regular";
    if (scoringGuide.stateWithLowCertification(candidate.originState)) {
      certificationGrade = "low";
      result -= 5;
    }
    // 비슷한 코드가 한참 이어짐
    result -= Math.max(healthLevel - 5, 0);
    return result;
  }
```

❶ 시작은 빈 클래스를 만들고 ❷ 이 함수를 그 클래스로 옮기[8.1절]는 일부터다.

```
function score(candidate, medicalExam, scoringGuide) {
    return new Scorer().execute(candidate, medicalExam, scoringGuide);
  }

  class Scorer {
    execute(candidate, medicalExam, scoringGuide) {
      let result = 0;
```

```
      let healthLevel = 0;
      let highMedicalRiskFlag = false;

      if (medicalExam.isSmoker) {
        healthLevel += 10;
        highMedicalRiskFlag = true;
      }
      let certificationGrade = "regular";
      if (scoringGuide.stateWithLowCertification(candidate.originState)) {
        certificationGrade = "low";
        result -= 5;
      }
      // 비슷한 코드가 한참 이어짐
      result -= Math.max(healthLevel - 5, 0);
      return result;
    }
  }
```

주로 나는 명령이 받는 인수들을 생성자로 옮겨서 execute() 메서드는 매개변수를 받지 않게 하는 편이다. 지금 예 정도의 단순한 시나리오에서는 큰 차이가 없지만, 명령의 수명주기나 사용자 정의 기능 등을 지원해야 해서 매개변수가 복잡할 때는 아주 편리하다. 예컨대 이 방식이라면 매개변수 목록이 서로 다른 여러 형태의 명령들을 하나의 실행 대기열^{queue}을 통해 전달할 수도 있다.

매개변수 옮기기는 한 번에 하나씩 수행하자.

```
function score(candidate, medicalExam, scoringGuide) {
    return new Scorer(candidate).execute(candidate, medicalExam, scoringGuide);
}
```

Scorer 클래스...
```
  constructor(candidate) {
    this._candidate = candidate;
  }

  execute(candidate, medicalExam, scoringGuide) {
    let result = 0;
    let healthLevel = 0;
    let highMedicalRiskFlag = false;
```

```
      if (medicalExam.isSmoker) {
        healthLevel += 10;
        highMedicalRiskFlag = true;
      }
      let certificationGrade = "regular";
      if (scoringGuide.stateWithLowCertification(this._candidate.originState)) {
        certificationGrade = "low";
        result -= 5;
      }
      // 비슷한 코드가 한참 이어짐
      result -= Math.max(healthLevel - 5, 0);
      return result;
    }
```

계속해서 다른 매개변수들도 옮긴다.

```
function score(candidate, medicalExam, scoringGuide) {
    return new Scorer(candidate, medicalExam, scoringGuide).execute();
}
```

Scorer 클래스...
```
    constructor(candidate, medicalExam, scoringGuide) {
      this._candidate = candidate;
      this._medicalExam = medicalExam;
      this._scoringGuide = scoringGuide;
    }

    execute () {
      let result = 0;
      let healthLevel = 0;
      let highMedicalRiskFlag = false;

      if (this._medicalExam.isSmoker) {
        healthLevel += 10;
        highMedicalRiskFlag = true;
      }
      let certificationGrade = "regular";
      if (this._scoringGuide.stateWithLowCertification(this._candidate.originState)) {
        certificationGrade = "low";
        result -= 5;
```

```
  }
  // 비슷한 코드가 한참 이어짐
  result -= Math.max(healthLevel - 5, 0);
  return result;
}
```

더 가다듬기

이상으로 함수를 명령으로 바꿔봤다. 하지만 이 리팩터링의 본래 목적은 복잡한 함수를 잘게 나누는 것이다. 이 목적을 이루기 위한 단계들을 개략적으로 설명해보겠다.

먼저 모든 지역 변수를 필드로 바꿔야 한다. 역시 한 번에 하나씩 진행한다.

━━━ Scorer 클래스...

```
  constructor(candidate, medicalExam, scoringGuide) {
    this._candidate = candidate;
    this._medicalExam = medicalExam;
    this._scoringGuide = scoringGuide;
  }

  execute () {
    this._result = 0;
    let healthLevel = 0;
    let highMedicalRiskFlag = false;

    if (this._medicalExam.isSmoker) {
      healthLevel += 10;
      highMedicalRiskFlag = true;
    }
    let certificationGrade = "regular";
    if (this._scoringGuide.stateWithLowCertification(this._candidate.originState)) {
      certificationGrade = "low";
      this._result -= 5;
    }
    // 비슷한 코드가 한참 이어짐
    this._result -= Math.max(healthLevel - 5, 0);
    return this._result;
  }
```

남은 지역 변수들도 같은 방법으로 바꿔준다. (너무 단순해서 책에 싣지 않은 리팩터링이 몇 개 있는데, 방금 적용한 리팩터링이 그중 하나다. 조금 미안하게 생각한다.)

━━━ Scorer 클래스...

```
constructor(candidate, medicalExam, scoringGuide) {
  this._candidate = candidate;
  this._medicalExam = medicalExam;
  this._scoringGuide = scoringGuide;
}

execute () {
  this._result = 0;
  this._healthLevel = 0;
  this._highMedicalRiskFlag = false;

  if (this._medicalExam.isSmoker) {
    this._healthLevel += 10;
    this._highMedicalRiskFlag = true;
  }
  this._certificationGrade = "regular";
  if (this._scoringGuide.stateWithLowCertification(this._candidate.originState)) {
    this._certificationGrade = "low";
    this._result -= 5;
  }
  // 비슷한 코드가 한참 이어짐
  this._result -= Math.max(this._healthLevel - 5, 0);
  return this._result;
}
```

이제 함수의 상태가 모두 명령 객체로 옮겨졌다. 따라서 함수가 사용하던 변수나 그 유효 범위에 구애받지 않고 함수 추출하기[6.1절] 같은 리팩터링을 적용할 수 있다.

━━━ Scorer 클래스...

```
execute () {
  this._result = 0;
  this._healthLevel = 0;
  this._highMedicalRiskFlag = false;

  this.scoreSmoking();
  this._certificationGrade = "regular";
```

```
      if (this._scoringGuide.stateWithLowCertification(this._candidate.originState)) {
        this._certificationGrade = "low";
        this._result -= 5;
      }
      // 비슷한 코드가 한참 이어짐
      this._result -= Math.max(this._healthLevel - 5, 0);
      return this._result;
    }

    scoreSmoking() {
      if (this._medicalExam.isSmoker) {
        this._healthLevel += 10;
        this._highMedicalRiskFlag = true;
      }
    }
```

이제 명령을 중첩 함수처럼 다룰 수 있다. 사실 자바스크립트에서라면 중첩 함수는 명령의 합리적인 대안이 될 수 있다. 그래도 나는 여전히 명령을 사용한다. 내가 명령에 더 익숙하기도 하거니와, 명령을 사용하면 (execute 외의) 서브함수들을 테스트와 디버깅에 활용할 수 있기 때문이다.

11.10 명령을 함수로 바꾸기
Replace Command with Function

● 반대 리팩터링: 함수를 명령으로 바꾸기[11.9절]

```
class ChargeCalculator {
  constructor(customer, usage) {
    this._customer = customer;
    this._usage = usage;
  }
  execute() {
    return this._customer.rate * this._usage;
  }
}
```

▼

```
function charge(customer, usage) {
  return customer.rate * usage;
}
```

배경

명령 객체는 복잡한 연산을 다룰 수 있는 강력한 메커니즘을 제공한다. 구체적으로는, 큰 연산 하나를 여러 개의 작은 메서드로 쪼개고 필드를 이용해 쪼개진 메서드들끼리 정보를 공유할 수 있다. 또한 어떤 메서드를 호출하냐에 따라 다른 효과를 줄 수 있고 각 단계를 거치며 데이터를 조금씩 완성해갈 수도 있다.

명령의 이런 능력은 공짜가 아니다. 명령은 그저 함수를 하나 호출해 정해진 일을 수행하는 용도로 주로 쓰인다. 이런 상황이고 로직이 크게 복잡하지 않다면 명령 객체는 장점보다 단점이 크니 평범한 함수로 바꿔주는 게 낫다.

절차

❶ 명령을 생성하는 코드와 명령의 실행 메서드를 호출하는 코드를 함께 함수로 추출[6.1절]한다.

　→ 이 함수가 바로 명령을 대체할 함수다.

❷ 명령의 실행 함수가 호출하는 보조 메서드들 각각을 인라인[6.2절]한다.

　→ 보조 메서드가 값을 반환한다면 함수 인라인에 앞서 변수 추출하기[6.3절]를 적용한다.

❸ 함수 선언 바꾸기[6.5절]를 적용하여 생성자의 매개변수 모두를 명령의 실행 메서드로 옮긴다.

❹ 명령의 실행 메서드에서 참조하는 필드들 대신 대응하는 매개변수를 사용하게끔 바꾼다. 하나씩 수정할 때마다 테스트한다.

❺ 생성자 호출과 명령의 실행 메서드 호출을 호출자(대체 함수) 안으로 인라인한다.

❻ 테스트한다.

❼ 죽은 코드 제거하기[8.9절]로 명령 클래스를 없앤다.

예시

작은 명령 객체에서 시작해보자.

```
class ChargeCalculator {
  constructor(customer, usage, provider) {
    this._customer = customer;
    this._usage = usage;
    this._provider = provider;
  }
  get baseCharge() {
    return this._customer.baseRate * this._usage;
  }
  get charge() {
    return this.baseCharge + this._provider.connectionCharge;
  }
}
```

다음은 호출하는 쪽의 코드다.

```
호출자...
monthCharge = new ChargeCalculator(customer, usage, provider).charge;
```

이 명령 클래스는 간단한 편이므로 함수로 대체하는 게 나아 보인다.

❶ 첫 번째로, 이 클래스를 생성하고 호출하는 코드를 함께 함수로 추출[6.1절]한다.

━━━ 호출자...

```
    monthCharge = charge(customer, usage, provider);
```

━━━ 최상위...

```
    function charge(customer, usage, provider) {
      return new ChargeCalculator(customer, usage, provider).charge;
    }
```

❷ 이때 보조 메서드들을 어떻게 다룰지 정해야 하는데, baseCharge()가 이러한 보조 메서드에 속한다. 값을 반환하는 메서드라면 먼저 반환할 값을 변수로 추출[6.3절]한다.

━━━ ChargeCalculator 클래스...

```
    get baseCharge() {
      return this._customer.baseRate * this._usage;
    }
    get charge() {
      const baseCharge = this.baseCharge;
      return baseCharge + this._provider.connectionCharge;
    }
```

그런 다음 보조 메서드를 인라인[6.2절]한다.

━━━ ChargeCalculator 클래스...

```
    get charge() {
      const baseCharge = this._customer.baseRate * this._usage;
      return baseCharge + this._provider.connectionCharge;
    }
```

❸ 이제 로직 전체가 한 메서드에서 이뤄지므로, 그다음으로는 생성자에 전달되는 모든 데이터를 주 메서드로 옮겨야 한다. 먼저 생성자가 받던 모든 매개변수를 charge() 메서드로 옮기기 위해 함수 선언 바꾸기[6.5절]를 적용한다.

━━━ ChargeCalculator 클래스...

```
    constructor(customer, usage, provider) {
      this._customer = customer;
      this._usage = usage;
      this._provider = provider;
    }
```

```
charge(customer, usage, provider) {
  const baseCharge = this._customer.baseRate * this._usage;
  return baseCharge + this._provider.connectionCharge;
}
```

최상위...

```
function charge(customer, usage, provider) {
  return new ChargeCalculator(customer, usage, provider)
                  .charge(customer, usage, provider);
}
```

❹ 이제 charge()의 본문에서 필드 대신 건네받은 매개변수를 사용하도록 수정한다. 이번에도 한 번에 하나씩 진행한다.

ChargeCalculator 클래스...

```
constructor(customer, usage, provider) {
  this._customer = customer;
  this._usage = usage;
  this._provider = provider;
}

charge(customer, usage, provider) {
  const baseCharge = customer.baseRate * this._usage;
  return baseCharge + this._provider.connectionCharge;
}
```

생성자에 있는 대입문 this._customer = customer;는 무시되므로 꼭 지워야 하는 건 아니지만 지워두는 편이 좋다. 그래야 혹시라도 필드 대신 매개변수를 사용하는 수정을 빼먹었을 때 테스트가 실패하기 때문이다(테스트가 실패하지 않는다면 새로운 테스트를 추가하는 걸 고려해보자).

나머지 매개변수들도 똑같이 바꿔주면 다음처럼 될 것이다.

ChargeCalculator 클래스...

```
charge(customer, usage, provider) {
  const baseCharge = customer.baseRate * usage;
  return baseCharge + provider.connectionCharge;
}
```

❺ 다 됐다면 최상위 charge() 함수로 인라인할 수 있다. 이는 생성자와 메서드 호출을 함께 인라인하는 특별한 형태의 함수 인라인하기[6.2절]다.

─── 최상위...

```
function charge(customer, usage, provider) {
  const baseCharge = customer.baseRate * usage;
  return baseCharge + provider.connectionCharge;
}
```

❼ 명령 클래스는 이제 죽은 코드가 되었으니 죽은 코드 제거하기[8.9절]로 영면에 들게 해준다.

11.11 수정된 값 반환하기
Return Modified Value

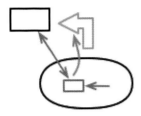

```
let totalAscent = 0;
calculateAscent();

function calculateAscent() {
  for (let i = 1; i < points.length; i++) {
    const verticalChange = points[i].elevation - points[i-1].elevation;
    totalAscent += (verticalChange > 0) ? verticalChange : 0;
  }
}
```

▼

```
const totalAscent = calculateAscent();

function calculateAscent() {
  let result = 0;
  for (let i = 1; i < points.length; i++) {
    const verticalChange = points[i].elevation - points[i-1].elevation;
    result += (verticalChange > 0) ? verticalChange : 0;
  }
  return result;
}
```

배경

데이터가 어떻게 수정되는지를 추적하는 일은 코드에서 이해하기 가장 어려운 부분 중 하나다.
특히 같은 데이터 블록을 읽고 수정하는 코드가 여러 곳이라면 데이터가 수정되는 흐름과 코드의 흐름을 일치시키기가 상당히 어렵다. 그래서 데이터가 수정된다면 그 사실을 명확히 알려주어서, 어느 함수가 무슨 일을 하는지 쉽게 알 수 있게 하는 일이 대단히 중요하다.

데이터가 수정됨을 알려주는 좋은 방법이 있다. 변수를 갱신하는 함수라면 수정된 값을 반환하여 호출자가 그 값을 변수에 담아두도록 하는 것이다. 이 방식으로 코딩하면 호출자 코드를 읽을 때 변수가 갱신될 것임을 분명히 인지하게 된다. 해당 변수의 값을 단 한 번만 정하면 될 때 특히 유용하다.

이 리팩터링은 값 하나를 계산한다는 분명한 목적이 있는 함수들에 가장 효과적이고, 반대로 값 여러 개를 갱신하는 함수에는 효과적이지 않다. 한편, 함수 옮기기[8.1절]의 준비 작업으로 적용하기에 좋은 리팩터링이다.

절차

❶ 함수가 수정된 값을 반환하게 하여 호출자가 그 값을 자신의 변수에 저장하게 한다.

❷ 테스트한다.

❸ 피호출 함수 안에 반환할 값을 가리키는 새로운 변수를 선언한다.

→ 이 작업이 의도대로 이뤄졌는지 검사하고 싶다면 호출자에서 초깃값을 수정해보자. 제대로 처리했다면 수정된 값이 무시된다.

❹ 테스트한다.

❺ 계산이 선언과 동시에 이뤄지도록 통합한다(즉, 선언 시점에 계산 로직을 바로 실행해 대입한다).

→ 프로그래밍 언어에서 지원한다면 이 변수를 불변으로 지정하자.

❻ 테스트한다.

❼ 피호출 함수의 변수 이름을 새 역할에 어울리도록 바꿔준다.

❽ 테스트한다.

예시

여기 GPS 위치 목록으로 다양한 계산을 수행하는 코드가 있다.

```
let totalAscent = 0;
let totalTime = 0;
let totalDistance = 0;
calculateAscent();
calculateTime();
calculateDistance();
const pace = totalTime / 60 / totalDistance;
```

이번 리팩터링에서는 고도 상승분^ascent^ 계산만을 고려할 것이다.

```
function calculateAscent() {
  for (let i = 1; i < points.length; i++) {
    const verticalChange = points[i].elevation - points[i-1].elevation;
    totalAscent += (verticalChange > 0) ? verticalChange : 0;
  }
}
```

이 코드에서는 calculateAscent() 안에서 totalAscent가 갱신된다는 사실이 드러나지 않으므로 calculateAscent()와 외부 환경이 어떻게 연결돼 있는지가 숨겨진다. 갱신 사실을 밖으로 알려보자.

❶ 먼저 totalAscent 값을 반환하고, 호출한 곳에서 변수에 대입하게 고친다.

```
let totalAscent = 0;
let totalTime = 0;
let totalDistance = 0;
totalAscent = calculateAscent();
calculateTime();
calculateDistance();
const pace = totalTime / 60 / totalDistance;

function calculateAscent() {
  for (let i = 1; i < points.length; i++) {
    const verticalChange = points[i].elevation - points[i-1].elevation;
    totalAscent += (verticalChange > 0) ? verticalChange : 0;
  }
  return totalAscent;
}
```

❸ 그런 다음 calculateAscent() 안에 반환할 값을 담을 변수인 totalAscent를 선언한다. 그런데 이 결과 부모 코드에 있는 똑같은 이름의 변수가 가려진다.

```
function calculateAscent() {
  let totalAscent = 0;
  for (let i = 1; i < points.length; i++) {
    const verticalChange = points[i].elevation - points[i-1].elevation;
    totalAscent += (verticalChange > 0) ? verticalChange : 0;
```

```
    }
    return totalAscent;
  }
```

❼ 이 문제를 피하기 위해 변수의 이름을 일반적인 명명규칙에 맞게 수정한다.

```
function calculateAscent() {
    let result = 0;
    for (let i = 1; i < points.length; i++) {
      const verticalChange = points[i].elevation - points[i-1].elevation;
      result += (verticalChange > 0) ? verticalChange : 0;
    }
    return result;
  }
```

❺ 그런 다음 이 계산이 변수 선언과 동시에 수행되도록 하고, 변수에 const를 붙여서 불변으로 만든다.

```
const totalAscent = calculateAscent();
  let totalTime = 0;
  let totalDistance = 0;
  calculateTime();
  calculateDistance();
  const pace = totalTime / 60 / totalDistance;
```

같은 과정을 다른 함수들에도 반복해 적용해주면 호출하는 쪽 코드가 다음처럼 바뀔 것이다.

```
const totalAscent = calculateAscent();
  const totalTime = calculateTime();
  const totalDistance = calculateDistance();
  const pace = totalTime / 60 / totalDistance;
```

11.12 오류 코드를 예외로 바꾸기
Replace Error Code with Exception

```
if (bad)
  return error_code



throw exception
```

```
if (data)
  return new ShippingRules(data);
else
  return -23;
```
▶
```
if (data)
  return new ShippingRules(data);
else
  throw new OrderProcessingError(-23);
```

배경

내가 프로그래밍을 시작할 당시엔 오류 코드[error code]를 사용하는 게 보편적이었다. 함수를 호출하면 언제든 오류가 반환될 수 있었고, 그래서 오류 코드 검사를 빼먹으면 안 됐다. 오류 코드를 검사해서 발생한 오류를 직접 처리하거나 다른 누군가가 처리해주길 기대하며 콜스택 위로 던져보냈다.

예외는 프로그래밍 언어에서 제공하는 독립적인 오류 처리 메커니즘이다. 오류가 발견되면 예외를 던진다. 그러면 적절한 예외 핸들러를 찾을 때까지 콜스택을 타고 위로 전파된다(핸들러를 찾지 못하면 보통은 단순할 정도로 극단적인 기본 동작이 수행된다). 예외를 사용하면 오류 코드를 일일이 검사하거나 오류를 식별해 콜스택 위로 던지는 일을 신경 쓰지 않아도 된다. 예외에는 독자적인 흐름이 있어서 프로그램의 나머지에서는 오류 발생에 따른 복잡한 상황에 대처하는 코드를 작성하거나 읽을 일이 없게 해준다.

예외는 정교한 메커니즘이지만 대다수의 다른 정교한 메커니즘과 같이 정확하게 사용할 때만 최고의 효과를 낸다. 예외는 정확히 예상 밖의 동작일 때만 쓰여야 한다. 달리 말하면 프로그램의 정상 동작 범주에 들지 않는 오류를 나타낼 때만 쓰여야 한다. 괜찮은 경험 법칙이 하나 있다. 예외를 던지는 코드를 프로그램 종료 코드로 바꿔도 프로그램이 여전히 정상 동작할지를 따져보는 것이다. 정상 동작하지 않을 것 같다면 예외를 사용하지 말라는 신호다. 예외 대신 오류를 검출하여 프로그램을 정상 흐름으로 되돌리게끔 처리해야 한다.

절차

❶ 콜스택 상위에 해당 예외를 처리할 예외 핸들러를 작성한다.
  → 이 핸들러는 처음에는 모든 예외를 다시 던지게 해둔다.
  → 적절한 처리를 해주는 핸들러가 이미 있다면 지금의 콜스택도 처리할 수 있도록 확장한다.

❷ 테스트한다.

❸ 해당 오류 코드를 대체할 예외와 그 밖의 예외를 구분할 식별 방법을 찾는다.
  → 사용하는 프로그래밍 언어에 맞게 선택하면 된다. 대부분 언어에서는 서브클래스를 사용하면 될 것이다.

❹ 정적 검사를 수행한다.

❺ catch절을 수정하여 직접 처리할 수 있는 예외는 적절히 대처하고 그렇지 않은 예외는 다시 던진다.

❻ 테스트한다.

❼ 오류 코드를 반환하는 곳 모두에서 예외를 던지도록 수정한다. 하나씩 수정할 때마다 테스트한다.

❽ 모두 수정했다면 그 오류 코드를 콜스택 위로 전달하는 코드를 모두 제거한다. 하나씩 수정할 때마다 테스트한다.
  → 먼저 오류 코드를 검사하는 부분을 함정^trap으로 바꾼 다음, 함정에 걸려들지 않는지 테스트한 후 제거하는 전략을 권한다. 함정에 걸려드는 곳이 있다면 오류 코드를 검사하는 코드가 아직 남아 있다는 뜻이다. 함정을 무사히 피했다면 안심하고 본문을 정리하자(죽은 코드 제거하기^8.9절).

예시

전역 테이블에서 배송지의 배송 규칙을 알아내는 코드를 생각해보자.

```
function localShippingRules(country) {
    const data = countryData.shippingRules[country];
    if (data) return new ShippingRules(data);
    else return -23;
}
```

이 코드는 국가 정보(country)가 유효한지를 이 함수 호출 전에 다 검증했다고 가정한다. 따라서 이 함수에서 오류가 난다면 무언가 잘못됐음을 뜻한다. 다음과 같이 호출한 곳에서는 반환된 오류 코드를 검사하여 오류가 발견되면 위로 전파한다.

```
function calculateShippingCosts(anOrder) {
    // 관련 없는 코드
    const shippingRules = localShippingRules(anOrder.country);
    if (shippingRules < 0) return shippingRules; // 오류 전파
    // 더 관련 없는 코드
```

더 윗단 함수는 오류를 낸 주문을 오류 목록(errorList)에 넣는다.

최상위...
```
const status = calculateShippingCosts(orderData);
if (status < 0) errorList.push({order: orderData, errorCode: status});
```

여기서 가장 먼저 고려할 것은 이 오류가 '예상된 것이냐'다. localShippingRules()는 배송 규칙들이 countryData에 제대로 반영되어 있다고 가정해도 되나? country 인수가 전역 데이터에 저장된 키들과 일치하는 곳에서 가져온 것인가, 아니면 앞서 검증을 받았나?

이 질문들의 답이 긍정적이면 (즉, 예상할 수 있는 정상 동작 범주에 든다면) 오류 코드를 예외로 바꾸는 이번 리팩터링을 적용할 준비가 된 것이다.

❶ 가정 먼저 최상위에 예외 핸들러를 갖춘다. localShippingRules() 호출을 try 블록으로 감싸려 하지만 처리 로직은 포함하고 싶지 않다. 그런데 다음처럼 할 수는 '없다'.

최상위...
```
try {
  const status = calculateShippingCosts(orderData);
} catch (e) {
  // 예외 처리 로직
}
if (status < 0) errorList.push({order: orderData, errorCode: status});
```

이렇게 하면 status의 유효범위가 try 블록으로 국한되어 조건문에서 검사할 수 없기 때문이다.

그래서 status 선언과 초기화를 분리해야 한다. 평소라면 좋아하지 않을 방식이지만 지금은 어쩔 수 없다.

최상위...
```
let status;
```

```
  status = calculateShippingCosts(orderData);
  if (status < 0) errorList.push({order: orderData, errorCode: status});
```

이제 함수 호출을 try/catch 블록으로 감쌀 수 있다.

━━ 최상위...
```
  let status;
  try {
    status = calculateShippingCosts(orderData);
  } catch (e) {
    throw e;
  }
  if (status < 0) errorList.push({order: orderData, errorCode: status});
```

잡은 예외는 모두 다시 던져야 한다. 다른 곳에서 발생한 예외를 무심코 삼켜버리고 싶진 않을 테니 말이다.

호출하는 쪽 코드의 다른 부분에서도 주문을 오류 목록에 추가할 일이 있을 수 있으니 적절한 핸들러가 이미 구비되어 있을 수 있다. 그렇다면 그 try 블록을 수정해서 calculateShipping Costs() 호출을 포함시킨다.

❸ 이번 리팩터링으로 추가된 예외만을 처리하고자 한다면 다른 예외와 구별할 방법이 필요하다. 별도의 클래스를 만들어서 할 수도 있고 특별한 값을 부여하는 방법도 있다. 예외를 클래스 기반으로 처리하는 프로그래밍 언어가 많은데, 이런 경우라면 서브클래스를 만드는 게 가장 자연스럽다. (현재의) 자바스크립트는 여기 해당하지 않지만, 나는 다음처럼 하는 걸 좋아한다.

```
class OrderProcessingError extends Error {
  constructor(errorCode) {
    super(`주문 처리 오류: ${errorCode}`);
    this.code = errorCode;
  }
  get name() {return "OrderProcessingError";}
}
```

❺ 이 클래스가 준비되면 오류 코드를 처리할 때와 같은 방식으로 이 예외 클래스를 처리하는 로직을 추가할 수 있다.

```
  let status;
  try {
    status = calculateShippingCosts(orderData);
  } catch (e) {
    if (e instanceof OrderProcessingError)
      errorList.push({order: orderData, errorCode: e.code});
    else
      throw e;
  }
  if (status < 0) errorList.push({order: orderData, errorCode: status});
```

❼ 그런 다음 오류 검출 코드를 수정하여 오류 코드 대신 이 예외를 던지도록 한다.

```
function localShippingRules(country) {
    const data = countryData.shippingRules[country];
    if (data) return new ShippingRules(data);
    else throw new OrderProcessingError(-23);
  }
```

❽ 코드를 다 작성했고 테스트도 통과했다면 오류 코드를 전파하는 임시 코드를 제거할 수 있다. 하지만 나라면 먼저 다음처럼 함정을 추가한 후 테스트해볼 것이다.

```
function calculateShippingCosts(anOrder) {
    // 관련 없는 코드
    const shippingRules = localShippingRules(anOrder.country);
    if (shippingRules < 0) throw new Error("오류 코드가 다 사라지지 않았습니다.");
    // 더 관련 없는 코드
```

이 함정에 걸려들지 않는다면 이 줄 전체를 제거해도 안전하다. 오류를 콜스택 위로 전달하는 일은 예외 메커니즘이 대신 처리해줄 것이기 때문이다.

```
function calculateShippingCosts(anOrder) {
    // 관련 없는 코드
    const shippingRules = localShippingRules(anOrder.country);
    if (shippingRules < 0) throw new Error("오류 코드가 다 사라지지 않았습니다.");
    // 더 관련 없는 코드
```

━━━ 최상위...

```
    let status;
    try {
      status = calculateShippingCosts(orderData);
    } catch (e) {
      if (e instanceof OrderProcessingError)
        errorList.push({order: orderData, errorCode: e.code});
      else
        throw e;
    }
    if (status < 0) errorList.push({order: orderData, errorCode: status});
```

이제는 필요 없어진 status 변수 역시 제거할 수 있다.

━━━ 최상위...

```
    let status;
    try {
      status = calculateShippingCosts(orderData);
    } catch (e) {
      if (e instanceof OrderProcessingError)
        errorList.push({order: orderData, errorCode: e.code});
      else
        throw e;
    }
```

11.13 예외를 사전확인으로 바꾸기
Replace Exception with Precheck

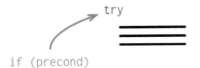

- 1판에서의 이름: 예외 처리를 테스트로 교체

```
double getValueForPeriod (int periodNumber) {
  try {
    return values[periodNumber];
  } catch (ArrayIndexOutOfBoundsException e) {
    return 0;
  }
}
```

▼

```
double getValueForPeriod (int periodNumber) {
  return (periodNumber >= values.length) ? 0 : values[periodNumber];
}
```

배경

예외라는 개념은 프로그래밍 언어의 발전에 의미 있는 한걸음이었다. 오류 코드를 연쇄적으로 전파하던 긴 코드를 예외로 바꿔 깔끔히 제거할 수 있게 되었으니 말이다(오류 코드를 예외로 바꾸기[11.12절]). 하지만 좋은 것들이 늘 그렇듯, 예외도 (더 이상 좋지 않을 정도까지) 과용되곤 한다. 예외는 '뜻밖의 오류'라는, 말 그대로 예외적으로 동작할 때만 쓰여야 한다. 함수 수행 시 문제가 될 수 있는 조건을 함수 호출 전에 검사할 수 있다면, 예외를 던지는 대신 호출하는 곳에서 조건을 검사하도록 해야 한다.

절차

❶ 예외를 유발하는 상황을 검사할 수 있는 조건문을 추가한다. catch 블록의 코드를 조건문의 조건절 중 하나로 옮기고, 남은 try 블록의 코드를 다른 조건절로 옮긴다.

❷ catch 블록에 어서션을 추가하고 테스트한다.

❸ try문과 catch 블록을 제거한다.

❹ 테스트한다.

예시 (자바)

데이터베이스 연결 같은 자원들을 관리하는 자원 풀^{resource pool} 클래스가 있다고 해보자. 자원이
필요한 코드는 풀에서 하나씩 꺼내 사용한다. 풀은 어떤 자원이 할당되었고 가용한 지를 추적
하고, 자원이 바닥나면 새로 생성한다.

```
ResourcePool 클래스...
  public Resource get() {
    Resource result;
    try {
      result = available.pop();
      allocated.add(result);
    } catch (NoSuchElementException e) {
      result = Resource.create();
      allocated.add(result);
    }
    return result;
  }

  private Deque<Resource> available;
  private List<Resource> allocated;
```

풀에서 자원이 고갈되는 건 예상치 못한 조건이 아니므로 예외 처리로 대응하는 건 옳지 않다.
사용하기 전에 **allocated** 컬렉션의 상태를 확인하기란 아주 쉬운 일이며, 예상 범주에 있는
동작임을 더 뚜렷하게 드러내주는 방식이다.

❶ 조건을 검사하는 코드를 추가하고, **catch** 블록의 코드를 조건문의 조건절로 옮기고, 남은
try 블록 코드를 다른 조건절로 옮겨보자.

```
ResourcePool 클래스...
  public Resource get() {
    Resource result;
    if (available.isEmpty()) {
      result = Resource.create();
      allocated.add(result);
    }
```

```
      else {
        try {
          result = available.pop();
          allocated.add(result);
        } catch (NoSuchElementException e) {

        }
      }
      return result;
    }
```

❷ catch절은 더 이상 호출되지 않으므로 어서션을 추가한다.

==== ResourcePool 클래스...

```
    public Resource get() {
      Resource result;
      if (available.isEmpty()) {
        result = Resource.create();
        allocated.add(result);
      }
      else {
        try {
          result = available.pop();
          allocated.add(result);
        } catch (NoSuchElementException e) {
          throw new AssertionError("도달 불가");
        }
      }
      return result;
    }
```

나는 AssertionError를 던지기보다는 assert 키워드를 사용할 때가 많지만, 그러면 result가 초기화되지 않을 수 있다며 컴파일러가 불평할 것이다.

어서션까지 추가한 후 테스트에 통과하면 ❸ try 키워드와 catch 블록을 삭제한다.

==== ResourcePool 클래스...

```
    public Resource get() {
      Resource result;
      if (available.isEmpty()) {
        result = Resource.create();
```

```
      allocated.add(result);
    } else {
      result = available.pop();
      allocated.add(result);
    }
    return result;
  }
```

❹ 한 번 더 테스트에 통과하면 이번 리팩터링은 끝이다.

더 가다듬기

그런데 이번 리팩터링 결과로 얻어진 코드에는 정리할 거리가 더 있을 때가 많다. 이번 예도 마찬가지다.

먼저 문장 슬라이드하기[8.6절]부터 적용해보자.

▬▬▬ ResourcePool 클래스...
```
    public Resource get() {
      Resource result;
      if (available.isEmpty()) {
        result = Resource.create();
      } else {
        result = available.pop();
      }
      allocated.add(result);
      return result;
    }
```

그런 다음 if/else 쌍을 3항 연산자로 바꾼다.

▬▬▬ ResourcePool 클래스...
```
    public Resource get() {
      Resource result = available.isEmpty() ? Resource.create() : available.pop();
      allocated.add(result);
      return result;
    }
```

한결 깔끔해졌다.

CHAPTER

12

상속 다루기

마지막 장이다. 이번 장에서는 객체 지향 프로그래밍에서 가장 유명한 특성인 상속[inheritance]을 다룬다. 다른 강력한 메커니즘처럼 이 역시 아주 유용한 동시에 오용하기 쉽다. 더욱이 상속은 발등에 불이 떨어져서야 비로소 잘못 사용했음을 알아차리는 경우가 많다.

특정 기능을 상속 계층구조의 위나 아래로 옮겨야 하는 상황은 드물지 않다. 이와 관련한 리팩터링으로는 **메서드 올리기**[12.1절], **필드 올리기**[12.2절], **생성자 본문 올리기**[12.3절], **메서드 내리기**[12.4절], **필드 내리기**[12.5절]가 있다. 계층 사이에 클래스를 추가하거나 제거하는 리팩터링으로는 **슈퍼클래스 추출하기**[12.8절], **서브클래스 제거하기**[12.7절], **계층 합치기**[12.9절]가 있다. 때론 필드 값에 따라 동작이 달라지는 코드가 있는데, 이런 필드를 서브클래스로 대체하고 싶다면 **타입 코드를 서브클래스로 바꾸기**[12.6절]를 이용한다.

상속은 막강한 도구지만, 잘못된 곳에서 사용되거나 나중에 환경이 변해 문제가 생기기도 한다. 이럴 때는 **서브클래스를 위임으로 바꾸기**[12.10절]나 **슈퍼클래스를 위임으로 바꾸기**[12.11절]를 활용하여 상속을 위임으로 바꿔준다.

12.1 메서드 올리기
Pull Up Method

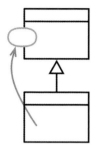

• 반대 리팩터링: 메서드 내리기[12.4절]

```
class Employee {...}

class Salesperson extends Employee {
  get name() {...}
}

class Engineer extends Employee {
  get name() {...}
}
```

▶

```
class Employee {
  get name() {...}
}

class Salesperson extends Employee {...}
class Engineer extends Employee {...}
```

배경

중복 코드 제거는 중요하다. 중복된 두 메서드가 당장은 문제없이 동작할지라도 미래에는 벌레[bug]가 꼬이는 음식물 쓰레기로 전락할 수 있다. 무언가 중복되었다는 것은 한쪽의 변경이 다른 쪽에는 반영되지 않을 수 있다는 위험을 항상 수반한다. 그런데 일반적으로는 중복을 찾기가 그리 쉽지 않다는 게 문제다.

메서드 올리기를 적용하기 가장 쉬운 상황은 메서드들의 본문 코드가 똑같을 때다. 이럴 땐 그냥 복사해 붙여넣으면 끝이다. 물론 세상이 언제나 이처럼 만만하지는 않다. 리팩터링이 제대로 되었는지를 검증하려면 테스트가 여전히 잘 동작하는지 확인하면 되지만, 테스트를 얼마나 잘 만들었느냐에 크게 의존하는 방법이다. 그래서 차이점을 찾는 방법이 효과가 좋다. 테스트에서 놓친 동작까지 알게 해주는 경우가 자주 있기 때문이다.

메서드 올리기 리팩터링을 적용하려면 선행 단계를 거쳐야 할 때가 많다. 예컨대 서로 다른 두 클래스의 두 메서드를 각각 매개변수화하면 궁극적으로 같은 메서드가 되기도 한다. 이런 경우에 가장 적은 단계를 거쳐 리팩터링하려면 각각의 함수를 매개변수화[11.2절]한 다음 메서드를 상속 계층의 위로 올리면 된다.

반면, 메서드 올리기를 적용하기에 가장 이상하고 복잡한 상황은 해당 메서드의 본문에서 참조하는 필드들이 서브클래스에만 있는 경우다. 이런 경우라면 필드들 먼저 슈퍼클래스로 올린[12.2절] 후에 메서드를 올려야 한다.

두 메서드의 전체 흐름은 비슷하지만 세부 내용이 다르다면 템플릿 메서드 만들기[Form Template Method*]를 고려해보자.

절차

❶ 똑같이 동작하는 메서드인지 면밀히 살펴본다.
　→ 실질적으로 하는 일을 같지만 코드가 다르다면 본문 코드가 똑같아질 때까지 리팩터링한다.

❷ 메서드 안에서 호출하는 다른 메서드와 참조하는 필드들을 슈퍼클래스에서도 호출하고 참조할 수 있는지 확인한다.

❸ 메서드 시그니처가 다르다면 함수 선언 바꾸기[6.5절]로 슈퍼클래스에서 사용하고 싶은 형태로 통일한다.

❹ 슈퍼클래스에 새로운 메서드를 생성하고, 대상 메서드의 코드를 복사해넣는다.

❺ 정적 검사를 수행한다.

❻ 서브클래스 중 하나의 메서드를 제거한다.

❼ 테스트한다.

❽ 모든 서브클래스의 메서드가 없어질 때까지 다른 서브클래스의 메서드를 하나씩 제거한다.

예시

❶ 두 서브클래스에서 같은 일을 수행하는 메서드를 찾았다.

━━━ Employee 클래스(Party를 상속함)...

```
get annualCost() {
  return this.monthlyCost * 12;
}
```

---

* https://refactoring.com/catalog/formTemplateMethod.html

```
━━━ Department 클래스(Party를 상속함)...

   get totalAnnualCost() {
     return this.monthlyCost * 12;
   }
```

❷ 확인해보니 두 메서드에서 참조하는 monthlyCost() 속성은 슈퍼클래스에는 정의되어 있지 않지만 두 서브클래스 모두에 존재한다. 지금은 동적 언어인 자바스크립트를 사용해서 괜찮다. 정적 언어였다면 슈퍼클래스인 Party에 추상 메서드를 정의해야 한다.

❸ 두 메서드의 이름이 다르므로 함수 선언 바꾸기⁶·⁵절로 이름을 통일한다.

```
━━━ Department 클래스...

   get annualCost() {
     return this.monthlyCost * 12;
   }
```

❹ 서브클래스 중 하나의 메서드를 복사해 슈퍼클래스에 붙여넣는다.

```
━━━ Party 클래스...

   get annualCost() {
     return this.monthlyCost * 12;
   }
```

정적 언어였다면 이 시점에서 컴파일하여 모든 참조가 올바른지 확인해야 한다. 자바스크립트에서는 해당하지 않으니 ❻ 먼저 Employee에서 annualCost()를 제거하고, ❼ 테스트하고, ❽ Department에서도 제거한다.

이상으로 이번 리팩터링은 끝났다. 그런데 의문이 하나 남는다. annualCost()가 monthlyCost()를 호출하는데, Party 클래스에는 monthlyCost()가 보이질 않는다. 이 상태로 잘 동작하는 까닭은 자바스크립트가 동적 언어기 때문이다. 하지만 나중에 다른 서브클래스가 더해질 수도 있으니 Party의 서브클래스가 monthlyCost()를 구현해야 한다는 사실을 알려주는 게 좋을 것이다. 이럴 때는 다음처럼 함정trap 메서드를 만들어두면 유용하다.

```
━━━ Party 클래스...

   get monthlyCost() {
     throw new SubclassResponsibilityError();
   }
```

이런 오류를 서브클래스 책임 오류subclass responsibility error라 한다(스몰토크SmallTalk에서 유래한 이름이다).

12.2 필드 올리기
Pull Up Field

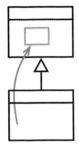

• 반대 리팩터링: 필드 내리기[12.5절]

```
class Employee {...} // 자바 코드

class Salesperson extends Employee {
  private String name;
}

class Engineer extends Employee {
  private String name;
}
```

▶

```
class Employee {
  protected String name;
}

class Salesperson extends Employee {...}
class Engineer extends Employee {...}
```

배경

서브클래스들이 독립적으로 개발되었거나 뒤늦게 하나의 계층구조로 리팩터링된 경우라면 일부 기능이 중복되어 있을 때가 왕왕 있다. 특히 필드가 중복되기 쉽다. 이런 필드들은 이름이 비슷한 게 보통이지만, 항상 그런 것은 아니다. 그래서 어떤 일이 벌어지는지를 알아내려면 필드들이 어떻게 이용되는지 분석해봐야 한다. 분석 결과 필드들이 비슷한 방식으로 쓰인다고 판단되면 슈퍼클래스로 끌어올리자.

이렇게 하면 두 가지 중복을 줄일 수 있다. 첫째, 데이터 중복 선언을 없앨 수 있다. 둘째, 해당 필드를 사용하는 동작을 서브클래스에서 슈퍼클래스로 옮길 수 있다.

동적 언어 중에는 필드를 클래스 정의에 포함시키지 않는 경우가 많다. 그 대신 필드에 가장 처음 값이 대입될 때 등장한다. 이런 경우라면 필드를 올리기 전에 반드시 생성자 본문부터 올려야[12.3절] 한다.

절차

❶ 후보 필드들을 사용하는 곳 모두가 그 필드들을 똑같은 방식으로 사용하는지 면밀히 살핀다.

❷ 필드들의 이름이 각기 다르다면 똑같은 이름으로 바꾼다(필드 이름 바꾸기[9.2절]).

❸ 슈퍼클래스에 새로운 필드를 생성한다.

→ 서브클래스에서 이 필드에 접근할 수 있어야 한다(대부분 언어에서는 **protected**로 선언하면 된다).

❹ 서브클래스의 필드들을 제거한다.

❺ 테스트한다.

12.3 생성자 본문 올리기
Pull Up Constructor Body

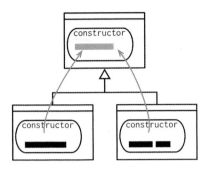

```
class Party {...}

class Employee extends Party {
  constructor(name, id, monthlyCost) {
    super();
    this._id = id;
    this._name = name;
    this._monthlyCost = monthlyCost;
  }
}
```

```
class Party {
  constructor(name) {
    this._name = name;
  }
}


class Employee extends Party {
  constructor(name, id, monthlyCost) {
    super(name);
    this._id = id;
    this._monthlyCost = monthlyCost;
  }
}
```

배경

생성자는 다루기 까다롭다. 일반 메서드와는 많이 달라서, 나는 생성자에서 하는 일에 제약을 두는 편이다.

나는 서브클래스들에서 기능이 같은 메서드들을 발견하면 함수 추출하기[6.1절]와 메서드 올리기[12.1절]를 차례로 적용하여 말끔히 슈퍼클래스로 옮기곤 한다. 그런데 그 메서드가 생성자라면 스텝이 꼬인다. 생성자는 할 수 있는 일과 호출 순서에 제약이 있기 때문에 조금 다른 식으로 접근해야 한다.

절차

❶ 슈퍼클래스에 생성자가 없다면 하나 정의한다. 서브클래스의 생성자들에서 이 생성자가 호출되는지 확인한다.

❷ 문장 슬라이드하기^{8.6절}로 공통 문장 모두를 super() 호출 직후로 옮긴다.

❸ 공통 코드를 슈퍼클래스에 추가하고 서브클래스들에서는 제거한다. 생성자 매개변수 중 공통 코드에서 참조하는 값들을 모두 super()로 건넨다.

❹ 테스트한다.

❺ 생성자 시작 부분으로 옮길 수 없는 공통 코드에는 함수 추출하기^{6.1절}와 메서드 올리기^{12.1절}를 차례로 적용한다.

예시

다음 코드에서 시작해보자.

```
class Party {}

class Employee extends Party {
  constructor(name, id, monthlyCost) {
    super();
    this._id = id;
    this._name = name;
    this._monthlyCost = monthlyCost;
  }
  // 생략
}

class Department extends Party {
  constructor(name, staff) {
    super();
    this._name = name;
    this._staff = staff;
  }
  // 생략
}
```

여기서 공통 코드는 this._name = name;이라는 이름 대입 부분이다. ❷ Employee에서 이 대입문을 슬라이드하여 super() 호출 바로 아래로 옮긴다(문장 슬라이드하기[8.6절]).

```
class Employee extends Party {
    constructor(name, id, monthlyCost) {
        super();
        this._name = name;
        this._id = id;
        this._monthlyCost = monthlyCost;
    }
    // 생략
}
```

❸ 테스트가 성공하면 이 공통 코드를 슈퍼클래스로 옮긴다. 이 코드가 생성자의 인수인 name 을 참조하므로 이 인수를 슈퍼클래스 생성자에 매개변수로 건넨다.

```
Party 클래스...
    constructor(name) {
        this._name = name;
    }
```

```
Employee 클래스...
    constructor(name, id, monthlyCost) {
        super(name);
        this._id = id;
        this._monthlyCost = monthlyCost;
    }
```

```
Department 클래스...
    constructor(name, staff) {
        super(name);
        this._staff = staff;
    }
```

❹ 테스트를 돌려 모두 통과하면 리팩터링이 끝난다.

예시: 공통 코드가 나중에 올 때

생성자는 대부분 (super()를 호출하여) 공통 작업을 먼저 처리한 다음, 각 서브클래스에 필요한 추가 작업을 처리하는 식으로 동작한다. 그런데 이따금 공통 작업이 뒤에 오는 경우도 있다.

다음 예를 보자.

━━━ Employee 클래스...
```
constructor (name) {...}
get isPrivileged() {...}
assignCar() {...}
```

━━━ Manager 클래스(Employee를 상속함)...
```
constructor(name, grade) {
  super(name);
  this._grade = grade;
  if (this.isPrivileged) this.assignCar(); // 모든 서브클래스가 수행한다.
}

get isPrivileged() {
  return this._grade > 4;
}
```

이렇게 될 수밖에 없는 이유는 isPrivileged()는 grade 필드에 값이 대입된 후에야 호출될 수 있고, 서브클래스만이 이 필드에 값을 대입할 수 있기 때문이다.

❺ 이런 경우라면 먼저 공통 코드를 함수로 추출⁶·¹절하자.

━━━ Manager 클래스...
```
constructor(name, grade) {
  super(name);
  this._grade = grade;
  this.finishConstruction();
}

finishConstruction() {
  if (this.isPrivileged) this.assignCar();
}
```

그런 다음 추출한 메서드를 슈퍼클래스로 옮긴다(메서드 올리기¹²·¹절).

━━━ Employee 클래스...
```
finishConstruction() {
  if (this.isPrivileged) this.assignCar();
}
```

12.4 메서드 내리기
Push Down Method

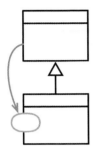

• 반대 리팩터링: 메서드 올리기[12.1절]

```
class Employee {
  get quota {...}
}


class Engineer extends Employee {...}
class Salesperson extends Employee {...}
```

▶

```
class Employee {...}

class Engineer extends Employee {...}
class Salesperson extends Employee {
  get quota {...}
}
```

배경

특정 서브클래스 하나(혹은 소수)와만 관련된 메서드는 슈퍼클래스에서 제거하고 해당 서브클래스(들)에 추가하는 편이 깔끔하다. 다만, 이 리팩터링은 해당 기능을 제공하는 서브클래스가 정확히 무엇인지를 호출자가 알고 있을 때만 적용할 수 있다. 그렇지 못한 상황이라면 서브클래스에 따라 다르게 동작하는 슈퍼클래스의 기만적인 조건부 로직을 다형성으로 바꿔야[10.4절] 한다.

절차

❶ 대상 메서드를 모든 서브클래스에 복사한다.

❷ 슈퍼클래스에서 그 메서드를 제거한다.

❸ 테스트한다.

❹ 이 메서드를 사용하지 않는 모든 서브클래스에서 제거한다.

❺ 테스트한다.

12.5 필드 내리기
Push Down Field

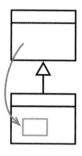

• 반대 리팩터링: 필드 올리기[12.2절]

```
class Employee { // 자바 코드
  private String quota;
}

class Engineer extends Employee {...}
class Salesperson extends Employee {...}
```

▶

```
class Employee {...}

class Engineer extends Employee {...}
class Salesperson extends Employee {
  protected String quota;
}
```

배경

서브클래스 하나(혹은 소수)에서만 사용하는 필드는 해당 서브클래스(들)로 옮긴다.

절차

❶ 대상 필드를 모든 서브클래스에 정의한다.

❷ 슈퍼클래스에서 그 필드를 제거한다.

❸ 테스트한다.

❹ 이 필드를 사용하지 않는 모든 서브클래스에서 제거한다.

❺ 테스트한다.

12.6 타입 코드를 서브클래스로 바꾸기
Replace Type Code with Subclasses

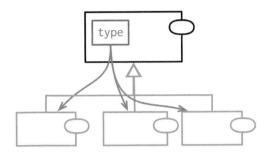

- 반대 리팩터링: 서브클래스 제거하기[12.7절]
- 하위 리팩터링
  ▸ 타입 코드를 상태/전략 패턴으로 바꾸기
  ▸ 서브클래스 추출하기

```
function createEmployee(name, type) {
  return new Employee(name, type);
}
```

▼

```
function createEmployee(name, type) {
  switch (type) {
    case "engineer":    return new Engineer(name);
    case "salesperson": return new Salesperson(name);
    case "manager":     return new Manager (name);
  }
}
```

배경

소프트웨어 시스템에서는 비슷한 대상들을 특정 특성에 따라 구분해야 할 때가 자주 있다. 예컨대 직원을 담당 업무로 구분하거나(엔지니어, 관리자, 영업자 등) 주문을 시급성으로 구분하기도 한다(급함, 보통 등). 이런 일을 다루는 수단으로는 타입 코드[type code] 필드가 있다. 타입 코드는 프로그래밍 언어에 따라 열거형이나 심볼, 문자열, 숫자 등으로 표현하며, 외부 서비스가 제공하는 데이터를 다루려 할 때 딸려오는 일이 흔하다.

타입 코드만으로도 특별히 불편한 상황은 별로 없지만 그 이상의 무언가가 필요할 때가 있다. 여기서 '그 이상'이라 하면 바로 서브클래스를 가리킨다. 서브클래스는 두 가지 면에서 특히 매력적이다. 첫째, 조건에 따라 다르게 동작하도록 해주는 다형성을 제공한다. 타입 코드에 따라 동작이 달라져야 하는 함수가 여러 개일 때 특히 유용하다. 서브클래스를 이용하면 이런 함수들에 조건부 로직을 다형성으로 바꾸기[10.4절]를 적용할 수 있다.

두 번째 매력은 특정 타입에서만 의미가 있는 값을 사용하는 필드나 메서드가 있을 때 발현된다. 예컨대 '판매 목표'는 '영업자' 유형일 때만 의미가 있다. 이런 상황이라면 서브클래스를 만들고 필요한 서브클래스만 필드를 갖도록 정리하자(필드 내리기[12.5절]). 물론 타입 코드를 사용할 때도 타입과 값이 올바르게 짝지어 사용되는지 검증하는 코드를 넣을 수 있지만, 서브클래스 방식이 관계를 더 명확히 드러내준다.

이번 리팩터링은 대상 클래스에 직접 적용할지, 아니면 타입 코드 자체에 적용할지를 고민해야 한다. 예컨대 전자 방식이라면 직원의 하위 타입인 엔지니어를 만들 것이다. 반면 후자는 직원에게 직원 유형 '속성'을 부여하고, 이 속성을 클래스로 정의해 엔지니어 속성과 관리자 속성 같은 서브클래스를 만드는 식이다. 대상 클래스를 직접 서브클래싱하는 게 간단하지만 업무 유형을 다른 용도로도 쓰고 싶을 때 그럴 수 없다는 단점이 있다. 또한 유형이 불변일 때도 직접 서브클래싱 방식은 이용할 수 없다. 서브클래싱 대상을 직원 유형 속성에 적용하고자 한다면 먼저 타입 코드에 기본형을 객체로 바꾸기[7.3절]를 적용하여 직원 유형 클래스를 만든 다음, 이 클래스에 이번 리팩터링을 적용하면 된다.

절차

❶ 타입 코드 필드를 자가 캡슐화한다.

❷ 타입 코드 값 하나를 선택하여 그 값에 해당하는 서브클래스를 만든다. 타입 코드 게터 메서드를 오버라이드하여 해당 타입 코드의 리터럴 값을 반환하게 한다.

❸ 매개변수로 받은 타입 코드와 방금 만든 서브클래스를 매핑하는 선택 로직을 만든다.
 → 직접 상속일 때는 생성자를 팩터리 함수로 바꾸기[11.8절]를 적용하고 선택 로직을 팩터리에 넣는다. 간접 상속일 때는 선택 로직을 생성자에 두면 될 것이다.

❹ 테스트한다.

❺ 타입 코드 값 각각에 대해 서브클래스 생성과 선택 로직 추가를 반복한다. 클래스 하나가 완성될 때마다 테스트한다.

❻ 타입 코드 필드를 제거한다.

❼ 테스트한다.

❽ 타입 코드 접근자를 이용하는 메서드 모두에 메서드 내리기[12.4절]와 조건부 로직을 다형성으로 바꾸기[10.4절]를 적용한다.

예시: 직접 상속할 때

이번에도 직원 코드를 예로 살펴보자.

```
━━━ Employee 클래스...
    constructor(name, type) {
      this.validateType(type);
      this._name = name;
      this._type = type;
    }
    validateType(arg) {
      if (!["engineer", "manager", "salesperson"].includes(arg))
        throw new Error(`${arg}라는 직원 유형은 없습니다.`);
    }
    toString() {return `${this._name} (${this._type})`;}
```

❶ 첫 번째로, 타입 코드 변수를 자가 캡슐화[6.6절]한다.

```
━━━ Employee 클래스...
    get type() {return this._type;}
    toString() {return `${this._name} (${this.type})`;}
```

toString()에서 타입 코드를 가져올 때 방금 만든 게터를 사용했음에 주의하자(밑줄이 없어졌다).

❷ 타입 코드 중 하나, 여기서는 엔지니어[engineer]를 선택해보자. 이번에는 직접 상속 방식으로 구현할 것이다. 즉, 직원 클래스 자체를 서브클래싱한다. 타입 코드 게터를 오버라이드하여 적절한 리터럴 값을 반환하기만 하면 되므로 아주 간단하게 처리할 수 있다.

```
━━━ class Engineer extends Employee {
      get type() {return "engineer";}
    }
```

자바스크립트의 생성자는 객체를 반환할 수 있지만 선택 로직을 생성자에 넣으려 하면 필드 초기화와 로직이 꼬여서 엉망이 될 것이다. ❸ 그러니 생성자를 팩터리 함수로 바꿔서[11.8절] 선택 로직을 담을 별도 장소를 마련한다.

```
━━━ function createEmployee(name, type) {
      return new Employee(name, type);
    }
```

새로 만든 서브클래스를 사용하기 위한 선택 로직을 팩터리에 추가한다.

```
function createEmployee(name, type) {
    switch (type) {
      case "engineer": return new Engineer(name, type);
    }
    return new Employee(name, type);
  }
```

❹ 지금까지 수정한 것이 제대로 동작하는지 테스트한다. 그런데 난 편집증이 있어서, 엔지니어 클래스에서 오버라이드한 게터가 일부러 엉뚱한 값을 반환하게 수정한 다음 다시 테스트해봤다. 그러면 당연히 실패하는데, 이런 식으로 이 서브클래스가 실제로 사용됐음을 확인할 수 있다! 반환 값을 정상으로 되돌리고 ❺ 남은 유형들에도 같은 작업을 반복한다. 한 번에 한 유형씩 수정하고, 수정 후에는 테스트한다.

```
class Salesperson extends Employee {
    get type() {return "salesperson";}
  }
  class Manager extends Employee {
    get type() {return "manager";}
  }
  function createEmployee(name, type) {
    switch (type) {
      case "engineer":    return new Engineer(name, type);
      case "salesperson": return new Salesperson(name, type);
      case "manager":     return new Manager (name, type);
    }
    return new Employee(name, type);
  }
```

❻ 모든 유형에 적용했다면 타입 코드 필드와 슈퍼클래스의 게터(서브클래스들에서 재정의한 메서드)를 제거한다.

```
Employee 클래스...
  constructor(name, type) {
    this.validateType(type);
    this._name = name;
    this._type = type;
  }
```

```
~~get type() {return this._type;}~~
toString() {return `${this._name} (${this.type})`;}
```

❼ 모든 게 정상인지 테스트한 후 검증 로직도 제거한다. switch문이 사실상 똑같은 검증을 수행해주기 때문이다.

━━━ Employee 클래스...
```
constructor(name, type) {
  ~~this.validateType(type);~~
  this._name = name;
}

function createEmployee(name, type) {
  switch (type) {
    case "engineer":    return new Engineer(name, type);
    case "salesperson": return new Salesperson(name, type);
    case "manager":     return new Manager (name, type);
    default: throw new Error(`${type}라는 직원 유형은 없습니다.`);
  }
  ~~return new Employee(name, type);~~
}
```

이제 생성자에 건네는 타입 코드 인수는 쓰이지 않으니 없애버린다(함수 선언 바꾸기[6.5절]).

━━━ Employee 클래스...
```
constructor(name~~, type~~) {
  this._name = name;
}

function createEmployee(name, type) {
  switch (type) {
    case "engineer":    return new Engineer(name~~, type~~);
    case "salesperson": return new Salesperson(name~~, type~~);
    case "manager":     return new Manager (name~~, type~~);
    default: throw new Error(`${type}라는 직원 유형은 없습니다.`);
  }
}
```

❽ 서브클래스들에는 타입 코드 게터(get type())가 여전히 남아 있다. 보통은 이 게터들을 제거하고 싶겠지만, 이 메서드를 이용하는 코드가 어딘가에 남아 있을 수 있다. 그러니 조건부

로직을 다형성으로 바꾸기[10.4절]와 메서드 내리기[12.4절]로 문제를 해결하자. 하나씩 해결하다 보면 타입 게터를 호출하는 코드가 모두 사라질 것이다. 그러면 마음 편히 작별을 고하면 된다(죽은 코드 제거하기[8.9절]).

예시: 간접 상속할 때

처음 상황으로 돌아가보자. 하지만 이번에는 직원의 서브클래스로 '아르바이트'와 '정직원'이라는 클래스가 이미 있어서 Employee를 직접 상속하는 방식으로는 타입 코드 문제에 대처할 수 없다고 해보자. 직원 유형을 변경하는 기능을 유지하고 싶다는 점도 직접 상속을 사용하지 않는 이유다.

```
━━━━ Employee 클래스...
    constructor(name, type) {
      this.validateType(type);
      this._name = name;
      this._type = type;
    }

    validateType(arg) {
      if (!["engineer", "manager", "salesperson"].includes(arg))
        throw new Error(`${arg}라는 직원 유형은 없습니다.`);
    }
    get type()    {return this._type;}
    set type(arg) {this._type = arg;}

    get capitalizedType() {
      return this._type.charAt(0).toUpperCase() + this._type.substr(1).toLowerCase();
    }
    toString() {
      return `${this._name} (${this.capitalizedType})`;
    }
```

이번에는 이 예시 마지막에서 설명할 내용을 위해 toString()이 살짝 복잡해졌다.

❶ 첫 번째로 할 일은 타입 코드를 객체로 바꾸기다(기본형을 객체로 바꾸기[7.3절]).

```
class EmployeeType {
  constructor(aString) {
    this._value = aString;
  }
  toString() {return this._value;}
}
```

Employee 클래스...
```
  constructor(name, type) {
    this.validateType(type);
    this._name = name;
    this.type = type;
  }

  validateType(arg) {
    if (!["engineer", "manager", "salesperson"].includes(arg))
      throw new Error(`${arg}라는 직원 유형은 없습니다.`);
  }
  get typeString()   {return this._type.toString();}
  get type()    {return this._type;}
  set type(arg) {this._type = new EmployeeType(arg);}

  get capitalizedType() {
    return this.typeString.charAt(0).toUpperCase()
      + this.typeString.substr(1).toLowerCase();
  }

  toString() {
    return `${this._name} (${this.capitalizedType})`;
  }
```

이제 바로 앞 예시와 같은 방식으로 직원 유형을 차분히 리팩터링해보자.

Employee 클래스...
```
  set type(arg) {this._type = Employee.createEmployeeType(arg);}
  static createEmployeeType(aString) {
    switch(aString) {
    case "engineer":    return new Engineer();
    case "manager":     return new Manager ();
    case "salesperson": return new Salesperson();
    default: throw new Error(`${aString}라는 직원 유형은 없습니다.`);
```

```
    }
  }

  class EmployeeType {
  }
  class Engineer extends EmployeeType {
    toString() {return "engineer";}
  }
  class Manager extends EmployeeType {
    toString() {return "manager";}
  }
  class Salesperson extends EmployeeType {
    toString() {return "salesperson";}
  }
```

이 코드에서 빈 EmployeeType을 제거할 수도 있었다. 하지만 나는 이번 예처럼 다양한 서브클래스 사이의 관계를 명확히 알려주는 클래스라면 그냥 두는 편이다. 또한 이 클래스는 다른 기능을 옮겨놓기에 편리한 장소이기도 하다. 예컨대 이 예에서는 이름의 첫 문자만 대문자로 변환해주는 로직을 이 클래스로 옮길 수 있을 것이다.

▬▬ Employee 클래스...
```
  toString() {
    return `${this._name} (${this.type.capitalizedName})`;
  }
```

▬▬ EmployeeType 클래스...
```
  get capitalizedName() {
    return this.toString().charAt(0).toUpperCase()
      + this.toString().substr(1).toLowerCase();
  }
```

☀ 이 책의 초판을 기억하는 독자는 이 예시가 '분류 부호를 상태/전략 패턴으로 전환Replace Type Code with State/Strategy'의 예시와 본질적으로 같다는 사실을 눈치챘을 것이다. 이번 리팩터링을 간접 상속에 적용하면 결국 '분류 부호를 상태/전략 패턴으로 전환'과 같아지기 때문에 둘을 하나로 통합한 결과다 (이름도 마음에 들지 않았고 말이다).

12.7 서브클래스 제거하기
Remove Subclass

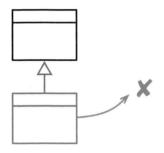

- 반대 리팩터링: 타입 코드를 서브클래스로 바꾸기[12.6절]
- 1판에서의 이름: 하위클래스를 필드로 전환

```
class Person {
  get genderCode() {return "X";}
}
class Male extends Person {
  get genderCode() {return "M";}
}
class Female extends Person {
  get genderCode() {return "F";}
}
```

▶

```
class Person {
  get genderCode() {
    return this._genderCode;}
}
```

배경

서브클래싱은 원래 데이터 구조와는 다른 변종을 만들거나 종류에 따라 동작이 달라지게 할 수 있는 유용한 메커니즘이다. 다름을 프로그래밍하는 멋진 수단인 것이다. 하지만 소프트웨어 시스템이 성장함에 따라 서브클래스로 만든 변종이 다른 모듈로 이동하거나 완전히 사라지기도 하면서 가치가 바래기도 한다. 서브클래스는 결국 한 번도 활용되지 않기도 하며, 때론 서브클래스를 필요로 하지 않는 방식으로 만들어진 기능에서만 쓰이기도 한다.

더 이상 쓰이지 않는 서브클래스와 마주하는 프로그래머는 가치 없는 것을 이해하느라 에너지를 낭비할 것이다. 이런 정도까지 되면 서브클래스를 슈퍼클래스의 필드로 대체해 제거하는 게 최선이다.

절차

❶ 서브클래스의 생성자를 팩터리 함수로 바꾼다[11.8절].

→ 생성자를 사용하는 측에서 데이터 필드를 이용해 어떤 서브클래스를 생성할지 결정한다면 그 결정 로직을 슈퍼클래스의 팩터리 메서드에 넣는다.

❷ 서브클래스의 타입을 검사하는 코드가 있다면 그 검사 코드에 함수 추출하기[6.1절]와 함수 옮기기[8.1절]를 차례로 적용하여 슈퍼클래스로 옮긴다. 하나 변경할 때마다 테스트한다.

❸ 서브클래스의 타입을 나타내는 필드를 슈퍼클래스에 만든다.

❹ 서브클래스를 참조하는 메서드가 방금 만든 타입 필드를 이용하도록 수정한다.

❺ 서브클래스를 지운다.

❻ 테스트한다.

이 리팩터링은 다수의 서브클래스에 한꺼번에 적용할 때가 많다. 그럴 때는 팩터리 함수를 추가하고 타입 검사 코드를 옮기는 캡슐화 단계들(❶과 ❷)을 먼저 실행한 다음 개별 서브클래스를 하나씩 슈퍼클래스로 흡수시킨다.

예시

다음의 서브클래스들을 살펴보자.

```
class Person {
  constructor(name) {
    this._name = name;
  }
  get name()      {return this._name;}
  get genderCode() {return "X";}
  // 생략
}

class Male extends Person {
  get genderCode() {return "M";}
}

class Female extends Person {
  get genderCode() {return "F";}
}
```

서브클래스가 하는 일이 이게 다라면 굳이 존재할 이유가 없다. 하지만 바로 제거하지 말고 혹시라도 이 클래스들을 사용하는 클라이언트가 있는지 살펴봐야 한다. 지금 예에서는 그런 코드를 찾지 못했다고 치자.

—— 클라이언트…
```
const numberOfMales = people.filter(p => p instanceof Male).length;
```

❶ 나는 무언가의 표현 방법을 바꾸려 할 때면 먼저 현재의 표현을 캡슐화하여 이 변화가 클라이언트 코드에 주는 영향을 최소화한다. 서브클래스 만들기를 캡슐화하는 방법은 바로 생성자를 팩터리 함수로 바꾸기[11.8절]다. 지금의 예라면 팩터리를 만드는 방법이 여러 가지다.

가장 직관적인 방법은 팩터리 메서드를 생성자 하나당 하나씩 만드는 것이다.

```
function createPerson(name) {
  return new Person(name);
}
function createMale(name) {
  return new Male(name);
}
function createFemale(name) {
  return new Female(name);
}
```

직관적이긴 해도 이런 류의 객체는 성별gender 코드를 사용하는 곳에서 직접 생성될 가능성이 크다.

```
function loadFromInput(data) {
  const result = [];
  data.forEach(aRecord => {
    let p;
    switch (aRecord.gender) {
      case 'M': p = new Male(aRecord.name); break;
      case 'F': p = new Female(aRecord.name); break;
      default:  p = new Person(aRecord.name);
    }
    result.push(p);
  });
  return result;
}
```

그렇다면 생성할 클래스를 선택하는 로직을 함수로 추출[6.1절]하고, 그 함수를 팩터리 함수로 삼는 편이 낫다.

```
function createPerson(aRecord) {
    let p;
    switch (aRecord.gender) {
      case 'M': p = new Male(aRecord.name); break;
      case 'F': p = new Female(aRecord.name); break;
      default:  p = new Person(aRecord.name);
    }
    return p;
}
function loadFromInput(data) {
  const result = [];
  data.forEach(aRecord => {
    result.push(createPerson(aRecord));
  });
  return result;
}
```

이제 두 함수를 깔끔히 청소해보자. createPerson()에서 변수 p를 인라인[6.4절]한다.

```
function createPerson(aRecord) {
    switch (aRecord.gender) {
      case 'M': return new Male  (aRecord.name);
      case 'F': return new Female(aRecord.name);
      default:  return new Person(aRecord.name);
    }
}
```

그런 다음 loadFromInput()의 반복문을 파이프라인으로 바꾼다[8.8절].

```
function loadFromInput(data) {
    return data.map(aRecord => createPerson(aRecord));
}
```

❷ 이 팩터리가 서브클래스 생성을 캡슐화해주지만 코드의 다른 부분에선 instanceof를 사용하는 모습이 눈에 띈다. 결코 향기롭지 않은 냄새다. 이 타입 검사 코드를 함수로 추출[6.1절]한다.

```
클라이언트...
const numberOfMales = people.filter(p => isMale(p)).length;
```

```
function isMale(aPerson) {return aPerson instanceof Male;}
```

그런 다음 추출한 함수를 Person으로 옮긴다(함수 옮기기[8.1절]).

▬▬ Person 클래스...
```
get isMale() {return this instanceof Male;}
```

▬▬ 클라이언트...
```
const numberOfMales = people.filter(p => p.isMale).length;
```

이상으로 서브클래스 관련 정보 모두를 슈퍼클래스와 팩터리 함수로 안전하게 담아냈다(서브클래스를 참조하는 슈퍼클래스는 지양해야 하지만 지금 코드는 바로 다음 단계에서 정리될 것이므로 신경쓰지 않기로 하자).

❸ 이제 서브클래스들의 차이(성별)를 나타낼 필드를 추가한다. 성별 정보는 Person' 클래스 외부에서 정해 전달하는 방식이니 생성자에서 매개변수로 받아 설정하도록 작성한다.

▬▬ Person 클래스...
```
constructor(name, genderCode) {
  this._name = name;
  this._genderCode = genderCode || "X";
}

get genderCode() {return this._genderCode;}
```

초기화할 때는 기본값으로 설정한다(사람들 대다수가 남성 혹은 여성에 속하지만 그렇지 않은 이도 있다. 지금 코드는 이를 고려하지 못하고 모델링했다).

❹ 그런 다음 남성인 경우의 로직을 슈퍼클래스로 옮긴다. 이를 위해 팩터리는 Person을 반환하도록 수정하고 instanceof를 사용해 검사하던 코드는 성별 코드 필드를 이용하도록 수정한다.

▬▬ function createPerson(aRecord) {
```
  switch (aRecord.gender) {
    case 'M': return new Person(aRecord.name, "M");
    case 'F': return new Female(aRecord.name);
    default:  return new Person(aRecord.name);
  }
}
```

```
    get isMale() {return "M" === this._genderCode;}
```

❺ 테스트에 성공하면 남성 서브클래스를 제거한다. ❻ 또 테스트하여 성공하면 ❹❺ 여성 서브클래스도 같은 방식으로 제거한다.

```
━━ function createPerson(aRecord) {
      switch (aRecord.gender) {
        case 'M': return new Person(aRecord.name, "M");
        case 'F': return new Person(aRecord.name, "F");
        default:  return new Person(aRecord.name);
      }
    }
```

성별 코드를 건네는 곳도 있고 안 그런 곳도 있는 게 거슬린다. 나중에 이 코드를 읽는 사람도 왜 일관되지 않은지 궁금할 것이다. 그러니 코드가 더 복잡해지지 않는다면 일관되게 고치는 게 좋다. 지금 예는 다음처럼 고치면 된다.

```
━━ function createPerson(aRecord) {
      switch (aRecord.gender) {
        case 'M': return new Person(aRecord.name, "M");
        case 'F': return new Person(aRecord.name, "F");
        default:  return new Person(aRecord.name, "X");
      }
    }
```

━━ Person 클래스...
```
    constructor(name, genderCode) {
      this._name = name;
      this._genderCode = genderCode || "X";
    }
```

12.8 슈퍼클래스 추출하기
Extract Superclass

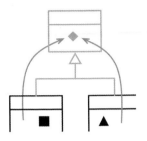

```
class Department {
  get totalAnnualCost() {...}
  get name() {...}
  get headCount() {...}
}

class Employee {
  get annualCost() {...}
  get name() {...}
  get id() {...}
}
```

```
class Party {
  get name() {...}
  get annualCost() {...}
}

class Department extends Party {
  get annualCost() {...}
  get headCount() {...}
}

class Employee extends Party {
  get annualCost() {...}
  get id() {...}
}
```

배경

비슷한 일을 수행하는 두 클래스가 보이면 상속 메커니즘을 이용해서 비슷한 부분을 공통의 슈퍼클래스로 옮겨 담을 수 있다. 공통된 부분이 데이터라면 필드 올리기[12.2절]를 활용하고, 동작이라면 메서드 올리기[12.1절]를 활용하면 된다.

객체 지향을 설명할 때 상속 구조는 '**현실 세계**에서 활용하는 어떤 분류 체계에 기초하여 구현에 들어가기 앞서 부모·자식 관계를 신중하게 설계해야 한다'라고 이야기하는 사람이 많다. 현실 세계의 이런 분류 체계는 상속을 적용하는 데 힌트가 될 수 있다. 하지만 내 경험에 비춰보자면 상속은 프로그램이 성장하면서 깨우쳐가게 되며, 슈퍼클래스로 끌어올리고 싶은 공통 요소를 찾았을 때 수행하는 사례가 잦았다.

슈퍼클래스 추출하기의 대안으로는 클래스 추출하기[7.5절]가 있다. 어느 것을 선택하느냐는 중복 동작을 상속으로 해결하느냐 위임으로 해결하느냐에 달렸다. 슈퍼클래스 추출하기 방법이 더 간단할 경우가 많으니 이 리팩터링을 먼저 시도해보길 권한다. 나중에라도 필요해지면 슈퍼클래스를 위임으로 바꾸기[12.11절]는 어렵지 않다.

절차

❶ 빈 슈퍼클래스를 만든다. 원래의 클래스들이 새 클래스를 상속하도록 한다.
→ 필요하다면 생성자에 함수 선언 바꾸기[6.5절]를 적용한다.

❷ 테스트한다.

❸ 생성자 본문 올리기[12.3절], 메서드 올리기[12.1절], 필드 올리기[12.2절]를 차례로 적용하여 공통 원소를 슈퍼클래스로 옮긴다.

❹ 서브클래스에 남은 메서드들을 검토한다. 공통되는 부분이 있다면 함수로 추출[6.1절]한 다음 메서드 올리기[12.1절]를 적용한다.

❺ 원래 클래스들을 사용하는 코드를 검토하여 슈퍼클래스의 인터페이스를 사용하게 할지 고민해본다.

예시

다음 두 클래스를 사용하고 있는데, 공통된 기능이 눈에 띈다. 연간 비용과 월간 비용이라는 개념, 그리고 이름이 여기 속한다.

```
class Employee {
  constructor(name, id, monthlyCost) {
    this._id = id;
    this._name = name;
    this._monthlyCost = monthlyCost;
  }
  get monthlyCost() {return this._monthlyCost;} // 월간 비용
  get name() {return this._name;}  // 이름
  get id() {return this._id;}

  get annualCost() {     // 연간 비용
    return this.monthlyCost * 12;
  }
}
```

```
class Department {
  constructor(name, staff) {
    this._name = name;
    this._staff = staff;
  }
  get staff() {return this._staff.slice();}
  get name() {return this._name;} // 이름

  get totalMonthlyCost() {   // 총 월간 비용
    return this.staff
      .map(e => e.monthlyCost)
      .reduce((sum, cost) => sum + cost);
  }
  get headCount() {
    return this.staff.length;
  }
  get totalAnnualCost() {     // 총 연간 비용
    return this.totalMonthlyCost * 12;
  }
}
```

두 클래스로부터 슈퍼클래스를 추출하면 이 공통된 동작들을 더 명확하게 드러낼 수 있다. ❶
우선 빈 슈퍼클래스를 만들고, 두 클래스가 이를 확장하도록 한다.

```
class Party {}

class Employee extends Party {
  constructor(name, id, monthlyCost) {
    super();
    this._id = id;
    this._name = name;
    this._monthlyCost = monthlyCost;
  }
  // 생략...
}

class Department extends Party {
  constructor(name, staff) {
    super();
    this._name = name;
```

```
      this._staff = staff;
    }
    // 생략...
  }
```

❸ 나는 슈퍼클래스 추출하기를 적용할 때 데이터부터 바꿔나가는 걸 좋아하는데, 자바스크립트에서는 이때 생성자를 만져줘야 한다. 그러니 먼저 이름 속성을 위로 올려보자(필드 올리기 12.2절).

==== Party 클래스...
```
    constructor(name) {
      this._name = name;
    }
```

==== Employee 클래스...
```
    constructor(name, id, monthlyCost) {
      super(name);
      this._id = id;
      this._monthlyCost = monthlyCost;
    }
```

==== Department 클래스...
```
    constructor(name, staff) {
      super(name);
      this._staff = staff;
    }
```

데이터를 슈퍼클래스로 옮겼으니, 다음은 그 데이터와 관련된 메서드들 차례다(메서드 올리기 12.1절). 지금 예에서는 name() 메서드가 해당한다.

==== Party 클래스...
```
    get name() {return this._name;}
```

==== Employee 클래스...
```
    get name() {return this._name;}
```

==== Department 클래스...
```
    get name() {return this._name;}
```

다음으로, 구현 로직이 비슷한 메서드가 두 개 보인다.

```
Employee 클래스...
    get annualCost() {
      return this.monthlyCost * 12;
    }
```

```
Department 클래스...
    get totalAnnualCost() {
      return this.totalMonthlyCost * 12;
    }
```

이 두 메서드에서 호출하는 메서드(monthlyCost()와 totalMonthlyCost())는 이름도 다르고 본문 코드도 다르다. 하지만 의도는 같다. 그렇다면 함수 선언 바꾸기[6.5절]로 이름을 통일한다.

```
Department 클래스...
    get totalAnnualCost() {
      return this.monthlyCost * 12;
    }

    get monthlyCost() { ... }
```

같은 방식으로 연간 비용 산출 메서드의 이름도 통일한다.

```
Department 클래스...
    get annualCost() {
      return this.monthlyCost * 12;
    }
```

이제 두 연간 비용 산출 메서드에 메서드 올리기[12.1절]를 적용할 수 있다.

```
Party 클래스...
    get annualCost() {
      return this.monthlyCost * 12;
    }
```

```
Employee 클래스...
    get annualCost() {
```

```
      return this.monthlyCost * 12;
    }
```

━━━ Department 클래스...
```
    get annualCost() {
      return this.monthlyCost * 12;
    }
```

12.9 계층 합치기
Collapse Hierarchy

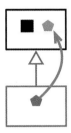

```
class Employee {...}
class Salesperson extends Employee {...}
```

▶

```
class Employee {...}
```

배경

클래스 계층구조를 리팩터링하다 보면 기능들을 위로 올리거나 아래로 내리는 일은 다반사로
벌어진다. 예컨대 계층구조도 진화하면서 어떤 클래스와 그 부모가 너무 비슷해져서 더는 독립
적으로 존재해야 할 이유가 사라지는 경우가 생기기도 한다. 바로 그 둘을 하나로 합쳐야 할 시
점이다.

절차

❶ 두 클래스 중 제거할 것을 고른다.

　→ 미래를 생각하여 더 적합한 이름의 클래스를 남기자. 둘 다 적절치 않다면 임의로 하나를 고른다.

❷ 필드 올리기[12.2절]와 메서드 올리기[12.1절] 혹은 필드 내리기[12.5절]와 메서드 내리기[12.4절]를 적용하여 모든
요소를 하나의 클래스로 옮긴다.

❸ 제거할 클래스를 참조하던 모든 코드가 남겨질 클래스를 참조하도록 고친다.

❹ 빈 클래스를 제거한다.

❺ 테스트한다.

12.10 서브클래스를 위임으로 바꾸기
Replace Subclass with Delegate

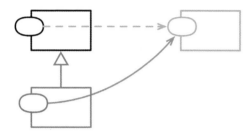

```
class Order {
  get daysToShip() {
    return this._warehouse.daysToShip;
  }
}

class PriorityOrder extends Order {
  get daysToShip() {
    return this._priorityPlan.daysToShip;
  }
}
```

▶

```
class Order {
  get daysToShip() {
    return (this._priorityDelegate)
      ? this._priorityDelegate.daysToShip
      : this._warehouse.daysToShip;
  }
}

class PriorityOrderDelegate {
  get daysToShip() {
    return this._priorityPlan.daysToShip;
  }
}
```

배경

속한 갈래에 따라 동작이 달라지는 객체들은 상속으로 표현하는 게 자연스럽다. 공통 데이터와
동작은 모두 슈퍼클래스에 두고 서브클래스는 자신에 맞게 기능을 추가하거나 오버라이드하면
된다. 객체 지향 언어로는 이런 형태로 구현하기가 쉽기 때문에 흔히 활용되는 메커니즘이다.

하지만 상속에는 단점이 있다. 가장 명확한 단점은 한 번만 쓸 수 있는 카드라는 것이다. 무언
가가 달라져야 하는 이유가 여러 개여도 상속에서는 그중 단 하나의 이유만 선택해 기준으로
삼을 수밖에 없다. 예컨대 사람 객체의 동작을 '나이대'와 '소득 수준'에 따라 달리 하고 싶다면
서브클래스는 젊은이와 어르신이 되거나, 혹은 부자와 서민이 되어야 한다. 둘 다는 안 된다.

또 다른 문제로, 상속은 클래스들의 관계를 아주 긴밀하게 결합한다. 부모를 수정하면 이미 존재하는 자식들의 기능을 해치기가 쉽기 때문에 각별히 주의해야 한다. 그래서 자식들이 슈퍼클래스를 어떻게 상속해 쓰는지를 이해해야 한다. 부모와 자식이 서로 다른 모듈에 속하거나 다른 팀에서 구현한다면 문제가 더 커진다.

위임delegate은 이상의 두 문제를 모두 해결해준다. 다양한 클래스에 서로 다른 이유로 위임할 수 있다. 위임은 객체 사이의 일반적인 관계이므로 상호작용에 필요한 인터페이스를 명확히 정의할 수 있다. 즉, 상속보다 결합도가 훨씬 약하다. 그래서 서브클래싱(상속) 관련 문제에 직면하게 되면 흔히들 서브클래스를 위임으로 바꾸곤 한다.

유명한 원칙이 하나 있다. "(클래스) 상속보다는 (객체) 컴포지션을 사용하라!" 여기서 컴포지션composition은 사실상 위임과 같은 말이다. 많은 사람이 이 말을 '상속은 위험하다'고 받아들여서 상속을 사용하면 절대 안 된다고 주장하기도 한다. 하지만 나는 상속을 자주 사용하는데, 이렇게 하는 배경에는 나중에라도 필요하면 언제든 서브클래스를 위임으로 바꿀 수 있음을 알고 있다는 점이 한몫 한다. 그래서 처음에는 상속으로 접근한 다음, 문제가 생기기 시작하면 위임으로 갈아탄다. 이 방식은 사실 앞의 원칙과도 일맥상통한다. 실제로 이 원칙을 주장한 『디자인 패턴』 책은 상속과 컴포지션을 함께 사용하는 방법을 설명해준다. 이 원칙은 상속을 쓰지 말라는 게 아니라, 과용하는 데 따른 반작용으로 나온 것이다.

『디자인 패턴』 책에 익숙한 사람이라면 이 리팩터링을 '서브클래스를 상태 패턴State Pattern이나 전략 패턴Strategy Pattern으로 대체'한다고 생각하면 도움이 될 것이다. 구조적으로 보면 이 두 패턴은 똑같이 호스트 위임 방식으로 계층구조를 분리해준다. 서브클래스를 위임으로 바꾸는 모든 경우에서 위임을 계층구조로 설계해야 하는 건 아니다(첫 번째 예시에서 설명하겠다). 하지만 상태나 전략에 계층구조를 적용하면 유용할 때가 많다.

절차

❶ 생성자를 호출하는 곳이 많다면 생성자를 팩터리 함수로 바꾼다11.8절.

❷ 위임으로 활용할 빈 클래스를 만든다. 이 클래스의 생성자는 서브클래스에 특화된 데이터를 전부 받아야 하며, 보통 슈퍼클래스를 가리키는 역참조back-reference도 필요하다.

❸ 위임을 저장할 필드를 슈퍼클래스에 추가한다.

❹ 서브클래스 생성 코드를 수정하여 위임 인스턴스를 생성하고 위임 필드에 대입해 초기화한다.
　　→ 이 작업은 팩터리 함수가 수행한다. 혹은 생성자가 정확한 위임 인스턴스를 생성할 수 있는 게 확

실하다면 생성자에서 수행할 수도 있다.

❺ 서브클래스의 메서드 중 위임 클래스로 이동할 것을 고른다.

❻ 함수 옮기기[8.1절]를 적용해 위임 클래스로 옮긴다. 원래 메서드에서 위임하는 코드는 지우지 않는다.

→ 이 메서드가 사용하는 원소 중 위임으로 옮겨야 하는 게 있다면 함께 옮긴다. 슈퍼클래스에 유지해야 할 원소를 참조한다면 슈퍼클래스를 참조하는 필드를 위임에 추가한다.

❼ 서브클래스 외부에도 원래 메서드를 호출하는 코드가 있다면 서브클래스의 위임 코드를 슈퍼클래스로 옮긴다. 이때 위임이 존재하는지를 검사하는 보호 코드로 감싸야 한다. 호출하는 외부 코드가 없다면 원래 메서드는 죽은 코드가 되므로 제거한다[8.9절].

→ 서브클래스가 둘 이상이고 서브클래스들에서 중복이 생겨나기 시작했다면 슈퍼클래스를 추출[12.8절]한다. 이렇게 하여 기본 동작이 위임 슈퍼클래스로 옮겨졌다면 슈퍼클래스의 위임 메서드들에는 보호 코드가 필요 없다.

❽ 테스트한다.

❾ 서브클래스의 모든 메서드가 옮겨질 때까지 ❺~❽ 과정을 반복한다.

❿ 서브클래스들의 생성자를 호출하는 코드를 찾아서 슈퍼클래스의 생성자를 사용하도록 수정한다.

⓫ 테스트한다.

⓬ 서브클래스를 삭제한다(죽은 코드 제거하기[8.9절]).

옮긴이_ 이번 리팩터링의 예시는 두 개를 들었는데, 둘 모두 지금까지의 예시들보다 상당히 길다. 진짜로 길다. 맑은 정신일 때 차분히 짚어 가면서 따라오면 좋을 것 같다.

예시: 서브클래스가 하나일 때

공연 예약booking 클래스를 준비했다.

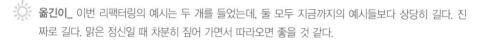

```
constructor(show, date) {
  this._show = show;
  this._date = date;
}
```

그리고 추가 비용을 다양하게 설정할 수 있는 프리미엄 예약용 서브클래스가 있다.

━━━ PremiumBooking 클래스(Booking을 상속함)...
```
constructor(show, date, extras) {
  super(show, date);
  this._extras = extras;
}
```

프리미엄 예약은 슈퍼클래스를 상속해 제법 많은 걸 변경한다. 다형에 기반한 프로그래밍 방식에서 볼 수 있는 전형적인 모습으로, 서브클래스에서 슈퍼클래스의 메서드 일부를 오버라이드하거나, 몇몇 서브클래스에만 필요한 메서드를 몇 개 추가하는 식이다. 모든 경우를 다 살펴보지는 않고 재미난 부분만 몇 개 짚어 보겠다.

첫째, 간단한 오버라이드 메서드가 하나 있다. 다음 코드처럼 일반 예약은 공연 후 관객과의 대화^{talkback} 시간을 성수기가 아닐 때만 제공한다.

━━━ Booking 클래스...

```
get hasTalkback() {
  return this._show.hasOwnProperty('talkback') && !this.isPeakDay;
}
```

프리미엄 예약은 이를 오버라이드하여 항시 관객과의 대화 시간을 마련한다.

━━━ PremiumBooking 클래스...

```
get hasTalkback() {
  return this._show.hasOwnProperty('talkback');
}
```

비슷하게, 가격 결정도 슈퍼클래스의 메서드를 호출해 추가 요금을 더하는 식으로 오버라이드한다.

━━━ Booking 클래스...

```
get basePrice() {
  let result = this._show.price;
  if (this.isPeakDay) result += Math.round(result * 0.15);
  return result;
}
```

━━━ PremiumBooking 클래스...

```
get basePrice() {
  return Math.round(super.basePrice + this._extras.premiumFee);
}
```

마지막은 슈퍼클래스에는 없는 기능을 프리미엄 예약에서 제공하는 예다.

```
get hasDinner() {
  return this._extras.hasOwnProperty('dinner') && !this.isPeakDay;
}
```

이 예에는 상속이 잘 들어맞는다. 서브클래스에 대한 지식 없이도 기반 클래스(슈퍼클래스)를 이해할 수 있고, 서브클래스는 기반 클래스와 무엇이 다른지를 설명하는 방식으로 정의되었다. 중복도 줄이고 서브클래스가 추가한 차이가 무엇인지 분명하게 알려주고 있다.

현실은 방금 설명한 것만큼 완벽하지만은 않다. 슈퍼클래스에는 서브클래스에 의해 완성되는, 즉 서브클래스 없이는 불완전한 어떤 구조가 존재할 수 있다. 예컨대 일련의 큰 동작의 일부를 서브클래스에서 오버라이드하여 빈 곳을 매꿔주도록 설계된 메서드가 여기 속한다. 슈퍼클래스를 수정할 때 군이 서브클래스까지 고려할 필요가 없는 게 보통이지만, 이 무지로 인해 서브클래스의 동작을 망가뜨리는 상황이 닥칠 수 있다. 하지만 이런 경우가 흔치 않다면 (그리고 서브클래스가 망가지는지를 확인하는 테스트들을 만들어두면) 상속은 충분한 값어치를 한다.

그렇다면 이런 행복한 상황에서 나는 왜 서브클래스를 위임으로 바꾸려 할까? 상속은 한 번만 사용할 수 있는 도구다. 따라서 상속을 사용해야 할 다른 이유가 생긴다면, 그리고 그 이유가 프리미엄 예약 서브클래스보다 가치가 크다고 생각된다면 프리미엄 예약을 (상속이 아닌) 다른 방식으로 표현해야 할 것이다. 또한, 기본 예약에서 프리미엄 예약으로 동적으로 전환할 수 있도록 해야 할 수도 있다. 예컨대 aBooking.bePremium() 같은 메서드를 추가하는 식으로 말이다. 완전히 새로운 객체를 만들어서 이런 상황을 피해갈 수 있는 경우도 있을 것이다. 흔한 예로, HTTP 요청을 통해 서버로부터 새로운 데이터를 받아올 수 있다. 하지만 처음부터 새로 만드는 방법을 사용할 수 없고, 대신 데이터 구조를 수정해야 할 때도 있다. 그런데 이 방식으로는 수많은 곳에서 참조되는 예약 인스턴스를 다른 것으로 교체하기 어렵다. 이런 상황이라면 기본 예약에서 프리미엄 예약으로(혹은 거꾸로) 전환할 수 있게 하면 유용하다.

이러한 요구가 커지면 서브클래스를 위임으로 바꾸는 게 좋다. 다음과 같이 두 예약 클래스의 생성자를 호출하는 클라이언트들이 있다고 해보자.

```
aBooking = new Booking(show, date);
```

```
aBooking = new PremiumBooking(show, date, extras);
```

❶ 서브클래스를 제거하려면 수정할 게 많으니 먼저 생성자를 팩터리 함수로 바꿔서[11.8절] 생성자 호출 부분을 캡슐화하자.

⎯⎯ 최상위...
```
function createBooking(show, date) {
  return new Booking(show, date);
}
function createPremiumBooking(show, date, extras) {
  return new PremiumBooking (show, date, extras);
}
```

⎯⎯ 클라이언트(일반 예약)...
```
aBooking = createBooking(show, date);
```

⎯⎯ 클라이언트(프리미엄 예약)...
```
aBooking = createPremiumBooking(show, date, extras);
```

이제 위임 클래스를 새로 만든다. 위임 클래스의 생성자는 서브클래스가 사용하던 매개변수와 예약 객체로의 역참조^{back-reference}를 매개변수로 받는다. 역참조가 필요한 이유는 서브클래스 메서드 중 슈퍼클래스에 저장된 데이터를 사용하는 경우가 있기 때문이다. 상속에서는 쉽게 처리할 수 있지만, 위임에서는 역참조가 있어야 한다.

⎯⎯ PremiumBookingDelegate 클래스...
```
constructor(hostBooking, extras) {
  this._host = hostBooking;
  this._extras = extras;
}
```

❸❹ 이제 새로운 위임을 예약 객체와 연결할 차례다. 프리미엄 예약을 생성하는 팩터리 함수를 수정하면 된다.

⎯⎯ 최상위...
```
function createPremiumBooking(show, date, extras) {
  const result = new PremiumBooking(show, date, extras);
  result._bePremium(extras);
  return result;
}
```

```
_bePremium(extras) {
  this._premiumDelegate = new PremiumBookingDelegate(this, extras);
}
```

_bePremium() 메서드 이름 앞에 밑줄을 붙여 이 메서드가 Booking의 공개 인터페이스가 되어
서는 안 된다는 의도를 밝힌다. 만약 지금 리팩터링의 목적이 일반 예약과 프리미엄 예약을 상
호 변환할 수 있게 하는 것이었다면 이 메서드는 public이어도 된다.

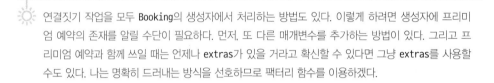

연결짓기 작업을 모두 Booking의 생성자에서 처리하는 방법도 있다. 이렇게 하려면 생성자에 프리미
엄 예약의 존재를 알릴 수단이 필요하다. 먼저, 또 다른 매개변수를 추가하는 방법이 있다. 그리고 프
리미엄 예약과 함께 쓰일 때는 언제나 extras가 있을 거라고 확신할 수 있다면 그냥 extras를 사용할
수도 있다. 나는 명확히 드러내는 방식을 선호하므로 팩터리 함수를 이용하겠다.

❺ 구조가 갖춰졌으니 다음은 기능을 옮길 차례다. 가장 먼저 고민할 부분은 hasTalkback()의
오버라이드 메서드다. 현재 코드는 다음과 같다.

Booking 클래스...

```
get hasTalkback() {
  return this._show.hasOwnProperty('talkback') && !this.isPeakDay;
}
```

PremiumBooking 클래스...

```
get hasTalkback() {
  return this._show.hasOwnProperty('talkback');
}
```

❻ 먼저 함수 옮기기[8.1절]를 적용해 서브클래스의 메서드를 위임으로 옮긴다. 새 보금자리에서
도 잘 동작하도록 하기 위해 슈퍼클래스의 데이터를 사용하는 부분은 모두 _host를 통하도록
고친다.

PremiumBookingDelegate 클래스...

```
get hasTalkback() {
  return this._host._show.hasOwnProperty('talkback');
}
```

```
  get hasTalkback() {
    return this._premiumDelegate.hasTalkback;
  }
```

❼ 모든 기능이 잘 동작하는지 테스트한 후 서브클래스의 메서드를 삭제한다.

```
  ~~get hasTalkback() {~~
    ~~return this._premiumDelegate.hasTalkback;~~
  ~~}~~
```

❽ 이 시점에서 나는 지금까지 무언가 실수한 게 없는지 확인하기 위해 테스트를 수행한다.

위임이 존재하면 위임을 사용하는 분배 로직을 슈퍼클래스 메서드에 추가하고, 이것을 끝으로 이번 메서드 옮기기를 마무리한다.

```
  get hasTalkback() {
    return (this._premiumDelegate)
      ? this._premiumDelegate.hasTalkback
      : this._show.hasOwnProperty('talkback') && !this.isPeakDay;
  }
```

❾ 이어서 살펴볼 대상은 기본 가격이다.

```
  get basePrice() {
    let result = this._show.price;
    if (this.isPeakDay) result += Math.round(result * 0.15);
    return result;
  }
```

```
  get basePrice() {
    return Math.round(super.basePrice + this._extras.premiumFee);
  }
```

앞서와 거의 같지만 super를 호출하는 성가신 부분에서 차이가 난다(이런 류의 서브클래스 확장에서 흔한 사례다). 서브클래스 코드를 위임으로 옮기려면 부모의 코드를 호출해야 하지만,

단순히 this._host._basePrice라고 쓰면 무한 재귀에 빠지고 만다.

선택지가 몇 가지 있다. 첫째, 슈퍼클래스의 계산 로직을 함수로 추출[6.1절]하여 가격 계산과 분배 로직을 분리하는 것이다. (옮기기 작업의 나머지는 앞서와 똑같다.)

━━━ Booking 클래스...

```
get basePrice() {
  return (this._premiumDelegate)
    ? this._premiumDelegate.basePrice
    : this._privateBasePrice;
}

get _privateBasePrice() {
  let result = this._show.price;
  if (this.isPeakDay) result += Math.round(result * 0.15);
  return result;
}
```

━━━ PremiumBookingDelegate 클래스...

```
get basePrice() {
  return Math.round(this._host._privateBasePrice + this._extras.premiumFee);
}
```

둘째, 위임의 메서드를 기반 메서드의 확장 형태로 재호출한다.

━━━ Booking 클래스...

```
get basePrice() {
  let result = this._show.price;
  if (this.isPeakDay) result += Math.round(result * 0.15);
  return (this._premiumDelegate)
    ? this._premiumDelegate.extendBasePrice(result)
    : result;
}
```

━━━ PremiumBookingDelegate 클래스...

```
extendBasePrice(base) {
  return Math.round(base + this._extras.premiumFee);
}
```

두 선택지 모두 잘 작동하지만, 나는 살짝 더 짧다는 이유로 후자를 조금 더 선호한다.

❾ 마지막으로, 서브클래스에만 존재하는 메서드도 있을 것이다.

━━━ PremiumBooking 클래스...

```
get hasDinner() {
  return this._extras.hasOwnProperty('dinner') && !this.isPeakDay;
}
```

이 메서드는 위임으로 옮긴다.

━━━ PremiumBookingDelegate 클래스...

```
get hasDinner() {
  return this._extras.hasOwnProperty('dinner') && !this._host.isPeakDay;
}
```

그런 다음 Booking에 분배 로직을 추가한다.

━━━ Booking 클래스...

```
get hasDinner() {
  return (this._premiumDelegate)
    ? this._premiumDelegate.hasDinner
    : undefined;
}
```

☼ 자바스크립트에서는 객체에 존재하지 않는 속성에 접근하려 하면 undefined를 반환하므로 앞의 코드도 그렇게 처리했다. (사실 내 본능은 이럴 때 에러를 던지라고 소리친다. 다른 객체 지향 동적 언어였다면 에러를 던졌을 것이다.)

---

❿ 서브클래스의 동작을 모두 옮겼다면 팩터리 메서드가 슈퍼클래스를 반환하도록 수정한다. **⓫** 그리고 모든 기능이 잘 동작하는지 테스트한 다음 **⓬** 서브클래스를 삭제한다.

━━━ 최상위...

```
function createPremiumBooking(show, date, extras) {
  const result = new PremiumBooking (show, date, extras);
  result._bePremium(extras);
  return result;
}

class PremiumBooking extends Booking ...
```

이 리팩터링은 그 자체만으로는 코드를 개선한다고 느껴지지 않는다. 상속은 이 상황을 잘 다루고 있는 데 반해, 위임을 적용하면 분배 로직과 양방향 참조가 더해지는 등 복잡도가 높아지기 때문이다. 그래도 이 리팩터링이 여전히 가치 있을 수 있다. 동적으로 프리미엄 예약으로 바꿀 수 있다는 장점이 생겼고, 상속은 다른 목적으로 사용할 수 있게 되었다. 이 장점이 상속을 없애는 단점보다 클 수 있다.

예시: 서브클래스가 여러 개일 때

앞의 예에서는 서브클래스가 하나뿐이었지만 서브클래스가 많을 때도 이번 리팩터링을 적용할 수 있다.

```
function createBird(data) {
  switch (data.type) {
    case '유럽 제비':
      return new EuropeanSwallow(data);
    case '아프리카 제비':
      return new AfricanSwallow(data);
    case '노르웨이 파랑 앵무':
      return new NorwegianBlueParrot(data);
    default:
      return new Bird(data);
  }
}

class Bird {
  constructor(data) {
    this._name = data.name;
    this._plumage = data.plumage;
  }

  get name()      {return this._name;}
  get plumage()  {
    return this._plumage || "보통이다";
  }
  get airSpeedVelocity() {return null;}
}

class EuropeanSwallow extends Bird {
  get airSpeedVelocity() {return 35;}
```

```
    }

class AfricanSwallow extends Bird {
  constructor(data) {
    super(data);
    this._numberOfCoconuts = data.numberOfCoconuts;
  }

  get airSpeedVelocity() {
    return 40 - 2 * this._numberOfCoconuts;
  }
}

class NorwegianBlueParrot extends Bird {
  constructor(data) {
    super(data);
    this._voltage = data.voltage;
    this._isNailed = data.isNailed;
  }

  get plumage() {
    if (this._voltage > 100) return "그을렸다";
    else return this._plumage || "예쁘다";
  }
  get airSpeedVelocity() {
    return (this._isNailed) ? 0 : 10 + this._voltage / 10;
  }
}
```

이 코드는 곧 야생wild 조류와 사육captivity 조류를 구분짓기 위해 크게 수정할 예정이다. 이 차이를 WildBird와 CaptiveBird라는 두 서브클래스로 모델링하는 방법도 있다. 하지만 상속은 한 번만 쓸 수 있으니 야생과 사육을 기준으로 나누려면 종에 따른 분류를 포기해야 한다.

이처럼 서브클래스 여러 개가 관여된 경우라면 한 번에 하나씩, 간단한 것부터 시작한다. 지금 예에서는 유럽 제비European Swallow가 좋겠다. ❷ 우선 빈 위임 클래스를 만들어보자.

```
class EuropeanSwallowDelegate {
}
```

아직은 데이터나 역참조 매개변수를 전혀 추가하지 않았다. 이번 예에서는 꼭 필요할 때만 추가할 것이다.

❸ 위임 필드를 어디에서 초기화해야 할지를 정해야 한다. 이 예에서는 생성자가 받는 유일한 인수인 **data**에 필요한 정보가 모두 담겨 있으므로 생성자에서 처리하도록 하자. 그리고 위임을 여러 개 만들어야 하니 타입 코드를 기준으로 올바른 위임을 선택하는 메서드를 만든다.

━━━ Bird 클래스...
```
constructor(data) {
  this._name = data.name;
  this._plumage = data.plumage;
  this._speciesDelegate = this.selectSpeciesDelegate(data);
}

selectSpeciesDelegate(data) {
  switch(data.type) {
    case '유럽 제비':
      return new EuropeanSwallowDelegate();
    default: return null;
  }
}
```

이제 구조가 갖춰졌으니 ❺❻ 유럽 제비의 비행 속도 메서드를 위임으로 옮겨보자(함수 옮기기[8.1절]).

━━━ EuropeanSwallowDelegate 클래스...
```
get airSpeedVelocity() {return 35;}
```

━━━ EuropeanSwallow 클래스...
```
get airSpeedVelocity() {return this._speciesDelegate.airSpeedVelocity;}
```

다음으로 슈퍼클래스의 **airSpeedVelocity()**를 수정하여, 위임이 존재하면 위임의 메서드를 호출하도록 한다.

━━━ Bird 클래스...
```
get airSpeedVelocity() {
  return this._speciesDelegate ? this._speciesDelegate.airSpeedVelocity : null;
}
```

⓬ 그리고 유럽 제비 서브클래스를 제거한다.

```
class EuropeanSwallow extends Bird {
  get airSpeedVelocity() {return this._speciesDelegate.airSpeedVelocity;}
}
```

최상위...

```
function createBird(data) {
  switch (data.type) {
    case '유럽 제비':
      return new EuropeanSwallow(data);
    case '아프리카 제비':
      return new AfricanSwallow(data);
    case '노르웨이 파랑 앵무':
      return new NorwegianBlueParrot(data);
    default:
      return new Bird(data);
  }
}
```

❷ 다음은 아프리카 제비^{African Swallow} 차례다. 역시 위임 클래스를 만드는데, 이번에는 생성자에서 데이터를 받도록 한다.

AfricanSwallowDelegate 클래스...

```
constructor(data) {
  this._numberOfCoconuts = data.numberOfCoconuts;
}
```

Bird 클래스...

```
selectSpeciesDelegate(data) {
  switch(data.type) {
    case '유럽 제비':
      return new EuropeanSwallowDelegate();
    case '아프리카 제비':
      return new AfricanSwallowDelegate(data);
    default: return null;
  }
}
```

❺❻ 역시 airSpeedVelocity() 함수를 옮긴다[8.1절].

━━━ AfricanSwallowDelegate 클래스...

```
  get airSpeedVelocity() {
    return 40 - 2 * this._numberOfCoconuts;
  }
```

━━━ AfricanSwallow 클래스...

```
  get airSpeedVelocity() {
    return this._speciesDelegate.airSpeedVelocity;
  }
```

⓬ 이제 아프리카 제비 서브클래스를 제거한다.

━━━

```
  ~~class AfricanSwallow extends Bird {~~
    ~~// all of the body ...~~
  ~~}~~

  function createBird(data) {
    switch (data.type) {
      ~~case '아프리카 제비':~~
        ~~return new AfricanSwallow(data);~~
      case '노르웨이 파랑 앵무':
        return new NorwegianBlueParrot(data);
      default:
        return new Bird(data);
    }
  }
```

❷ 이번엔 노르웨이 파랑 앵무^{Norwegian Blue Parrot} 차례다. 똑같은 순서로 위임 클래스를 만들고 ❺
❻ 비행 속도 함수를 옮긴다. 결과는 다음과 같다.

━━━ Bird 클래스...

```
  selectSpeciesDelegate(data) {
    switch(data.type) {
      case '유럽 제비':
        return new EuropeanSwallowDelegate();
      case '아프리카 제비':
        return new AfricanSwallowDelegate(data);
      case '노르웨이 파랑 앵무':
        return new NorwegianBlueParrotDelegate(data);
      default: return null;
```

```
      }
    }
```

━━━ NorwegianBlueParrotDelegate 클래스...

```
    constructor(data) {
      this._voltage = data.voltage;
      this._isNailed = data.isNailed;
    }
    get airSpeedVelocity() {
      return (this._isNailed) ? 0 : 10 + this._voltage / 10;
    }
```

모두 잘 된 듯 보이지만 다른 서브클래스 때는 다루지 않은 부분이 보인다. ❺ 바로 노르웨이
파랑 앵무는 깃털 상태, 즉 plumage()를 오버라이드한다는 점이다. ❻ 이 메서드를 옮기는 작
업의 초반은 여전히 간단하다. 생성자에 Bird로의 역참조를 추가해야 한다는 점 정도만 다르다.

━━━ NorwegianBlueParrot 클래스...

```
    get plumage() {
      return this._speciesDelegate.plumage;
    }
```

━━━ NorwegianBlueParrotDelegate 클래스...

```
    get plumage() {
      if (this._voltage > 100) return "그을렸다";
      else return this._bird._plumage || "예쁘다";
    }

    constructor(data, bird) {
      this._bird = bird;
      this._voltage = data.voltage;
      this._isNailed = data.isNailed;
    }
```

━━━ Bird 클래스...

```
    selectSpeciesDelegate(data) {
      switch(data.type) {
        case '유럽 제비':
          return new EuropeanSwallowDelegate();
        case '아프리카 제비':
          return new AfricanSwallowDelegate(data);
        case '노르웨이 파랑 앵무':
```

12.10 서브클래스를 위임으로 바꾸기
Replace Subclass with Delegate

```
      return new NorwegianBlueParrotDelegate(data, this);
    default: return null;
    }
  }
```

❼ 까다로운 단계는 서브클래스에서 `plumage()` 메서드를 어떻게 제거하느냐다. 다음처럼 시
도하면 다른 종의 위임에서는 이 속성이 없기 때문에 다수의 오류가 발생할 것이다.

━━ Bird 클래스...
```
  get plumage() {
    if (this._speciesDelegate)
      return this._speciesDelegate.plumage;
    else
      return this._plumage || "보통이다";
  }
```

다음처럼 조건을 더 정교하게 검사하는 방법도 있다.

━━ Bird 클래스...
```
  get plumage() {
    if (this._speciesDelegate instanceof NorwegianBlueParrotDelegate)
      return this._speciesDelegate.plumage;
    else
      return this._plumage || "보통이다";
  }
```

여러분도 이 코드에서 악취를 맡았기를 바란다. 이처럼 클래스 종류를 꼭 집어서 검사하는 것
은 절대 좋은 생각이 아니다.

또 다른 선택지로, 기본값을 두고 노르웨이 파랑 앵무만 특별히 취급하는 방식도 있다.

━━ Bird 클래스...
```
  get plumage() {
    if (this._speciesDelegate)
      return this._speciesDelegate.plumage;
    else
      return this._plumage || "보통이다";
  }
```

—— EuropeanSwallowDelegate 클래스...

```
  get plumage() {
    return this._bird._plumage || "보통이다";
  }
```

—— AfricanSwallowDelegate 클래스...

```
  get plumage() {
    return this._bird._plumage || "보통이다";
  }
```

하지만 plumage()의 기본 메서드가 여러 클래스에 중복되어 들어가는 결과를 낳는다. 여기에 더해서 몇몇 생성자에서 역참조를 대입하는 코드 역시 중복될 수 있다.

이 중복을 해결하는 자연스러운 방법은 바로 '상속'이다. 지금까지 만든 종 분류용 위임들에서 슈퍼클래스를 추출[12.8절]해보자.

```
—— class SpeciesDelegate {
     constructor(data, bird) {
       this._bird = bird;
     }
     get plumage() {
       return this._bird._plumage || "보통이다";
     }
     ...

     class EuropeanSwallowDelegate extends SpeciesDelegate {


     class AfricanSwallowDelegate extends SpeciesDelegate {
       constructor(data, bird) {
         super(data, bird);
         this._numberOfCoconuts = data.numberOfCoconuts;
       }


     class NorwegianBlueParrotDelegate extends SpeciesDelegate {
       constructor(data, bird) {
         super(data, bird);
         this._voltage = data.voltage;
         this._isNailed = data.isNailed;
       }
```

슈퍼클래스가 생겼으니 Bird의 기본 동작 모두를 SpeciesDelegate 클래스로 옮길 수 있다. 그리고 speciesDelegate 필드에는 언제나 값이 들어 있음이 보장된다.

─── Bird 클래스...

```
selectSpeciesDelegate(data) {
  switch(data.type) {
    case '유럽 제비':
      return new EuropeanSwallowDelegate(data, this);
    case '아프리카 제비':
      return new AfricanSwallowDelegate(data, this);
    case '노르웨이 파랑 앵무':
      return new NorwegianBlueParrotDelegate(data, this);
    default: return new SpeciesDelegate(data, this);
  }
}
// Bird의 나머지 코드 생략...

get plumage() {return this._speciesDelegate.plumage;}

get airSpeedVelocity() {return this._speciesDelegate.airSpeedVelocity;}
```

─── SpeciesDelegate 클래스...

```
get airSpeedVelocity() {return null;}
```

Bird의 위임 메서드가 간결해지기 때문에 나는 이 방식을 좋아한다. 이 방식에서는 어떤 동작이 SpeciesDelegate로 위임되었고 무엇이 남겨졌는지를 쉽게 확인할 수 있다.

다음은 이 클래스들의 최종 모습이다.

```
function createBird(data) {
  return new Bird(data);
}

class Bird {
  constructor(data) {
    this._name = data.name;
    this._plumage = data.plumage;
    this._speciesDelegate = this.selectSpeciesDelegate(data);
  }
```

```
    get name()    {return this._name;}
    get plumage() {return this._speciesDelegate.plumage;}
    get airSpeedVelocity() {return this._speciesDelegate.airSpeedVelocity;}

    selectSpeciesDelegate(data) {
      switch(data.type) {
        case '유럽 제비':
          return new EuropeanSwallowDelegate(data, this);
        case '아프리카 제비':
          return new AfricanSwallowDelegate(data, this);
        case '노르웨이 파랑 앵무':
          return new NorwegianBlueParrotDelegate(data, this);
        default: return new SpeciesDelegate(data, this);
      }
    }
    // Bird의 나머지 코드 생략...
}

class SpeciesDelegate {
  constructor(data, bird) {
    this._bird = bird;
  }

  get plumage() {
    return this._bird._plumage || "보통이다";
  }
  get airSpeedVelocity() {return null;}
}

class EuropeanSwallowDelegate extends SpeciesDelegate {
  get airSpeedVelocity() {return 35;}
}

class AfricanSwallowDelegate extends SpeciesDelegate {
  constructor(data, bird) {
    super(data,bird);
    this._numberOfCoconuts = data.numberOfCoconuts;
  }

  get airSpeedVelocity() {
    return 40 - 2 * this._numberOfCoconuts;
```

```
    }
  }

  class NorwegianBlueParrotDelegate extends SpeciesDelegate {
    constructor(data, bird) {
      super(data, bird);
      this._voltage = data.voltage;
      this._isNailed = data.isNailed;
    }

    get airSpeedVelocity() {
      return (this._isNailed) ? 0 : 10 + this._voltage / 10;
    }
    get plumage() {
      if (this._voltage > 100) return "그을렸다";
      else return this._bird._plumage || "예쁘다";
    }
  }
```

이 예시는 원래의 서브클래스들을 위임으로 교체했지만 SpeciesDelegate에는 여전히 처음 구조와 매우 비슷한 계층구조가 존재한다. Bird를 상속으로부터 구제한 것 외에 이 리팩터링에서 얻은 건 무엇일까? 위임으로 옮겨진 종 계층구조는 더 엄격하게 종과 관련한 내용만을 다루게 되었다. 다시 말해, 위임 클래스들은 종에 따라 달라지는 데이터와 메서드만을 담게 되고 종과 상관없는 공통 코드는 Bird 자체와 미래의 서브클래스들에 남는다.

위임에서 슈퍼클래스를 추출해 상속구조로 만드는 방식을 앞서의 예약 예시에도 적용할 수 있었다. 그렇게 했다면 분배 로직을 처리하는 Booking의 메서드들을 위임을 호출하는 간단한 코드를 대체할 수 있다(분배는 상속으로 처리한다). 하지만 곧 저녁을 먹어야 하니 이 부분은 여러분께 연습문제로 남겨놓겠다.

이번 리팩터링의 두 예시를 통해 "(클래스) 상속보다 (객체) 컴포지션을 사용하라"보다는 "컴포지션이나 상속 어느 하나만 고집하지 말고 적절히 혼용하라"가 더 제대로 표현한 말임을 알 수 있다. (하지만 그리 확 와닿는 표현은 아닌 것 같아 걱정이다.)

12.11 슈퍼클래스를 위임으로 바꾸기
Replace Superclass with Delegate

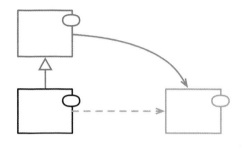

• 1판에서의 이름: 상속을 위임으로 전환

```
class List {...}
class Stack extends List {...}
```

```
class Stack {
  constructor() {
    this._storage = new List();
  }
}
class List {...}
```

배경

객체 지향 프로그래밍에서 상속은 기존 기능을 재활용하는 강력하고 손쉬운 수단이다. 기존 클래스를 상속하여 입맛에 맞게 오버라이드하거나 새 기능을 추가하면 된다. 하지만 상속이 혼란과 복잡도를 키우는 방식으로 이뤄지기도 한다.

상속을 잘못 적용한 예로는 자바의 스택 클래스가 유명하다. 자바의 스택은 리스트를 상속하고 있는데, 데이터를 저장하고 조작하는 리스트의 기능을 재활용하겠다는 생각이 초래한 결과다. 재활용이란 관점에서는 좋았지만 이 상속에는 문제가 있다. 리스트의 연산 중 스택에는 적용되지 않는 게 많음에도 그 모든 연산이 스택 인터페이스에 그대로 노출되는 게 아닌가! 이보다는 스택에서 리스트 객체를 필드에 저장해두고 필요한 기능만 위임했다면 더 멋졌을 것이다.

자바의 스택은 슈퍼클래스를 위임으로 바꾸는 이번 리팩터링을 적용해야 하는 좋은 예다. 슈퍼클래스의 기능들이 서브클래스에는 어울리지 않는다면 그 기능들을 상속을 통해 이용하면 안 된다는 신호다.

제대로 된 상속이라면 서브클래스가 슈퍼클래스의 모든 기능을 사용함은 물론, 서브클래스의 인스턴스를 슈퍼클래스의 인스턴스로도 취급할 수 있어야 한다. 다시 말해, 슈퍼클래스가 사용되는 모든 곳에서 서브클래스의 인스턴스를 대신 사용해도 이상없이 동작해야 한다. 예컨대 이름과 엔진 크기 등을 속성으로 갖는 자동차 모델 클래스(타입)가 있다고 하자. 그러면 여기에 차량 식별 번호와 제조일자 메서드를 더하면 물리적인 자동차(인스턴스)를 표현하는 데 재활용할 수 있을 거라 착각할 수 있다. 이는 흔하고 미묘한 모델링 실수로, 내가 타입-인스턴스 동형이의어^{type-instance homonym}*라고 부르는 것이다.

이상은 모두 혼란과 오류를 일으키는 예인 동시에 상속을 버리고 위임으로 갈아타 객체를 분리하면 쉽게 피할 수 있는 예다. 위임을 이용하면 기능 일부만 빌려올 뿐인, 서로 별개인 개념임이 명확해진다.

서브클래스 방식 모델링이 합리적일 때라도 슈퍼클래스를 위임으로 바꾸기도 한다. 슈퍼/서브클래스는 강하게 결합된 관계라서 슈퍼클래스를 수정하면 서브클래스가 망가지기 쉽기 때문이다. 위임에도 물론 단점이 있다. 위임의 기능을 이용할 호스트의 함수 모두를 전달 함수^{forwarding function}로 만들어야 한다는 점이다. 전달 함수를 작성하기란 지루한 일이다. 하지만 아주 단순해서 문제가 생길 가능성은 적다.

이상의 이유로 "상속은 절대 사용하지 말라"고 조언하는 사람도 있다. 나는 동의하지 않는다. 상위 타입의 모든 메서드가 하위 타입에도 적용되고, 하위 타입의 모든 인스턴스가 상위 타입의 인스턴스도 되는 등, 의미상 적합한 조건이라면 상속은 간단하고 효과적인 메커니즘이다. 이런 상황이 변하여 상속이 더는 최선의 방법이 아니게 되면 언제든 이번 리팩터링을 이용해 슈퍼클래스를 위임으로 바꿀 수 있다. 그래서 (왠만하면) 상속을 먼저 적용하고 (만일) 나중에 문제가 생기면 슈퍼클래스를 위임으로 바꾸라는 것이 나의 조언이다.

절차

❶ 슈퍼클래스 객체를 참조하는 필드를 서브클래스에 만든다(이번 리팩터링을 끝마치면 슈퍼클래스가 위임 객체가 될 것이므로 이 필드를 '위임 참조'라 부르자). 위임 참조를 새로운 슈퍼클래스 인스턴스로 초기화한다.

❷ 슈퍼클래스의 동작 각각에 대응하는 전달 함수를 서브클래스에 만든다(물론 위임 참조로 전달한다). 서로 관련된 함수끼리 그룹으로 묶어 진행하며, 그룹을 하나씩 만들 때마다 테스트한다.

→ 대부분은 전달 함수 각각을 테스트할 수 있을 것이다. 하지만 예컨대 게터와 세터 쌍은 둘 다 옮긴

---

*   https://martinfowler.com/bliki/TypeInstanceHomonym.html

후에야 테스트할 수 있다.

❸ 슈퍼클래스의 동작 모두가 전달 함수로 오버라이드되었다면 상속 관계를 끊는다.

예시

최근에 고대 스크롤^scroll: 두루마리 문서^을 보관하고 있는 오래된 도서관에 컨설팅을 해주었다. 스크롤들의 상세정보는 이미 카탈로그로 분류돼 있었는데, 각 스크롤에는 ID 번호와 제목이 있었고, 그외 여러 가지 태그가 붙어 있었다.

CatalogItem 클래스...

```
constructor(id, title, tags) {
  this._id = id;
  this._title = title;
  this._tags = tags;
}

get id() {return this._id;}
get title() {return this._title;}
hasTag(arg) {return this._tags.includes(arg);}
```

스크롤에는 정기 세척 이력이 필요했다. 그래서 카탈로그 아이템(CatalogItem)을 확장하여 세척 관련 데이터를 추가해 사용하였다.

Scroll 클래스(CatalogItem을 상속함)...

```
constructor(id, title, tags, dateLastCleaned) {
  super(id, title, tags);
  this._lastCleaned = dateLastCleaned;
}

needsCleaning(targetDate) {
  const threshold = this.hasTag("revered") ? 700 : 1500;
  return this.daysSinceLastCleaning(targetDate) > threshold;
}

daysSinceLastCleaning(targetDate) {
  return this._lastCleaned.until(targetDate, ChronoUnit.DAYS);
}
```

지금까지는 흔한 모델링 실수의 예다. 물리적인 스크롤과 논리적인 카탈로그 아이템에는 차이가 있다. 예컨대 석화병 치료법을 적어 놓은 스크롤은 사본이 여러 개임에도 카탈로그 아이템은 하나뿐이었다.

이런 종류의 오류에는 대부분 해법이 있다. 지금 예에서라면 제목과 태그로 사본을 구별할 수 있다. 데이터가 절대 변하지 않는다면 이런 대표성이 문제를 해결해줄 것이다. 하지만 사본 중 하나의 내용을 수정해야 한다면 같은 카테고리 항목의 다른 사본들 모두가 올바르게 수정되는지를 주의해서 확인해야 한다.

이런 문제가 아니더라도 나라면 여전히 이 관계를 끊으려 할 것이다. 카탈로그 아이템을 스크롤의 슈퍼클래스로 사용한다면 미래에 이 코드를 읽는 프로그래머에게 혼란을 줄 터이니 좋은 모델이 아니다.

❶ 가장 먼저 Scroll에 카탈로그 아이템을 참조하는 속성을 만들고 슈퍼클래스(카탈로그 아이템)의 인스턴스를 새로 하나 만들어 대입하자.

═══ Scroll 클래스(CatalogItem을 상속함)...
```
constructor(id, title, tags, dateLastCleaned) {
  super(id, title, tags);
  this._catalogItem = new CatalogItem(id, title, tags);
  this._lastCleaned = dateLastCleaned;
}
```

❷ 그런 다음 이 서브클래스에서 사용하는 슈퍼클래스의 동작 각각에 대응하는 전달 메서드를 만든다.

═══ Scroll 클래스...
```
get id() {return this._catalogItem.id;}
get title() {return this._catalogItem.title;}
hasTag(aString) {return this._catalogItem.hasTag(aString);}
```

❸ 이제 카탈로그 아이템과의 상속 관계를 끊는다.

═══ class Scroll ~~extends CatalogItem~~ {
```
  constructor(id, title, tags, dateLastCleaned) {
    super(id, title, tags);
    this._catalogItem = new CatalogItem(id, title, tags);
    this._lastCleaned = dateLastCleaned;
  }
```

더 가다듬기

이것으로 슈퍼클래스를 위임으로 바꾸는 리팩터링은 끝이 났지만, 지금 예시에서는 할 일이 남았다.

이번 리팩터링에서는 카탈로그 아이템의 역할을 스크롤의 속성으로 옮겼다. 그 결과 각 각의 스크롤은 카탈로그 아이템의 '고유' 인스턴스를 하나씩 갖게 되었다. 이 리팩터링을 적용하는 많은 경우에서 문제될 게 없는 변화다. 하지만 지금 상황에서는 더 나은 모델이 있다. 도서관에 보관된 사본 스크롤 여섯 개 모두 단 하나의 석화병 카탈로그 아이템을 참조하게 하는 방법이다. 다시 말해, 값을 참조로 바꾸는[9.5절] 것이다.

하지만 값을 참조로 바꾸려면 먼저 해결해야 하는 문제가 있다. 원래의 상속 구조에서는 스크롤이 자신의 ID를 카탈로그 아이템의 ID 필드에 저장했다. 하지만 카탈로그 아이템을 참조로 바꾼다면 이 ID는 스크롤의 ID가 아닌 해당 카탈로그 아이템의 ID로 이용해야 한다. 다시 말해, 스크롤은 카탈로그 아이템의 ID를 빌려 쓰지 말고 자신만의 ID 필드를 새로 만들어야 한다. 옮기기 작업이자, 다른 한편으로는 쪼개기다.

▬▬▬ Scroll 클래스...

```
constructor(id, title, tags, dateLastCleaned) {
  this._id = id;
  this._catalogItem = new CatalogItem(null, title, tags);
  this._lastCleaned = dateLastCleaned;
}

get id() {return this._id;}
```

카탈로그 아이템에 ID로 null로 주는 것은 보통 위험 신호지만, 지금은 일처리 중간에 만들어진 임시 상태이니 넘어가도록 하자. 작업이 끝나면 이 스크롤은 올바른 ID를 통해 공유 카탈로그 아이템을 참조하게 될 것이다.

지금의 스크롤들은 다음 코드에 의해 컴퓨터로 읽혀진다.

▬▬▬ 스크롤 데이터 읽기...

```
const scrolls = aDocument
       .map(record => new Scroll(record.id,
                                 record.catalogData.title,
                                 record.catalogData.tags,
                                 LocalDate.parse(record.lastCleaned)));
```

값을 참조로 바꾸기[9.5절]의 첫 번째 단계는 저장소 찾기다(적절한 게 없다면 새로 만든다). 이번 사례에서는 쉽게 이용할 수 있는 저장소를 찾을 수 있었다. 이 저장소는 ID로 색인된 카탈로그 아이템을 제공한다. 다음 단계로는 이 ID를 스크롤의 생성자로 건넬 방법을 찾아야 한다. 다행히도 이 정보는 입력 데이터에 포함되어 있다. 상속 방식에서는 쓸 일이 없어서 무시했을 뿐이다. 이상의 해법들이 나왔으니 함수 선언 바꾸기[6.5절]를 적용하여 카탈로그와 카탈로그 아이템의 ID를 생성자 매개변수로 추가한다.

━━━ 스크롤 데이터 읽기...

```
const scrolls = aDocument
      .map(record => new Scroll(record.id,
                                record.catalogData.title,
                                record.catalogData.tags,
                                LocalDate.parse(record.lastCleaned),
                                record.catalogData.id,
                                catalog));
```

━━━ Scroll 클래스...

```
constructor(id, title, tags, dateLastCleaned, catalogID, catalog) {
  this._id = id;
  this._catalogItem = new CatalogItem(null, title, tags);
  this._lastCleaned = dateLastCleaned;
}
```

이제 생성자를 수정할 차례다. 새로운 카탈로그 아이템을 만드는 대신 인수로 받은 카탈로그 ID를 사용해서 카탈로그 아이템을 얻어오게 한다.

━━━ Scroll 클래스...

```
constructor(id, title, tags, dateLastCleaned, catalogID, catalog) {
  this._id = id;
  this._catalogItem = catalog.get(catalogID);
  this._lastCleaned = dateLastCleaned;
}
```

마지막으로, 생성자로 건네지던 제목과 태그는 필요가 없어졌으니 함수 선언 바꾸기[6.5절]로 제거한다.

━━━ 스크롤 데이터 읽기...

```
const scrolls = aDocument
      .map(record => new Scroll(record.id,
                                record.catalogData.title,
```

```
    record.catalogData.tags,
    LocalDate.parse(record.lastCleaned),
    record.catalogData.id,
    catalog));
```

───── Scroll 클래스...

```
    constructor(id, title, tags, dateLastCleaned, catalogID, catalog) {
      this._id = id;
      this._catalogItem = catalog.get(catalogID);
      this._lastCleaned = dateLastCleaned;
    }
```

리팩터링 목록

기법명	
값을 참조로 바꾸기 Change Value to Reference	9.5절
객체 통째로 넘기기 Preserve Whole Object	11.4절
계층 합치기 Collapse Hierarchy	12.9절
기본형을 객체로 바꾸기 Replace Primitive with Object	7.3절
단계 쪼개기 Split Phase	6.11절
레코드 캡슐화하기 Encapsulate Record	7.1절
매개변수 객체 만들기 Introduce Parameter Object	6.8절
매개변수를 질의 함수로 바꾸기 Replace Parameter with Query	11.5절
매직 리터럴 바꾸기 Replace Magic Literal	9.6절
메서드 내리기 Push Down Method	12.4절
메서드 올리기 Pull Up Method	12.1절
명령을 함수로 바꾸기 Replace Command with Function	11.10절
문장 슬라이드하기 Slide Statements	8.6절
문장을 함수로 옮기기 Move Statements into Function	8.3절
문장을 호출한 곳으로 옮기기 Move Statements to Callers	8.4절
반복문 쪼개기 Split Loop	8.7절
반복문을 파이프라인으로 바꾸기 Replace Loop with Pipeline	8.8절
변수 이름 바꾸기 Rename Variable	6.7절
변수 인라인하기 Inline Variable	6.4절
변수 쪼개기 Split Variable	9.1절
변수 추출하기 Extract Variable	6.3절

기법명	
변수 캡슐화하기 Encapsulate Variable	6.6절
생성자 본문 올리기 Pull Up Constructor Body	12.3절
생성자를 팩터리 함수로 바꾸기 Replace Constructor with Factory Function	11.8절
서브클래스 제거하기 Remove Subclass	12.7절
서브클래스를 위임으로 바꾸기 Replace Subclass with Delegate	12.10절
세터 제거하기 Remove Setting Method	11.7절
수정된 값 반환하기 Return Modified Value	11.11절
슈퍼클래스 추출하기 Extract Superclass	12.8절
슈퍼클래스를 위임으로 바꾸기 Replace Superclass with Delegate	12.11절
알고리즘 교체하기 Substitute Algorithm	7.9절
어서션 추가하기 Introduce Assertion	10.6절
여러 함수를 변환 함수로 묶기 Combine Functions into Transform	6.10절
여러 함수를 클래스로 묶기 Combine Functions into Class	6.9절
예외를 사전확인으로 바꾸기 Replace Exception with Precheck	11.13절
오류 코드를 예외로 바꾸기 Replace Error Code with Exception	11.12절
위임 숨기기 Hide Delegate	7.7절
인라인 코드를 함수 호출로 바꾸기 Replace Inline Code with Function Call	8.5절
임시 변수를 질의 함수로 바꾸기 Replace Temp with Query	7.4절
제어 플래그를 탈출문으로 바꾸기 Replace Control Flag with Break	10.7절
조건문 분해하기 Decompose Conditional	10.1절
조건부 로직을 다형성으로 바꾸기 Replace Conditional with Polymorphism	10.4절
조건식 통합하기 Consolidate Conditional Expression	10.2절
죽은 코드 제거하기 Remove Dead Code	8.9절
중개자 제거하기 Remove Middle Man	7.8절
중첩 조건문을 보호 구문으로 바꾸기 Replace Nested Conditional with Guard Clauses	10.3절
질의 함수를 매개변수로 바꾸기 Replace Query with Parameter	11.6절
질의 함수와 변경 함수 분리하기 Separate Query from Modifier	11.1절
참조를 값으로 바꾸기 Change Reference to Value	9.4절
컬렉션 캡슐화하기 Encapsulate Collection	7.2절
클래스 인라인하기 Inline Class	7.6절

기법명	
클래스 추출하기 Extract Class	7.5절
타입 코드를 서브클래스로 바꾸기 Replace Type Code with Subclasses	12.6절
특이 케이스 추가하기 Introduce Special Case	10.5절
파생 변수를 질의 함수로 바꾸기 Replace Derived Variable with Query	9.3절
플래그 인수 제거하기 Remove Flag Argument	11.3절
필드 내리기 Push Down Field	12.5절
필드 올리기 Pull Up Field	12.2절
필드 옮기기 Move Field	8.2절
필드 이름 바꾸기 Rename Field	9.2절
함수 매개변수화하기 Parameterize Function	11.2절
함수 선언 바꾸기 Change Function Declaration	6.5절
함수 옮기기 Move Function	8.1절
함수 인라인하기 Inline Function	6.2절
함수 추출하기 Extract Function	6.1절
함수를 명령으로 바꾸기 Replace Function with Command	11.9절

악취 제거 기법

악취	탈취용 리팩터링 기법
가변 데이터 Mutable Data (3.6절)	변수 캡슐화하기6.6절, 변수 쪼개기9.1절, 문장 슬라이드하기8.6절, 함수 추출하기6.1절, 질의 함수와 변경 함수 분리하기11.1절, 세터 제거하기11.7절, 파생 변수를 질의 함수로 바꾸기9.3절, 여러 함수를 클래스로 묶기6.9절, 여러 함수를 변환 함수로 묶기6.10절, 참조를 값으로 바꾸기9.4절
거대한 클래스 Large Class (3.20절)	클래스 추출하기7.5절, 슈퍼클래스 추출하기12.8절, 타입 코드를 서브클래스로 바꾸기12.6절
기능 편애 Feature Envy (3.9절)	함수 옮기기8.1절, 함수 추출하기6.1절
기본형 집착 Primitive Obsession (3.11절)	기본형을 객체로 바꾸기7.3절, 타입 코드를 서브클래스로 바꾸기12.6절, 조건부 로직을 다형성으로 바꾸기10.4절, 클래스 추출하기7.5절, 매개변수 객체 만들기6.8절
기이한 이름 Mysterious Name (3.1절)	함수 선언 바꾸기6.5절, 변수 이름 바꾸기6.7절, 필드 이름 바꾸기9.2절
긴 매개변수 목록 Long Parameter List (3.4절)	매개변수를 질의 함수로 바꾸기11.5절, 객체 통째로 넘기기11.4절, 매개변수 객체 만들기6.8절, 플래그 인수 제거하기11.3절, 여러 함수를 클래스로 묶기6.9절
긴 함수 Long Function (3.3절)	함수 추출하기6.1절, 임시 변수를 질의 함수로 바꾸기7.4절, 매개변수 객체 만들기6.8절, 객체 통째로 넘기기11.4절, 함수를 명령으로 바꾸기11.9절, 조건문 분해하기10.1절, 조건부 로직을 다형성으로 바꾸기10.4절, 반복문 쪼개기8.7절
내부자 거래 Insider Trading (3.19절)	함수 옮기기8.1절, 필드 옮기기8.2절, 위임 숨기기7.7절, 서브클래스를 위임으로 바꾸기12.10절, 슈퍼클래스를 위임으로 바꾸기12.11절
데이터 뭉치 Data Clumps (3.10절)	클래스 추출하기7.5절, 매개변수 객체 만들기6.8절, 객체 통째로 넘기기11.4절
데이터 클래스 Data Class (3.22절)	레코드 캡슐화하기7.1절, 세터 제거하기11.7절, 함수 옮기기8.1절, 함수 추출하기6.1절, 단계 쪼개기6.11절

악취	탈취용 리팩터링 기법
뒤엉킨 변경 Divergent Change (3.7절)	단계 쪼개기|6.11절, 함수 옮기기|8.1절, 함수 추출하기|6.1절, 클래스 추출하기|7.5절
메시지 체인 Message Chains (3.17절)	위임숨기기|7.7절,함수추출하기|6.1절,함수옮기기|8.1절
반복되는 switch문 Repeated Switches (3.12절)	조건부 로직을 다형성으로 바꾸기|10.4절
반복문 Loops (3.13절)	반복문을 파이프라인으로 바꾸기|8.8절
산탄총 수술 Shotgun Surgery (3.8절)	함수 옮기기|8.1절, 필드 옮기기|8.2절, 여러 함수를 클래스로 묶기|6.9절, 여러 함수를 변환 함수로 묶기|6.10절, 단계 쪼개기|6.11절, 함수 인라인하기|6.2절, 클래스 인라인하기|7.6절
상속 포기 Refused Bequest (3.23절)	메서드 내리기|12.4절, 필드 내리기|12.5절, 서브클래스를 위임으로 바꾸기|12.10절, 슈퍼클래스를 위임으로 바꾸기|12.11절
서로 다른 인터페이스의 대안 클래스들 Alternative Classes with Different Interfaces (3.21절)	함수 선언 바꾸기|6.5절, 함수 옮기기|8.1절, 슈퍼클래스 추출하기|12.8절
성의 없는 요소 Lazy Element (3.14절)	함수 인라인하기|6.2절, 클래스 인라인하기|7.6절, 계층 합치기|12.9절
임시 필드 Temporary Field (3.16절)	클래스 추출하기|7.5절, 함수 옮기기|8.1절, 특이 케이스 추가하기|10.5절
전역 데이터 Global Data (3.5절)	변수 캡슐화하기|6.6절
주석 Comments (3.24절)	함수 추출하기|6.1절, 함수 선언 바꾸기|6.5절, 어서션 추가하기|10.6절
중개자 Middle Man (3.18절)	중개자 제거하기|7.8절, 함수 인라인하기|6.2절, 서브클래스를 위임으로 바꾸기|12.10절, 슈퍼클래스를 위임으로 바꾸기|12.11절
중복 코드 Duplicated Code (3.2절)	함수 추출하기|6.1절, 문장 슬라이드하기|8.6절, 메서드 올리기|12.1절
추측성 일반화 Speculative Generality (3.15절)	계층 합치기|12.9절, 함수 인라인하기|6.2절, 클래스 인라인하기|7.6절, 함수 선언 바꾸기|6.5절, 죽은 코드 제거하기|8.9절

INDEX

기 타

『GoF의 디자인 패턴』(프로텍미디어, 2015)   4

『Refactoring: Ruby Edition』(Addition−Wesley, 2009)   111

『디자인 패턴』   107

『레거시 코드 활용 전략』(에이콘출판사, 2018)   111

『리팩터링 워크북』(인사이트, 2006)   111

『리팩터링 자바스크립트』(길벗, 2018)   111

『리팩토링 HTML』(에이콘출판사, 2009)   111

『리팩토링 데이터베이스』(위키북스, 2007)   111

『패턴을 활용한 리팩터링』(인사이트, 2011)   111

숫 자

3의 법칙   85

4인의 갱   107

A

accumulator   321

agile thinking   102

and 연산자   357, 359

arrange−act−assert   146

assert   142, 473

assertion   142, 404

AssertionError   473

B

Babel   32

bare record   293

"Bedarra" Dave Thomas   134

beforeEach   145

Bill Opdyke   11, 107

branch   94

Branch By Abstraction   89

break   407

C

call−by−value   333

Chai   142

Chai   142

Chrysler Comprehensive Compensation   104

clean code   93

cleanup   146

Clock Wrapper   161

cloneDeep()   210

collecting variable   330

Collection Pipeline   247, 320

command   448

Command Pattern   449

command−query separation   413

command−query separation principle   449

Command−Query Separation 원칙   312

composition   509

Comprehension Refactoring   86

const   144, 168, 331

Continuous Delivery   97

continue   407

Continuous Integration   95

creation script   442

D

deep copy   400

delegate   268, 509

delegation   127

describe 블록   140

Design Stamina Hypothesis   85

Don Roberts   11, 107

duck typing   181

E

ECMAScript 2015   64

encapsulation   127

enrich   121

Erich Gamma   5, 135

error   149

error code   465

ES6   64

evolutionary architecture   101

evolutionary database design   99

exception   465, 471

expand-contract   100

expect   142

eXtreme Programming   96

F

failure   149

feature toggle   95

filter   124, 320

filter() 연산   323

first-class function   124, 449

fixture   140

flag argument   421

flexibility mechanism   100

flowchart   334

Form Template Method   477

forwarding function   530

function   159

Function As Object   203

G

Gang of Four   107

given-when-then   146

green bar   142

H

hierarchy   507

hook   449

Humble Object Pattern   223

I

immutable   55, 130, 330

incremental design   101

indirection   115

inheritance   475

instanceof   498

iterative development   134

it 블록   140

J

Jackson 라이브러리   221

Jay Bazuzi   97

Jessica Kerr   86

JetBrains   108

John Brant   11, 107

JUnit   135

K

Kent Beck   5

L

lambda 변수   325

Language Server   110

Law of Demeter   271

law of diminishing returns   150

linter   283

linting   109

list-and-hash 데이터 구조   244

Litter-Pickup Refactoring   87

lodash 라이브러리   210, 243

loop variable   322, 330

M

magic literal   351

map   124, 320

map() 연산   323

merge   95

message chain   126

method   159

middle man   271

Mocha   140

modifier   449

modularity   278

Monty Python   369

mutable   55, 118

mutator   449

N

nested function   32

not 연산자   364

null   388

Null Object Pattern   388

O

Object.equals()   346

Object.hashCode()   346

ObjectMapper   221

observable behavior   80

observable side effect   413

OOPSLA 콘퍼런스   107

or 연산자   357, 358

Overloaded Getter Setter   191

P

pair programming   90

parallel change   100

partially applied function   117

polymorphic method   170

polymorphism   64

Pramod Sadalage   99

precheck   471

Preparatory Refactoring   86

principle of least knowledge   271

private commit   33

procedure   159

R

Ralph Johnson   11, 87, 107

Range 클래스   201

rebase   95

receiver object   434

red bar   142

refactoring   79

Refactoring Browser   12, 107

referential transparency   434

regression bug   134

regression test   134

Replace Type Code with State/Strategy   494

repository object   349

ReSharper   109

restructuring   80, 91

return   407

Ruby   346

S

Self–Delegation   122

self–encapsulation   189, 253

self–testing code   96

semantic–preserving   107

setup–exercise–verify   146

shallow copy   55

simple design   101

Single Responsibility Principle   119

singleton   118

slice() 연산   322

smell   113

Special Case Pattern   388

speculative generality   125

spooky action at a distance   117

State Pattern   509

Strategy Pattern   122, 509

stringly typed variable   123

subclass responsibility error   478

subroutine   159

Swap Statement   314

INDEX

switch문   29, 123

T

teardown   146

testability   151

test coverage   151

Test-Driven Development   102, 135

test suite   96, 133

time budgeting   103

transform   119, 208

transformation operation   338

transformer   228

transformer 객체   215

trap 메서드   478

Trunk-Based Development   95

two hats   81

type code   70, 123, 487

type-instance homonym   530

U

undefined   517

Uniform Access Principle   206

unit test   151

V

validation check   149

Value Object   198, 343

Visitor Pattern   122

Visual Age for Java   108

W

Ward Cunningham   11, 87

Y

YAGNI   101

ㄱ

가변   55, 118

가변 데이터   118

간결한 설계   101

간접 상속   492

간접 호출   115, 169

값 객체   198, 201, 263, 343

값 기반 동치성 비교   346

값에 의한 호출   333

값 캡슐화   191

개발 속도   92

개인 커밋   33

객체 리터럴   395

객체지향   64

겉보기 동작   80

겉보기 부수효과   413

게터 이름   191

계층   507

계획된 리팩터링   88

공개된 인터페이스   93

공연료 계산기   66

공유 픽스처   144

기능 추가 모자   81

기능 토글   95

기본 동작-변형 동작 상속   374

깊은 복사   400

ㄴ

나쁜 설계   84

날 레코드   293

내부 품질   84

냄새   113

널   388

널 객체 패턴   388

누적 변수   321

ㄷ

다형 메서드   170
다형성   64, 70, 73, 366
단언   142, 404
단위 테스트   151
단일 접근 원칙   206
단일 책임 원칙   119, 120
덕 타이핑   181
데메테르 법칙   271
데이터베이스 리팩터링   99
데이터 테이블   334
돈 로버츠   11, 107
동치성 검사   346
두 개의 모자   81
디미터의 법칙   271
디자인 패턴   122, 449, 509

ㄹ

랄프 존슨   11, 87, 107
람다 변수   325
레거시 코드 리팩터링   98
론 제프리   104
루비   346
루프 변수   322, 330
리베이스   95
리샤퍼   108
리스트-해시 데이터 구조   244
리팩터링   7, 102
리팩터링 기법   537
리팩터링 모자   81
리팩터링 브라우저   12, 107, 108
리팩터링 정의   79
리팩터링의 첫 단계   28
린터   283
린팅   109

ㅁ

매개변수 이름   194
매직 리터럴   351
맵   124
머지   95
메서드   159
메시지 체인   126
명령   448, 456
명령-질의 분리   413
명령-질의 분리 원칙   312, 449
명령 패턴   449
모듈성   278
모듈화   84
모카   140
몬티 파이튼과 성배   369
몬티 파이튼의 비행 서커스   369
문자열화된 변수   123
문장 교환하기   314

ㅂ

바벨   32, 69
반복적 개발 방법론   134
방문자 패턴   122
범위 클래스   201
"베다라" 데이브 토마스   134
변경 함수   449
변수 제거하기   35, 42
변형 연산t   338
변환   119
변환기   228
변환기 객체   215
변환 함수   208, 398
변환 함수의 이름   210
병렬 수정   99
보강   121
보호 구문   360
부분 적용 함수   117

INDEX

분류 부호를 상태/전략 패턴으로 전환　494
불변　55, 130, 213, 330
불변 클래스　441
브랜치　94
비주얼 스튜디오　108
비주얼 에이지 포 자바　108
빌 옵다이크　11, 107
빨간 막대　142

사전확인　471
삼진 리팩터링　85
상속　449, 475, 508
상태 패턴　509
생성 스크립트　442
서브루틴　159
서브클래스 책임 오류　478
서브클래싱　495, 509
설계 지구력 가설　85
설정–실행–검증　146
성능　103
성능에 대한 일반 규칙　247
세터 이름　191
소프트웨어 개발 프로세스　102
수시로 하는 리팩터링　88
수용 객체　434
수집 변수　330
수확 체감 법칙　150
스몰토크　106
시간 예산 분배　103
실패　149
싱글톤　118
쓰레기 줍기 리팩터링　87

악취　113
애그니　101

애자일 사고　102
애자일 소프트웨어 방법론　102
얕은 복사　55
어서션　142, 404
어서션 라이브러리　142
언어 서버　110
에러　149
에릭 감마　5, 135
예외　465, 471
오래 걸리는 리팩터링　89
오류 코드　465
오버로딩된 게터–세터　191
워드 커닝햄　11, 87
위임　127, 509, 529
위임 객체　268
유래　106
유령 같은 원격작용　117
유연성 메커니즘　100
유효성 검사　149
의미 보존　107
이클립스　108
이해를 위한 리팩터링　86
익스트림 프로그래밍　96, 102
인텔리제이 IDEA　108
일급 함수　124, 449

자가진단 테스트　28
자가 캡슐화　189, 253
자가 테스트　102, 133, 151
자가 테스트 코드　96
자기 위임　122
자동 리팩터링　33, 35, 97, 187, 273
자동화　108
자바　108, 346, 529
자바 리플렉션　442
자바 생성자　445

자바스크립트 9

자바 예시 220, 228, 472, 479, 486

자바 컬렉션 247

작은 단계 32

잘못 추출된 함수 169

재구성 80, 91

잭슨 라이브러리 221

저장소 객체 349

전달 함수 530

전략 패턴 122, 509

전역 데이터 117

전역 변수 118

점진적 설계 101

정적 분석 109

정적 분석기 283

제시카 커 86

제어 플래그 407

제이 바주지 97

제이유닛 135

젯브레인즈 108

조건-발생-결과 146

조건부 로직 366

존 브랜트 11, 107

좋은 설계 84

좋은 소프트웨어 설계 278

좋은 이름 180

좋은 코드 76

죽은 앵무새 369

준비를 위한 리팩터링 86

준비-수행-단언 146

중간 데이터 구조 52, 65, 215

중개자 271

중복 코드 476

중첩 함수 32, 50, 280

지속적 배포 97

지속적 통합 95, 102

지역 변수 163, 165

진화형 데이터베이스 설계 99

진화형 아키텍처 101

짝 프로그래밍 90

짤막한 함수 169

 ㅊ

차이 라이브러리 142

참조 투명 434

참조 투명성 438

청소 146

초록 막대 142

최소 지식 원칙 271

최적화 159, 317

추상화로 갈아타기 89

추측성 일반화 125

 ㅋ

캠핑 규칙 64, 98

캡슐화 127, 246

컬렉션 파이프라인 247, 320

컴파일 32, 69

컴포지션 509, 528

켄트 벡 5, 7, 11, 81, 83, 88, 113, 135

코드 리뷰 90

코드 소유권 93

크라이슬러 종합 보상 104

클래스 계층구조 507

클래스 변수 118

클린 아키텍처 120

클린 코드 93

 ㅌ

타입-인스턴스 동형이의어 530

타입 코드 70, 123, 487

탈출문 407

테스트 28, 65, 133

테스트 스위트 96, 133

INDEX

테스트 용이성   151

테스트 주도 개발   102, 135

테스트 커버리지   151

템플릿 메서드 만들기   477

트렁크 기반 개발   95

특이 케이스 패턴   388

ㅍ

파생 변수   338

팩터리 함수   445

팽창-수축   100

프라모드 사달게   99

프로그램 요소   125

프로시저   159

플래그 인수   421

픽스처   140

필터   124

ㅎ

함수   159

함수를 객체처럼 패턴   203

함수 매개변수화   417

함수 변수   43

함수 쪼개기   29

함수형 프로그래밍   118

함정 메서드   478

해체   146

험블 객체 패턴   223

회귀 버그   134

회귀 테스트   134

훅   449

흐름도   334